# 教育学基础

庞守兴　主　编
张宝书　宋其安　副主编

图书在版编目(CIP)数据

教育学基础/庞守兴主编. —北京：北京大学出版社，2015.3
(21世纪教师教育系列教材)
ISBN 978-7-301-25424-0

Ⅰ. ①教… Ⅱ. ①庞… Ⅲ. ①教育学—师范大学—教材 Ⅳ. ①G40

中国版本图书馆 CIP 数据核字（2015）第 018092 号

| | |
|---|---|
| 书　　　名 | 教育学基础 |
| 著作责任者 | 庞守兴　主编 |
| 丛 书 主 持 | 李淑方 |
| 责 任 编 辑 | 泮颖雯 |
| 标 准 书 号 | ISBN 978-7-301-25424-0 |
| 出 版 发 行 | 北京大学出版社 |
| 地　　　址 | 北京市海淀区成府路 205 号　100871 |
| 网　　　址 | http://www.pup.cn　　新浪微博：@北京大学出版社 |
| 电 子 信 箱 | zyl@pup.cn |
| 电　　　话 | 邮购部 62752015　发行部 62750672　编辑部 62767857 |
| 印 刷 者 | 北京虎彩文化传播有限公司 |
| 经 销 者 | 新华书店 |
| | 787 毫米×1092 毫米　16 开本　18 印张　292 千字 |
| | 2015 年 3 月第 1 版　2021 年 12 月第 5 次印刷 |
| 定　　　价 | 55.00 元 |

未经许可，不得以任何方式复制或抄袭本书之部分或全部内容。
**版权所有，侵权必究**
举报电话：010-62752024　电子信箱：fd@pup.pku.edu.cn
图书如有印装质量问题，请与出版部联系，电话：010-62756370

# 前　言

庞守兴

在当前教育学界空前活跃，知识体系不断深化和细化的背景下，编写《教育学基础》这一教材是一件相当冒险的事。本人不揣愚昧，组织同仁编写本教材，理由有以下三点。

一是师范生教育改革的需要。从山东省成为全国师范教育改革实验区以来，曲阜师范大学就成为了师范教育改革的领头羊。山东省师范教育改革一方面追求职前职后一体化，增强在职教师的培训时间和力度，使师范教育真正与当前的中小学教育紧密结合起来，通过请进来、送出去、挂职锻炼等方式努力贯通职前职后的联系；另一方面增加在校师范生的师范类课程，增强师范生的教育教学知识和技能。曲阜师范大学在这两方面都做了巨大努力，特别是调整师范生的课程体系方面，极大地增加了有关师范生教师职业的课程。正是在这种背景下，为适应师范生的教育改革，我们推出了系列教材，《教育学基础》是其中的一本。

《教育学基础》应该涵盖教育学的基本内容。如果我们把教育学科比作一棵知识树，那么"教育学基础"课程就应该是这棵树的根部，是所有教育学知识的源头，也是教师入职的一扇门或者一个台阶。它的基础性集中体现在它是教育学基本概念、基本原理、基本技能技巧的汇聚点，是教育学知识体系不断延伸和扩张的根基。在教师教育课程体系中，教育学基础无疑是教师从事职业生涯的知识底座，其地位与作用是其他教育类专业课程都难以取代的。

二是教育学发展的需要。近年来，中国教育正经历着重大的发展和深刻的历史变革，教育的飞速发展有目共睹，素质教育得到普遍推行，过去很少讲的"以人为本"现在已成为国策，市场经济条件下的社会分化与人才流动性增强等，都对教育和教学提出了新的要求，要求教育学教材内容要不断更新。应该说目前在这方面还存在一定不足，一些教材本身对教育发展的现实问题及前瞻性研究不够，缺乏对当前国内外教学改革和教育实验的新经验、新理论的介绍或反映。比如，只要论及教育目的，就会讲人的全面发展理论，而缺乏对培养对象的素质的深刻理解与把握，也缺乏对"以人为本"的全面理解与阐释。又如，"依法治国"提倡了这么多年，但在教育中的反映却很少，以至于教师自身不懂法、不用法的现象普遍存在。再如，叶澜教授倡领新基础教育许多年，在实践中已经有很大反响,但在教育学中却没有体现。本教材在编写过程中,有意识地引入教育改革的新热点新问题,通过对素质教育、教育法规的剖析,力图扭转陈陈相因、千人一面的现状。

三是教师教育学知识体系构建的需要。尽管曲阜师范大学有"考研基地"的"恶名",但如果我们深入调查或者稍作思考,就会得出不一样的结论:曲阜师范大学在学生知识结构的培养上确实有自己的做法。试想,曲阜师范大学从来不参与全国性的硕士入学统考科目的出题工作,甚至山东省的阅卷工作也不参与,但在全国统一试卷的情况下能比其他院校学生得分高,这里面肯定有复杂的因素。我个人认为其中的知识体系构建是一大亮点。曲阜师范大学在教学过程比较注重知识结构的完整性和系统性,尽量照顾到每个知识点,所以,学生在应对各类考试的时候能从容自如。

本教材是在原《教育学新论》(山东大学出版社2009年版)的基础上重新编写而成的,参与本书编写的都是曲阜师范大学教育科学学院教育理论方面的专家,他们在教育理论研究方面都有较为深厚的造诣,也具有比较丰富的教学经验。本次重新编写,我们基本立足每人的研究专长,按照教育理论的内在逻辑分章设节,并要求增加"小资料""相关链接""教学案例"等内容,以增强本书的可读性、灵活性和实用性。

本书由庞守兴任主编,张宝书、宋其安任副主编,以上三人拟定编写提纲,再由参编者分章撰写。全书共十二章,各章撰稿人分别是:庞守兴(第一章)、张宏(第二章)、徐肇俊(第三章)、刘亭亭(第四章)、闫春梅(第五章)、赵小凤(第六章)、李秋玲(第七章)、窦春玲(第八章)、张宝书(第九章)、李方安(第十章)、宋其安(第十一章)、展瑞祥(第十二章)。

本书在编写过程中,吸收了众多专家的、学者的研究成果,尽量在文中加以注明,并在每章后列出参考文献。尤其吸收了曲阜师范大学前期编写的教材的成果,在此一并表示感谢。百密难免一疏,对未能注明之处,恳请学界有关人士谅解。

# 目 录

第一章 绪论 ………………………………………………………………… 1
  第一节 教育的起源 ……………………………………………………… 1
  第二节 教育学的发展 …………………………………………………… 8
  第三节 教育学的研究对象、性质和意义 ……………………………… 15

第二章 教育与社会发展 …………………………………………………… 22
  第一节 教育与政治经济制度 …………………………………………… 22
  第二节 教育与生产力 …………………………………………………… 29
  第三节 教育与文化 ……………………………………………………… 44

第三章 教育与个人的发展 ………………………………………………… 57
  第一节 个体身心发展的定义及一般规律 ……………………………… 57
  第二节 影响个体身心发展的主要因素 ………………………………… 63
  第三节 普通中等教育促进青少年发展的特殊任务 …………………… 70

第四章 教育目的 …………………………………………………………… 77
  第一节 教育目的概述 …………………………………………………… 77
  第二节 制定教育目的的基本依据 ……………………………………… 80
  第三节 我国的教育目的 ………………………………………………… 85

第五章 学生与教师 ………………………………………………………… 105
  第一节 学生 ……………………………………………………………… 105
  第二节 教师 ……………………………………………………………… 113
  第三节 学生和教师的关系 ……………………………………………… 120

## 第六章　学校德育 ·················································· 125
### 第一节　德育概述 ················································ 125
### 第二节　德育过程 ················································ 128
### 第三节　德育原则、德育途径与方法 ························· 131
### 第四节　德育模式 ················································ 139

## 第七章　教学 ······················································ 147
### 第一节　教学工作的意义和任务 ································ 147
### 第二节　教学过程 ················································ 150
### 第三节　教学原则和教学方法 ··································· 153
### 第四节　教学组织形式 ··········································· 159
### 第五节　教学工作的基本环节 ··································· 164

## 第八章　课程 ······················································ 173
### 第一节　课程概述 ················································ 174
### 第二节　课程目标 ················································ 179
### 第三节　课程设计 ················································ 182
### 第四节　课程实施 ················································ 187
### 第五节　课程评价 ················································ 190

## 第九章　班级管理 ················································ 196
### 第一节　班级管理的概述 ········································ 196
### 第二节　班级管理的几种模式 ··································· 207
### 第三节　当前班级管理中存在的问题及解决 ·················· 211

## 第十章　教育科学研究方法 ····································· 215
### 第一节　教育科学研究方法概述 ································ 215
### 第二节　教育研究的选题与设计 ································ 227
### 第三节　教育科学研究成果的表达 ····························· 232

## 第十一章　教育法 ················································ 239
### 第一节　教育法概述 ·············································· 239
### 第二节　我国教育基本法 ········································ 245

第三节　教师的权利和义务 …………………………………………… 249
　　第四节　未成年人的保护 ………………………………………………… 256

## 第十二章　教育理论与实践的新进展 …………………………………… 260
　　第一节　当代教育理论与实践的共同特征 …………………………… 260
　　第二节　当代教育新理念 ………………………………………………… 262
　　第三节　当代教育教学实验 …………………………………………… 271

# 第一章 绪 论

**学习目标**

1. 掌握教育的概念、教育的起源,以及教育学的起源、学科性质等。
2. 初步了解教育的产生和发展概况,尤其是教育学发展关键人物与代表作。
3. 懂得树立正确的教育观,掌握教育规律的重要意义。

在日新月异、变化万千的今天,教育在促进社会进步方面发挥的作用越来越大,现代生产和现代科学技术的发展,对教育提出了更高的要求。特别是20世纪90年代教师专业化兴起以来,教育学更成为一门显学。

## 第一节 教育的起源

教育在社会生活中的广泛应用使得我们对教育有着泛化的理解。因为在现代社会中,几乎每个人都有受教育的经历,作为家长又或多或少有充当"教育者"的机会,似乎任何人都有对教育的发言权,都可以凭借直觉懂得"教育"是怎么一回事。但正是由于这种泛化,使对教育下一个规范性定义变得相对困难起来。课堂上教师口若悬河地讲授,学生平心静气地聆听是教育;在师傅声色俱厉的教导下,徒弟们诚惶诚恐地反复练习是教育;听广播、看电视是教育;偶然读到一本渴望已久的好书也有人会说"深受教育";甚至"一字之师",人们也谓之"教育"。总之,在日常生活中,一切使人获得知识、提高认识能力的活动,都被人们称为"教育"。既然教育是如此繁杂的现象,那么教育的定义显然不能以"一言以蔽之"的形式概括了。只是为了研究的方便,人们把教育从众多社会系统、教育现象中剥离出来,专门加以研究,才形成了教育学体系。在此之前,教育学思想散见于当时的政治、哲学、伦理学乃至文学典籍中。

### 一、教育的概念

"教育"是我们经常使用、非常熟悉的一个概念,但愈是常用,就愈难以进行准确的界定。现在一般认为,教育是培养人的社会活动,是传递生产经验和社会生活经验的必要手段。它同社会的发展有着本质的联系,并受教育对象身心发展规律的制约。为研究的方便,我们认为,教育有广义和狭义之分,从广义上说凡是增进人们的知识和技能、影响人的思想品德的活动,不论是有组织的或无组织的,系统的或偶然的,都是教育;而狭义的教育,则是指教育者据一定社会(或阶级)的要求,有目的、有计划、有组织地对受教育者的身心施加影响,把他们培养成为一定社会(或阶级)所需要的人的活动。显而易见,它主要指学校教育。但随着现代社会发展的日趋多样化、复杂化,各类业余学校、短训班、研讨班的兴起,各种社会机构教育活动的增多,教育活动向成人和幼儿两端延伸,使教育学所研究的教育不再局限于学校教育,而是包含了各种校外教育机构和作为终身教育重要组成部分的家庭教育、社会教育在内的所有有组织有目的的教育活动。"教育"这个词,有时还作为思想品德教育的同义语使用。特别是在口语中,说某某缺少"教育"显然是指他缺少教养。除了口头上人们没有把教育与教养区分开以外,对教育定义的理解不一致也是出现这一现象的原因。所以有的教科书上干脆说"最狭义的教育,乃指思想品德教育"[1]。总之,教育在人类经历的漫长岁月里,原本无所谓广义与狭义之别,而是随着教育活动的演进,衍生出不同范围与层面的教育,才相应地形成了含义不同的诸多"教育"概念。

## 二、教育发展的过程

在中国古代,"教"和"育"两字最初并未合成一词,而是各有含义。根据《说文解字》的解释:"教,上所施,下所效也";"育,养子使做善也"。"教"是指教化;"育"是指养育。一般认为,"教育"一词最早见于《孟子·尽心上》:"得天下英才而教育之,三乐也。"实际上,中国古代文言文多用单音词,《孟子》一文中的"教育"仍然是"教"和"育",只是在白话文盛行后,人们才多用复音词,"教育"一词也渐渐流行。

在西方,"教育"一词,英文为"Education",法文为"éducation",德文为"Erziehung",均源于拉丁文"Educare"。"E"在拉丁文中意为"出","ducare"为"引",合之则为"引出",即引导儿童的固有天性,促进其身心发展。在苏联的教育学书籍中把教育与教养区分开来,认为教育与教学是并列的概念,对教育的理解显然不是我们所理解的学校教育。

自从有了人类社会,也就有了教育。教育是人类特有的社会现象,是人类社会区别于动物界的重要标志。人类社会的生产生活之所以不同于动物界,就在于它的社会性、目的性。它不是依靠自发的动物本能,而是在一定的社会关系——首先是生产关系中进行的有目的的实践活动。这种实践活动要求作为社会关系总和的人,必须具有并不断发展进行多方面活动的能力。人不像动物那样随着出生就带有一定的成熟的技能技巧,而是必须通过后天的学习才能完成个体发展。相对而言,人类具有更长的哺乳期,这虽然

---

[1] 韩延明,王振中.教育学[M].北京:教育科学出版社,1991:3.

是人类不成熟的表现,但更为其以后的发展奠定了基础——人类有着更为漫长的学习期。人类社会的形成和发展与教育的产生和发展是相互促进的。人类社会的进步为教育的发展提供了最基本的物质条件,教育则是推动人类社会由蒙昧状态进入文明时代的主要桥梁。人类社会由蒙昧状态进入文明时代,教育也随之由自发形态上升为自觉活动。细言之,人类社会的生产生活需要经验、知识、技能,需要适用于生产和生活过程的各种智力和体力,都具有社会性和历史继承性。所谓社会性,表现为社会要求对它随时随地地进行交流和传播,使其为更多的人所理解、掌握,从而达到整个社会生产和生活能力的不断提高。历史继承性则表现为每一历史时期所积累的文化成果,必须通过一定的方式传授给下一代,使前人的成果化作后人新的起点,以保证人类社会生产和生活的不断发展。因此,为了人类自身的繁衍和发展,人类在共同的社会生产和生活过程中,必须发生某种程度的交流和传递活动,这便产生了教育。

  原始社会尽管生产水平低下,社会生活极其简单,但它同样迫切需要教育来为其服务。例如,怎样制造和使用火、木、石等工具,怎样团结起来进行集体的采集和狩猎等生产活动,怎样与洪水猛兽及其他自然界的威胁作斗争,怎样协调集体生活、进行社会事务活动等。所有这些必然需要教育,来相互交流有关的经验、技术、知识,特别是将其传授给后代。原始人群正是在极其艰苦的集体生产和生活过程中,创造出了人类最初的原始形态的教育。原始的教育活动多是在人们的劳动和生活中进行的,通过生产劳动、社会生活,年长一代向新一代传授了取火、制造工具的知识技巧,传授了原始工艺技能技术,教给他们制造石器、骨器和陶器的本领,并通过衣食住行等日常生活,年长一代向新一代传授了群体部落的风俗、礼仪、习惯和道德。考古学发现,生活于四五十万年前的北京人在制作石器方面已经有一定的方法和程序,石器的类型也开始分化,各有不同的用途,每一件石器都是经过反复思考和辛勤打磨才能完成,所有这些都凝聚了原始人群的智力、体力及多年积累的生产经验和技能。要熟练地制作和使用这些工具,不经过一定的传授和训练,显然是不可能的。所以制作和使用工具不能不同教育紧密联系在一起。到了氏族公社时期,经济、文化的发展,使教育活动不可避免地从萌芽状态进入更有意识、有目的的状态,开始和别的社会活动产生一些分化现象。社会不仅出现了农业与畜牧业的分工,还出现了脑力与体力的相对分工,特别像轮制陶器和冶金技术那样的工艺技术需要更专门的分工和学习。其时所进行的社会活动,诸如选举、讨论公共事务、部落间的冲突及祭祀和宗教活动等,不仅要求每个公社成员有一定的相关知识,而且更要求"巫师"或类似的人能组织甚至统领这方面的活动。这类人才绝不是天生的,而是后天教育的结果。换言之,人类社会发展到原始社会末期,出现了近似于理性形态的、具有系统性、综合性的知识,它们一经产生,就改变了原始的自发传授方式,改变了脑力劳动依附于体力劳动的状况。传授这类知识,不能仅仅通过生产和生活实践，运用简单的示范和模仿，而是要有专门的训练，甚至必须要有专门的传授工具、专门的场所、专门的施教人员。总之，知识积累到一定程度，必然要求教育变为专门的社会实践活动，向更高水平发展。于是，专门的教育机构——学校开始萌芽。

### 三、学校教育制度

原始社会末期，生产力及文化水平已经比较发达，知识的积累相当多，私有制和阶级的萌芽已经出现。社会上出现了脑力劳动和体力劳动的分工，一部分人不再从事直接的生产劳动。在这些历史条件下，设置一些专门负责教育工作的人员和专门的教育机构——学校才有可能。据古籍记载，我国早在虞舜时代就有被称为"庠"的类似教育机构，"庠"最初是饲养牛羊的地方，担任饲养工作的是老年人，他们一面饲养管理牲畜，一面教育孩子，所以通常认为原始氏族社会末期出现了萌芽状态的学校。到了夏代，已有专门的施教机构，这在古籍中有所记载，如《孟子》中记载"夏曰校，殷曰序，周曰庠，学则三代共之，皆所以明人伦也"。《学记》中记有"古之教者，家有塾、党有庠、术（遂）有序，国有学"的教育制度。夏朝的"序"是奴隶主贵族及其子弟练习骑射的地方。据《说文解字》解释，"序"只有东西两面墙壁，中间是一块空旷的场地，而不是房屋式的建筑物。由此可见，"序"不是讲学的教室，而是习射的场所。夏朝的奴隶主贵族为了巩固和扩大本阶级的统治，一方面需要镇压本部族奴隶的反抗、起义；另一方面又不断征伐、掠夺其他部族。因此他们非常重视军事训练，以便把本阶级的成员及其后代培养成为能骑善射的武士。可见"序"产生于夏朝，这是符合历史发展趋势的。夏朝的"序"把练习骑射作为教育内容，含有武士教育的意义，是一种军事体育性质的教育机构。正如《孟子》记载："序者，射也。"在我国古籍中，有些记载把"序"说成是养老的机构，或认为"序"有大学和小学之分，这是不符合当时实际的。但我们不能由此而否定"序"的教育意义，也不能否定它就是学校教育的一种雏形。

西周时代，我国学校教育制度已经发展到比较完备的形式，建立了典型的政教合一的官办学校体系，形成了以礼乐为中心的"六艺"教育。六艺由六门含义甚广的课程组成：礼，以人伦规范为中心，包括政治、历史和典章礼仪等的教育；乐，包括音乐、诗歌、舞蹈等使人感受美、欣赏美等愉悦身心的教育；射，射箭技能技巧以及相应礼节规范的教育；御，以驾驶兵车为主的军事技术教育；书，习字教育；数，数学的读、写、算和记账典簿的教育。到了春秋时期，官学衰微，私学勃兴，儒、墨私学成为当时的显学。这一时期及其后的私学发展是我国教育史上的一个里程碑。私学突破了"学在官府"的限制，教育对象由贵族扩展到平民，教师自由讲学、学生自由择师，教学内容与社会实践有了更广泛的联系。对当时社会现象、问题及解决方案的不同解释，形成了各种学说和流派。而且各家各派相互争辩,相互汲取和补充,形成了百家争鸣的盛况,亦成为中国思想史上的"轴心时代"。其中孔子私学的规模最大,号称"弟子三千,身通六艺者七十二人"。但他的"六艺"已不是西周时期的六艺,更多是与《诗》《书》《礼》《乐》《易》《春秋》这六经相连了。

学校教育之所以在奴隶社会产生,有着深刻的历史根源。其一,社会生产生活发展的需要。生产力的发展,剩余产品的增多,使一部分人能专门从事管理生产、掌管国事和文化科学教育活动。即劳动剩余产品增多使社会上出现了脑力劳动与体力劳动的分工。这种分工的出现需要一部分人接受专门的教育,于是学校教育机构随之出现。可以说,脑力劳动与体力劳动的分工是教育机构产生的重要根基。其二,文字的产生是学校教育产生的另一物质基础。文字的产生是因为记忆负担过重。最初使用"结绳记事"是因为人类生活中有许多事情需要记下来,人类的进步正是建立在不断总结经验的基础上。实践中人们发现,刻画比结绳更有利于记忆,于是人们把需要记忆的东西以图画的形式刻画下来,为了刻画简单,而逐渐形成文字,形成记录和传授知识的新工具。考古发现几乎所有的文字皆起源于象形字。利用文字,既便于知识的积累和记录,又便于知识的传播,它可以突破时间和空间的限制。但掌握文字不是容易的事,需要进行专门的文字教学,要求有掌握文字从事施教的人员和专门施教场所。因此文字与学校教育的产生有着密切的关联。可以确信,在距今约四千六百年的黄帝时代,文字在生活中的运用已非罕见,因而由巫史中人加以整理,使文字渐趋规范化,这或许就是仓颉造字传说的由来。当然,如鲁迅所说,其事也"不能归功于一圣",文字的产生有更复杂的社会动因。其三,在生存的基本需求之上,尚有发展的需求。特权阶级"劳作"与他们的生活的环境渺不相关,劳动生活是他们漠不关心的,因此,武艺、音乐、文字等专门的知识内容,便分化出来以适应这种需求,并以知识的定向积累来强化这种需求。如军事教育成为教育的基本内容、孝成为道德教育的新内容、强调礼乐之教。教育也不再是可有可无的事情,而是贵族必备的条件。特别是兵器的产生与战争的频繁是原始社会末期奴隶社会初期的显著特点。传说中的"五帝"时代已经处在向奴隶制国家的过渡时期,氏族与氏族之间、部落与部落之间不断进行兼并。根据战争的规模和兵器生产水平,不仅可以断言对年轻一代进行军事教练已成为那个时代所必需,而且可以推测那个时代军事教练的内容。同理可知,孔子之所以对樊迟问稼问圃感到气愤,是因为他把教育看作是让奴隶主阶级的子弟学习礼仪规范等治人之术的手段,而不是直接为农业生产服务。其四,人类追求精神生活的发展。人类有着追求完美的天性,当人们把陶器变得更好看时,那不仅仅是为了耐用,枯燥的生活同样需要自娱自乐的精神生活来丰富来协调,这是学校诞生的心理基础。

**知识卡片 1-1**

在西方先哲中,苏格拉底、柏拉图、亚里士多德三者之间的直接师承关系最为引人注目。柏拉图师从苏格拉底八年,亚里士多德师从柏拉图前后长达20年。实际上三位先贤在具体哲学思想、治国理念上并不完全一致,但他们在教育史上的贡献却都十分显赫。苏格拉底的"精神助产术"、柏拉图对理念的追求以及创办的"阿加德米"(Academy)学园、亚里士多德的"百科全书"式的教育追求,都成为后世教育论著不可或缺的内容。

在欧洲的奴隶制社会中,最典型的是斯巴达和雅典两种类型的教育。斯巴达的教育全部由国家组织、管理和控制,以军事为主,学习内容有赛跑、跳跃、角力、骑马、游泳、掷铁饼、投标枪等军事体操训练,以养成体格强壮、残忍果敢、头脑冷静的奴役奴隶的武士。雅典的教育有所不同,由于雅典的商业比较发达,政治斗争更趋复杂,所以他们的教育内容除了竞技方面的训练外,还有辩证法、文法、修辞三门学科,以便培养有文化教养的商人和能言善辩的社会活动家、政治家。因而雅典的教育除重视体育、军事训练和道德教育之外,还注意到智育和美育。在西方社会中,雅典的教育是最早形成体育、智育、美育和谐发展的教育。苏格拉底、柏拉图、亚里士多德都活跃于民主政体的雅典。

当然,社会选择学校作为人类文明传递的最重要方式,主要还与学校这种教育形式在传承人类文明上的优越性有关。首先,学校是一种特殊的专业性社会组织。学校这种组织与其他组织不同之处便在于它是专门为施教而组织起来的。它是根据特定的目的而创造的一种人为的社会环境,它可以按照社会的要求对受教者身心施加影响。其次,有专门的教师。与偶然接受的教育不同,学校教育在教师的组织下进行。教师是专门施教的人员,他不仅要精通某方面的知识、具备特定的能力,而且是代表着社会对受教对象进行教育。这样他就从狭隘的个人意识或家族经验中摆脱出来。所以从教人员的专门化是学校产生和发展的突出特征;再次,有固定的时间、对象和施教场所。学校皆是在一定的时间和地点对学生进行教育。尽管我们承认孔子周游列国途中也进行讲学,如"习礼树下",但我们不认为那就是学校;尽管我们承认原始形态的教育,如父传子、师带徒的方式在社会生活中仍广泛存在,但我们仍然不认为那就是学校。换言之,学校必须有固定场所、施教人员和施教内容。最后,学校是最有效的施教方式。学校这种专门化的组织对于进行教育来说是最有效的,它要选择明确的内容、适当的方法。所以,自从学校诞生,就有了对教育规律的探索,这为教育学的产生奠定了基础。

当然此时的学校教育刚刚产生,各种规章制度还不完备,有其自身的特点。其一,教育的等级性。此时的教育是奴隶主阶级独享的特权。原始社会教育的共同性和普适性遭到破坏,学校教育为统治阶级所独占,劳动人民得不到受教育的权利。教育目的也是为培养统治者服务,传播的知识皆为如何对劳动人民进行统治。由于所有文化典籍、祭祀器皿都藏于天子、诸侯的宫廷之中,由专门担任文化事务的官吏世袭保管,他们分别向后人或其他需要的人传授该方面的内容。所谓"学术官守"或"学在官府"。因而教师也不是独立的社会职业,而是担任某一职务的官吏,即"官师合一"。其二,内容脱离生产劳动。既然学校教育是为培养统治者服务,而奴隶社会的统治者是不需要参加生产劳动的,再加上,当时文字初创,笔纸尚未发明,只能以刀作笔,用竹简为纸,所有的"典""籍""策""简""牍""册"都十分昂贵且复本极少,其他礼乐教育所需器具也归官府所有,这些知识的学习需要人们相当长的时间、相当大的精力,很多情况下的学习都是靠死记硬背。所以教育与劳动相脱离的状况比较突出。其三,学习时间短且无固定形式。往往是一个教师教几个学生,不分年级,学习内容各不相同,学习时间也不固定。孔子设教于"杏坛",实际上是在树下团坐而已。

秦始皇统一中国后仍然沿用了"学在官府、官教合一"的教育制度。官学中只以法令作为学习的唯一内容,禁止私学甚至焚书坑儒,造成了文化的倒退。汉代先黄老后兴儒,汉武帝设五经博士,重置太学"以养天下之士"。太学成为教育的最高机构,也成为统治者知识和思想的渊薮。隋唐以后的科举制度使得教育与统治的联系更加紧密,对破除门阀等级制度起到积极作用,也使得社会流动更加合理有序。其对选拔人才、稳定统治、普及文化知识的贡献甚伟。但对知识分子的视野窄化、思想局限、人格禁锢的作用也是显而易见。唐代后期兴起至宋代发展到鼎盛的书院则为教育冲破科举制度走出了另一条道路,可惜后来的封建统治容不得这块思想自由的阵地存在,书院的官办色彩日益浓厚。宋代以后,程朱理学成为国学,儒家经典更被简化为"四书""五经",以此作为基本教材和科举考试的依据,知识的发展走上歧途。明代以后八股文被规定为科举考试的一种固定格式,科举对教育的影响不仅是在思想内容方面划定范围,而且在形式上也要遏抑创造性的发挥,学校是科举附庸的现象走到极致。所以,只有科举制度废除,现代学校教育才真正在中国落地生根、茁壮成长。

> **知识卡片 1-2**
>
> 科举制是中国封建王朝设科考试用以选拔官吏的制度,始创于隋,形成于唐,延续至清末,存在了1300年。科举制度的产生,适应了当时社会政治发展的需要,打破了门阀士族对官吏体系的垄断,选拔才识卓异之士进入政治管理领域,对维护封建统治起到了重要作用。它对同一时期的政治、经济、教育制度

> 以及知识分子的学风,都曾产生重大影响。历代以科举入仕而名垂青史的有:唐朝张九龄、颜真卿、郭子仪等;宋朝寇准、包拯、司马光、王安石、李纲、苏轼、文天祥等;明朝于谦、海瑞、张居正、史可法等;清朝林则徐、翁同龢等。然而随着科举制度的发展,其弊端也逐步显现。讲关节、重门第、舞弊之法层出不穷,考试内容与方法失当,以致成为教育空疏无用的罪魁祸首。

总之,学校教育是社会发展到一定历史阶段的产物,它的产生使教育从其他社会系统中分离出来,作为一种独立的社会现象而存在。与实践活动中进行的直接教育相比,学校教育对人类文化传播和社会延续与发展起着更为重要的作用。它日益成为整个人类社会这个有机体中不可或缺的一部分。

## 第二节 教育学的发展

以教育现象、教育问题为研究对象的教育学,是在近代自然科学普遍确立之后才出现的。但是,它的产生和发展却经历了一个漫长的历史过程。

### 一、教育学的产生与发展

任何一门科学都有其产生和发展的历程,教育学的产生也是人类社会,特别是教育实践发展到一定阶段的产物,是随着近代科技的发展、实证主义思想的勃兴及社会对于教育的需要日益增长的情况下产生和发展起来的,同时也反映了人们对教育这一社会实践经验的不断丰富和积累,不断深化和发展。教育学产生大致经历了两大阶段。

#### (一)教育学的萌芽阶段

在英国资产阶级革命之前,教育学还只是作为一种教育思想、教育经验或教育现象的描述,散见于当时的思想家、政治家、教育家的一些政治、哲学、伦理学、宗教甚至文学著作中。中国的孔子、墨子、老子、庄子、孟子、荀子、董仲舒、韩愈、王安石、张载、朱熹、王阳明、顾炎武、颜元、黄宗羲、戴震,以及西方的苏格拉底、柏拉图、亚里士多德、昆体良等,他们在长期的教育实践中,都以各自的哲学思想为基础,结合不同的认识论、政治观、伦理观和教育实践经验,对教育及相关问题进行总结、探讨并至升华,提出了一系列对后世教育及教育学的发生发展产生重要影响的观点和主张。如孔子,他是我国古代伟大的思想家和教育家。他创办了私学、教学活动达50余年,积累了丰富的教学经验。他的教育思想包含在他的哲学思想之中,并同他的政治思想、伦理思想、文学思想掺杂在一起,我们今天仍在引用的"三人行必有我师""有教无类""学而不厌,诲人不倦""启发式教学"(孔子曰:"不愤不启、不悱不发,举一隅不以三隅反,则不复也")等都散见于《论语》中。但《论语》并不是专门的教育著作,而是孔子若干语录的汇编,它更像儒家思想史著作。

大约到了战国后期,才在我国教育史上第一次出现了论述教育的专门著作,如被郭沫若考证为孟子高足乐正克所著的《学记》,被认为是"教育学的雏形"[①],是中国也是世界上最早的一部论述教育问题的专著。它仅用1229个字,从正反两方面系统精辟地概括总结了我国先秦时期的教育教学经验,论述了教育与政治的关系,教育的作用、目的、任务,教师的地位、师生关系、教学内容及其程序等诸多问题,提出了循序渐进、温故知新、因材施教、循循善诱、不陵节而施、禁于未发、长善救失、藏息相辅、教学相长、尊师重道等一系列教育、教学的主张和原则。其次是《大学》。《大学》是《礼记》中的一篇,成文于战国末年,全文共1743字。是儒家有关大学教育的集中反映。由于儒家教育主要是道德教育,因而《大学》可以认为是儒家道德教育的专著,宋代朱熹把它列为四书之一也正因此。《大学》明确提出了道德教育的完整体系,包括所谓三纲领和八条目。三纲领是"明明德""亲民"和"止于致善"。八条目是格物、致知、诚意、正心、修身、齐家、治国、平天下。其目的是为了实现三纲领。很显然,其中前五条为修己,后三条为治人。修己的目的是为治人,治人又必须以修己为前提。无论是修己还是治人,"皆以修身为本"。八个步骤前后相续,对我国封建时代士人为学、做人、从政影响极大。

在西方,罗马的昆体良(35—114)被认为是教育史上第一个教学理论家,他曾写过《雄辩术原理》一书,对教学工作提出了很多真知灼见。如他强调必须让孩子进入学校学习而不是以家庭延请教师的方式,通过转换学习内容可以调动学生的积极性,通过分班教授的方式可以使每个孩子都取得进步,家庭生活在儿童早期教育中具有极其重要的作用,教师应当是学问的楷模而不是体罚的执行者,等等。至今仍然有借鉴意义。

当然,中外古代思想家、教育家的教育思想,仍然只是他们哲学思想或政治思想的一部分,其中的论述虽不乏真知灼见,但在更多问题的分析说明上,由于时代的局限,往往还停留在感性认识或简单的形式推理上,简洁、直观、朴素是其共同特征。他们这种对教育实践经验的描述还未形成系统的教育学理论。

**(二)教育学形成阶段**

随着近代资本主义生产方式的建立和发展,社会生产力水平得到迅速提高,科学研究也飞速进步,特别是机器工业的发展需要有文化科学知识的劳动者,促使教育日益扩

---

① 毛礼锐.中国教育史简编[M].北京:教育科学出版社,1985:247.

张。正是随着教育的扩展,教育学在教育实践中和学科分化中从哲学和其他学科中分离出来,逐渐成长为一门相对独立、内容丰富、体系完整的学科。

历史上第一次把教育学作为一门单独学科提出来的是英国的哲学家和自然科学家培根(1561—1626)。他在《论科学的价值与发展》一文中,把教育学理解为"指导阅读"的科学。捷克教育家夸美纽斯(1592—1670)在继承文艺复兴以来的人文主义思想、吸收16—17世纪自然科学的研究成果和唯物主义思想,概括前人和自己的教育经验基础上,发表了《大教学论》(成书于1632年)。在这部著作中,夸美纽斯提出了诸如普及教育、学校教育的目的和作用、班级授课制、直观教学等一系列教育措施和整套教学原则与教学方法,奠定了近代教学理论的基础。尤其是他的"把一切事物教给一切人"的教育主张给人留下了深刻印象。苏联及东欧各国普遍把这部书作为西方近代教育学的雏形,是教育学从哲学著作中分化出来的标志。

其后又出现了许多著名的教育思想家,如英国哲学家和教育家约翰·洛克(1632—1704)。他在《教育漫话》(1693)中提出了著名的绅士教育思想体系,对当时英国上层社会子弟的教育起到了重要的推动作用,其中所阐发的反对天赋观念的白板论更是为人们所熟知。法国启蒙思想家卢梭(1712—1778)的长篇巨著《爱弥儿——论教育》(1762)也是教育经典之一。其中尖锐地批判了腐朽的封建灌输式教育,提出了追求个性解放的自然主义教育思想。瑞士教育实践活动家和教育理论家裴斯塔洛齐(1746—1827)从资产阶级民主主义和人道主义思想出发,不仅发表了教育名篇《林哈德和葛笃德》,而且通过自己的终生教育实践,身体力行了自己的教育主张,在当时就蜚声世界。

一门学科的建立与否,其重要标志之一是在大学里是否开设此门课程。教育学作为一门学科在大学里讲授起始于德国哲学家康德,他于1776年在哥尼斯堡大学第一次开设教育学讲座,但先后进行4学期(1776—1787)就改弦易辙了。继康德之后的是赫尔巴特(1776—1841),他不仅继承了康德的哲学和教育学讲座,而且第一个进行了教育学科学化的努力。他先后出版了《普通教育学》(1806)、《关于心理学应用于教育学的几封信》(1831)、《教育学讲授纲要》(1835)等著作,努力从伦理学和心理学两方面对教育学进行科学的构建,他以伦理学为基础建立了教育目的论,以心理学为根基建立教育方法论,并创建了一个比较完整的课程体系,形成了比较完整的教育学理论体系。他还根据"统觉"学说,强调教学应该是一个完整的过程,提出形式教学阶段理论,将教学过程分为明了、联想、系统和方法四个阶段。赫尔巴特的学生齐勒尔和赖茵又发展为五个阶段,即预备、提示、联想、总结和应用。后来,凯洛夫又将其演变为五步法,即复习、引入、讲解、总结和练习,20世纪50年代,我国中小学曾广泛采用这一教学模式。赫尔巴特本人被称为近代西方资产阶级传统教育学的创始者和"科学"教育学的奠基人。从夸美纽斯到赫尔巴特,标志着独立形态的教育学初步形成。

(三) 教育学理论的发展

随着生产、科学、文化的迅猛发展,教育也获得了较大的发展,学校教育逐渐普及,人们对教育理论的研究越来越深入,教育学理论也日趋繁盛,如德国教育家福禄倍尔(1782—1852)不仅发表了《人的教育》(1825),而且第一个创办了幼儿社会教育的重要机构——幼儿园(Kindergarten),其对儿童的早期教育思想开创了教育理论研究的新领域——幼儿教育学。几乎同时,1835年出版了德国资产阶级民主教育家第斯多惠(1790—1866)主编的《德国教师教育指南》,对德国教师的思想和专业指导产生了巨大作用,也在教学理论的发展史上占有重要的地位。俄国教育家乌申斯基开创了俄国民族主义教育理论研究的先河,特别是他在《人是教育的对象》这篇教育学名著中系统阐述了他的教育观点,其在强调教育普遍规律的同时,也竭力探讨了教育的民族性。英国社会学家、哲学家和教育家斯宾塞(1820—1903)在其《教育论》中阐发了他的社会功利主义和个人主义思想,提出真正的教育应该放在实际需要的基础上,使教育为人的完满生活做准备。

19世纪末20世纪初,欧美各国完成了第二次工业革命,由工业革命及其引发的经济和政治等各方面的变化,形成了19世纪末20世纪初欧美各国的社会改革浪潮,促成各种社会思潮的勃兴。就教育而言,工业革命之后,普及教育成为发展生产的必要条件。教育不再是某些少数人的专利,成为了社会生活重要组成部分,而教育的普及又使得人们对教育实践更加重视,对教育问题更加深刻反思,特别是由传统的以教师传授书本知识为主的教育方式所培养出来的人并不能适应工业发展的需要。要进行教育改革,首先需要有新的教育理论。而社会上普遍的民主要求、自由主义和民族主义的高涨、进化论思想的传播、实证主义和实用主义哲学理论的发展、实验心理学的发展都为教育学理论的研究提供了背景、问题和基础。在这些因素的影响下,欧美各国兴起了教育革新浪潮,注重教育的普及,注重教育规律的探索,注重使平民所受教育与手工和工业劳动联系起来的倾向日益明朗。于是,西欧出现了一种为社会培养新型上层人物的学校——"新学校",以培养具有开阔的眼界、现代科学知识、善于应变和组织管理能力、强健的体魄和灵巧的双手、自由发展的个性和勇气的人,以迎合现时代的要求。其主要代表人物有雷迪(1858—1932)、德克罗利(1871—1932)、蒙台梭利(1870—1952)、凯兴斯坦纳(1854—1932)等。美国"进步教育运动"的主要理论代表是杜威(1859—1952),他首次提出传统教育与现代教育的区别,并把自己创立的,以实用主义和主观经验论为基础,体系严密、著述丰厚、影响甚广的进步主义教育思想作为现代教育思想标榜。尤其是他主张以儿童为中心,强调儿童的独立性和创造性,活动、劳动对儿童发展的作用,教育与社会生活的联系等,确实给人耳目一新的感觉。

**知识卡片 1-3**

  杜威是美国实用主义哲学的集大成者,也是实用主义教育思想的创始人。年轻时他曾担任过中学和乡村学校的教师,后来一直在大学从事教学和研究工作。他的教育著述宏富,1916年出版的《民主主义与教育》是其代表作。杜威在本书中对实用主义教育思想作了最为集中和系统的阐述。杜威把赫尔巴特教育理论称为"传统教育",而称自己为"现代教育"。他认为传统教育是"教师中心、教科书中心和课堂中心",即强调了教师对学生的严格管理,学生的学习围绕教师;学生的知识主要来自于教科书和教师的讲授;课堂教学是主要的教学方式。而现代教育应强调教育与生活、学校与社会的联系,要充分发挥学生的主观能动性,重视实践活动和实际经验对获得知识的重要性。杜威主张"教育即生活""学校即社会""教育即生长"。他进而提出儿童中心、经验中心和活动中心。他强调学校生活中,"儿童是起点,是中心,而且是目的",教育的一切措施应围绕着儿童转;要以经验作为学生的主要学习内容,从经验中学习;教学过程应该以儿童的实践活动为中心,"从做中学",教学过程就是"做"的过程。杜威实用主义教育思想相对于传统教育理论,其进步性毋庸置疑,它在一定程度上代表了教育理论自身内在的合乎逻辑的发展方向,也可以视为目前中国新课程改革的理论基础之一。

  第二次世界大战结束后,民族国家的独立、冷战的持续、核战争的威胁、电子工业的发展、生物技术的创新等都给教育带来了新气象。就教育理论而言,进步主义陷入衰退(1955年美国"进步教育协会"解散),几乎与进步主义同时产生,而以对抗进步主义为己任的要素主义、永恒主义、新托马斯主义等流派开始崛起,它们从不同方面对进步主义教育思想展开凌厉的批判,新传统主义重新抬头,特别是在苏联卫星上天后美国颁布了《国防教育法》,更是加强了对教育内容与思想的改革。而进步主义则采取改头换面的方式进行抵抗,改造主义是其代表。此时还从哲学理论中新产生了一些教育理论流派,它们对当前的教育改革有切实的影响,如存在主义、分析教育哲学、结构主义、建构主义等。其中瑞士儿童心理学家皮亚杰(1896—1980)、美国心理学家和教育家布鲁纳、美国教育心理学家布卢姆等是这方面的代表。皮亚杰提出了儿童思维发展结构的理论,认为儿童的智力既不是先天的心理官能,也不是简单地在外界影响下所形成的联想,乃是一种认识的结构,儿童的思维、认识、智力的发展过程就是这种认识结构不断重新组织的过程。布鲁纳在1960年出版《教学过程》一书,阐明了他在课程改革上的理论观点。他强调了学科的基本结构、学生的能力培养、早期教育的重要性及"发现法"学习。他的理论在20

世纪60年代风靡一时。布卢姆则从教育心理学的角度出发,提出了教学过程中的目标分类问题,把教学目标细化,采取适当方式逐步完成,这种理论在七八十年代比较风行,至今仍余音未绝。

苏联建国后则在另一条道路上进行了艰辛的探索,无论是20世纪30年代的教育整顿,还是1958年的《关于加强学校同生活的联系和进一步发展苏联国民教育制度的法律》、1977年的《关于进一步改进普通学校学生的教学、教育和劳动训练》的决议、1984年的《普通学校和职业学校改革的基本方针》等若干指导性文件的颁布,都是在中央政府集权下统一进行的。其在教育理论方面的贡献主要体现在对集体主义教育、综合劳动技术教育和"全面发展的人"的教育实践探索。就教育家而言,除了因为中国50年代大量翻译而十分熟悉的克鲁普斯卡娅、马卡连柯、凯洛夫、加里宁等人外,其他如维果斯基、赞科夫、苏霍姆林斯基、巴班斯基等也都为教育理论的发展作出了杰出贡献。特别是赞科夫在《教学与发展》一书中提出了"高难度、高速度、理论起主导作用"的教学三原则,不仅对苏联,而且对整个世界的教育理论都产生了重要影响。

80年代为配合国内政治形势的变化,苏联教育界展开了"合作教育学"的讨论,并对我国教育理论界产生了一定的影响。1985年戈尔巴乔夫上台,提出的"改革和新思维"的观点充斥各界,"合作教育学"派产生于1986年并得到加速发展,在一定程度上顺应了这一要求,"民主化""公开性"成为这一思潮的指导思想。随着苏联的解体,这一思潮也逐渐销声匿迹了,但它在教育整体结构优化、教育理论心理化、教育面向未来化、个性全面发展和谐化方面的探索,尤其是其在教育实验领域所作出的努力仍然达到了那个时代的顶峰。

## 二、教育学在中国的发展

在中国,教育学作为独立的科学体系是从西方近代教育理论的译介开始的。最早是1882年颜永京的《肄业要览》(译自斯宾塞的《教育论》),影响比较大的是1901年王国维翻译的日本应花铣三郎讲述的《教育学》,刊登在《教育世界》上。随着科举制度被废止、新学校普遍设立和欧美教育思想的不断渗透,我国的教育学理论也取得长足进展。1902年京师大学堂设师范馆并开始讲授教育学,此乃大学开设教育学之始。初期,师范馆内有不少日本籍教师,其中服部宇之吉担任教育学、心理学、伦理学课程的"正教习",当时的教材也是从外国教材翻译而来,如《独逸的教授法》("独逸"是德国旧译)。在1909年,四川速成师范学校学生编有《教育学》和《教育史》讲义,曾由四川提学使送请清政府学部审查,因为取材过于日本化而遭到驳斥。同年,商务印书馆编的《教育学》教科书和中国图书公司出版的《教育史》作为师范学校教科书发行。次年,蒋维乔著的《学校管理法》就得到了学部首肯。辛亥革命后,蔡元培出任中华民国第一任教育总长,他发表了《对于教育方针之意见》一文,提出了军国民教育、实利教育、公民道德教育、世界观教育、美育五项教育宗旨,显示了他的唯理论教育观倾向,也是受德国教育思想影响的反映。

"五四"运动是教育发展的分水岭,此后中国教育学的研究走上了两种截然不同的路向。一方面是西方教育理论译介持续升温,并由原本倾向于日本、德国的唯理论教育学转向美国的经验论和实用主义教育学。首先是杜威1919—1921年来华,到过中国的北京、上海、奉天(辽宁)、直隶(河北)、山东等13个省市,口讲指画,当面宣介、传授他的实用主义教育学。他每次演讲的内容几乎都能在第二天的报纸上找到,所有演讲的内容都由听课学生整理发表,为此他几乎红遍整个中国。接着罗素、孟禄、柏克赫斯特、克伯屈相继来华,他们对中国接受西方教育理论产生了积极影响,孟禄甚至直接参与了中国学制的修订①。特别需要指出的是,陶行知、陈鹤琴在借鉴实用主义教育理论的基础上,根据中国社会和教育的实际情况,创立了生活教育理论、活教育理论,在学习和借鉴外国教育理论结合本国国情方面作出了卓越贡献。陶行知更成为中国教育史上不可逾越的丰碑。另一方面,"五四"运动后,马克思列宁主义传入中国并作为革命行动的指导,以陈独秀、李大钊为首的北大学人对传统的教育进行了无情的揭露与批判,"劳工神圣""平民教育""勤工俭学"都成为这一时期的流行语。1929由杨贤江(笔名李浩吾)首先写出了第一部以《新教育大纲》为书名的马克思主义教育学著作。在此书中,他力图以辩证唯物论观点,分析教育的本质,说明教育的问题,指出教育与经济政治的关系,批判美国的教育,颂扬苏联的教育。他的教育思想具有革命性、科学性和时代性的特点,竭力强调教育的上层建筑性质,尽管在教育学的微观方面还很薄弱,对如何进行德育、智育、体育、美育、劳动教育都没有进行系统分析以生发出系统的教育学理论,但瑕不掩瑜,它出现在中国教育思想史上具有划时代的意义。1934年中华书局出版了钱亦石编写的《现代教育原理》,这也是力图用唯物论来说明教育原理的教育学著作。该书特别强调教育的社会性和现实性,并在参考书目和附注中巧妙地暗示人们如欲完整把握教育学的规律,就应当阅读马克思主义著作中的有关章节。在革命根据地内虽然进行了轰轰烈烈的普及文化教育运动,建立了许多大中小学,甚至在延安大学里还曾设立了教育系,中央研究院成立了教育研究室(1941年),也有徐特立等老一辈教育家的孜孜以求,但终因战事倥偬,只能进行一般的教育经验的总结,而无暇把经验上升为系统的理论层面,并没有写出自己的教育学著作。不可否认,他们那时进行的短期教育训练方式、教育与社会实践相结合的指导思想、全民皆学奋发向上的思想追求,都对新中国成立后的教育实践产生了深刻影响。

新中国成立后政治上"一边倒",教育上也"一边倒"。凯洛夫主编的《教育学》便成为

---

① 其实孟禄早在1913年就到过中国,并对中国的教育实践作过一番调查研究。只是1921年再次来华时恰逢中国教育界讨论学制的热潮,他根据自己的平民主义教育思想并结合中国教育的具体现状,多次发表意见并受到普遍欢迎,所以在壬戌学制中留下了深刻的美国烙印。

中国教育理论界必备的教科书和指南,其影响之深和影响时间之久,还没有一本其他教育学专著可以与它相比拟。[①] 凯洛夫《教育学》在促进中国教育科学化、规范化的同时,其过分机械、缺乏辩证性、片面强调教师的主导作用等缺陷也是有目共睹的。特别是在中国教师普遍缺少教育理论的情况下,对这一《教育学》的贯彻更是采取了极端的形式主义,如硬性规定了上课的几个环节,并以分钟计算,不能减少与增加,甚至次序也不能更改,理论终于走向了教条。苏联其他的教育学教材也有翻译,如叶希波夫、冈查洛夫合编的适合中等师范教育的《教育学》,奥齐洛德尼柯夫、申比廖夫合编的适合师范专科学校的《教育学》,苏罗金娜的《学前教育学》,斯米尔诺夫为家长写的《教育学初级读本》等都有翻译版,每种发行量都在十万册以上。据统计,从1951年至1957年秋,仅仅人民教育出版社翻译出版的苏联教育书籍就有303种,共发行12627849册[②],对中国教育学的影响不言而喻。1960年苏联撤走所有在华专家,中国教育学的研究开始探索本土化的道路。1961年5月成立了"高等学校文科教材编选工作组",聘刘佛年为主编,组织全国教育学知名学者编写高校适用的《教育学》教材,到1963年拿出了讨论稿。由于该书是应不时之需,且必须摆脱凯洛夫主编《教育学》的影响,所以在编写方面过分强调了教育的阶级属性、阶级斗争在教育方面的表现,甚至把不稳定、不肯定的知识、意见或一时颁行的文件、许多暂行的工作条理都写进了该教材之中,这些都是该教材为人所诟病的。但它毕竟是中国学者编写教育学著作的尝试,力图超越翻译过来的教科书而体现自身的特点,特别在中国教育学空白的情况下起到填充作用。"文革"中大学停办了相当长时间,教育学的研究无从谈起。"文革"结束后立即重印了刘佛年主编的《教育学》以备时需,但终因资料陈旧、观点自相矛盾而被人们扬弃。此后教育学的编写进入空前"繁盛"时期,20世纪80年代几乎成为教育学教科书的年代,大学教育学教师几乎没有不参加编写教育学教材工作的,全师出动、全力以赴,教育学的教材大量涌现,教育学也成为人人可以"坐而论道"的学问。

## 第三节　教育学的研究对象、性质和意义

当前教育学有非学科化倾向,主要原因在于教育学界自身学术定位的迷失。中国教育学界至今还没有将危机意识提升到应有的高度,这将是在未来相当长的时期内阻碍教育学发展的重要问题,为了教育学的健康发展,我们必须从现在抓紧做三个方面的工作:其一,在新潮理论层出不穷,甚至概念混淆的时髦用语泛滥的今天,返回到"教育学经典

---

[①] 在相当长一段时间内,是把凯洛夫的教育思想作为苏联教育思想的代表来学习和照搬的。可参阅毛礼锐、沈灌群主编《中国教育通史》第六卷,及陈元晖.中国教育学七十年[J].北京师范大学学报(社科版).1991(5):52~94.

[②] 毛礼锐、沈灌群.中国教育通史(第六卷)[M].济南:山东教育出版社.1989:98~99.

大师"们所揭示的那些教育问题及其创建的基础理论,仍然是确立教育学科特体的重要途径;其二,以教育学以外的其他社会科学门类为参照系,厘清教育学的主体特征,明确其研究对象与方法,即以同一社会现象为对象的各门学科的研究也应该具备大相径庭、特色纷呈的研究成果,教育学的研究如果失去了独到之特色,也便失去了存在的价值;其三,教育学自重建之日起便紧密地与中国的改革开放结合在一起,改革开放需要社会学,教育学也因此得到了知识和制度创新的机遇。教育学在中国的发展潜力在于,将其鲜活的生命力和对社会的感受力植根于中国社会的发展进程中,才有望推进教育学在中国的建设。

## 一、教育学的研究对象

科学就是根据自己研究的对象所具有的特殊矛盾性而分门别类的。任何一门科学的独立存在,首先决定于它自己具有的特定研究领域,具有不为任何其他学科所专门研究的对象。所以教育学的研究对象问题也是教育学的首要问题之一。

以往许多研究者都把教育学的研究对象界定为"教育现象及其规律",以此把教育学和其他学科区分开来,说明它是专门研究教育这个领域里的现象及规律的。但随着教育科学研究的深入,人们发现这种表述面临着种种困境:什么是教育现象?许多教育现象与其他社会现象交织在一起,站在教育的角度观察它时,它就成为教育问题,而换个角度分析,则可能更是社会问题。比如职业分工与就业本是社会问题,然而它又是与学生的升学、择职、就业紧密相连,从教育的角度分析,也是个教育问题,但教育在其中能起什么作用和应当起什么作用却是个复杂的社会问题,不是教育自身所能决定的。再如,教育研究能否把教育规律作为教育学的逻辑起点?科学的任务在于揭示规律,教育学当然也要揭示教育规律,于是对教育规律的研究似乎成为教育学的根本任务或主要目标。客观事物发展过程中本质的固有的联系是规律的定义,但问题是所有对规律的认识必然是人类发挥主观能动性的结果,于是对教育规律的认识也成为众说纷纭的话题,关于教育本质的讨论即是这一问题的反映。当然我们不能由此说明教育本质问题大讨论本身有什么错误,它对教育理论界解放思想的促进作用还是巨大的。问题是,哲学上本质与规律是同等程度的概念①,我们既然不能在教育本质方面取得一致意见,那么对教育规律的认识就不可能一致,而把对教育规律的认识作为教育学研究的对象或研究的起点就颇置疑了,而设想通过教育学的研究就能提供教育艺术的标准和规范,

---

① 《中国大百科全书》(哲学卷)关于"规律"的解释是:客观事物发展过程中的本质联系,具有普遍性的形式。规律和本质是同等程度的概念,都是指事物本身所固有的、深藏于现象背后并决定或支配现象的方面。然而本质是指事物的内部联系,由事物的内部矛盾所构成,而规律则是就事物的发展过程而言,指同一类现象的本质关系或本质之间的稳定联系。

也未免太天真了。

那么到底应当把什么作为教育学研究的对象？返回头看教育学的诞生，就会认识到：教育是人类社会特有现象和永恒范畴，从人类诞生之日起，教育这一实践活动就承担起了慎重而光荣的历史使命，它使人类世界的进化有了内在的承续性。也正因为如此，对教育现象的认识几成人类固有的天性，当人们在长期的教育实践中积累了相当丰富的行之有效的教育经验之后，许多学者对这些经验进行总结、概括和理论升华，形成各种教育思想、观点和派别，这才产生了教育学。可见教育学的研究对象首先对教育"是什么"予以解释，即对人类在进化过程中解决个体发展与社会需要的现实矛盾所采取的一种最有效的行为方式——教育活动的描述。其次是对"怎样进行"教育提出建议和规定，即试图在总结经验的基础上提升到较高的理论层次，以便为更普遍的教育活动提供有效的借鉴、指导和帮助。

为此，我们必须注意区分几个有关的概念。一是"教育"和"教育学"。众所周知，教育是一种社会现象，一种社会实践，是人类有目的有计划地培养人、影响人的活动；而教育学是展示教育发展现象并努力探索教育规律的科学，只有总结教育实践经验、概括教育这种社会、历史活动的系统理论才可称为教育学。但在人们口语中却经常混用，如"教育是一门科学"的提法不仅挂在人们的口头，还呈现于教育界各级各类人员的笔下。特别是在翻译过程中，几乎遇到"education"就翻译成"教育"，遇到"pedagogy"才翻译成"教育学"，其实并不确切。在许多英文著作的标题中"education"是作"教育学"讲的。二是"教育学"与"教育科学"。教育学与教育科学在很多情况下是同一概念。类如国家教委师范教育司组织编写的《教育学学科建设指导性意见》中明确地说："教育学作为社会科学的一个分支学科，是教育学科群的总称；作为一门教育基础理论科目，是各级各类师范院校学生的必修课。"但我们仍要注意它们之间的细微区别。教育科学通常是指整个以教育为研究对象的学科群，而教育学仅仅是这一群体中的一门基础学科。所以，教育学与教育科学不是同一概念。三是"教育学"与"学科教育学"。由于教育学研究的是教育中最一般性的问题，它抛开了各种特定的教育形态和内容，而学科教育学则是教育学在某学科方面的运用，是针对某门学科的教育理论的深化和细化。如语文教育学是"从教育学的角度来研究语文教育的规律……从语文教育的目的、内容、原则、过程方式、方法等方面来研究探讨中学语文教育的规律"[①]。四是"教育科学"与"教育学科"。科学的本质在于描述事实，揭示某种现象发生的原因与条件，从而发现事物的因果联系，也即揭示事物内在的规律性。所谓教育科学是以科学的研究方法对教育现象内在的规律性进行描述的科学。教育学科则不同，它是教育学的演进与细化，是以教育实践中的某一方面

---

① 张隆华.语文教育学[M].重庆：重庆出版社.1987：4.

作为研究对象,从而从教育学整体中抽取出来相对稳定的一部分。如教育社会学即是"主要运用社会学原理与方法对教育现象或教育问题的社会学层面进行'事实'研究的一门学科"。①

## 二、教育学的性质

界定教育学的性质也是比较困难的事情。尽管教育学界也运用自然科学的方法对教育进行研究,特别是许多已经成熟的自然科学方法在教育研究中的运用几乎成为惯例和共识,并发展成为教育的分支学科,如教育统计学、教育测量学等。但整体而言,教育学是研究教育现象的学问,它要面临着人与人之间的交流与影响,信息的传递与承继,学生个体自我的追求与完善等无法用自然科学化的语言描述或定义的问题。所以,从赫尔巴特《普通教育学》开始,对教育的科学化追求就成为教育学研究孜孜以求的目的,但教育学的研究从未达到自然科学所涵盖的所谓"客观"境界。教育学首先是一门社会科学,也具有社会科学的特性,如阶级性、综合性等特征。特别是随着科技的发展、社会的进步和教育的变革,教育学日益分化成为繁杂的学科群,各种社会学科门类都在教育中有自己的一席之地。哲学、伦理学、政治学、社会学、经济学、法学、美学、人类学、文化学、人口学、管理学、未来学、预测学等人文社会科学都与教育交叉形成相应的教育分支学科。而作为这些分支学科上位总学科的教育学本身并未消亡,只是其综合性的特点更突出了。

近年来关于教育的阶级性人们谈论比较少了,甚至有淡化的趋势。但根据马克思主义的观点,在进入阶级社会以后,教育是反映和维护统治阶级利益的,进而言之,教育的阶级性指哪个阶级在社会上占据统治地位,教育就必然要反映和维护该阶级的政治要求和阶级利益,因此教育就具有了阶级性。② 既然教育具有阶级性,既然任何社会科学都具有一定的阶级性,都反映着这一科学研究者的世界观、人生观,那么教育学也不例外,也具有一定的阶级性。

其次,教育学还具有理论性的特点。教育学的产生与人们的教育经验的积累密切相关。但自教育学产生之日起,教育学就不再是经验的简单描述,而是上升到了理论层面。尽管我们可以说理论归根结底是来源于实践,但同样正确的是,即使拥有丰富的实践源泉,也不能自然而然地产生理论,真正的理论建树除了以实践经验为基础外,还需要有别的理论滋养,还需要理论创造者进行艰苦卓绝的思维梳理和创新。所以,教育学不是针对某一教育现象的具体描述,而是把对教育实践的认识提升到理论层面。尽管教育学的理论系统与实践有一定的隔膜,并往往成为被抨击的靶子,但其理论性恰恰也是它自身

---

① 吴康宁.教育社会学[M].北京:人民教育出版社.1998:20.
② 有关教育的阶级性问题,请参阅成有信.教育的职能和教育的阶级性[J].北京师范大学学报:社科版,1992(4):51~54.

的特性之一。

再次,教育学具有实践性特点。教育实践是教育科学的源泉,也是检验教育力量是否正确的标准。因此教育学所研究的问题往往来自教育实践。另一方面,学习教育学的目的便在于指导实践,它要求教育学提供已经认识的规律,运用于实践的具体教育方法以及教育工作所必需的规范,从而能有效地指导教育实践。人们对教育学寄予厚望所在便是它的实践性,绝大多数教师更关注与实际工作密切相关且操作示范价值较大的教育成果,希望通过教育学的学习能够对教育活动有切实的帮助,而当教育学不能满足这些愿望时,他们就会产生教育科研偏离教育现实的印象,所以加强教育学的实践性也成为许多教育学研究者以外的人一再呼吁的事情。为此我们应当警惕不要人为地把理论和实践对立起来,而应把它们视作功能互补的一对车轮,缺少哪个轮子,现代教育这辆大车都难以正常前进。

## 三、学习教育学的意义

教育的知识是每位合格教师必须具备的职业素养,学习教育学也是每位未来的教师步入教育领域时必须掌握的内容之一,因此教育学既是师范院校的公共必修课,也是体现培养目标的特色课程。有些人会说,即使不学教育学,同样也可以进行教育,过去非师范专业毕业生,甚至中学毕业生不也做一辈子教师吗,而且有的人教得相当出色。即便身为万世师表的孔子,当时并没有教育学,也并不妨碍他成为世界闻名的教育家。这个例证从根本上说是错误的:孔子是一个有经验的教师,他不仅有丰富的教学经验,而且有创造性的教育理论。《论语》即是他从事教师生涯的理论总结。教学上我们现在还常提到"启发式"教学,启发的理论就是由孔子总结他的教学经验而提出来的教学理论,是他首先提出"不愤不启、不悱不发,举一隅不以三隅反,则不复也"。实际上,在教育实践中,依靠经验,探索前进,日积月累,锲而不舍,做出成绩的事例确实不少,但我们应当看到,所有这些成就的取得往往要为此付出很多代价或者走不少弯路,事倍功半。如果能认真学习并运用前人早已总结完毕的理论,岂不可以费力少而收获多、成效大?所以学习教育学并用以指导实践,是保障教育工作的正确方向,增强工作中的自觉性、减少盲目性的最简捷有效的办法。具体说,学习教育学有以下几点意义。

首先,学习教育学有助于理解教育事业在社会整体系统发展中的地位与作用。随着科教兴国战略的实施,教育在社会发展中的地位与作用越来越重要,对教育优先发展乃至超前发展的认识各不相同。学习教育学就可以对教育—人才—科技—社会发展之间的关系有清醒的认识,从而对教育在社会主义现代化建设中的地位与作用有明确地把握,对目前教育界存在的问题有一定程度的理解,以增强教师的社会责任感。

其次,通过学习教育学,提高对教师的认识,增强作为一名教师的职业兴趣。掌握了作为一名教师所必备的技能,就可以激发学生从事教师这一职业的主动性、积极性、创造性,增强其现实感、紧迫感、责任感。培养教师的兴趣自然有多种途径,但学习教育学是其中之一。这是因为兴趣的产生在某种程度上与对该事物的熟悉有关,"了解才能更热爱",通过学习教育学,耳熏目染,有助于培养教师的职业兴趣。

再次,学习教育学有助于教师及时总结教育经验,提高自身素质。教育是一种专业性很强的工作,一名好教师,只有文化知识不行,还要有正确的教育思想,懂得教育规律,善于运用教育方法把自己的知识传授给学生。学习教育学便是增进传授知识、培养情操等活动的效率的手段。另一方面,教师提高素质的方法之一便是及时总结自己的教育教学经验,使自己百尺竿头更进一步。许多人在进行教育实践方面的总结时感到力不从心,难以避免别人已经总结的"俗套",这是因为教育理论是千百万教育实践的经验总结,它所揭示的规律总是远远超过个别人所能达到高度。换言之,任何教育工作者的实践经验,如果没有系统的理论作支撑,其终身的经验仍然达不到教育理论所已经达到的高度,因此欲把教育经验总结并升华至某一高度,必须"站在巨人的肩膀上"。只有立根于教育学理论之上,才能总结并升华出自己的教育思想。

最后,学习教育学有助于学习其他的教育学科课程。教育学作为教育学科中的基础课,它反映了教育活动中最一般最基本的规律。师范院校的教育类课程除了教育学外,还有心理学、各科教学法、教育实习等。而随着教育分支学科的发展,教育学也逐渐形成庞大的学科群体,于是对任何一门学科的研究都有可能耗尽一个人一生全部的精力,面对如此繁复的世界,仅仅感到束手无策是无济于事的,我们只能从最基本的做起,把教育学学好,既为学习其他教育学科课程打下基础,又为开启其他教育类课程的大门寻找到一把钥匙。

> **延伸阅读**[①]
>
> 　　教育学要讲什么?外国教育学中接触到哪些题目呢?把它们概括起来,不外这些题目:① 什么是教育。即我们常说的教育的本质。② 为什么而教育。即教育方针和教育目的。③ 教育什么,以什么东西教育学生。它包括德育、智育、体育等,智育还包括有课程论等。④ 怎样教育。即教育方法,教学方法等。⑤ 教育谁。即指儿童、学生。⑥ 谁来教育。即教师。⑦ 教育工作怎样组织领导。包括学校的组织领导和国家对教育事业的组织领导。学制的研究包括在内。教育学不管教学法体系如何,这七方面不可少。

---

[①] 曹孚.关于教育学的编写问题.//瞿葆奎、马骥雄、雷尧珠选编.曹孚教育论稿[M].上海:华东师范大学出版社,1989:445.

**轶事一则**

　　1988年,世界75位诺贝尔奖获得者在巴黎聚会。有人问一位诺贝尔奖获得者:"您在哪所大学、哪个实验室学到了您认为是最主要的东西呢?"这位白发苍苍的学者答道:"是在幼儿园。""在幼儿园学到些什么呢?""把自己的东西分一半给小伙伴们;不是自己的东西不要拿;东西要放整齐;吃饭前要洗手;做错了事情要表示歉意;午饭后要休息;要仔细观察周围的大自然。从根本上说,我学到的全部东西就是这些。"

## 复习思考题

1. 教育、教育学的含义是什么,它们与教育科学、教育学科怎样区分?
2. 简论教育学诞生的历史背景与机制。
3. 教育学的性质如何?
4. 研究教育学的方法有哪些?
5. 试述学习教育学的意义。

## 参考资料

1. 南京师范大学教育系.教育学[M].北京:人民教育出版社,1984:第一章.
2. 南京师范大学、上海师范大学等六院校教育学教研室.教育学教学参考书[M].北京:人民教育出版社,1985:第二部分之教育学的研究对象.
3. 瞿文龙,等.教育学教学咨询[M].北京:人民教育出版社,1991:第一章.
4. 韩钟文,李如密.教育学[M].济南:山东大学出版社,1999:第1~5章.
5. 韩延明.教育学教程[M].保定:河北大学出版社,1995:第一章.
6. 陈桂生."教育学视界"辨析[M].上海:华东师范大学出版社,1997.

# 第二章 教育与社会发展

> **学习目标**
>
> 1. 熟悉政治经济制度与教育的基本关系。
> 2. 理解生产力与教育的相互关系。
> 3. 运用人、教育与文化之间的关系,分析学校文化和学生文化。

## 第一节 教育与政治经济制度

教育与政治经济制度虽然是两种不同的社会现象,但是它们之间却有着密切的联系,二者相互依存、相互促进,成为推动社会发展的动力之一。政治经济制度作为社会的基本制度,决定社会活动的方向、方式和速度,也决定教育的性质、目的、内容和结构等方面。同时,教育作为一种社会活动并不是消极地适应一定社会政治经济制度,而是对社会政治经济制度发展起着巨大的促进作用,使政治经济制度得以维持、巩固和加强。

### 一、政治经济制度对教育的制约

教育与政治经济制度之间的关系是教育具有阶级性的重要体现之一。在阶级社会里,教育要受一定社会政治经济制度的制约,是因为教育是统治阶级用以维护自身政权的工具。政治经济制度对教育的制约,主要表现为政治经济制度决定教育的领导权、受教育权以及教育的目的、性质等。

#### (一)政治经济制度决定教育的领导权

在人类社会发展过程中,哪个阶级掌握了生产资料所有权,它也就拥有了国家政权,能够控制精神产品的再生产,掌控了教育的领导权。因此,教育的领导权或支配权是教育阶级属性的具体表现。

掌握教育领导权的统治阶级通过颁布教育方针、政策,制订教育目的,分配教育经费,规定教育内容特别是意识形态教育内容,任命、聘用教师和教育行政人员等途径,实现对教育领导权的控制。

在阶级社会里,统治阶级利用社会政治经济制度决定教育的领导权,主要表现在以下几个方面。

第一,通过国家权利机构直接决定教育的领导权。政府、执政党通过国家权力机构从组织上对教育实现控制或管理,利用教育机构实行直接领导。统治阶级可以通过国家机器,以各种不同的手段,颁布教育方针、路线和政策,任免教育行政人员,制定教师培养、聘任和晋升制度,进而把教育纳入社会关系需要的轨道。具体来说,表现在宏观和微观两个层面。

宏观层面,表现在教育管理制度上。古今中外国家政治管理机构的组织形式多样,各不相同。教育管理制度规定了教育在国家与个人自由之间关系的选择,此规定是国家政权在教育领域的明显表现。目前世界上有三种基本的国家政治管理体制类型,这决定了教育管理制度也有三种类型。即以美国和德国为代表的地方分权制、以法国为代表的中央集权制、以英国为代表的中央集权与地方分权的混合制。

微观层面,表现在教育者上。教育者,即教育行政人员、教师等是教育的基本要素之一。他们是特定阶级、政党的方针、政策在教育领域内的具体执行者,扮演特定的政治角色,是国家意志的代言人。首先,各级各类教育行政人员的培训、选拔、任用制度受政治的制约。此制度目的在于维护国家的利益、社会的政治秩序,是国家政治制度的重要方面。例如,教育行政人员之一——校长承担着特定的政治任务,因为学校是国家、政府管理的重要部门,校长是学校的主要负责人,所以其培训、选拔、任用制度受政治制度的控制实属自然。其次,教师的培训、选拔、任用制度也受到政治的制约。教师作为教育活动的发动者、组织者,在教育过程中与学生进行的语言信息、思想情感等的交流必然对学生产生直接的、潜移默化的影响。因此,在培训、选拔、任用教师方面,各国家、阶级都非常重视对教师进行政治思想、态度、行为表现等的考察,当前许多国家所实施的教师资格证书制度中均有对教师政治要求的具体规定。

第二,利用经济力量来控制教育的领导权。

教育活动赖以正常运行并获得发展的不可或缺的前提,是必须占有一定的人力、物力和财力。小到学校中的设施、设备的完善,教职人员队伍的充实,再到不同层次、类型学校在教育系统中所占的比重和规模,大到教育事业整体发展的规模和速度,都要受到这个前提的制约。因为财力是物力和人力的货币表现,所以教育投入常以经费投入的方式呈现出来。政治体系依靠其权力以赋税等手段筹措经费,以财政预算、财政拨款等方式,掌握着国家资源的提取和分配,因此,它通过决定教育经费投入的规模和方向,制约学校教育的质量、教育系统的层次和类型结构以及教育发展的规模和速度。国家权力机关正是通过教育经费的划拨和投放,决定了教育机构的兴衰存亡,控制教育发展的规模和速度,直接实现对教育的领导和管理。

第三,统治阶级利用国家的宣传机器,将其政治思想价值观传播于社会,从而影响和控制教育的发展方向。统治阶级通过对思想文化的控制来影响教育,包括各种读物的发行,各种活动的举办,大众传播媒介的舆论导向等。在教育领域统治阶级通过课程规划纲要、课程标准、教科书等的审定,将统治阶级的思想得以贯彻落实。统治阶级正是通过这些手段影响教育工作者和学生的政治思想,左右着教育运行方向的。

### (二)政治经济制度制约着受教育的权利

教育作为一种社会资源,其丰富程度是由社会生产力的发展程度决定的。当社会生产力还不够高度发展,接受教育不能作为一种公共资源供大家共享时,这一社会资源应该如何分配呢?也就是什么人可以接受什么样的教育,能否自我选择,有多大程度的选择权,进入不同教育系列的标准应该怎样确定,国家设立怎样的教育制度,是受政治经济制度制约的。

教育发展的历史表明,在不同的社会里,不同的人享有不同的受教育权。在原始社会,由于实行生产资料公有制,氏族成员地位平等,因此社会中的受教育者拥有平等的受教育权利。在奴隶社会和封建社会,由于私有制的存在,出现了不同的阶级。在政治、经济上,统治阶级和被统治阶级处于不平等的地位,反映在受教育的权利上也是不平等的,只有占少数的统治阶级子女才有接受教育的权利。教育权受家庭社会等级制约,这表明这种受教育权具有赤裸裸的特权和等级的性质,是不平等的。

在我国奴隶社会,"惟官有学,而民无学"。[①]"学"既为官有,故教育亦非官莫属。刘师培在《学校原始论》中说:"观《周礼》大司乐掌成均之法,以教合国之子弟,并以乐德、乐舞、乐语教国子。""国子"指的是公卿大夫的子弟。直至西周时期,只有贵族子弟才能入官学。春秋以后,出现了"天子失官,学在四夷"的局面,学术下移,教育也随之下移,但也仅下移至"士"("士"既是一个阶层,也是一种职业,为诸侯服务),并非劳动人民。

在我国封建社会,受"人的依赖关系"的制约,占有生产资料的阶级也被分为不同的等级,不同等级的成员之间存在依附关系。因各自社会身份的不同,他们受教育的机会和权利也不同。当时的官学对入学者有明确的身份限制,中国封建社会的中央官学,对入学资格有"殊其士庶、异其贵贱"的规定。东汉的太学,自大将军和俸禄六百石以上官员的子弟方能入学。唐代中央官学,"国子学生三百人,以文武三品以上子孙、若从二品以上曾孙、及勋官三品县公、京官三品带三品勋封之子为之,太学生五百人,以五品以上子孙、职事官五品期亲、若三品曾孙及勋官三品以上有封三子为之。四门学生千三百人,其五百人以勋官三品以上无封、四品有封及文武七品以上之子为之,八百人以庶人之俊异者为之。律学生五十人,书学生三十人,算学生三十人,以八品以下及庶人之通其学者为之"。[②] 此限制虽因科举制的推行而有所变化,但是教育的等级制却贯穿于整个封建社会。

---

[①] 孟宪承.中国古代教育史资料[M].北京:人民教育出版社,1961:14.
[②] 孟宪承.中国古代教育史资料[M].北京:人民教育出版社,1961:183.

在资本主义社会,虽然法律上废除了受教育者在社会地位、阶级等的限制,受教育权利在形式上貌似是平等的,但实际上,由于资本主义私有制的存在,决定了人们受教育的平等权利被赋予了财产状况制约的性质,受教育权依然不平等。即使在德国、瑞典、英国这些不收学费的国家,大学生中仅有少数人来自占人口绝大多数的劳动家庭。在美国入学的机会也不平等,特别在高等教育领域学生入学机会与其家庭经济收入相关。少数族裔的青少年依然受到歧视,黑人青少年的受教育机会与白人青少年的受教育机会并不均等。①

在社会主义社会,经济的公有制性质决定了人们享有更多的接受教育的平等权利。但是,因为"在共产主义第一阶段还不能做到公平和平等,富裕的程度还会不同,而不同就是不平等",②所以也还存在人们受教育机会不平等的情况。不过,原则上不存在不同阶级之间的不平等关系,受教育机会不平等的情况发生于劳动者内部,而不是发生在不同阶级之间。

我国作为社会主义国家,自新中国成立以来一直以最大限度地满足人民日益高涨的教育需求为己任。但是,新中国成立之初原有的教育基础十分薄弱。当时全国现代学校不仅数量极少,而且主要集中于城市,平均五个孩子中只有一个有机会上小学,文盲率高达80%,人民受教育的权利得不到法律保障,教育平等、教育机会均等根本无法谈起。经过50年的努力,在教育机会均等方面取得了很大的成就。主要表现在:(1)发展教育事业,形成了比较完备的学校网络。现在村村有初级小学,乡乡有完全小学和初级中学,县县有完全中学,省省有包含工、农、医、师几大门类的高等学校。同时,还建立了一个多层次、多规格、形式多样、办学灵活的非学历教育体系。教育资源的布局比较合理。(2)依法实施普及九年制义务教育(以下简称"普九")。据教育部1998年的统计公报,全国普及九年义务教育的人口覆盖率达73%,"普九"通过验收的县综述达2242个(约占全国总县数的90%以上),小学适龄儿童的入学率为98.93%,小学五年的巩固率为87.3%。③

知识卡片 2-1④

自1940年以来,中国社会教育机会分配形态的变化趋势经历了两个截然相反的发展阶段。第一阶段是1940—1978年,教育机会分配从一种极不平等的状态向着平等化的方向演变。Deng Zhong 和 Donald J. Treiman 基于1982年

---

① 金一鸣.教育原理(第二版)[M].北京:高等教育出版社,2002:91~92.
② 中共马列著作编译局.列宁选集(第3卷)[M].北京:人民出版社,1972:251.
③ 金一鸣.教育原理(第二版)[M].北京:高等教育出版社,2002:92~93.
④ 李春玲.社会政治变迁与教育机会不平等[J].中国社会科学,2003(3):86~99.

中国人口普查数据分析,得出出身背景与教育获得之间的关联微弱的结论。而且,随着时间的延续,这种平等化程度日显增强,并在"文革"时达到顶点。他们进一步指出,在"文革"前和"文革"期间,中国政府采用了三种手段来促进教育机会的平等化并向工农子弟提供更多的受教育机会:首先是扩大教育系统;其次是实施大众教育(成人教育)规划;最后,采取一些特殊的行政手段来增加工农子弟入学的机会,使工农子弟在大学生中的比例逐年上升,1953年的比例为28%。1958年上升到55%、1965年达到71%。他们认为,中国政府所采取的这些干预政策成功地阻断了父亲的社会经济地位与其子女教育获得之间的联系。第二阶段是1978年以后,教育的主要功能不再是消除阶级差异,而是为经济增长选拔培育人才。教育机会不平等程度逐步增强。家庭背景及制度因素对教育获得的影响力不断上升。由此而得出结论,意识形态及政府相关政策的变动导致了教育不平等的弱化或增强。

### (三)政治经济制度决定着教育目的

教育目的是关于培养人才质量规格的问题。其中,培养的人应该具有什么样的政治方向、思想意识和道德品质,是由政治经济制度决定的。政治经济制度的性质不同,教育目的的性质和标准也就不同,政治经济制度是决定教育目的的主要因素之一。

在原始社会实行生产资料公有制,没有阶级,没有剥削。教育目的是培养未来的氏族成员,能从事劳动,能遵守社会行为规范,互助合作能为保卫氏族的生存而英勇战斗。人类进入阶级社会后,居于统治地位的阶级总是力图按照他们的政治要求和经济利益,通过教育有目的地培养和塑造年轻一代。奴隶社会的教育目的,是把奴隶主的下一代培养成为能自觉维护宗法等级制度的统治人才以及能镇压奴隶起义、具有抵御外患本领的能征善战军人。封建社会的教育目的,是把地主阶级后代培养成为国家政权中的官僚和实际掌握地方政权的士绅,以便对广大劳动人民实行愚民政策。资本主义社会的教育目的是:一方面,为了稳固政权和获得更高的利润,给予劳动人民一定年限的义务教育和职业训练,把他们培养成为政治上的顺民和适应现代生产需要的熟练工人;另一方面,把资产阶级的后代培养成为能够掌握国家机器和管理生产的统治、管理人才。

不难看出,阶级社会的教育目的都有注重培养统治阶级子弟成为统治人才的一面,养成统治阶级下一代的"治人"素养和能力,尤其重视德性的形成。例如古希腊智者学派的开创者普罗塔戈拉(前481—前411)讲学的目的,是授予奴隶主子弟以"政治的艺术",使他们能最好地管理家庭生活和国家事务;古罗马的西塞罗(前106—前43)将教育的最高目的确定为培养政治活动家;中国古代教育家孔子(前551—前479)设教的主旨在于培养"倍己以敬""修己以安人""修己以安百姓"的"士""君子"。因为中、西方文化传统的不同,为实现相同的教育目的所采取的方式有差异。西方重视通过心智教育培养"治人"者的德性,认为"知识就是美德"(苏格拉底),"最高的德行是灵魂的洞察力,最高的洞察力是睿智"(亚里士多德),因此以"七艺"①为主要的教育内容。中国重视通过政治和伦理的教化养成"治人"者的德性,因此选择体现统治阶级政治、伦理诉求的文献典籍作为主要的教育内容。所谓"子以四教,文、行、忠、信"②实际上只是两个方面:其一,学习文献知识;其二,将所学在社会生活中忠实地实行。

与历史上任何阶级社会的教育目的有所不同,社会主义社会的教育目的是为了培养德、智、体、美、劳全面发展的社会主义建设者和接班人。

### (四)教育相对独立于政治经济制度

尽管教育受政治经济制度的制约,但是教育又具有相对独立性。所谓教育的相对独立性,是指教育作为一种培养人的社会活动,相对于其他社会现象来说,具有自身的规律和能动性。③ 那种在教育工作中以政治、经济取代教育,或照搬、照套政治、经济工作的做法,横加干涉教育,因为忽视教育的特点和规律,对教育的发展是非常不利的。如,在我国"文化大革命"十年动乱期间,不但不提教育依靠政治,政治也依靠教育,只是片面地强调政治决定教育,教育为政治服务,而且还离开通过受过教育的人在社会上的活动为社会服务和为政治服务这一教育为政治服务的根本特点,而讲什么教育仅仅是阶级斗争的工具,甚至讲什么教育是无产阶级专政的工具,从而使教育发展成为林彪和"四人帮"愚弄人民、禁锢人民和镇压人民的工具。④

就教育与政治经济制度的关系,从思想意识上说,教育往往落后于政治经济制度的存在。当旧的政治经济制度消亡以后,与之相适应的教育内容和思想,还会残存一个时期,并不会立即消失。如社会主义教育中仍会残存着封建主义的教育思想。此外,还存在另一种情况,旧的政治经济制度还没有退出历史舞台,新的教育思想已经出现。如,在资本主义社会中,产生了马克思主义的教育思想。

## 二、教育对政治经济制度的影响

一定社会的政治经济制度对教育具有制约作用,但是,教育并不是消极地适应政治经济制度,与之相反,教育对政治经济制度有着积极的反作用,促使其维持、巩固和发展。

### (一)教育为政治经济制度培养所需要的人才

从古至今,任何社会政治经济制度的建立、巩固和发展,都是以一定的人才作为支柱

---

① "七艺"指文法、修辞、辩证法、算术、几何、天文、音乐。
② 出自《论语·泰伯》。
③ 王道俊,扈中平.教育学原理[M].福州:福建教育出版社,2011:58.
④ 成有信.教育学原理[M].郑州:河南教育出版社,1993:108.

的。学校作为培养一定社会所需人才的专门机构,当然也为政治经济制度的发展输送人才。学校按照社会政治经济制度的要求,向下一代传递该社会政治经济制度所要求的经济、科学技术、法律、宗教以及思想、道德、价值观等方面的知识,还向他们传授历代社会总结的治国安邦的经验教训,并通过各种教育活动,对他们进行公民训练,使他们按照一定社会所要求的方向成长为具有一定的政治立场和政治能力,从而成为一定政治经济制度所需要的接班人。学校培养出来的这类人才,其中一部分直接进入上层建筑领域,为维护和巩固政治经济制度服务,成为国家各级各部门的政治领导者。西方学者把这种运用教育力量培养年轻一代具有特定社会政治思想意识的过程称为"政治社会化"。

在我国古代,"学而优则仕",学校实际上是一种官吏养成所,学生寒窗苦读主要是为了获得做官从政的本领。现代社会的某些专门学校或学院,如政治院校、军事院校等,其目标就是培养政治领导者。此外,随着社会政治经济的发展,现代社会已成为科学、技术、管理三者密不可分的整体,管理已经成为一门专门的学科领域。受教育的程度,已成为进入政治领导层的重要条件。

从世界范围看,各个国家政治集团核心人物的学历层次以及各方面的素养都在不断提高,这表明教育的影响亦相对增强。例如,英国历史上50多位首相中毕业于牛津、剑桥大学的就达30多位;1977年的调查显示,英国各部门的官员中毕业于牛津和剑桥的,外交官中占75%,内部长官中占70%,高级法官占85%,大银行行长占58%;1979年的资料表明,当年英国399位保守党议员中有75人毕业于剑桥大学,94人毕业于牛津大学。其他国家同样如此,在美国,其高级政治人才大多毕业于哈佛、耶鲁、普林斯顿等世界一流大学;在日本,有70%的高级文职人员毕业于东京大学。我国各级党委、政府和人大的现任领导人,普遍具有较高的学历。

### (二)教育是一种影响政治经济的舆论力量

教育既是培养人的工具,也是宣传思想的工具。教育通过传播一定思想意识来影响社会舆论和道德风尚达到为政治经济服务的目的。积极的社会舆论有利于巩固、维护社会政治经济制度,是促进社会发展不可缺少的思想力量。

政治家和思想家向来十分重视通过教育这个阵地"化民成俗"。因为教育领域既是一个知识分子集中的地方,也是思想活跃的青年人聚集的场所,他们对各种政治经济能迅速作出反应,并通过各种言论和行动行为方式,如集会、罢课、游行示威或义务宣传、无偿服务等,来交流、宣传其思想、看法,形成一定的舆论。如,我国著名的"一二·九"学生运动和大学生志愿者行动,欧美各国在1965年前后兴起的校园风潮,可视为这方面的典型代表。

学校尤其是高等学校是中级或高级专业技术人员集中的地方,通过科学研究等方式他们可对国家重大政治经济决策提供理论基础和实践参考。现代国家都把大学看成重要的咨询机构,聘请各领域的专家作为政府部门的顾问,征询来自高等学校方面的意见或建议已经成为各国制定各种政策不可缺少的依据。因此,高等学校已成为各种政治经济新思想、新思潮的策源地和"集散地",是社会的"晴雨表"。

### (三) 教育可以促进政治民主

民主是社会进步与文明程度的重要指标,是现代政治的核心与实质,政治民主化是现代政治发展的必然趋势。虽然一个国家的政治民主化程度直接取决于该国家的政体,但是与该国人民的文化程度和教育事业发展程度密切相关。教育普及的程度越高,国民的知识越丰富,他们就越能认识到民主的价值,增强权利意识,推崇民主政策,推动政治改革和进步。正如列宁所说,"文盲是站在政治之外的"。在一个文盲充斥的国家里,封建迷信、独裁政治、官僚政治是比较容易存在的。

历史上的政治与教育关系的演近,实质上就是政治民主化与教育民主化发展的过程。封建社会的教育具有等级性、专制性、道统性及刻板性等,这是特权阶级利益与专制统治的产物。封建社会教育的反民主性是封建社会政治独裁与专制的折射。资本主义社会提出了"自由""平等"等民主政治口号。这是新兴资产阶级为了顺应商品经济发展需要自由劳动力及进行平等、自由的经济竞争而提出的。资产阶级的民主政治主要包括:一方面,确认公民的"自由""平等"的人权;另一方面,民主代议制、法治作为公民参政及保障权利的形式。正是在这一政治民主历史进程中,教育作为一项基本的"人权",被提上日程。因此,资产阶级教育民主化运动,是与中产阶级政治民主化运动相伴随的。我们国家作为社会主义国家,自新中国成立以来为了真正实现广大人民当家做主的愿望,非常重视提高人民的政治文化素质。一直把发展教育事业,改变劳动人民文化落后面貌放在重要的位置。这既是发展经济的需要,也是实现社会主义政治民主化的需要。

总之,一定社会的政治经济制度制约着教育发展,教育对政治经济制度有积极的反作用。随着现代化进程的加快,政治经济与教育之间的相互作用作为促进社会进步的力量,变得越来越重要。但是,教育作用的发挥不能超越一定的政治经济制度,只有在一定的社会政治经济制度基础上才能发挥。应该客观地看待教育对政治经济制度的作用,教育对政治经济制度的变革不起决定作用,不能解决政治经济发展中存在的根本问题。

## 第二节 教育与生产力

生产活动是人类最基本的社会实践活动,物质资料的生产是人类社会赖以存在和发展的基础。正是因为人类从事生产活动,才产出吃的、穿的、用的等各种物质产品,满足了自身生存的物质需要,人类才有时间和精力从事政治、科学、艺术、教育等诸方面的精神活动,"它决定一切其他的活动,如脑力活动、政治活动、宗教活动等"①,所以,社会生产力的发展是引起社会生活各方面发展变化的最内在、最基本的因素。

人类社会发展的历史表明,社会要想存在和发展除了物质资料的生产之外,还必须有劳动力的再生产。因为有了一定的合乎规格的劳动力,物质生产才能进行,所以,劳动力再生产是社会再生产的必要条件。然而,教育正是劳动力再生产的基本内容之一。教育与生产力之间的关系作为教育与社会发展关系中最基础性的关系,正是围绕着社会再生产中劳动力的再生产这一核心内容展开的。

生产力对教育的作用是制约性的,生产力的发展决定着教育的规模和速度、教育结构以及教育内容和手段等诸方面;教育对生产力的促进作用表现在教育再生产劳动力、教育再生产科学知识等方面。

## 一、生产力对教育的决定作用

生产力是指具有劳动能力的人,与生产资料(即生产工具)和劳动对象相结合而形成的征服、改造自然的能力。生产力是生产中最活跃、最革命的因素,是社会发展的根本动力。生产力水平对教育发展具有决定作用。纵观人类生产活动与教育发展的历史可知,不同的生产力发展水平,有与之相对应的教育发展阶段。与原始生产力发展水平相对应的是自然形态的教育,与小农生产的生产力相对应的是形式化的教育,与机器大工业为特征的现代生产力发展水平相对应的是制度化的教育。

生产力对教育起决定作用是因为以下两个方面的原因。一方面,生产力水平是教育发展的物质基础。办教育需要有必要的物质投入,包括人力、物力和财力的投入,经济发展到一定水平,它能为教育提供的投入也达到相应的水平。另一方面,生产力水平对教育提出了与之相适应的要求。经济发展到一定程度,以满足经济发展对人才的需要,就会对教育提出相应的要求。

生产力对教育的决定作用,是一种基础性的作用,具体表现为,生产力水平不仅为教育发展提供必要的物质基础,生产力水平也决定了教育发展的结构、内容及发展规模和速度上。

### (一)生产力水平决定教育发展的规模和速度

一个国家要招收多少学生入学,办多少学校,普及教育到多少年限,培养多少高水平的专家、多少中等技术人才和懂技术的劳动者等,不是由人的主观愿望决定的,而是由生产力发展水平决定的。马克思指出:"教育一般说来取决于生产条件。"生产力发展水平之所以决定教育发展的规模和速度,是基于以下两个方面的原因。

---

① 中共中央马克思恩格斯列宁斯大林著作编译局.马克思恩格斯选集(第1卷)[M].北京:人民出版社,1972:78.

第一，生产力发展水平决定了一个国家可能为教育发展提供怎样的物质基础。此物质基础指的是社会有多少剩余产品，人们有多少自由时间可用于精神生产。具体地说，是指一个国家在教育经费方面的支付能力。教育经费的支付能力直接影响着师资培养、教师待遇以及校舍、教学的仪器设备和教材建设等方面的条件。一般说来，生产力发展水平较低的国家，公共教育经费在整个国民收入中所占的比例要低一些，生产力发展水平较高的国家，公共教育经费在国民收入中所占的比例要高一些。教育经费成为决定教育事业发展速度和规模的主要因素。从表2-1所列七个国家1992年均GNP（美元）与高教毛入学率比较中，大致可看出这种关系。

表2-1 七个国家人均GNP（美元）、高教毛入学率比较[①]

| 国家 | 日本 | 巴西 | 墨西哥 | 丹麦 | 哥伦比亚 | 德国 | 澳大利亚 |
|---|---|---|---|---|---|---|---|
| 人均GNP | 28190 | 2770 | 3470 | 26000 | 1330 | 23030 | 17260 |
| 高教毛入学率 | 32 | 12 | 14 | 38 | 15 | 36 | 40 |

我国的教育经费占国内生产总值（GDP）的比例见表2-2。

表2-2 1990—2003年我国教育经费投入[②]

| 年份 | 全国教育经费总支出（亿元）(A) | 国家财政性教育经费（亿元）(B) | B/A(%) | 教育经费投入占GNP比例(%) | 教育经费投入占GDP比例(%) |
|---|---|---|---|---|---|
| 1990 | 644.06 | 548.67 | 85.2 | 3.10 | 3.56 |
| 1991 | 731.51 | 617.83 | 84.46 | 3.02 | 3.38 |
| 1992 | 867.05 | 728.75 | 84.0 | 2.65 | 3.25 |
| 1993 | 1059.44 | 867.76 | 81.9 | 2.52 | 3.06 |
| 1994 | 1488.78 | 1174.74 | 78.9 | 2.62 | 3.18 |
| 1995 | 1877.95 | 1411.52 | 75.2 | 2.08 | 3.21 |
| 1996 | 2262.34 | 1671.70 | 73.9 | 2.50 | 3.33 |
| 1997 | 2531.73 | 1844.02 | 72.8 | 2.54 | 3.40 |
| 1998 | 2949.06 | 2032.45 | 68.9 | 2.49 | 3.76 |
| 1999 | 3349.00 | 2287.00 | 68.3 | 2.79 | 4.08 |
| 2000 | 3849.04 | 2562.61 | 66.6 | 2.87 | 4.30 |
| 2001 | 4637.66 | 3057.01 | 65.9 | 3.19 | 4.83 |
| 2002 | 5480.03 | 3491.40 | 63.7 | 3.41 | 5.21 |
| 2003 | 6208.27 | 3850.62 | 62.02 | 3.28 | 5.29 |

我国2000—2005国家财政性教育经费占国内生产总值的比例见表2-3。

---

[①] 郝克明,谈松华.走向21世纪的中国教育[M].贵阳:贵州教育出版社,1997:147.
[②] 转引自:李剑萍.教育学导论[M].北京:人民出版社,2006:92. 根据《中国教育统计年鉴》(1990—2003)、(人民教育出版社1991—2004年版),等有关内容整理.

表 2-3　国家财政性教育经费占国内生产总值(GDP)的比例①

| 年份 | 国家财政性教育经费（亿元） | 国内生产总值(亿元) | 国家财政性教育经费占GDP的比例 | 比上年增长的比例 |
| --- | --- | --- | --- | --- |
| 2000 | 2562.6 | 89403.6 | 2.87% | 0.08% |
| 2001 | 3057.0 | 95933.3 | 3.19% | 0.32% |
| 2002 | 3491.4 | 104790.6 | 3.33% | 0.22% |
| 2003 | 3850.6 | 117251.9 | 3.28% | −0.05% |
| 2004 | 4465.9 | 159878 | 2.79% | −0.49% |
| 2005 | 5179.5 | 183085 | 2.82% | 0.03% |

教育经费，通常是指用于教育事业的费用，包括政府投入和私人投入两大来源，而以政府投入为主。衡量教育经费的常用指标是：教育经费占财政支出的比重、教育经费占国民生产总值(GNP)的比重和教育经费占国内生产总值(GDP)的比重。教育经费按使用性质可分为教育事业费(人员经费和共用经费)和教育基本建设费，按结构可分为初等教育、中等教育、高等教育三级教育所占教育经费的比重。②

第二，社会生产力发展水平决定社会对教育事业的需求程度。社会要求教育事业能够适应生产力的发展，包括教育体系、内部结构都要与生产力发展水平及其所形成的社会经济结构相适应，以保证提供足够数量、适当比例的各种规格的合格劳动力。这样一来，教育事业发展的速度、规模要与社会生产力发展的需求相适应，就成为教育事业发展的动力因素之一。从表 2-4 主要发达国家产业结构及从业人员比例(1995)，表 2-5 20 世纪 50 年代与 1998 年的 OECD③ 各国高中阶段教育完成率，表 2-6 20 世纪 50 年代与 1998 年的 OECD 各国大学教育完成率，大致可看出生产力发展水平对教育事业的需求程度。

表 2-4　主要发达国家产业结构及从业人员比例(1995)④

| 国家 \ 产业比例% | 农业 | 工业 | 服务业 |
| --- | --- | --- | --- |
| 英国 | 2 | 26 | 72% |
| 美国 | 3 | 24 | 73% |
| 日本 | 6 | 34 | 61% |
| 法国 | 5 | 27 | 69% |
| 德国 | 3 | 38 | 59% |

---

① 数据来源：《中国统计年鉴》(2001—2005)国家统计局，《全国教育经费执行情况统计公告》(2000—2003)教育部、国家统计局、财政部。
② 李剑萍.教育学导论[M].北京：人民出版社，2006：92.
③ OECD 是指经济合作与发展组织。
④ 金吾伦.知识管理[M].昆明：云南人民出版社，2001：10.

表 2-5　20 世纪 50 年代与 1998 年的 OECD 各国高中阶段教育完成率①

| 年代/年 | 0%~10% | 10%~30% | 30%~50% | 50%~70% | 70%~90% | 90%~100% |
|---|---|---|---|---|---|---|
| 20 世纪 50 年代 | 墨西哥、土耳其 | 希腊、意大利、韩国、葡萄牙、西班牙 | 澳大利亚、比利时、芬兰、法国、匈牙利、冰岛、爱尔兰、波兰 | 奥地利、加拿大、丹麦、日本、荷兰、新西兰、挪威、瑞典、英国 | 捷克、德国、瑞士、美国 | |
| 1998 年 | | | 墨西哥、土耳其 | 卢森堡、葡萄牙、西班牙 | 比利时、加拿大、丹麦、芬兰、法国、希腊、爱尔兰、瑞典、瑞士、美国 | 奥地利、德国、匈牙利、冰岛、日本、韩国、荷兰、新西兰 |

表 2-6　20 世纪 50 年代与 1998 年的 OECD 各国大学教育完成率②

| 年代/年 | 0%~10% | 10%~20% | 20%~30% | 30%~40% |
|---|---|---|---|---|
| 20 世纪 50 年代 | 在 28 个 OECD 国家中，有 18 个国家承认拥有大学学位的人口低于 10% | 澳大利亚、加拿大、德国、匈牙利、荷兰、挪威、瑞典、瑞士、英国 | 美国 | |
| 1998 年 | 土耳其 | 奥地利、比利时、捷克、德国、意大利、墨西哥、葡萄牙 | 澳大利亚、加拿大、法国、匈牙利、冰岛、爱尔兰、日本、韩国、波兰、西班牙、瑞典、瑞士 | 芬兰、荷兰、挪威、新西兰、英国、美国 |

因此，生产力发展的水平既决定社会为教育发展提供的物质基础，又决定着对社会劳动力的需求水平，进而决定着对教育事业的需求水平。

**（二）生产力水平制约着教育结构的变化**

教育结构通常是指包括基础教育、职业技术教育、高等教育、成人教育在内的各种不同类型及层次的学校组合和比例构成。生产力的发展断引起经济结构、产业结构和就业结构等的变革，与此相适应，教育结构也将发生变化。教育结构的变化具体指，大、中、小学的比例关系，全日制学校与社会教育的关系，普通中学与职业中学的关系，高等学校中不同层次、不同学科、不同专业之间的比例关系等，都要适应一定社会生产力发展水平。

教育发展的历史证明了生产力对教育结构的制约。近代社会以前，世界各国的教育结构主要是培养社会管理人才的单一的普通教育，难以形成上下左右相衔接的各级各类学校教育结构，这与当时较低的生产力发展水平相适应。如，中国是弘文馆与崇文馆，古埃及是宫廷学校、职官学校，古印度是古儒学校。随着大工业的发展，欧洲国家教育结构开始发生变化。马克思在《资本论》中指出，近代资本主义社会中，农业学校、工艺学校、

---
① 转引自：李剑萍.教育学导论[M].北京：人民出版社，2006：95. 资料来源：Education at a Glance: Highlights, 2000.
② 转引自：李剑萍.教育学导论[M].北京：人民出版社，2006：95. 资料来源：Education at a Glance: Highlights, 2000.

职业学校的出现是在"大工业基础上自然发展起来的"。进入20世纪之后,生产力的发展使生产力结构、经济结构和产业结构发生了复杂变化,教育结构也复杂多样起来。具体表现为,横向上有普通、职业、技工、师范、理工农医等各类教育并存;纵向上有初、中、高三级教育体系;还有各级各类校外成人教育,形成了一个多层次的教育网络。特别是近20年来,科技发展带来生产力快速发展,教育结构也随之变革。这是因为,一方面,生产力的发展,经济的增长,地区结构、部门结构和技术结构的变化,要求教育结构进行相应的变革;另一方面,生产力的快速发展要求教育部门输送大批有一定文化水平适应生产需求的劳动力。

### (三)生产力发展水平制约着教育的内容和手段

生产力发展既促进了科学技术的发展,又要求学校培养出来的人才掌握与生产力发展水平相适应的生产技能和科学技术,这就使得教育内容必须作出相应调整以适应生产力发展水平。教育内容的发展历史表明,课程门类、课程内容的设置都直接受制于生产力发展水平,生产力和科学技术的发展为教育内容的补充与更新提供了条件。古代社会的教育内容极为贫乏,主要是社会的典章制度和简单的读写常识。这是由科学技术不发达、生产力发展水平低下造成的。随着生产力的不断发展,与生产相联系的自然科学以及技术类学科在学校课程中所占比例日益增多。进入20世纪,随着生产力的发展,科学技术高度分化与综合,出现了电子计算机、生物工程、光电纤维等新兴学科,课程设置也出现了综合课程、横断性课程、边缘课程以及大学科专业等。

生产力的发展水平也制约着教育手段。广义的教育手段包括教学方法、教学组织形式以及教学设备等。古代社会是以小农经济、手工劳动为主的社会,在此较低的生产力水平下,教学设备简陋,教学组织形式为个别教学,教学方法以讲授法为主。工业革命之后,生产和科学技术的发展要求大规模提高教学效率,新的教学组织形式——班级授课制应运而生,与班级授课制相适应的教学设备及方法也相继产生。生动的演示实验、直观教学、参观实习等教学方法进入教学领域,弥补了讲授法的不足。照相机、收音机、幻灯机、电视机以及随后的计算机、信息网络等教学设备相继进入教育领域,成为现代教育离不开的物质基础。尤其是现在的多媒体、网络信息技术超越时间和空间的限制,不仅开阔了学生的视野,减少了教育难度,而且有效地扩大了教育规模,极大地提高了教育普及程度。

### (四)教育相对独立于生产力的发展水平

正如教育既受政治经济制度的制约,又相对独立于政治经济制度一样,教育受生产力发展水平制约,也相对独立于生产力发展水平。这主要表现在教育发展与生产力发展并非完全同步,可从两个方面来理解:一方面,由于文化交流、社会转型或传统的影响,当生产力的发展水平较低时,教育的思想内容甚至方法有可能超越生产力发展的水平;另一方面,由于人们的思想意识落后于先进的生产力,在一定时期内教育思想、内容、手段、方法等也往往落后于生产力的发展。

必须明确,教育相对独立于生产力发展水平,并不是说教育发展可以完全脱离于生产力发展水平。教育归根结底要受政治经济制度和生产力发展水平的制约。

## 二、教育对生产力的促进作用及人力资本理论

教育以生产力发展为基础并受到生产力发展水平的制约,同时,教育对生产力的发展也有巨大的促进作用。人力资本理论对"教育对生产力的促进作用"做出了深入阐释。

### (一) 教育对生产力的促进作用

教育对生产力的促进作用,主要通过教育再生产劳动力、教育再生产科学知识两个方面实现。

1. 教育再生产劳动力

生产力的发展取决于生产过程中的诸因素——劳动力、生产工具、劳动对象等,其中劳动力是生产过程中最活跃、最重要的因素。只有劳动力同其他因素结合起来,才能创造出价值和使用价值,实现生产力的发展。这里的劳动力是指具有一定生产劳动能力的人。不具有从事生产所需要的知识和技能的人,只是一种"可能的劳动力"。教育可以把这种可能的劳动力转化为现实的劳动力。正如马克思说:"要改变一般人的本性,使它获得一定的劳动技能和技巧,成为发达的和专门的劳动力,就要有一定的教育和训练。"[①] 这里的"一般人的本性"是指还不具有从事生产所必需的专门知识和劳动技能的人,即可能的劳动力,而此处的"发达的和专门的劳动力"则是指现实的劳动力,即已经具有专门知识和劳动技能的劳动力。正是因为通过教育可以使人掌握从事生产所必需的科学知识、劳动技术和生产经验,从而形成新的生产能力,促进社会生产的发展。因此,教育承担着再生产劳动力的重任。具体地说,教育对劳动力的再生产主要表现在以下几个方面。[②]

(1) 教育能把潜在的生产力转化为现实的生产力

在现代社会,学校教育在促进生产力转化方面的作用,显得越来越重要。现代经济生活中,科学技术已成为经济活动能否取得成效的决定性因素。但科学技术是属于知识形态的生产力,在它没有运用于生产过程之前只是潜在的生产力。要将这种潜在的生产力转化为现实的生产力,必须依靠教育。通过教育,将科技成果加以推广和普及,并对劳动者进行技术培训,实现生产力的转化。人只有掌握了一定的科学技术知识并具备了相应的劳动能力后,才有可能成为生产力中的劳动力要素,科学技术知识和劳动能力也只有内化为劳动者的素质,才有可能转化为现实的生产力。

---

① 中共中央马克思恩格斯列宁斯大林著作编译局.马克思恩格斯全集(第23卷)[M].北京:人民出版社,1972:195.
② 邹群,王琦.教育学原理[M].沈阳:辽宁师范大学出版社,2006:58~59.

(2) 教育能把一般性的劳动者转变为专业化的劳动者

普通教育担负着提高劳动者素质,提高整个民族科学文化水平的任务。一般意义上,普通教育培养的劳动者是作为劳动的后备力量。专业教育和职业教育就是在普通教育的基础上把一般性的劳动者进一步转化为某一领域、某一行业以及某一工种的专业的劳动者。这种劳动者对于经济活动来说,更具有直接和现实的意义。

(3) 教育能把较低水平的劳动者提升为较高水平的劳动者

劳动者的素质都有一个从低水平向高水平提高的过程。在现代社会里,生产的技术水平不断提高,生产方式和劳动工艺不断革新,从而对劳动者的素质不断提出新的要求。要求劳动者必须不断接受教育,而且必须终身受教育。教育已成为不断提高劳动者素质和促进劳动者进行纵向社会流动的基本手段。

(4) 教育能把一种形态的劳动者转换为另一种形态的劳动者

在古代社会,劳动主要凭借着个体经验,加上行业之间的相互封锁,一个人要从一种行业转换到另一种行业中去,是一件非常困难的事情。现代社会是社会化大生产,改行转业,更换职业和工种,无论是被动的还是主动的,都已成为习以为常的事情。同时,由于现代化生产主要是依靠科学技术,只要劳动者掌握了生产和工艺的一般原理,就能顺利地从一个生产部门转移到另一个生产部门,从一种形态的劳动者转换为另一种形态的劳动者。

(5) 教育能把单维度的劳动者改变为多维度的劳动者

传统经济学意义上的劳动者几乎就是一个纯粹的劳动者,一个听话、会做工的工具,这种劳动者的发展和需求都是单维度的。现代经济学要求劳动者不仅要掌握科学技术知识和具有劳动能力,而且也要具备一定的文化素养、思想修养、职业道德、心理素质、创新精神、合作意识等品质,这种劳动者的发展和需求都是多维度的。与单维度的劳动者相比,多维度的劳动者的生活不仅仅从属于劳动,他们具有更高的层次和境界、更高的素质和劳动能力,这正是现代经济活动所需要的。因此,现代教育越来越注重对未来劳动者进行多维度的培养。

2. 教育能实现科学知识的再生产和发展创新

科学知识作为人们社会实践活动的经验成果,是一种精神产品。在没应用于生产之前只是一种潜在的、知识形态的生产力,将之应用于生产过程中,能极大地促进生产力的发展。马克思曾指出:"生产力里面也包括科学在内。"①邓小平进一步指出:"科学技术是第一生产力。"由以上对"教育能再生产劳动力"的论述可知,要想把潜在的劳动力转变为现实的劳动力,必须用科学知识、技能来教育和训练他们。在这一过程中,科学知识也从上一代传递到下一代,实现了教育对科学知识的再生产。可见,要想把科学技术这一潜

---

① [德]马克思.政治经济学批判大纲(草案)(第3分册)[M].刘潇然,译.北京:人民出版社,1975:350.

在的、知识形态的劳动力转化为现实的劳动力也必须依靠教育。

教育对科学知识的再生产,具有以下特点。第一,是一种扩大的再生产。在科学知识再生产过程中,科学知识为更多的人所掌握,扩大了科学知识的横向传播范围。第二,是一种高效的再生产。此过程是在专业人员指导下,以最有利于学习者理解和掌握的方式进行的,是一种纵向的代际传承,大大缩短了再生产知识所需的劳动时间。正如马克思所说:"再生产科学所必要的劳动时间同最初生产科学所需要的劳动时间是无法相比的,例如学生在一小时内就能学会二项式定理。"①正是因为教育在科学知识的再生产上具有这些特点,所以教育成为推广先进技术、普及科学知识、提高社会生产力水平的重要途径。

教育不仅能对人类已有的科学知识进行再生产,而且能对已有科学知识进行发展创新,产生新的科学技术知识。这一点在高等教育中尤为突出。教学与科研不可分割,教学促进科研,科研提高教学,历来是世界各国高等院校办学的基本原则之一。由于高等院校学科领域齐全,专家云集,科研力量相对集中,有利于开展综合性及边缘学科研究,已成为国家出人才、出成果的重要基地。如,英国剑桥大学闻名于世的原因之一是它的卡文迪许实验室,培养了数十位诺贝尔奖获得者;20世纪60年代至90年代,共有149位科学家获得诺贝尔奖,其中有118位(占总数的79%)是在美国大学学习并获得博士学位的;日本占全国总数40%以上的科研人员来自于各个大学。此外,现在许多国家的高等院校不仅重视科学知识的发展创新,而且也直接参与物质生产过程,建立教学—科研—生产联合体已成为众多高校发展的方向。

 **知识卡片 2-2**

高等院校在我国重大科技计划中占有重要的地位。②

- 国家重点科技攻关项目计划——按任务额计,高等院校约占14%;
- 国家工程研究中心和国家工程技术研究中心计划——建在高等院校的有27个;
- 国家级科技成果重点推广计划——到1997年底,由高等院校承担的项目有422项,占总数的24.2%;
- 国家高技术研究发展项目计划"863"计划——在计划民口五大领域中,高等院校占专题数近一半;
- 火炬计划——10年来,高等学校共实施国家级火炬计划项目481项,占国家级项目总数的11.5%;

---

① 中共中央马克思恩格斯列宁斯大林著作编译局.马克思恩格斯全集(第26卷)(第1分册)[M].北京:人民出版社,1972:337.
② 转引自:李剑萍.教育学导论[M].北京:人民出版社,2006:87.资料来源:《科技日报》,1999年9月24日.

- 国家重点实验室建设项目计划——153个国家重点实验室,建在高校的有100个;
- 国家基础研究重大项目"攀登计划"——高等学校承担计划项目约占总数的30%;
- 国家自然科学基金项目——高等学校负责的基金课题约占2/3。

### (二) 人力资本理论

既然生产力发展水平制约着教育发展,教育促进生产力的发展,那么,投资教育能否取得显著的经济效益,这成为教育学家和经济学家们共同关注的问题。自20世纪20年代起,就有研究者试图以实证研究证明教育对经济的贡献,直到20世纪60年代人力资本理论的提出,对"教育能促进生产力发展"这一问题的研究才有了实质性的突破。

1. 人力资本理论的产生及内涵

人力资本理论的提出得益于经济学家对现代经济增长问题研究的深入。传统西方经济学把土地、资本、劳动看做生产的三个基本要素,在一定时期内,生产的产量是由这三个基本要素的投入量决定的。在一定时期内,如果土地的数量不变,则可以用柯布—道格拉斯生产函数(Cobb-Douglas production function)来说明投入量与产出量之间的关系,该生产函数的公式如下:

$$Y = K \ L^a C^{1-a}$$

在此公式中,"Y"表示一定时期内的产出量,"K"为常数,"L"表示同期的劳动收入,"C"表示同期的资本投入,"a"和"1−a"分别表示劳动和资本的产出弹性。依据此函数,一定时期内经济的增长是随着资本投入量和劳动的增加而增长的。

然而,第二次世界大战以后,经济学家在分析经济增长的生产要素组合比例时发现,影响经济增长的因素不仅仅是资本和劳动的投入,还应该有其他因素。其他因素究竟是什么呢?有些经济学家把这些因素归结为劳动力质量的提高、知识的进步和技能的改进等,总而言之,归结为人力投资,尤其是教育投入的结果。

1960年12月,在第73届美国经济学年会上经济学家舒尔茨(Schltz,T.W.)所做的"人力资本投资"的讲演,被认为是人力资本理论创立的"宪章"。

人力资本理论认为,现代经济增长的重要因素,甚至是首要因素是人力资本,这些因素具体指劳动力质量的提高、知识的进步和技术的改进。

"人力资本"是此理论的核心概念,是相对于物质资本而言的。相对于物力资本而言,在现代经济活动中人力资本具有高效性、多效性、迟效性、间接性和易流失性等特点,并且人力资本的所有权不能像物力资本那样可以转让。

人力资本投资包括学校教育、职业训练、医疗保健卫生以及为适应就业机会变化而进行的迁移和信息搜寻等形式。人力资本投资能或多或少地改善和提高劳动者的知识、技能、健康等人力品质,进而提高生产力,增加金钱和精神收益。

**知识卡片 2-3**

所谓人力资本,其经济属性是什么?它为何对解决经济增长关系至关重要,我对这些问题做如下回答:人们需要有益的技能和知识,这是显而易见的,但是人们却完全不知道技能和知识是一种资本,这种资本实质上是一种计划投资的产物;这种投资在西方社会以一种比传统的(非人力)投资大得多的速度增长,而且这种增长恰好是该经济体系中最为突出的特点。……如果根据一种把人力资本、物力资本都包括进去的全面的资本概念去考虑问题,并认为所有资本都是由投资的方式产生的,那么这种想法既有裨益又妥帖。长期以来,人们就抱有一种顽固的偏见,认为资本只包括物资设备、建筑物和物资库存等。这种偏见在很大程度上成为政府贬低人力资本投资,投资物力资本的固执态度的原因。①

2. 人力资本理论的基本观点

(1) 现代经济发展的关键在于人口质量而不是数量

人力资本理论批评了古典经济学家过于重视人口数量的观点,认为没有质量的人口数量是经济发展的沉重包袱,而不是经济发展的动力。因此,他们强调人口质量的经济价值,将提高人口质量、增强人口素质作为该理论的出发点。

(2) 人力投资的收益率既大于物力投资的收益率,也高于通常的银行利率

虽然人力资本投资和物力资本投资都是经济发展不可或缺的生产性投资,但是,在现代经济条件下,经济增长主要来源于人力投资。舒尔茨测定,战后美国农业生产的增长,80%是教育及与其密切相关的科学技术作用的结果,仅占20%是由物力资本投资所引起的。

(3) 教育投资是人力资本的核心,其总量必须不断追加

因为受教育程度决定人口后天的质量和素质,并且教育投资的收益率高于物力投资的收益率,所以资本投入的重点应从物力资本转向人力资本,即教育投入逐渐增长。教育投资不仅能更好地开发人力资源,促进经济增长,而且是一种可以带来丰厚利润的生产性投资。

(4) 教育投资的收益率是可以测算的

既然教育投资是人力资本投资中的主要部分,那么其收益便成为人力资本投资收益

---

① [美]舒尔茨.教育的经济价值[M].曹延亭,译.长春:吉林人民出版社,1982:117.

的中心问题。舒尔茨采取的教育投资收益率的计算公式为：

本级教育收益率＝本级毕业生对前级毕业生的工资差别/本级教育费用

依据此公式，舒尔茨计算出美国各级学校教育收益率分别为：初等教育35％，中等教育10％，高等教育11％，整个教育收益率为17.3％。美国1929到1957年的教育资本增添值为2860亿美元，这笔教育投资对经济增长的贡献为2860×17.3％＝495亿美元，占同期国民收入增长额1520亿美元的33％。①

3. 人力资本理论的不足之处

虽然人力资本理论对发达国家和发展中国家的教育事业都曾产生过广泛且深远的影响，但是，正如任何理论都有不足之处一样，人力资本理论也难以幸免。首先，经济增长是受多种因素制约的，教育仅仅是众多因素之一，并且也不是决定性因素；其次，教育与经济发展的实践表明，教育增长与经济增长并不总是成正比；再次，教育及教育产品不能像经济及经济商品那样进行严格而准确的费用分摊和成本核算，更难以计算它的即时"利润"；最后，人力资本理论着重从经济角度衡量和研究教育问题，容易忽视教育的主体价值。

正因为如此，许多国家发现其教育投资并没有像人力资本理论所预言的那样带来丰厚的利润。因此，自20世纪80年代中期开始，有些国家开始削减教育投入，人力资本理论也有所势衰。

**知识卡片2-4：**

发展中国家每年损失专家、工程师、医生、科学家、技术人员数千人。他们对原籍国的低工资和机会少感到失望，便移居发达国家，在那里，他们可以更好地发挥自己的才干，得到较高的薪酬。

造成这个问题的部分原因是人才培养过剩。发展中国家的教育系统往往是根据与工业化国家相符的需要加以组织的，因而培养出过多的高水平毕业生。索马里培养出的大学毕业生约为它所能雇佣的五倍。科特迪瓦毕业生的失业率高达50％。

工业化国家从这些移民发挥的才能中得到了好处。1960—1990年，美国和加拿大接受了100多万来自发展中国家的专业人才和技术人员，美国的教育在很大程度上依靠他们；1985年，工程院校里35岁以下的助教估计有一半是外国人。日本和澳大利亚也在努力吸引高度专业化的移民。

---

① 朱作仁.教育辞典[K].南昌：江西教育出版社，1987：9～10.

这种专业化劳动力的损失是严重的资本流失。美国国会研究部门认为，1971—1972年，发展中国家因为每一个专业化移民而损失20000美元的投资，损失总额达6.46亿美元。这一损失虽然由于移民劳动者的汇款而得到部分补偿，但是仅此而已。

有些国家受过教育的人有可能供大于求，但是另外一些国家却在失去它们非常需要的专业人员。加纳20世纪80年代培养的医生目前有60%在国外行医，由此造成本国医务部门人员奇缺。1985—1990年，整个非洲损失的中、高级干部估计有6万人。[1]

### 案例 2-1

#### 日本教育与经济的良性循环[2]

第二次世界大战以后，日本国民经济体系受到了沉重的打击，工矿业生产总指数只是"二战"前1935年至1937年平均数的13%，农业生产也降到了最低水平。加之"二战"后447万军人和流民被遣返回日本，日本人口骤增至7647万，1946年日本又爆发经济危机，这一切致使日本的经济处于崩溃边缘。

面对经济困境，日本全国在50年代，就经济发展的道路选择问题，即是走国内资源开发主义道路还是走贸易立国主义道路展开了一场大争论。以中山伊知郎为代表的贸易立国主义认为，日本经济发展面临的主要问题是人口多、出生率高、资源少、生活水平低，解决问题的关键是发展对外贸易，把难题放在世界中解决。从那时开始，贸易立国主义成为日本经济发展的基本立足点。

然而，贸易立国主义能否在实践中行得通，关键在于日本是否具有高水平的科学技术和高质量的劳动力，否则它就难以在世界性的经济和贸易竞争中获胜。为了培养出高质量的劳动力，日本将教育放在优先发展的战略地位上。

1947年，日本内阁颁布《教育基本法》，并对教育经费不足问题做出了"经费及补助"的规定：新制公立初中教职员的工资所需经费由都道府县负担，同小学一样，国库

---

[1] 国际21世纪教育委员会报告.教育——财富蕴藏其中[M].联合国教科文组织总部中文科，译.北京：教育科学出版社，1996：58～59.

[2] 转引自：曹长德.教育学案例教学[M].北京：中国科学技术大学出版社，2008：78～79.资料来源：博维利.劳动力市场与教育的自主调节问题[M].长沙：湖南教育出版社，1995：63～66；顾明远，梁忠义.世界教育大系——教育财政[M].长春：吉林教育出版社，2000：22，27，34，35；王桂.日本教育史[M].长春：吉林教育出版社，1987：273，322.

负担1/2;对于设备费、校舍修缮、公立学校教育经费的增加以及私立义务教育学校因学费收入减少而增加的部分,由国家给予补助或采取其他财源措施。1947年,日本政府为初中先后支出31亿多日元;1948年度,日本政府预算教育支出57亿日元,1950年以后,日本地方财政赤字严重,难以保持教育经费的支出,在这种情况下,日本政府还是将义务教育经费增至90亿日元。在几经周折之后,日本于1952年又制定了新的《义务教育费国库负担法》。新法规定,都道府县支付的各义务教育学校教职员工资额的1/2由国库负担;教育中最重要的经费之一——教材费由国库负担。

就这样,日本在经济极端困难的条件下,仅用一年的时间,中小学教育就达到普及程度,入学率达99.27%,并且达到高中普及。教育的普及,及时为日本的经济建设提供了大量的合格人才。从1949年起,日本经济开始逐渐恢复,1955年日本工矿生产指数上升到180.7;超过投降前1944年最高水平178.9,并进入高速增长期。

日本政府及时认识到教育对促进经济发展的贡献。1957年,日本政府在公布的《新长期经济计划》中,在战后首次把教育政策和发展规划编入"国民经济计划"。1960年内阁制定《国民收入净增计划》,教育被作为实现目标的重要一环。

随着产业经济的发展以及国家财政规模的扩大,日本政府采取了投巨资于教育的政策。在1959年—1969年间,国民收入增长2.3倍,但总教育经费却增长3倍。在这一期间,日本的中、高等教育得到了快速发展。日本高中升学率1958年为53.7%,60年代中期超出70%,70年代达到了80%。日本高等教育的升学率由1958年的16%,上升到1965年的25.4%。

中、高等教育的发展为日本经济输送了大量高素质的人才。1956年—1972年,日本经济出现了三次高速增长的高潮。1967年,日本经济超过了英、法;1968年超过西德,在资本主义国家跃居第二。1972年日本国民生产总值达到849,780亿日元,约为1955年的五倍。

1962年,日本文部省调查局出版了题为《日本的成长与教育》的报告书,在报告书中说:"教育是促进经济发展的强有力的重要因素","战后经济发展的速度非常惊人,为世界所注视。造成这种情况的重要原因,可归结为教育的普及和发达。"日本前文部省大臣森善即一也曾经深刻地指出:日本是用教育的作用开采了人的脑力和心中的智慧资源和文化资源,以人的创造力资源来弥补自然资源的短缺。日本政府也清楚地认识到:"在激烈的国际竞争中,科学的创见、技术的熟练、劳动者的素质等因素,对于经济发展所起的作用,不亚于增加物质资本和劳动力的数量。"

## 第二章　教育与社会发展

[案例分析][①]

"人力投资的增长无疑已经明显地提高了投入经济奋飞过程中的工作质量,这些质量上的改进也已成为经济增长的一个重要的源泉。有能力的人民是现代经济丰裕的关键。"

——舒尔茨

对于日本这样一个在"二战"中备受战争创伤、物质资本消失殆尽的国家,战后恢复和重建经济的工作却大大超出人们的预料,这种经济奇迹让人大惑不解。究其原因却很简单——教育。对教育的绝对重视和高度投入造就了战后日本的经济奇迹,这是教育促进经济发展的一个典型案例。

英国著名哲学家弗兰西斯·培根早在17世纪就已经认识到知识、教育对于人的发展乃至社会发展的重要作用,提出了"知识就是力量"的名言,马克思也曾经说过:"要改变一般人的本性,使他获得一定劳动部门的技能和技巧,成为发达的和专门的劳动力,就要有一定的教育和训练。"[②] 可见,教育是劳动力再生产的重要手段,对于人的知识的增长、技能的提高,对于整个社会生产力的发展有着重要的作用。教育对劳动者个人素质和社会经济发展的重要作用使战后的日本明确认识到:"贸易立国主义能否在实践中行得通,关键在于日本是否具有高水平的科学技术和高质量的劳动力,否则它就难以在世界性的经济和贸易竞争中获胜。"为了培养出高质量的劳动力,日本将教育放在优先发展的战略地位上。在教育经费不足的情况下,日本通过立法的形式大力普及义务教育,及时为其经济建设提供了大量的合格人才,日本经济开始逐步恢复并进入经济增长期。

教育与经济的关系不是单向的,而是相辅相成的。教育促进了日本经济的恢复和发展,反过来,经济的腾飞也使"二战"后的日本更加认识到教育对经济的重要作用,对教育的投入与日俱增,教育的重要地位愈发突出。在这种正确认识的指导下,随着产业经济的发展以及国家财政规模的日益扩大,日本政府及时认识到教育对促进经济发展的贡献,把教育视作实现经济发展目标的重要一环,并不断追加对教育的投入,使得日本的中、高等教育得到了快速发展。中、高等教育的发展为日本经济输送了大量高素质的人才,日本经济出现了三次高速增长的高潮,1968年超过西德,在资本主义国家跃居第二。

教育的普及和发展实现了"二战"后日本经济的腾飞,也增强了日本的国际竞争力,这也正是现在世界各国对教育极度重视的重要原因之一。此后,人们开始真正认识到经

---

① 曹长德.教育学案例教学[M].合肥:中国科学技术大学出版社,2008:79～80.
② 中共中央马克思恩格斯列宁斯大林著作编译局.马克思恩格斯全集(第23卷)[M].北京:人民出版社,1972:195.

济的持续发展,必须通过人力资源的充分利用和改善,而人力资源的利用与改善必须通过多种形式的教育才能实现。1959年,美国经济学家舒尔茨在其《人力投资——一个经济观点》一文中首次阐述了他的人力资本理论:全面的资本概念应包括物力资本和人力资本。体现在机器、厂房、设备等物质形式方面的资本为物质资本;体现在劳动者身上,以知识、技能、体力等形式方面的资本是人力资本。人力资本是对人的能力(包括体力和智力)以前投资的现行价值,是通过人力投资形成的。人们用在教育、卫生以及为获得更好的就业机会而进行的国内迁移方面的直接费用,乃至为了获得高层次教育而放弃的收入,构成了人力资本投资。人力资本的主要成分是教育资本,它提高了人们的生产能力,是经济增长的源泉,也是真正解决贫困问题的有效途径。用单纯增加物质资本和劳动力数量来促进生产发展,不如通过教育提高人力的能力、发展科学技术来促进生产发展更为迅速。[①] 因此,教育绝不是纯粹的消费,而主要是一种能导致经济增长的投资活动。教育活动不是可有可无、可重可轻的,而是与国家经济发展紧密相关,是现代社会促进经济发展的重要因素之一,其实这也正是我们提倡"科教兴国"、大力发展教育的根本原因。

## 第三节　教育与文化

要阐释教育与文化之间的关系,必须先明确人与文化之间的关系,因为教育的对象是人,教育既是以文化为内容对人进行施教,同时教育又是一种文化现象。本节先从宏观上论述人、教育与文化三者之间的关系,然后从微观上对学校教育中特有的文化现象——学校文化和学生文化进行论述。

### 一、人、教育与文化的关系[②]

#### (一) 人与文化的关系

1. 人是文化的动物

自古以来,对"人的本质"问题的追问,已成为哲学探究的最高目标。在各种不同哲学流派之间的一切争论中,这个目标始终未被改变和动摇过:它被看做是阿基米德点,是一切思潮的牢固而不可动摇的中心。

古希腊智者们把理性看做是人的本质特性;黑格尔、费尔巴哈把"劳动""类""自由"看做是人的本质属性;马克思把人的本质界定为"一切社会关系的总和";冯·贝塔朗菲(V. Bert-alanffy)、朗格(S. Langer)和卡西尔(E. Cassler)分别从生物学、哲学的角度研

---

① 王玉昆.教育经济学[M].北京:华文出版社,1998:49~50.
② 张宏.散居回族学校教育的隐性力研究[D].重庆:西南大学,2012:79~82.

究,竟得出相同的结论:人是符号动物。① 卡西尔在确认理性是人的固有特性的同时,认为:"对理解人类文化生活形式的丰富性和多样性来说,理性是个很不充分的名称。但是,所有这些文化形式都是符号形式,因此,我们应当把人定义为符号的动物来取代把人定义为理性的动物。"② 可以看出,卡西尔不仅把人定义为符号动物,而且通过符号把人和文化联系起来。卡西尔的全部哲学实际上可以化为一个基本公式:人—运用符号—创造文化。③ 这一哲学观点在卡西尔的著作《人论》中得到了充分有力的论证。

尽管对这一问题的探求并未完结,但把人定义为文化动物的看法被越来越多的人认可和接受。正如学者们所说:"谁想知道什么是人,那么他也应该,而且首先知道什么是文化。"④ "自从人类诞生以来,人类种族的每一个成员从他降临人世的那一刻起,便生存于一定的气候、地形、动植物群地带的自然环境之中,同时也进入一个由一定的信仰、习俗、工具、艺术表达形式等所组成的文化环境。"⑤ 需要明确的是,把人定义为文化动物,是因为"文化是人类特有的能力,即使用符号的能力所促成的事件——观念、信仰、语言、工具、风俗、情感和制度,而人类的行为正是人类机体与文化刺激物的乘积"。⑥ 说人是文化动物,并非把人与其创造、生活于其中的文化相混同,而是反映人既创造文化又为文化所制约,这是人区别于其他动物的特征。人之所以为人,就在于运用符号创造了文化。

2. 文化制约人的行为

任何一种文化都产生于特定的社会历史条件,满足了一个民族的社会需要。由于人类生存的自然地理环境的复杂多样性,造成了生产生活方式的多样性,也就形成了人类文化的多样性。人类创造了文化,其行为又要受到文化的规范和制约。正如露丝·本尼迪克特所言:"个体生活历史首先是适应由他的社区代代相传下来的生活模式和标准。从他出生之时起,他生于其中的风俗就在塑造着他的经验和行为。到他能说话时,他就成了自己文化的小小创造物,而当他长大成人并能参与这种文化活动时,其文化的习惯就是他的习惯,其文化的信仰就是他的信仰,其文化的不可能就是他们的不可能。"⑦ 虽然这种说法有"文化决定论"之嫌,但是对我们理解文化背景与人的行为的关系有很大的启发。可以看出,人类行为大都是在一定的文化模式中潜移默化地习得的,要想真正理解人类行为,就必须把其放在社会文化的背景中。

作为一个整体,人类的行为在某些方面具有普遍性,比如,任何人都需要吃东西,吃

---

① 周作宇.教育:文化与人的互动[J].清华大学教育研究,1999(4):26~31.
② [德]卡西尔.人论[M].甘阳,译.上海:上海译文出版社,1987:33.
③ [德]卡西尔.人论[M].甘阳,译.上海:上海译文出版社,1987:9.
④ 白明亮.教育文化研究[D].南京:南京师范大学,2001:15.
⑤ [美]怀特.文化科学[M].曹锦清,译.杭州:浙江人民出版社,1988:157.
⑥ [美]怀特.文化科学[M].曹锦清,译.杭州:浙江人民出版社,1988:17.
⑦ 转引自:石中英.教育学的文化性格[M].太原:山西教育出版社,1999:153~154.资料来源:[美]本尼迪克特.文化模式[M].何锡章,译.北京:华夏出版社,1987.

是人的本性,属于人类的普遍行为。但是正如我们前面所论述的,人类行为发生在特定的文化背景中,不同国家、不同民族的文化背景,决定了人类行为的多样性。比如,同样是吃,对于吃什么,怎样吃,人们的选择是多种多样的,这是因为人在不同的文化环境中的习得是不同的,不同的文化导致了人类行为表现的不同。只有共享同一文化的人,才能共同享有一定的价值观、信念和行为。

### (二)教育与文化的关系

教育与文化,作为两种亘古绵长的社会现象,相伴相生,相随而长,互为前提,互相砥砺。教育与文化的关系可从以下两个方面论述。

**1. 教育既是文化的表现形式,也是文化的一个重要组成部分**

从词源来看,揭示了教育的文化属性。"'文化'一词在拉丁语和古英语中具有'耕耘'和'挖掘土地'的意思,表明了文化与劳动的天然联系。后来罗马思想家西塞罗所用的文化一词'Culture mentis'(耕耘智慧)具有了改造、完善人的内心世界,使人具有理想公民素质的意思。在希腊文中,'Paideia'一词相当于中文'教化'的意思,法语中的'教育'(Pedagogie)即源于此词。现在英语中也用'Pedagogy'指称教育学。中文中'文化'一词由'人文化化'演化而来,基本含义是指通过教化把人培养成有教养的人的过程,即'教化'的意思"①。可以看出,"文化"和"教育"在中文与英文的词源上都有直接地联系,词源上的同义性反映了两者的关系。

从起源来看,教育是建立在一定的文化基础之上的,其本身就是人类文化成果的表现形式之一。在长期不断的"尝试错误"之后,人们明确了哪些事可以做,哪些事不可以做。有了这些初始文化之后,作为模仿、示范、传习的教育活动才开始出现。教育活动的出现,使得后代人可以通过教育获得前人所积累的经验和教训,不必重复前人所走过的弯路,并在前人的基础上向更高水平发展。

**2. 文化制约着教育活动,教育反映了不同的文化**

不管是广义上还是狭义上,教育作为人类社会生活实践的一项功能性需求,是人类所共有的。但是因为地域、民族和社会发展水平等的不同而造成不同民族间教育的客观差异,其根本原因在于文化的差异。文化直接或间接地影响着教育发展的各个方面,正如,美国教育人类学家斯宾德勒所说:"一定社会特有的文化传统渗透于社会生活的各个方面,强烈地制约着教育过程的进行和人们养育子女的方式。"以教育内容为例,因为文化是人类在长期的社会生活中对不同环境适应的结果,是在人类寻求满足其基本需要的过程中产生的,所以,生活在不同环境中的人们为满足其不同的需要就会对教育内容中所包含的文化产生不同的要求。学校对教育内容的选择也是如此,在不同的文化背景

---

① 李安邦,方明.试论教育对于文化创新的意义[J].上海教育科研,1998(12):7~9.

中,有的学校教育强调价值,即规范体系的文化;有的强调知识,即技术体系的文化。

此外,教育过程中因"文化中断"等原因而导致的学生对学校教育的不适应,是一个深层次的文化问题,也是一个亟待解决的问题。从教育人类学的视角来看,文化决定教育,文化及其价值预制了教育目的、内容及模式;同时,教育又是文化的生命机制,文化通过教育得以传承和创新。因此,一旦教育目的、内容及模式与受教育主体的文化及其价值发生冲突,必然出现文化不适。与其相对应的是文化适应,是把人类与动物区别开的学习经验,能使一个人在生命的延续中,借此种经验获得在该文化中生存的能力。其概念的核心是人及人的文化习得和传承机制,本质意义是人的学习和教育。

"导致文化不适的主要原因之一是文化的非连续性,突出的表现是非本土文化对本土文化的截击,家庭(或社区)教育与学校教育在文化传承上的割裂等方面,一般体现在学校教育过程中的文化强加和同化式的教育。盖伊等人对西非克佩勒人的教育个案研究对此作了最好的注脚。"[1]基于对教育文化功能的研究,本尼迪克特指出:"一旦教育传递的传统文化同实际生活不一样,一旦青年不同旧传统发生关系,一旦社会某一阶层不遵从传统的社会规范,文化不适或文化适应的困难就会导致文化危机的发生。"[2]

总之,教育、人、文化三者之间的关系可概括为:教育即文化与人的互动。人只有靠教育才能成人,人完全是教育的结果。而现实的人,如前所述是文化的动物。由此可见,教育过程可理解为是把潜在的人(即生物有机体)通过教育中新增的文化因素变成了现实的人(即生物有机体+文化)。因此,可以为教育作出最为一般的概括:教育过程就是文化和人(受教育者)的互动过程。

## 二、学校文化

学校作为社会的一个特殊组织,在生存、发展的过程中,在社会文化的影响下,形成自身独特的文化。学校文化是在特定历史条件下学校成员共同习得且共同拥有的思想观念和行为方式。学校文化具体体现在学校的价值观念、办学理念、行为方式和校风校貌上,不仅是学校的灵魂所在,也是学校改革与发展的动力之源。

(一) 学校文化的特点

与其他社会文化相比较,学校文化具有以下特点。

1. 教育性

文化在传播和传承的过程中对社会成员具有教育的功能和价值,这是所有社会文化的共性。但是,与其他社会文化相比,学校文化的教育性具有以下两个特点:第一,社会文化对社会成员的教育功能,大多是无组织、无意识地进行,而学校文化的教育功能有很

---

[1] Ruth B. Patterns of culture[M]. Boston: Houghton mifflin, 1934: 71~75.
[2] 转引自: 冯增俊. 教育人类学[M]. 南京: 江苏教育出版社, 2000: 202.

强的目的性与针对性,是学校教育工作人员依据国家的教育方针和学生成长的规律有目的地营造的,反映了学校的办学思想和培养目标,并经过教育工作人员和学生长期的教育实践活动积淀起来的;第二,社会文化传统中一些与时代相脱节的消极因素会对社会成员造成不同程度的消极影响,然而,虽然学校文化中可能会有消极因素存在,但是在学校文化建设中已经设法对这些消极因素进行了屏蔽和消除,使其影响降至最低点。

2. 选择性

文化的民族性和时代性决定了在特定的社会背景下任何一种文化都有精华和糟粕。学校文化的教育性决定了学校作为专门传承文化的场所,传递的文化应该是文化中的精华,而不是糟粕。例如,虽然中华传统文化是世界上历史最悠久的文化之一,但时过境迁也产生了一些与当下社会发展不相适应的糟粕,像不讲科学、重男轻女、重人情轻制度等,在学校文化传承中对这些要进行批判和剔除。学校选择文化要依据社会发展对人才的要求以及青少年儿童成长的规律。

3. 独特性

学校文化的独特性,主要表现在以下几个方面:首先,与其他社会文化相比,学校文化具有其他文化所不具有的特性,如科学精神与人文精神的统一、世界文化与民族文化的统一、历史积淀与时代精神的统一、理想主义与现实主义的统一、书卷气息与大众习俗的统一等;其次,学校文化是由一个个富有特色的学校所具有的富有特色的文化汇聚而成的,这是其独特性的重要表现,例如,在同一地域或者是只有一路之隔甚至一墙之隔的两所学校,都会在文化上存在着令人耐人寻味的差异;最后,虽然学校文化是由一所所学校的具体文化所构成,但是这些学校文化既有共性又有个性,具体表现在学校文化内部构成的多样性和独特性。[1]

### (二)学校文化的形态

文化是人类为了生息繁衍与自然、其他群体及自我之间相互作用的结果。因此,文化的形态包括器物层面(物质层面)、制度层面和精神层面。据此,学校文化作为社会文化的一个特例,也包括物质文化、制度文化和精神文化等三种形态。

1. 物质文化

学校物质文化,又称载体文化,是学校文化的空间物质形式。学校物质文化包括学校中的各种物质性的存在和内容,有两种表达方式:一是学校物理环境,包括校园的总体布局、结构、建筑风格以及绿化和美化,具有教育功能的教育教学场所和校园环境卫生等;二是教育设备、设施,包括教学仪器、实验设备、办公设备、图书和后勤保障设施等。学校物质文化既是学校物质文明建设的成果,也是学校制度文化和精神文化建设的反映

---

[1] 郑金洲.教育基础[M].上海:华东师范大学出版社,2012:258~259.

和载体。

2. 制度文化

学校制度文化是学校依据国家相关政策和教育发展规律所建立起来的保障学校正常运行的组织形式、规章制度和角色规范。具体表现为,学校成员在共同的工作、学习和生活中所应遵循的有形的纪律、规章制度、行为规范、礼仪,学校无形的习惯、约定俗成的规范和在长期办学过程中形成的传统和风气等。学校制度文化既体现了学校里比较稳定的互动模式与交往关系,又反映了学校里不同个体的社会地位和角色特征。

3. 精神文化

学校精神文化是学校文化的核心,是在长期的文化演化中对各种优秀文化要素进行选择、吸收和积淀而成的,是学校成员内在精神力量的源泉,对学校物质文化和制度文化具有指导作用。学校文化中有无精神文化或精神文化的优劣,是衡量一所学校是否建立了具有个性的学校文化或学校文化优劣的标志。学校精神文化可分解为四种基本成分:一是认知成分,即构成学校成员的群体或个体对教育目的、规律、过程的认识,是学校文化的理性因素;二是情感成分,即学校成员对教育教学活动、学校、班级、同学、同事、学生、老师特有的参与、认同、依恋、热爱的感情,此感情包含很深的归属感、责任感、献身精神和优越感;三是价值成分,即学校所独有的价值取向系统,如有教无类、忠于职守、尊师爱生、教育(教学)活动优先以及团结、守纪、严谨、规范的价值取向等;四是理想成分,即学校成员对教育活动和学生发展水平所表达的希望与追求,如促进学生在德、智、体、美、劳等各个方面得到充分、和谐、全面的发展,创造美好的教育环境是许多学校追求的理想。[1]

(三) 学校文化建设

1. 学校物质文化建设的策略

学校物质文化是学校文化的物质基础,涵盖生活、教学、科研、环境、设施等方面的物质构件。在创建学校物质文化时,要动员和组织各方面的力量,既要调动教育者的积极性,也要调动受教育者的积极性。可概括为以下两个方面。

(1) 营造优美的学校环境

学校优美的环境是人性化发展的结果。在创建学校物质文化过程中,为实现学校教育目的,学校的建造必须考虑文化环境。在地理位置的选择上,务求外部环境僻静、优美;在建筑设计上,务求协调、有特色;在设施功能上,务求相对分离、便捷;在绿化上,务求衬托、和谐的氛围,学校绿化能增强建筑造型的比例、对称、均衡、和谐的外观美。

(2) 设置寓教、寓情富有感染力的学校景观

学校物质文化对提高学生修养、净化心灵、陶冶情操有着重要的影响。学校景观应

---

[1] 余文森,王晞.教育学[M].北京:北京大学出版社,2009:36.

寓情、寓教相结合,要有古训、名言警句等,让学生受到感染,在学生科学的人生观、世界观的形成过程中起到促进作用。精心设置富有寓意的校园景观,在学校大门、重要景点、雕塑的建设上起到培养师生员工的高尚审美品质的作用。作为生动的教材,学校重要景点和雕塑的主题思想要明确地突显出来。

2. 学校制度文化建设的策略

学校制度文化,是在社会、国家政府的支配下,根据学校内部运转的需要,在长期的发展过程中形成的学校成员的生活习惯、群体意识、行为准则和道德规范等。学校制度文化的实质是学校管理的张力、监控的原则、调控程度的反映。一般来说,学校制度文化发展水平的高低体现在学校制度的思想水准和完善程度上。

(1) 改革旧制度,建立和完善新制度体系

随着时间的推移和客观环境的改变,各种规章制度都会出现一些与实际状况不相适应的地方,学校规章制度也不例外,这是很正常的。同时,随着社会的发展变化,人们对规章制度的认识也会不断发展变化。基于以上原因,应当勇于抛弃或修订不符合历史发展趋势、对学校发展起到阻碍作用的规章制度,对不全面、不完善的规章制度进行补充。只有如此,学校的规章制度才能有弹性和活力,不至于凝固和僵化。

(2) 学校制度文化建设要实现人性化与原则性的统一

学校制度的制定、执行和监督,都是"人"在实行的,都是为了维护学校成员的利益,必然表现出一种人性化的特征。因此,学校制度从制订到执行,要突出人文管理,强调人文关怀,要贯彻以人为本的原则。与此同时,规章制度一旦确定实施,学校所有成员都应当严格执行、按章办事,不得随便更改,学校所有成员都必须遵循这一原则。由于学校制度的制定、监督和执行是学校全体成员,因此,在学校制度文化建设中要力争实现人性化与原则性的统一。

(3) 学校制度文化建设要体现政策性和科学性

规章制度只有合理合法,才能具有权威性,全体成员才能认可并遵守。学校规章制度的制定要依据社会秩序和国家法律、法规,不仅要从国情、校情出发,讲究政策性、科学性,还要符合教育规范,体现学校集体的意志,遵从管理科学和教育科学的基本原理。

(4) 学校制度文化建设要实现严肃性与民主性协调统一

要发挥学校规章制度的威力,增强全体成员执行规章制度的自觉性和积极性,学校规章制度既要突出民主性,又要具有严肃性,实现两者的协调统一。首先,建立规章制度要走群众路线,广开言路,共同参与,共同商讨制定。只有如此,才能保证制度的合理性和可行性,制度的执行才能成为全体成员的自觉行为。其次,制度一经公布实施,就必须严肃对待,认真执行,做到有章必依、违章必究,做到秉公办事、不徇私情、令行禁止、赏罚分明。

(5) 学校制度文化建设与道德建设同步进行

在新的时代条件下,学校制度文化建设与道德建设同步进行,是学校制度文化建设的一项重要策略。因为道德建设的关键所在是道德约束机制的建立,而完善的规章制度体系,是道德社会调控机制形成的必然要求,也是道德建设保障机制的关键。学校规章制度既是校园里最低限度的道德,也是能上升为全体成员意志的道德,两者具有同质性。学校规章制度是强制的道德,为道德建设提供了强有力的制度支持;同时,道德是自觉的学校规章制度,为制度发展提供了思想基础。

3. 学校精神文化建设的策略

学校精神文化,是在学校长期发展过程中逐步形成的,为学校全体成员认同、遵循并带有该校特色的价值体系、思维方式、思想观念和道德规范等与教育主体有关的内在精神因素的综合。

(1) 要把握学校精神文化建设的方向

学校精神文化包含的价值取向是学校文化的核心内容,对学校和学生的发展具有十分重要的意义。因此,必须加强以价值取向为重点的学校精神文化建设,使其沿着正确的方向发展,发挥其最大效用。长期以来,爱国主义、集体主义和社会主义一直是我国学校精神文化高举的三面大旗。我们必须用这三面大旗武装学校全体成员的头脑,使他们能自觉抵制精神毒品的侵害。

(2) 加强对学生价值观的引导,促成价值体系的形成

价值观指导人们的人生态度、信念、理想和行为,是人们对人生价值总的、根本的看法,对人生目的、意义认识和评价的尺度。价值体系是学校精神文化的重要组成部分,也是学校文化内涵的核心。学生价值观的养成,有利于完善的价值体系的形成,这既是发展学校精神文化的基本要求,也是学校教育的一项重要内容。只有形成学生正确的价值观,才能形成统一、健康、成熟的学校价值体系,并通过发挥它在学校文化内涵中的核心作用,实现学校精神文化的深层发展。

(3) 营造自由民主的氛围,形成优良校风

学校与社会的根本差别在于思想和精神。学校没有社会上的争名夺利、尔虞我诈,是因为学校精神是在自由民主、平等公正的氛围中形成的,其发展需要自由民主环境的呵护。只有加强自由民主观念,才能形成理解人、关心人、乐于助人的良好品德和真诚合作的行为习惯,进而从根本上改善人际关系。只有在此氛围中,才能实现"空气养人"——在清新、活跃、自由、民主的学校环境中,学校成员间通过进行平等、积极、和谐的思想与情感交流,实现学生健康成长和全面发展,形成优良校风。优良校风不仅能产生良好心理效应,推动学校自由民主思想的深层发展,也能成为学校精神文化发展的重要动力。

(4) 重视隐性课程的作用,处理好其与显性课程的关系

隐性课程主要传播非学术性知识,包括教育观、价值观等内容。行为层面上学生间、师生间关系的优化,能促成稳定的教育观念和学校价值体系的形成,并且在其长期熏陶感染下,极易形成良好的精神氛围,体现学校凝聚力的群体心态。同时,学校精神文化主要隐藏于学校全体成员的思想行为、学校环境、学校制度体系之中,是一种隐性文化。因此,应高度重视隐性课程对学校精神文化建设的作用,加强对隐性课程的学习。学校精神文化建设在重视隐性课程的同时,不能忽视显性课程对学生知识水平的提高和智能结构的完善所发挥的重要作用。

(5) 与时代特征相结合,赋予学校精神文化新的色彩

一种精神得以永恒,其生命力强大之所在,不仅在于其精髓与内涵超越了时空,更在于在时代变更中它能不断被赋予新色彩。在新的时代条件下,学校精神文化要发展,就必须在继承传统精神的基础下,不断汲取时代精神的精华,赋予其新的色彩,以适应社会的发展。因此,学校精神文化建设应贴近社会、贴近生活、与时俱进,充分反映出建设的态度、务实的作风、创新的追求和奉献的境界。①

## 三、学生文化

学生是学校中一个特殊的群体,具有自身的文化特征。学生文化是学生群体的价值取向、交往模式、行为方式等的总体特征。一方面,由于学生文化受社会文化、学校文化和家庭文化等文化的影响,与这些文化在一定程度上有相同或相似的特征;另一方面,由于学生身心发展的特殊性,他们在相互作用中形成自己独有的文化特征,是学校文化中具有相对独特性的文化形态。下面从学生文化的成因、特征与作用三个方面对其进行阐释。

### (一) 学生文化的成因

对于亚文化何以产生,存在着不同的认识,这些认识对分析学生文化这一特殊的亚文化,同样适用。学者们对亚文化产生的原因有以下三种的认识:第一种,亚文化产生于群体共同面临问题时的解决办法;第二种,亚文化产生于社会文化的价值延伸;第三种,亚文化产生于社会结构中的基本矛盾。以上三种认识并非截然相反,主要是因为分析视角的不同,导致对亚文化成因这一认识结果存在差异。依据以上三种认识,分析学生文化的成因。首先,学生文化的产生可能是由于有些学生面临相同或相似的问题,而学校体制又没能为解决这些问题提供有效的办法,经相互作用他们形成"集体意识",产生了共同的行为方式;其次,由于学校倡导的价值与学生个人的价值不一致,学校倡导的价值

---

① 王朝庄,万平.教育学:理论与应用[M].郑州:河南科学技术出版社,2008:53~55.

在不同的学生身上表现不一样,形成了连接学校主导价值与学生价值的亚文化;再次,由于学校中不同群体间存在矛盾,在矛盾的解决或妥协中,产生了学生文化。由以上可知,学生文化之所以产生,原因是多方面的。主要从以下几个因素分析学生文化的产生。

1. 学生个体的身心特征

主要表现在:一方面,学生处于特定的年龄阶段,身心发展有特定的需求,有着不同于其他年龄阶段的思想观念和行为方式;另一方面,个别学生由于身心方面的显著特征,例如,智力超常学生和残障学生,其特殊的身心经历形成了不同于其他学生的文化特征。

2. 同伴群体的影响

处于青少年时期的学生,有自己交往的同辈群体,此群体能形成共同的价值观和行为规范等,形成与成人文化不同的文化形态。

3. 师生交互作用

在学校中,教师与学生的交往是学校生活的重要组成部分。在教学这一特殊的交往过程中,由于教师采用教学模式的不同,学生的反应也各异。不同的师生互动模式,会产生不同的课堂气氛和行为方式。例如,以教师为中心的教学情境中,学生会形成与这种被动接受的现状相适应的心理特征和行为方式。

4. 家庭社会经济地位

学生家庭的社会经济地位是影响学生文化特征的重要因素之一。特定社会经济地位的家庭成员有特定的思想观念、价值规范等,学生的思想、行为难免打上家庭的深刻烙印。当来自不同家庭和社会经济地位的学生带着特有的文化特征走进学校,这种特征或被强化,或经由群体间的相互作用而减弱。

5. 社区的影响

社区作为聚集在一定地域范围内的社会群体和组织,会形成与此共同体相应的制度和行为规范,生活在其中的学生在前期社会化中习得了自己社区的文化特征,并带到学校中,对学生文化的形成产生一定的影响。

6. 学校外部各文化形态的影响

除了社区文化,学校外部的其他文化会对学生文化产生不同的影响。例如,大众传播媒介对学生文化有着重要的影响,学生从中接受的流行文化等内容,会成为学生文化中的显著特征。

由以上可知,学生文化是在上述诸要素的影响下形成的,是这些因素的"合金",在分析学生文化时要注意其多样性和复杂性。

### (二) 学生文化的特征

美国学者弗雷登伯格把学生文化与殖民地文化做了对比,认为它们有共同之处。学生的这种殖民地文化特征,是通过学校对时间的完全占用,刻板教师、学校管理人员对合理使用空间的各种限制来实现的。学生文化主要具有以下较为显著的特征。

1. 过渡性

学生文化是介于儿童文化与成人文化之间的一种文化现象,是学生由儿童走向成人的过渡性产物。也可以说,学生文化是儿童文化与成人文化相互妥协的产物,这使得师生之间价值与行为差距得以缩小,有了共同的文化基础。学生文化使学生有机会学习成人的价值和态度,为进入成人世界打下基础,也使自己的要求在一定程度上得到了满足。

2. 非正式性

学生文化的非正式性表现在:一方面,没有经过教师的组织或有意安排,是学生在日常的相互交往中,因为有共同的价值观念和行为方式结为一个群体而表现出来的;另一方面,学生文化对学生的影响也是非正式的,学生文化中蕴含学生群体的价值和规范,影响着处于这种文化情景中的每一个学生,在不知不觉中他们习得了此文化的价值和规范。

3. 多样性

学生文化的类型是多种多样的,他们会因为各种各样的原因而结成群体,形成不同于其他群体的文化特征。例如,因共同的种族或民族、共同的社会经济背景、共同的心理需求、相同的身心特征、相同的性别、相同的年龄等,而结成群体,形成各具特色的学生文化。学生文化的多样性因学生群体的多样性而繁复多样。

4. 互补性

学生文化的多样性,决定了其功能的多样性。这样一来,使得各种学生文化相互间的功能互补成为必要。从学生文化的不同类型和样式来说,如年龄文化、性别文化、同伴文化等,在各自发挥自身作用的同时结合在一起互为补充。从整个学校文化来说,学生文化作为一种独特的文化类型,是对学校这一主流文化的补充,体现了学生生活的意义和价值。

(三)学生文化的作用

由于学生文化所具有的特征,其在学校生活和学生生活中发挥着一定的作用。学生文化对学校生活的许多方面都有影响,学生往往透过他们的文化群体与学校发生联系。

1. 提供了解决问题的方法

默多克认为:"亚文化为工作状况的共同矛盾所提出的问题提供了解决办法,并为集体个性和个人自尊的发展与加强给予了社会的和象征的解释。"[1]学生文化作为一种亚文化也提供了一种解决学校结构矛盾所产生问题的方法,这些矛盾是学生和教师共同面对的,产生的问题也是教育教学中固有的突出问题。此外,学生文化也为学校教育中既存

---

[1] 转引自:[加]布雷克.越轨青年文化比较[M].岳西宽,译.北京:北京理工大学出版社,1989:88.

的两难问题提供了个人的解决方法。

2. 提供了可供选择的文化形式

学生可以从学生文化里选择一定的文化要素,如,思想观念、价值观、生活方式等。这些都可以用来发展区别于学校环境影响而形成的个性。

3. 为学生提供了不同的生活方式

学生文化主要是从社会文化、学校文化等文化中萌生出来的,换言之,是为了学生而不是由学生产生的。学生文化透过其文化要素,为学生提供了一种有意义的、与学校生活多少有差异的生活方式。

## 本章小结

教育与社会、教育与人之间的关系是教育关系中最基本、最重要的两大关系。教育与社会之间的复杂关系主要表现在:一方面,教育作为一种社会现象,其产生、发展受社会发展水平的制约;另一方面,教育作为一种培养人的社会实践活动,又具有相应的社会功能,对社会发展起着巨大的推动作用。因此,不能离开社会对教育的影响和制约以及教育的社会功能去孤立地谈论教育。

本章主要探讨以下论题:教育与政治经济制度的关系;教育与生产力的关系;教育与文化的关系。这些论题的展开,有助于我们把握教育与社会主要要素之间的关系,增强对教育基本发展规律的认识与理解,从而使教育更好地促进人的全面发展,服务于社会发展和进步。

## 思考与练习

1. 简述教育与政治经济制度之间的关系。
2. 教育对生产力的影响表现在哪几个方面?
3. 论述人、教育与文化之间的关系。
4. 简述学校文化的内涵。
5. 简述学生文化的特点和作用。

## 参考文献

[1] 教育部人事司,教育部考试中心.教育学考试大纲[M].北京:北京师范大学出版社,2002.

[2] 柳海民.教育原理[M].北京:中国人民大学出版社,1999.

[3] 成有信.教育学原理[M].郑州:河南教育出版社,1993.

[4] 全国十二所重点师范大学联合编写.教育学基础(第 2 版)[M].北京:教育科学出版社,2002.

[5] 郑金洲.教育通论[M].上海:华东师范大学出版社,2000.

[6] 王道俊,郭文安.教育学[M].北京:人民教育出版社,2009.

[7] 王朝庄,万平.教育学:理论与应用[M].郑州:河南科学技术出版社,2008.

[8] 余文森,王晞.教育学[M].北京:北京大学出版社,2009.

[9] 孟宪承.中国古代教育史资料[M].北京:人民教育出版社,1961.

[10] 金一鸣.教育原理(第二版)[M].北京:高等教育出版社,2002.

[11] 李春玲.社会政治变迁与教育机会不平等[J].中国社会科学,2003(3).

[12] 王道俊,扈中平.教育学原理[M].福州:福建教育出版社,2011.

[13] 郝克明,谈松华.走向 21 世纪的中国教育[M].贵阳:贵州教育出版社,1997.

[14] 李剑萍.教育学导论[M].北京:人民出版社,2006.

[15] 金吾伦.知识管理[M].昆明:云南人民出版社,2001.

[16] 邹群,王琦.教育学原理[M].沈阳:辽宁师范大学出版社,2006.

[17] [美]舒尔茨.教育的经济价值[M].曹延亭,译.长春:吉林人民出版社,1982.

[18] 国际 21 世纪教育委员会报告.教育——财富蕴藏其中[M].联合国教科文组织总部中文科,译.北京:教育科学出版社,1996.

[19] 曹长德.教育学案例教学[M].合肥:中国科学技术大学出版社,2008.

[20] 博维利.劳动力市场与教育的自主调节问题[M].长沙:湖南教育出版社,1995.

[21] 顾明远,梁忠义.世界教育大系——教育财政[M].长春:吉林教育出版社,2000.

[22] 王桂.日本教育史[M].长春:吉林教育出版社,1987.

[23] 王玉昆.教育经济学[M].北京:华文出版社,1998.

[24] 张宏.散居回族学校教育的隐性力研究[D].重庆:西南大学,2012.

[25] 周作宇.教育:文化与人的互动[J].清华大学教育研究,1999(4).

[26] [德]卡西尔.人论[M].甘阳,译.上海:上海译文出版社,1987.

[27] 白明亮.教育文化研究[D].南京:南京师范大学,2001.

[28] [美]怀特.文化科学[M].曹锦清,译.杭州:浙江人民出版社,1988.

[29] 石中英.教育学的文化性格[M].太原:山西教育出版社,1999.

[30] [美]本尼迪克特.文化模式[M].何锡章,译.北京:华夏出版社,1987.

[31] 李安邦,方明.试论教育对于文化创新的意义[J].上海教育科研,1998(12).

[32] 冯增俊.教育人类学[M].南京:江苏教育出版社,2000.

[33] [加]布雷克.越轨青年文化比较[M].岳西宽,译.北京:北京理工大学出版社,1989.

# 第三章 教育与个人的发展

**学习目标**

1. 了解"个体身心发展"的含义和一般规律。
2. 了解个体身心发展的不同阶段及其相应的特征。
3. 把握影响个体身体发展的各种因素。

本章从"人的发展"的角度来探讨教育问题。人的发展,是哲学的核心命题之一。狭义的"人的发展"一般是从生物学的角度来界定这一概念,它主要是指人从受精卵开始生长、发育、成熟的全部过程。从广义的角度看,人的发展则是指人类作为一个整体所经历的生物、认识、习俗、精神等方面的全部变化,特别是人类的各种能力的生成和变化。按照马克思主义的观点,人类的能力是指人类所独有的能够实现其主体性的本质力量,或者说是人类改变世界、创造世界的一切能力或潜能。当这些能力或潜能得到了充分的、自由的发展,就意味着人的全面发展。近些年来,随着联合国《人类发展报告》在世界范围内的出版发行,"人的发展"这一概念的内涵也在发生变化,它主要是指不断增进人类选择的过程,这些选择主要涉及健康长寿的生活、获取知识和分享资源这三个主要方面。[①] 这一概念也逐渐成为衡量各国政治、经济、文化发展程度的一个指标。基于上述关于"人的发展"的涵义,本章重点论述了个体身心发展的定义及一般规律、影响个体身心发展的主要因素和我国中等教育促进中学生身心发展的特殊任务。

## 第一节 个体身心发展的定义及一般规律

### 一、个体身心发展的涵义

基于物质与精神、自然与社会这样的二元论哲学视角,"人的发展"的定义往往是通过身心这两个维度来界定,所以人的发展一般是指人的身心发展。学界对个体身心发展涵义的界定并不一致。有的学者认为这一概念所指的对象一般是青少年,或者是专指从

---

① Glossary of Statistical Terms[EB/OL]. (2003-03-05)[2014-08-01]. http://stats.oecd.org/glossary/detail.asp? ID=1265.

出生到成年期这一阶段。① 有的学者认为"发展"一词的内涵是泛指任何方向的全部变化,有的学者则强调"发展"专指的是积极的变化。② 20世纪60年代以来,"学习化社会"和"终身学习"这些理念在世界范围内普及。在这种趋势下,把个体身心发展限定在专指人生的某一特定阶段这种提法也许不再合时宜。同时,广义的发展指的是一切变化过程,而非专指积极方向的变化。鉴于这样的思路,个体的身心发展可以被定义为个体在从生到死的完整生命过程中所经历的身体和心理的全部变化。其中,身体的发展主要与人的自然属性或者物质的方面相关,涉及身体的结构、形态和生理机能的变化;其他所有非生理、非自然属性的变化则被笼统地归纳为心理上的变化,主要与人的社会属性和精神相关,涉及知识、能力和技能、情感、道德等等方面的不断变化。总之,个体的身心发展是一个全面的、综合的过程,它贯穿人的生命始终,理想状态下的个体身心发展是一个不断完善自身、不断自我实现的过程。

## 二、个体身心发展的一般规律

每一个个体的发展都呈现出不同的形态、速度或特质,但就总体而言,个体的身心发展还是大致遵循一些共同的规律。为人父母者和教育工作者很有必要了解这些规律,并尊重和利用这些规律,以促进个体在生命早期阶段的发展。

### (一) 个体身心发展的顺序性

人体发育的次序一般是从头开始,然后向下肢进行;以躯干为中心向四肢进行,躯干的生长先于四肢,肢体近躯干端的生长先于远端,先臂后手,先腿后脚。同时,人体发育还遵循由粗到细、由动到静的规律。前者表现为:儿童先学会用全掌握持物品,再发展手指取物的功能;先活动整个肢体,再单独活动手足。后者则表现为:儿童活动时,先学会动的动作,如抓握、站起等等,再学会停步、坐下等动作。③ 以牙齿的发育为例,婴幼儿一般是从出生后4~10个月开始萌出乳牙,于2~2.5岁出齐20颗乳牙。从6~7岁开始,乳牙逐渐脱落,开始生出恒牙。恒牙一共32颗,20~30岁左右出齐。④ 再以儿童的视感知的发育成熟过程为例。新生儿在出生时就有看的能力,一个月后能够注视或跟踪移动的物体或光点,但是两个月之前的婴儿不能根据物体远近随意调节眼球晶状体的厚度。四个月的时候,婴儿的视感知能力已经接近成人水平,眼球晶状体已经可以跟随物体远近而相应调节。半岁左右的婴儿的视敏度就完全成熟了,已经可以辨别场景的深度,已

---

① 成有信.教育学原理[M].沈阳:辽宁大学出版社,2007:91.柳成海.教育原理[M].长春:东北师范大学出版社,2006:68.
② 成有信.教育学原理[M].沈阳:辽宁大学出版社,2007:91.
③ 江钟立.人体发育学(第二版)[M].北京:华夏出版社,2011:22.
④ 吴光驰.儿童营养与生长发育[M].北京:中国协和医科大学出版社,2010:129.

经具有了立体觉。①

生活中有这样一些例子。有些婴孩很早就表现出了语言能力,这让他们身边的人非常欣喜;还有一些儿童的语言能力则发展相对缓慢,他们的父母则会花更多的时间来引导他们说话,并有可能陷入为孩子的智力水平而焦虑的情绪中。就像人的其他能力的发展一样,语言能力的发展也遵循着一定的顺序。表 3-1 就是儿童语言的发育顺序表。②

表 3-1 儿童语言发育顺序表

| 年龄 | 言语发育状况 |
| --- | --- |
| 2 个月 | 可以发出几个单元音(a、i、o 等),能与成人交流发音 |
| 4 个月 | 会出声笑;能咿呀作语;主动对人和玩具发出咕噜声 |
| 6 个月 | 喜欢对熟悉的人发音;开始出现唇辅音(da、ba 等)或双元音,会模仿咂舌音,叫名字开始有反应 |
| 8 个月 | 能发出重复音节"mama""baba""dada"等 |
| 10 个月 | 能够咿呀学语,对成人的要求有反应;会招手表示"再见",或拍手表示"欢迎" |
| 12 个月 | 能听懂几样物品的名称;有意识地叫"爸爸""妈妈";会学动物的叫声("汪汪""啊喔") |
| 15 个月 | 能说出大约 6 个词,会指着自己或亲人的鼻子、眼睛、耳朵等身体部位,开始出现难懂的话(隐语) |
| 18 个月 | 能说 10~20 个词;用言语辅以手势和表情表达需要 |
| 21 个月 | 能说 20~30 个词,会说"不要""我的";能正确地说出几个书中图画的名称,能将 2~3 个字组合起来 |
| 2 岁 | 能说 3~4 个字组成的简单句,会用代词"我""你" |
| 2 岁半 | 会说 6~8 个字的复合句,不再说出难懂的话,能说短的歌谣 |
| 3 岁 | 会说姓名、性别,知道 2~3 种颜色的名称,能回答成人的简单问题 |
| 4 岁 | 能说出较多的形容词和副词,喜欢向成人提问 |
| 5 岁 | 会用一切词类,知道生日 |
| 6 岁 | 说话流利,句法正确 |

### (二)个体身心发展的阶段性

如何按照年龄来划分人的发展阶段,学界并没有定论。一般而言,按照人在不同年龄段所呈现的生理和心理特征,人的一生被划分为胎儿期、婴幼儿期、儿童期、青年期、成年期和老年期。但是具体年龄段的划分则因不同国家或地区的文化背景差异而略有不同。在我国,通常胎儿期指的是从受精卵到出生前的这个阶段,婴幼儿期指的是 0~5 岁

---

① 江钟立.人体发育学(第二版)[M].北京:华夏出版社,2011:26.
② 江钟立.人体发育学(第二版)[M].北京:华夏出版社,2011:32~33.

阶段,儿童期指 6~12 岁阶段,青年期指 13~22 岁阶段(其中,10~19 岁这一时间段又被称为青春期),成年期指 22~60 或 65 岁阶段,老年期则是指从 60 或 65 岁直至死亡。① 需要指出,我国的老年期划分标准参照的是干部退休年龄,即男 60 岁,女 55 岁,存在性别差异。随着世界范围内人的平均寿命不断延长的趋势,各国对衰老年龄的界定也在逐渐推后。

以儿童发展为例,很多学者从不同的研究角度进行研究,提出更为细致的划分阶段或相关理论。比如,格塞尔(A. Gesell)的成熟理论、斯金纳(B. F. Skinner)的行为主义理论、弗洛伊德的心理分析理论、皮亚杰(J. Piaget)的建构主义理论、维果茨基(L. Vygotsky)的社会文化理论、布朗芬布伦纳(U. Bronfenbrenner)的生态系统理论和加德纳(H. Gardner)的多种智力理论等等。② 以下侧重介绍皮亚杰和弗洛伊德关于儿童发展不同阶段的理论。

皮亚杰的研究侧重于儿童认知能力的发展,他将儿童的认知发展大致划分为四个阶段。从出生到两岁是感知—运动阶段。这个阶段的儿童还"远不能内在地表征事物,不能进行概念式的'思考'"。③ 二至七岁是前运算阶段。在这个阶段儿童开始形成语言和其他形式的表征,概念获得迅速发展,推理则处于前逻辑或者半逻辑状态。七至十一岁是具体运算阶段,在这一阶段儿童运用逻辑思维处理具体问题的能力获得发展。十一至十五岁或更大些是形式运算阶段,在此阶段,儿童的认知结构达到了发展的最高峰,可以对各类问题进行逻辑推理。④

弗洛伊德的研究则侧重于儿童性心理和性活动的发展变化,他将儿童性本能的发展划分为五个阶段。从出生到两岁是口唇期(the oral stage,也称"口欲期"),其特征是婴孩的口唇部位是其性敏感区和快感区,婴孩通过吮、咬、吞咽等动作来获得满足。两岁或更早一些到三岁左右,是肛门期(the sadistic-anal stage),婴孩一方面可以通过肛门括约肌的放松而获取因紧张感减轻而带来的快乐,另一方面则可以通过闭便(即强忍不解大便),使废物在肛门处对肠壁的轻微压力而获得一些快感。三至五岁被称作性器期(the phallic stage,又称生殖器崇拜期),从这个时期开始,儿童的性器官成为其性快感的主要来源,儿童通过对性器官抚摩、挤压等动作而获得快感。上述三个阶段合在一起,又被称作"前生殖期"(pregenitalperiod)。五岁到十二岁之间被称作潜伏期(latency stage),这个时期儿童的性冲动处于抑制状态,孩子对性不感兴趣,男女界限分明,几乎互不来往。十二岁以后被称作生殖期(genitalperiod),进入生殖期之后,孩童的性本能在经过潜伏期

---

① 江钟立. 人体发育学(第二版)[M]. 北京:华夏出版社,2011:36.
② Aldridge J,Goldman R. Child development theories[M]. Aldridge R,Goldman R. Current Issues and Trends In Education. New York:Pearson,2007:96~99.
③ [美]瓦兹沃思. 皮亚杰的认知和情感发展理论[M]. 徐梦秋,沈明明,译. 厦门:厦门大学出版社,1989:31.
④ 同2.

的低潮之后,开始朝着生殖这一生物目标飞速发展。①

此外,埃里克森(E. Ericson)关于人格发展的阶段性理论也是影响较大的理论之一。埃里克森将人生划分成八个阶段,每个阶段都呈现出不同的心理特征。这八个阶段分别是0～1岁,基本信任与基本不信任;2～3岁,自主与羞怯和疑虑;4～5岁,主动对内疚;6～11岁,勤奋对自卑;12～20岁,同一性对同一性混乱;21～24岁,亲密对孤独;25～64岁,繁殖对停滞;65岁～死亡,自我整合对失望。埃里克森认为,每个阶段都是人生发展的转折时间,每个阶段都具有自身发展的任务和需要解决的冲突或危机(crisis)。如果个体自身的能力和社会环境的力量能够相互配合,则个体有可能顺利解决冲突,度过危机,促进健康人格的形成和自我发展。反之,则不利于自我特征的形成和发展。②

### (三) 个体身心发展的不平衡性

身心发展的不平衡性一方面表现为每个个体的身体组织、器官的生长发育速度是不等同的,另一方面则表现为每个个体在不同的年龄段,其生长发育的速度是不均一的。就身体器官的发育而言,脑的发育最快,幼童五岁时的脑的大小及重量已经接近成人;而性器官的发育则相对较晚,要到青春期才开始迅速发育。就不同年龄段的生长发育速度而言,一般年龄越小,生长发育的速度越快。婴儿期和青春期是体格和身高明显增长的两个高峰期。③ 个体身心发展的不平衡性还表现为,人的不同方面的能力不一定会均衡发展的。有的人某些方面的能力异常地突出,而某些方面的能力则远落后于正常水平。比如,诺贝尔奖获得者、美国数学家纳什(J. F. Nash)在博弈论方面做出了突出贡献,他很早就展现了他在数学上的惊人才华。但是他有比较严重的社交障碍,人际交往能力很弱,与同事的关系可谓一塌糊涂,这种弱点甚至影响了他的职业发展。

再以人的记忆为例,看看个体身心发展的不平衡性。人的记忆水平不是均衡发展的,人类遗忘的速度也不均衡。根据德国心理学家艾宾浩斯(H. Ebbinghaus)提出的记忆遗忘曲线,人的遗忘速度先快后慢。大多数遗忘出现在学习后一个小时之内。记忆完毕20分钟后的记忆量约为58.2%,一个小时之后下降为44.2%,8、9个小时之后降至35.8%,一天后为33.7%,两天后为27.8%,6天后则降至25.4%。需要指出的是,艾宾浩斯的记忆遗忘规律主要针对的是陈述性知识的记忆,但是对于程序性知识(如开车、游泳等)则不适用。④

体现个体身心发展不平衡性的另一个典型例子就是"彼得·潘综合征"。彼得·潘

---

① [美]霍尔.弗洛伊德心理学入门[M].陈维正,译.北京:商务印书馆,1981;92～102. 关于弗洛伊德儿童性本能发展阶段的具体年龄划分,学界没有统一标准。本教材的这种划分,以霍尔书中的划分标准为主,也参考了其他学者的观点。
② 李晓文.人格发展心理学[M].杭州:浙江教育出版社,2008;160～161.
③ 江钟立.人体发育学(第二版)[M].北京:华夏出版社,2011;22.
④ 赵坤,等.心理学导论[M].北京:中国传媒大学出版社,2009;112～113.

是一个童话人物,他生活在梦幻般的"永无乡"里,永远也不想长大。他的行事风格总是像个孩童一样冲动随意,缺乏理性。现实生活中,有一些成年人尽管生理上已经成熟,但是心理的发展远落后于生理的成熟。有学者把这种心理上成熟有困难的现象称作"彼得·潘综合征",存在这种症候的人的性格特征主要是不负责任、焦虑、孤独、性别角色冲突、自恋、社交无能等。[①] 这种现象虽然未必被精神病学家或心理学家定义为一种疾病,但是它在相当程度上会影响主体的日常生活。一个人的行为同年龄不相匹配,也许无伤大雅。但是那种总是过度"装嫩",永远自我中心的人,很难建立起良好的人际关系。他们常常与身边的人或世界格格不入,他们自己也常常不快乐。造成这种现象的原因之一,是家庭对子女过度保护式的教育。如果家长对子女从小过度保护,满足子女的一切需求却不教他们承担责任,那么这些子女长大之后,可能会发现世界和他们所经历的和想象的完全不同,身边的人并不会像父母那样迁就和保护他们。如果他们遭遇了很多的挫败而又缺乏有效的心理调整,他们会对所谓"成人的世界"产生恐惧或厌弃的情绪,然后可能出现"彼得·潘综合征"。[②]

有学者提出,个体的身心发展还存在着互补性的规律。[③] 互补性规律的具体表现是,如果一个人某方面的机能受到损伤或出现缺失的时候,他的其他方面的机能可能超常发展以补偿其不足。比如,失明的人可能听觉、嗅觉、触觉比普通人更为灵敏。应该承认,个体身心发展的互补性规律在一定范围内存在,但是鉴于这种互补性规律比起身心发展的其他规律而言,普遍性和适用性不高,所以本教材略去。

### (四) 个体身心发展的个别差异性

个体身心发展的个别差异性或个体性是指,尽管人的发展会遵循上述的规律,但是具体发展的速度和状态则呈现出较大的个体差异。这种个别差异主要体现在同龄的个体与个体之间,在体貌、面容、性情、气质、兴趣、喜好、能力等方面的差别。个体差异还可能体现在以性别、种族等划分的群体之间。比如,女孩进入青春期的时间略早于男孩。据统计,女孩最早七岁,最晚十三岁开始进入青春期;而男孩进入青春期的时间最早是在九岁半左右,最晚则是十三岁半左右。[④] 再比如,非裔美国女性成熟的时间早于她们的白

---

[①] [美]凯利.彼得·潘综合征:那些长不大的男人[M].李凤阳,译.北京:北京联合出版公司,2012:1.

[②] Quadrio C. The Peter Pan and Wendy syndrome:a marital dynamic[J]. Australian and New Zealand Journal of Psychiatry,1982,16(2):23~28. "彼得·潘"是一个男性形象,当学者论及具备"彼得·潘综合征"的女性时,常常会使用"女彼得·潘"这样的表述。也有学者借用与"彼得·潘"在同一部童话故事中的女性角色"Wendy"(温迪)来相应地指代"彼得·潘"背后的女性。这种女性对"彼得·潘"的过度保护是"彼得·潘"得以存在的重要原因。所以与"彼得·潘综合征"相对应的一个词是"温迪综合征","温迪"们在两性关系中,往往会扮演类似母亲的角色,为"彼得·潘"们代劳一切他们不愿意做的事情。

[③] 曾庆伟,等.《教育学原理》学习辅导与习题集[M].济南:齐鲁书社,2007:71.

[④] 张文新.青少年发展心理学[M].济南:山东人民,2002:84.

人同伴,目前造成这种种族之间的差异的原因尚不确定。①

影响身心发展个别差异性的因素主要是遗传和环境(这些影响因素会在下一节中进行详细介绍)。身心发展的个别差异性要求教育工作者能够针对教育对象特定的发展水平,因材施教,从而促进教育对象的健康发展。现行很多教育举措的出发点之一,就是考虑到教育对象之间的个体差异。比如,特定群体的受教育者无法在白天或固定的场所接受教育,所以有夜校或远程教育;有些学生需要更短或更长的时间来完成特定教学内容的学习,所以存在"跳级"或"延期毕业";有些额外的"补差"课程,则是针对某方面基础相对薄弱的学生而提供;针对不同学习风格的学生,教师会采用不同的教学方法等。

如果在教育问题上不了解个体发展的个别差异性,或者不能正确地对待这种个别差异性,而一味地用统一的标准来衡量和要求所有的学生,就可能犯"揠苗助长"的错误。很多人在成长过程中都经历过一个参考标准:"别人家的小孩"。很多父母者虚拟出一个"别人家的小孩"来代表一种较高的标准来要求自己的孩子不断努力,这种标准可能是道德的、智力的或才艺的等。这种方式固然有一定的激励作用,但是如果过度地使用,可能会降低子女对自我的评价。他们可能长期处于一种"凡事都不如别人的"负面情绪中,这种局面反而不利于他们的成长和发展。

## 第二节 影响个体身心发展的主要因素

个体身心发展既受到生物遗传机制的影响,也是个体成长的外部环境塑造的结果。同时,人在把握身心发展的一般规律的基础上,通过特定的实践活动(比如教育),对自身的身心发展施加影响。这些有意识的实践活动也可以被归类到个体成长的外部环境中。人就是在诸多相关因素的综合作用下,逐渐实现自己的身心发展。

### 一、遗传

遗传是指生物繁衍过程中,亲代某些生理特征通过基因的作用传递给其子代。由于遗传机制的作用,生物世代间的连续性和相似性得以实现。一般而言,能够被遗传的生理特征主要包括生理结构和形态,比如身高、体重、肤色、体型和面容特征等;也包括某些功能或能力,比如目视耳闻;同时还包括某些疾病或者基因问题。人体的不同部分或生长指标受遗传影响的程度并不一样。比如,体型、躯干与四肢的比例受遗传的影响较大,与之相较,体重受遗传的影响则小一些。同时,在人的发展的不同阶段,遗传对人的影响强弱也不一样。一般来说,婴幼儿时期的生长发育受遗传影响较小,到4、5岁后,遗传的

---

① 张文新.青少年发展心理学[M].济南:山东人民,2002:85.

作用逐渐增强,至青春期则最大限度地表现出来。① 至于像兴趣爱好、性情气质、智力水平及天分这样的因素是否会遗传则存在争议。

由于生物遗传在个体发展中的强大作用,有些学者提出,个体的发展主要是由个体从亲代所继承的基因决定的,这种观点也被称为"生物遗传决定论"或"内发论"。代表人物主要有英国人类学家和心理学家高尔顿(Francis Galton)、美国生物学家威尔逊(E. O. Wilson)、美国心理学家格塞尔(A. L. Gesell)和奥地利精神分析学家弗洛伊德(S. Freud)。高尔顿通过针对杰出人士和双胞胎的研究,提出先天遗传因素对人的行为的影响力要远大于后天因素。威尔逊利用生物社会学和进化论的某些原则来审视某些动物和人类的行为,提出动物和人类行为主要是由遗传决定的。格塞尔通过对儿童行为的研究,提出外部环境(比如学习)只能为发展提供时机,外部环境本身并不能促进发展,儿童的身心发展是自然天性和成熟机制共同作用的结果。以弗洛伊德为代表的精神分析学派则强调人的潜意识中的性本能是促进人发展的动力,强调个体所固有的先天因素的作用。

很多被归类为支持内发论的学者,并没有绝然地否定外部环境对人的发展的作用,只是更强调遗传因素具有重大影响。还有一些哲学家或者学者被学界归类为内发论的支持者,但是这些命题本身是否成立也值得商榷。比如,除孟子外,有学者认为孔子也是内发论的代表人物。② 实际上,尽管孔子说过"唯上知与下愚不移",也说过"性相近也,习相远也"。前一句或许是强调了先天因素的决定力量(即使如此,也只针对"上知"和"下愚"这两个阶层的人);后一句孔子则强调了后天的学习对人的发展有重要影响。再比如,弗洛伊德虽然强调性本能对人的行为的驱动作用,他也强调儿童早期经历对其后期发展的影响。这种经历主要是指儿童和环境,特别是与父母行为和社会规范之间的交互作用,已经不单纯是性本能这一单一因素所能涵盖的。所以,"遗传决定论"或者"内发论"只是一种很粗略的归类方式,这种归类不应该成为读者思想的桎梏。

## 二、环境

如果说遗传是主体所具备的自然生成的、影响其发展的因素,那么环境就是指主体以外的全部生活条件。环境既包括自然环境,也包括社会环境;既包括大气、土壤、水这样的物质因素,也包括制度、习俗、观念这样的非物质因素。人在一定的环境中生存,其发展不可避免地会受到环境的影响。各种环境因素综合作用,对人的发展产生影响。例如,儿童的身高在春季增长最快,而体重的增长则在秋、冬季最快。根据这一规律,儿童

---

① 吴光驰.儿童营养与生长发育[M].北京:中国协和医科大学出版社,2010:129.
② 成有信.教育学原理[M].沈阳:辽宁大学出版社,2007:100.

身体的生长就与气温、经纬度和其他自然环境因素有关。① 又如,人类所掌握的农、林、渔、猎、织这类生活技能,一般是特定自然环境刺激下的产物。这些能力的发展,一定程度上受到主体生活的社会生产力发展水平的制约,同时人的实践也对生产力的发展具有反作用。再如,在男权中心文化盛行的社会环境下,女性主体意识或主体力量的发展会比两性关系相对平等社会下的女性发展要缓慢和落后一些。

与"遗传决定论"相对应的观点之一就是"环境决定论",又称"外铄论"。这种观点强调人的发展主要是由主体之外的外在因素决定,特别是后天的教育决定。"外铄论"的主要代表人物有英国哲学家洛克(John Locke)、美国行为主义学家华生(J. B. Watson)和斯金纳(B. F. Skinner)等。洛克提出了"白板说",他认为人在出生时,大脑好像一块白板一样。尽管人无法改变他们作为"人"这一物种的很多特性,但是他们可以通过后天的努力来塑造自己灵魂。在洛克看来,后天习得的东西决定了人的性情特征。华生关于遗传决定论最著名的表述,是那段他可以把"一打婴孩"利用特定的环境和培养方式,训练成任何"一种专家"的假设。② 这段话主要是针对当时遗传决定论和优生学非常盛行的背景提出的,华生自己也承认这段表述有些言过其实。他借由这段话主要想强调除了遗传因素外,后天的环境对人的成长也存在非常强大的影响。③ 斯金纳一般被称作"激进的行为主义者",在他看来,人的行为是外部环境强化的结果,所以只要控制好外部环境,就能控制人的行为,从而影响人的发展。

此外,中国古代哲学家荀子和墨子,也被视作是"外铄论"的代表人物。墨子说过:"染于苍则苍,染于黄则黄,所入者变,其色亦变。"荀子则说过:"蓬生麻中,不扶自直;白沙在涅,与之俱黑。"两者都强调环境对主体的影响。

### 三、教育

一般而言,教育可以被视为影响人的发展的环境因素中的一部分。之所以将教育单列,是考虑到教育,特别是学校教育在人的发展中的特殊作用。教育是有意识、有目的地对人的身心发展施加影响的活动,而很多的社会因素对人的身心发展的影响则不是有意为之的结果。比如说,某个人成长过程中的特殊经历,会促使这个人的心智迅速成长。但是这些经历未必是他人有意识地设计出来的,而往往是以自发的方式出现。而教育作为特殊的社会环境的组成部分,则是特定的组织或机构,根据社会发展的需要,按照一定的培养目标,选择适当的内容,采取有效的方法,对个体进行系统化

---

① 吴光驰.儿童营养与生长发育[M].北京:中国协和医科大学出版社,2010:131.
② [美]华生.行为主义[M].李维,译.杭州:浙江教育出版社,1998:95.
③ Watson J B. Behaviorism(Revised edition)[M]. Chicago: University of Chicago Press, 1930:82. 华生承认他的论断失实的表述:"I am going beyond my facts and I admit it, but so have the advocates of the contrary and they have been doing it for many thousands of years"。在李维翻译的《行为主义》的中译本中,则没有这段话。

的训练,从而促进个体发展和社会发展。教育以个体的遗传素质为基础,对多种环境因素进行干预和控制,是现代社会中个体发展所不可或缺的主导因素。

除去把世界归因于某个全知全能的神这类的宗派团体和学者之外,大多数学者都认为个体的发展是遗传、环境、教育、个人主观努力等多种因素共同作用的结果。尽管很多学者在研究中对某一种因素有所侧重,这并不意味着这些学者会赞同单一因素决定论。例如,教材之前提到的几位内发论和外烁论的代表人物,都不否认多种因素对人的发展的影响。再如,美国心理学家布朗芬布伦纳(U. Bronfenbrenner)提出以生态系统理论为基础的个体发展模型,看似只强调环境对一个儿童发展的影响,但是他也认为个体发展受到生物因素和环境因素的交互影响。在他看来,个体处于直接环境(比如家庭)到间接环境(比如社区、泛化的文化)这样层层嵌套的生态系统之中,每一层面的环境都与其他环境交互作用,影响着个体方方面面的发展。[①] 不仅每个系统之间存在交互作用,系统与个体之间也存在交互作用。个体通过发挥主观能动性,能够影响和改变环境,甚至可以自由地选择环境。布朗芬布伦纳把这种个体对环境的选择和影响称作"生态转变"。正如很多学者指出的那样,个体发展一方面受到种种条件的限制和制约,另一方面个体在自身不断发展的基础上可以充分利用各种条件,发挥自己的主体力量,改变以及创造条件以促进自身全面地、自由地发展。

学校教育对个体发展最直接的影响,体现在以下几个方面。

### (一) 学校教育可以促进个体潜能的发展,发现并提升个体的价值

很多人天生具备一些天赋和才能,这些天赋和才能有可能在个体生长的早期并没有得以显现或者被注意到。特别是在家庭资源相对匮乏的条件下,个体的天赋和才能很容易被忽视。学校的教育资源相对家庭而言更为丰富,当个体接触到这些资源的时候,其潜在的天赋和才能就可能被激发出来。如果学校可以为个人潜能的发展提供资源和空间,那么个体的潜能就可能得到充分发展,个体的价值才可能得到显现和提升。尽管学校不是发现并激发个体潜能发展的唯一场所,但不可否认,很多在某一领域特别具有才华的人,其天赋都是在学校期间被发现并得以发展。不仅仅是天赋异禀的人,普通人的各种潜能也能通过学校教育被发现,被提升。需要注意的是,学校教育一方面能发现天才,另一方面则存在可能因为过于强调个体某些能力的发展而抑制其他才能发展的现象。理想的学校教育,应该可以激发任何个体的全部潜能,促进其发展,提升其自我价值和社会价值。

以下是关于"天才教育"的一些思考,提醒教育工作者在工作中应该回避的一些错误倾向。

---

① 刘杰,刘敏会.关于布郎芬布伦纳发展心理学生态系统理论[J].中国健康心理学杂志,2009,17(2):250~252.

> **案例 3-1**
>
> **关于"天才教育"的思考**
>
> 天津教育科学研究院的孟育群副教授曾对天津两所中学 149 名初中学生进行过一项调查,60.4% 的同学认为自己与父母的主要矛盾是"父母对我的期望值过高"。这种明显的期望差异,使得双方都十分痛苦,严重的则使矛盾激化,造成不可挽救的后果。
>
> ……
>
> 一位就读于"奥林匹克物理学校"的学生,不理解父母为何不相信智力超常的少年仅占 3‰,"那里面绝对没有我。"他苦笑着说。他对越来越繁重的学习任务,似已生厌。[①]
>
> 下列因素可能会让创造性思维的天才学生感到挫败和沮丧:
>
> 他们认为自己无论做什么事都要赢,都要成功,或者每件作品都必须是完美的。过分好强,但却脆弱,经不起打击和挫折。
>
> 迫于外界压力趋同,而和别人一样,希望让别人接受自己。部分压力来自同伴,部分压力是来自父母、教师以及社会。
>
> 缺少独立施展才能和独立工作的机会。
>
> 他们被警告说:"别再做白日梦。"然而却不知道白日梦在创造过程中的重要性。
>
> 他们把大量的时间花费在高度结构化的玩具和游戏上,没有足够的时间以创造性的方式玩普通的游戏。
>
> 他们的创造力遭到了重要的成年人(教师、家长)的误解、怀疑,甚至蔑视。
>
> 他们的创造力和人们对其性别角色的期望相冲突。
>
> 他们被告诫:创造不过是在浪费时间,有更重要的事情值得他们去做。
>
> 他们的家长和教师是独裁者。[②]

**(二)学校教育可以规范人的言行,帮助个体适应社会并参与构建更和谐的社会**

社会规则和社会道德的学习,往往发生在学校里。缺乏必要的道德认知,人会因为言行失范而影响他人和自己的生活。学校教育对个体的行为进行调整和规范,使个体的行为更符合社会规则,也使个体意识到尊重、责任、合作等品质的重要性,从而使个体可以更好地与他人进行互动,建立良好的人际关系。值得注意的是,规范或者纪律与自由

---

[①] 曾德凤.东方神童潮——当代中国天才教育透视[M].长沙:湖南文艺出版社,1995:130~131.
[②] 马建勋.破译天才教育密码[M].郑州:河南文艺出版社,2007:61~62.

之间的关系很微妙,理想的状态是学校教育既能够规范人的言行,同时又能够不妨碍人的自由发展。但是这两者往往很矛盾。很多从事教育工作的人(特别是在工作的早期)都可能遇到的一个现实难题是,如果管得过死,学生的一言一行都符合规范的同时却难免表现得缺乏活力,暮气沉沉;而如果给学生太多的自由,那么学生则可能因为过于活跃而无视规则,显得散漫。如何在这两者之间取得平衡是一个很值得思考的问题。通过教育让学生自觉意识到规则的重要性,比单纯地用规则来训诫学生要重要得多。

以下是关于纪律教育的一些研究结论,可能有些表述过于夸张,但是研究中所突出的"自觉纪律"优于"被迫纪律"的观点,值得推崇。

> **案例 3-2**
>
> **纪律教育**
>
> 教育心理学研究表明,那些以强迫命令、刻板专横的权力主义方式抓纪律问题的班主任,其对学生心理和道德发展会产生至少三个方面的显著消极影响:一是恶化师生关系,班主任被学生看做是个专制者;二是导致学生心理异常,学生在与这种班主任交往时,惧怕和焦虑自然使他们产生各种异常的防御反应,影响学生心理和个性的健康发展;三是导致学生道德发展水平的下滑,即学生在该班主任面前之所以规规矩矩、老老实实,主要是为了避免他的非难,以致他的班级中虚伪、假装、说谎等欺骗现象明显多于那些以民主方式行事的班级。而且,研究者的结论强调,欺骗是精神贫乏的象征,至少有一部分是以教师为中心的课堂特点所导致的。①

**(三)学校教育为个体的全面发展提供可能性**

学校教育的目标是有计划、有目的地促进学生的全面发展。人的全面发展的涵义往往和"理想的人"这一观念相关。人的全面发展,至少应该包括两个层面的涵义。其一,人的全面发展涉及个人在能力、素质、需要、个性、品质、关系、心态和人格等整体综合素质的自由的、充分的发展。例如,我国的教育指导思想是马克思主义,对全面发展的解读一般是从德、智、体、美、劳这几个方面进行。我国学校所提供的课程以及其他活动也是围绕学生全面发展的目标来设计和实施。其二,人的全面发展不单是个人的发展,更是一切人的发展,它涉及个体、群体和人类的全面发展。②

人的全面发展是一个整体的、综合的概念,除了健康的身心体魄、良好的思想道德、深厚的科学文化素养、丰富的审美趣味、扎实的各种技能技巧这些方面之外,还有一些能

---

① 李慕南.班主任班级细节管理[M].沈阳:辽海出版社,2011:9~10.
② 林世选,单培勇.国民素质与人的全面发展研究[M].北京:中国经济出版社,2005:19~20.

力或者发展维度受到越来越多的关注。其中之一就是创造力。创造力指的是通过不断提升人的能力来最大限度地发挥人的主体力量,产生新的事物、认识或方法,从而推动人类文明进程的能力。现代学校教育越来越重视对学生创造力的激发和培养。学校教育能够为个体的全面发展提供可能性,一方面表现为学校为个体的发展集中提供了各种资源;另一方面学校教育不仅关注学生当下的发展,也关注学生未来的发展,学校教育所奠定的基础很大程度上是为学生未来的自我超越和自我突破提供了可能性。

七十年前,教育家陶行知就提出过学校教育在培养学生创造力的问题上应该遵循的原则,这些原则在今天仍然具有借鉴意义。

### 案例 3-3

#### 如何培养创造力

对人的创造力来说,有两件东西比死记硬背更重要:一个是他要知道到哪里去寻找所需要的比他能够记忆的多得多的知识;再一个是综合使用这些知识进行新的创造的能力……早在20世纪40年代陶行知先生就提出要使学生获得"六大解放":一是解放学生的头脑,就是要鼓励学生敢想、善想,敢于动脑,善于动脑;二是解放学生的双手,就是要鼓励学生敢干、善干,敢于动手,善于动手;三是解放学生的眼睛,就是鼓励学生敢于观察、善于观察,胸怀祖国,放眼世界;四是解放学生的嘴巴,就是鼓励学生敢说、善说,敢于提问,善于提问;五是解放学生的空间,就是要扩大学生的活动领域,不把他们局限在狭小的课堂里,也不局限在学校中;六是解放学生的时间,就是要保证学生有时间去独立学习、活动和创造,不要把课程排得满满的,也不要让作业多得做不完。这样就有可能实现"处处是创造之地,天天是创造之时,人人是创造之人"。[①]

#### (四)学校教育促使个体个性的发展

学校教育一方面规范个体的言行使其符合社会规范,帮助个体更好地适应社会,另一方面(应当)充分尊重个体发展的差异性,为个体发展提供平台。学校教育要促进个体个性的充分发展,首先要避免用单一的标准来衡量每个学生。学校教育需要促进个体方方面面的完善,而不仅仅是智力的完善。仅就智力的发展而言,智力的发展和完善是一个过程,它既不应该通过学生的考试能力这一维度来衡量,也不应该完全通过个体和他人的横向比较来衡量。学校教育在促进个体个性发展的问题上,一方面应该充分考虑到学生的兴趣爱好、学习风格、能力和倾向,优化课程,因材施教,包容和促进学生的"异步

---

① 魏薇,王红艳.中外学校教育经典案例评析100篇[M].济南:山东人民出版社,2010:165.

发展"①;另一方面,学校应该发掘出每个学生某些方面特征的闪光点,努力促进这些特征的发展和完善。

其次,学校教育在促使个体个性发展的同时,也要促进个体与他人的合作,促进和谐的人际关系的建立。如果一个人被评价为"太有个性",这往往意味着这个人不太容易相处。太有个性而无法与他人合作,甚至无法与他人和谐共处的人,他的发展必将受到很多限制。

以下是日本个性教育体现的"自主与平等性"和"自强与集体性"的特征介绍,它可以带给我国的教育改革一些启示。

**知识卡片 3-1**

在日本,学校、家庭和社会从小学教育开始都把个性看成是普通、平凡的属性,把每一个个体都看成是普通、平凡的个体。不培养模范与典型,不树立榜样和起主导作用的个体。学习成绩从不排名,体育比赛没有名次而重在参与,学生干部轮流当等措施从真正意义上做到了平等地看待每一个个体,尊重每一个个体,给每一个个体以相同的机会,引导每一个个体都自然、健康地成长。同时也给个体充分的自主发展空间,让个体融入共性之中……

日本小学生个性教育的一个重要目标旨在让个体产生一种对个性的自然的自我反思与自我调节,进而让个体体验到个性只有融入规则与集体之中才会实现其意义与价值。所以,日本的小学教育中虽然处处可以感受到对团队意识、服从意识、规则意识的强调,但这种个体意识是建立在尊重个性的基础之上的,是一种以引导不同的个性形成自然的、富有活力的集体意识。因此,在日本的小学教育中,体育运动会多数是以团队形式进行,强调集体的协作、协调、协同性,是真正意义上的全部个体参加的全员运动会。所有的活动从学习到生活都引导学生分工负责,各司其职,充分发挥,不分优劣。强调的是整体效益和个体的积极参与,注重的是个体对集体的服从与协调,也即个性相对于共性而存在。②

## 第三节 普通中等教育促进青少年发展的特殊任务

在人一生的发展历程中,如果把婴幼儿时期和童年期看做是人的成长期或幼稚期,

---

① 季萍,吴平.满足学生差异性学习需求的实践研究——个性教育初探(上)[M].上海:百家出版社,2006:69~70."异步发展"是指满足学生差异性发展需要的发展模式。

② 何凡,徐燕刚.从日本小学生个性教育反思我国小学教师教育改革[J].四川师范大学学报(社会科学版),2007,34(4):61~64.

把成年期看做是人生发展的成熟期,那么这两者之间的青少年期就是一个过渡时期,它是个体由不成熟走向成熟、由儿童走向成人的一个过渡阶段。正如前文指出的,关于人的发展阶段的起止年龄界定存在分歧。一般来说,从教育的角度看,个体从 11 岁至 14 岁被称为少年期,大致相当于初中阶段;15 至 18 岁则是青年(早)期,相当于高中教育阶段。这两个阶段的个体发展呈现出不同的特征,针对这些特征,学校教育承担着相应的特殊教育任务。

## 一、少年期的年龄特征与初中教育的个体发展任务

### (一)少年期的年龄特征

进入青春期后,个体的生理发育开始高速发展。个体的身高、体重迅速增加,大脑的内部结构和机能不断分化,各身体脏器功能明显提高。与此同时,少年的运动能力、活动能力和肌群发展也得到迅速提升。此外,性器官在青春期逐渐发育成熟,男性和女性的第二性征都相继出现。个体的性成熟导致了性意识的苏醒和性冲动的出现,也导致了青少年在心理方面的过渡性特征,即发展迅速又不够稳定,兼具童年期的幼稚和成年期的成熟。其具体表现为:

a) 独立性和依赖性,自觉性和幼稚性的矛盾交织;

b) 强烈的自尊心,对自我形象、周围环境以及他人对自己评价的极度关注,自我同一性[①]的形成和确立;

c) 情绪波动大,容易喜怒无常;

d) 与父母之间的距离增大,家庭关系的亲密度降低,亲子冲突增多;

e) 月经/遗精的初次出现,可能带来焦虑、恐惧、期待、兴奋等等复杂的情绪;

f) 在行为动机上倾向于成年型,比如向往成人式的人际关系,特别是两性关系;在行为控制上则倾向于童年型,比如不善于把握自己的行为,常常做出非理性的决定。

上述表征未必出现在青春期的所有个体身上,也没有完全涵盖青春期个体发展的全部特征。尽管每一个个体的生长发育速度不一样,呈现出来的状态也互不相同,但是仍然存在着一些共性的特征。根据这些特征,学校教育可以制定相应的教育目标,采用适当的举措,促进个体身心发展。

### (二)我国初中教育促进个体发展的任务

根据原国家教委 1992 年颁布的《九年义务教育全日制小学、初级中学课程计划(试行)》(以下简称《计划》),义务教育阶段的课程计划遵循面向现代化、面向世界、面向未来的战略思想,把坚定正确的政治方向放在第一位,面向全体学生,注重全面打好基础,因

---

[①] 张文新.青少年发展心理学[M].济南:山东人民出版社,2002:369~371."自我同一性"是埃里克森关于人格或自我认知、自我发展的一个概念,主要指一个人对其个体身份的自觉意识或追求。

材施教,促进学生个性的健康发展。具体而言,初中阶段的培养目标为以下几点。

第一,具有爱祖国、爱人民、爱劳动、爱科学、爱社会主义的思想感情,初步了解辩证唯物主义、历史唯物主义的基本观点,初步具有为人民服务和集体主义的思想,具有守信、勤奋、自立、合作、乐观、进取等良好的品德和个性品质,遵纪守法,养成文明礼貌的行为习惯,具有分辨是非和自我教育的能力。

第二,掌握必要的文化科学技术知识和基本技能,具有一定的自学能力、动手操作能力,以及运用所学知识分析和解决问题的能力,初步具有实事求是的科学态度,掌握一些简单的科学方法。

第三,初步掌握锻炼身体的基础知识和正确方法,养成讲究卫生的习惯,具有健康的体魄。具有初步的审美能力,形成健康的志趣和爱好。

第四,学会生活自理和参加力所能及的家务劳动,初步掌握一些生产劳动的基础知识和基本技能,了解一些择业的常识,具有正确的劳动态度和良好的劳动习惯。

该计划自颁布之日起就作为我国义务教育的纲领性文件得以贯彻,国家也出台了一些相应的文件对该计划进行补充说明和调整。比如,《计划》提出要"根据儿童、少年身心发展规律,合理安排课程,注意教学要求和课程负担适当"。针对这一要求和我国中小学阶段学生课业负担过重的现实,国务院于2010年颁布《国家中长期教育改革和发展纲要(2010—2020年)》(以下简称《纲要》),明确提出"过重的课业负担严重损害儿童少年身心健康。减轻学生课业负担是全社会的共同责任,政府、学校、家庭、社会必须共同努力,标本兼治,综合治理。把减负落实到中小学教育全过程,促进学生生动活泼学习、健康快乐成长"。针对《计划》中所提出的养成"健康的身体",《纲要》则明确提出"增强学生体质。科学安排学习、生活、锻炼,保证学生睡眠时间。大力开展'阳光体育'运动,保证学生每天锻炼一小时,不断提高学生体质健康水平"。

值得注意的是,《计划》和《纲要》中的初级中学教学目标,主要是围绕学生品行、学习兴趣和学习能力,健康和卫生习惯等方面的培养,针对青春期学生情感发展和情绪控制的表述则相对较少。青春期学生丰富的、激烈的情感发展则更多地有赖于教师和家长在与学生日常交往中的积极引导。

## 二、青年期的年龄特征与我国高中教育促进个体发展的任务

### (一)青年期的年龄特征

进入高中阶段的青年,身心发展的速度比初中阶段放缓,保留了一些少年期的发展特征,比如热情,冲动,向往成年人的生活,强烈的情感需要,自尊心强等。但是随着智力和独立意识继续发展,高中生比起青春期前期的初中生多了一些理性和成熟,所以高中生呈现出与初中生有所差异的年龄特征。具体表现为:

a) 智力高度发展,特别是概括化的观察力、成熟的记忆力、抽象逻辑思维能力和理性思维能力的增强;

b) 自我意识基本成熟,世界观初步形成,对人对事有自己的判断;

c) 热情,易冲动,随着理性思维和自制力的发展,言行上比初中阶段更谨慎;

d) 情绪的稳定性增加;

e) 对异性敏感,情感强烈,但是对自己的情感的自觉意识加强,也多了一些理性审视。

总之,高中生的身心发展,与初中生相对照,进入了一个新的时期。高中生的独立性、自主意识和思维水平都高度发展,情感更复杂和丰富,对世界和他人的认知更清晰。普通高中的培养目标,应该充分促进高中生的身心和个性的发展。

### (二) 我国高中教育促进个体发展的任务

在我国,由于高考的重要意义,高中阶段是个体一生发展的至关重要的阶段,很大程度上可以决定个体未来的人生走向。针对高中生的身心发展特征,教育部于 2002 年颁布《全日制普通高级中学课程计划》(以下简称《高中计划》),指出普通高中的总体教育目标是进一步促进学生在道德、文化、劳动技能、审美情趣和身体心理健康等方面的发展,注重培养学生创新精神、实践能力、终身学习的能力和适应社会生活的能力,促进学生个性的健康发展,为高等学校和社会各行各业输送素质良好的普通高中毕业生。[①] 具体而言,我国普通高中的培养目标尤其强调以下几点。

第一,热爱社会主义祖国,拥护中国共产党,了解中国历史和国情,对国家和民族具有责任感,初步形成正确的世界观、人生观和价值观。

第二,具有民主和法制精神,学习行使公民权利和履行公民义务;积极参与社会公益活动;具有自觉保护环境的意识和行为;具有集体意识和合作精神;具有参与国际活动和国际竞争的意识;具有独立生活的能力;形成健全的人格。

第三,具有适应学习化社会所需要的文化科学知识;形成独立思考、自主学习的能力;具有科学精神,形成科学态度,学会科学方法;能够利用现代信息技术手段进行学习,解决问题;进一步发展创新精神和实践能力,逐步形成适应学习化社会需要进行终身学习的能力。

第四,具有健康体魄和身心保健能力,养成自觉锻炼身体的习惯,掌握科学的锻炼方法;具有良好的心理素质;形成文明健康、积极向上的生活方式。

第五,树立健康的审美观,养成健康的审美情趣,对自然美、社会美、科学美和艺术美

---

① 1996 年原国家教委颁布了《全日制普通高级中学课程计划(试验)》,2000 年教育部对该试验计划进行修改,提出了《全日制普通高级中学课程计划(试验修订稿)》,2002 年颁布的《全日制普通高级中学课程计划》则是以"试验修订版"的计划为蓝本而制定的。

具有一定的感受力、鉴赏力、表现力和创造力。

第六,具有与社会生活相适应的职业意识、创业精神和一定的择业能力,形成一定的劳动技能和现代生活技能,能够对自己的生活和发展做出恰当的选择。

2010年颁布的《国家中长期教育改革和发展规划纲要》,针对高中生的年龄特征,对普通高中的培养目标做出补充。要求学校"开设丰富多彩的选修课,为学生提供更多选择,促进学生全面而有个性的发展"。同时要求学校"建立学生发展指导制度,加强对学生的理想、心理、学业等多方面指导"。总之,我国高中教育促进个体发展的重点在于为个体未来的生活做准备。

## 本章小结

个体的身心发展可以被定义为个体在从生到死的完整生命过程中所经历的身体和心理的全部变化,它是一个全面的、综合的、贯穿人的生命始终的过程。在这一过程当中,人通过发挥自己的能动性,逐渐实现自身的不断完善、不断超越,从而为整个人类的自我实现提供助力。

一般而言,个体身心发展具有一定的规律性特征,这些规律分别是顺序性、阶段性、不平衡性和个体差异性。学校教育的展开,必须以遵循这些客观规律为基础。

影响个体身心发展的因素有很多,这些因素可以被归结为遗传和环境两大类。其中,学校教育作为影响个体身心发展的一种特定的环境因素,因为其在人的发展过程中所起到的特殊作用而尤其受到重视。学校教育以个体的遗传素质为基础,对多种环境因素进行干预和控制,从而对个体发展施加有意识的影响。这些影响集中体现为:学校教育规范个体的言行,帮助个体适应社会,促进个体潜能的发展,提升个体的自我价值,为个体的全面的、自由的和个性的发展提供可能性。

中学生处于个体身心发展的特殊阶段:青春期。这个时期的少年往往具有鲜明的年龄特征。针对这些特征,我国中学阶段的学校教育承担着相应的特殊教育任务:一方面学校教育要促进中学生个性的健康发展,帮助他们树立正确的政治方向,另一方面学校教育致力于学生多种能力的培养,为个体的未来生活做准备。

## 思考与练习

1. "个体身心发展"的涵义是什么?
2. 个体身心发展有哪些一般规律?
3. 影响个体身心发展的主要因素有哪些?
4. 中学生的年龄特征是什么?我国普通中学在促进学生身心发展方面有哪些特殊任务?

## 参考文献

[1] [奥]弗洛伊德.性欲三论[M].赵蕾,宋景堂,译.北京:国际文化出版公司,2000.
[2] 成有信.教育学原理[M].沈阳:辽宁大学出版社,2007.
[3] 侯慧君,辛爱民.青春期心理健康教育[M].北京:军事医学科学出版社,2002.
[4] 季萍,吴平.满足学生差异性学习需求的实践研究——个性教育初探(上)[M].上海:百家出版社,2006.
[5] 江钟立.人体发育学(第二版)[M].北京:华夏出版社,2011.
[6] 李慕南.班主任班级细节管理[M].沈阳:辽海出版社,2011.
[7] 李晓文.人格发展心理学[M].杭州:浙江教育出版社,2008.
[8] 林世选,单培勇.国民素质与人的全面发展研究[M].北京:中国经济出版社,2005.
[9] 柳成海.教育原理[M].长春:东北师范大学出版社,2006.
[10] 马建勋.破译天才教育密码[M].郑州:河南文艺出版社,2007.
[11] [美]华生.行为主义[M].李维,译.杭州:浙江教育出版社,1998.
[12] [美]霍尔.弗洛伊德.心理学入门[M].陈维正,译.北京:商务印书馆,1981.
[13] [美]凯利.彼得·潘综合征:那些长不大的男人[M].李凤阳,译.北京:北京联合出版公司,2012.
[14] [美]舒尔茨.现代心理学史[M].杨立能,等,译.北京:人民教育出版社,1985.
[15] [美]瓦兹沃思.皮亚杰的认知和情感发展理论[M].徐梦秋,沈明明,译.厦门:厦门大学出版社,1989.
[16] 钱立.天才与疯狂:数学家纳什的故事[M].上海:上海科学普及出版社,2002.
[17] 魏薇,王红艳.中外学校教育经典案例评析100篇[M].济南:山东人民出版社,2010.
[18] 吴光驰.儿童营养与生长发育[M].北京:中国协和医科大学出版社,2010.
[19] 曾德凤.东方神童潮——当代中国天才教育透视[M].长沙:湖南文艺出版社,1995.
[20] 曾庆伟,等.《教育学原理》学习辅导与习题集[M].济南:齐鲁书社,2007.
[21] 赵坤,等.心理学导论[M].北京:中国传媒大学出版社,2009.
[22] 张文新.青少年发展心理学[M].济南:山东人民出版社,2002.
[23] Aldridge J., Goldman R. Child development theories[M].//Aldridge R., Goldman R. Current Issues and Trends In Education. New York:Pearson,2007.
[24] Watson J. B. Behaviorism(Revised edition)[M]. Chicago:University of Chica-

go Press,1930.

[25] 国家教委关于印发《九年义务教育全日制小学、初级中学课程计划(试行)和二十四个学科教学大纲(试用)》的通知[EB/OL].(1992-08-06)[2014-08-02]http://fagui.eol.cn/html/201008/3930.shtml.

[26] 国家中长期教育改革和发展纲要(2010—2020年)[EB/OL].(2010-07-29)[2014-08-02]http://www.moe.gov.cn/publicfiles/business/htmlfiles/moe/moe_177/201407/171904.html.

[27] 全日制普通高级中学课程计划[EB/OL].(2002-04-26)[2014-08-02]http://www.edu.cn/20011113/3009514.shtml.

# 第四章　教育目的

**学习目标**

1. 了解教育目的的内涵、意义及结构。
2. 理解教育目的的制定的依据及价值取向。
3. 结合我国教育目的的发展变化，掌握新时期教育目的的基本内容及其精神实质。
4. 结合实际，正确理解我国的素质教育。

 案例 4-1

### 教育究竟为了什么？

一位第二次世界大战中纳粹集中营的幸存者，后来当上了美国一所学校的校长。在每一位新老师来到学校时，他都会交给那位老师一封信。信的内容完全一样，里面写的是："亲爱的老师，我是集中营的生还者，我亲眼看到人类所不应该见到的情景：毒气室由学有专长的工程师建造；儿童由学识渊博的工程师毒死；妇女和幼儿被受过大学教育的人们枪杀。看到这一切，我怀疑：教育究竟为了什么？我的请求是：请你们帮助学生成为有人性的人。你们的努力绝不应当被用于制造学识渊博的怪物、多才多艺的变态狂、受过高等教育的屠夫。只有在使我们的孩子具有人性的情况下，读写算的能力才有其价值。"

**问题**　请联系实际，思考：教育究竟是为了什么？教育的目的何在？

## 第一节　教育目的概述

### 一、教育目的的概念和意义

目的性是人类实践活动的一个根本特性。人类任何有意识的活动总是以一定的目的作为其起点和归宿的。教育是人类特有的实践活动，这种实践活动也具有一定的目的。从教育的产生看,教育发端于劳动。在共同的生活和劳动过程中,人类必然会形成一定的共同伦理规范,必然会积累许多社会经验和生产经验。这些事关人类生存和发展的经验是无法通过种族的遗传而保存和传递下去的,所以必须借助有目的的教育活动。

### (一) 教育目的的概念

教育目的的概念有广义和狭义之分。广义的教育目的是指人们对受教育的期望,即人们期望受教育者接受教育后身心各方面产生怎样的积极变化或结果。在一定社会中,凡是参与或关心教育活动的人,如教师、家长、政治家、科学家、艺术家等,对受教育者都会有各自的期望,也就是说都会有各自主张的教育目的,这是广义的教育目的。狭义的教育目的是指一个国家为教育确定的培养人才的质量规格和标准,是社会通过教育过程要在受教育者身上形成它所期望的结果或达到的标准。这种教育目的是社会的总体上的教育目的,它可能是由某个人(如教育家、政治家等)提出、倡导而得到社会承认的,也可能是由国家机关制定推行的。

### (二) 教育目的的意义

教育目的要回答的是"教育要培养什么样的人"这样一个根本问题,所以教育目的是整个教育工作的核心,也是教育活动的依据和评判标准、出发点和归宿。

教育目的对整个教育工作的指导意义是通过发挥以下作用实现的。

1. 教育目的的导向作用

教育目的为教育对象指明了发展方向,预设了发展结果,也为教育者指明了工作方向和奋斗目标。教育目的无论是对受教育者还是对教育者都具有目标导向功能。诸如教育制度的建立,教育内容的选择,以及教育过程所采用的方法和手段,都必须按照教育目的去进行。如果教育工作偏离了教育目的,就达不到预定的教育结果。

2. 教育目的的激励作用

教育目的是对受教育者未来发展结果的一种设想,具有理想性的特点,这就决定了它具有激励教育行为的作用。它不仅激励教育者通过一定的方式,把教育目的和培养目标转化为学生的学习目的,也激励受教育者自觉地、积极地参与教育活动。在教育活动中,只有当受教育者意识到教育目的对自身未来成长的要求或意义时,才能把它作为努力方向,不断地按照教育目的的要求发展和提高自己。

3. 教育目的的评价作用

教育目的既为教育活动指明了方向,又为检查和评价教育活动的质量提供了衡量尺度和根本标准。因为教育目的总是包含着多层次的系列目标,这使得它不仅是教育活动中的宏观的衡量标准,也是具体而微观的衡量标准。无论是过程性评价还是终结性评价,都必须以教育目的为根本依据。同时,教育目的只有具体体现在学校教育的各个评价体系之中,才能切实发挥其导向和调控功能。

## 二、教育目的结构

所谓教育目的的结构,是指教育目的的组成部分及其相互关系。

### (一)横向结构

教育目的一般由两部分组成。一是对教育要培养出的人的身心素质做出规定,即对教育对象应形成何种素质结构的规定,如对受教育者思想、道德、心理、知识、能力、体质等方面素质的要求和规定;二是对教育要培养出的人的社会价值作出规定,即指明这种人符合什么社会的需要或为什么阶级的利益服务。如培养"劳动者""建设者""接班人""公民"等的规定。其中关于身心素质的规定是教育目的结构的核心部分。例如,《中华人民共和国教育法》规定了"培养德、智、体等方面全面发展的社会主义事业建设者和接班人"的教育目的,其中德、智、体全面发展,指的是受教育者所要形成的身心素质;社会主义建设者和接班人,指的是受教育者所要承担和发挥的社会职能。

### (二)纵向结构

1. 国家的教育目的

国家的教育目的居于第一个层次,它是由国家提出来的,其决策要经过一定的组织程序,一般体现在国家的教育文本和教育法令中。国家的教育目的的实现有权力机构的支持,正是在权力机制的运作下,它才成为各级各类学校制定培养目标必须遵循的依据。

2. 各级各类学校的培养目标

各级各类学校的培养目标居于第二个层次,它是根据国家的教育目的制定的某一级或某一类学校、某一专业对人才培养的具体要求,是国家教育目的在不同教育阶段、不同级别的学校、不同专业方向的具体化。它是由特定的社会领域和特定的社会层次的需要决定的,各级各类学校要完成各自的教育任务,必须制定各自的培养目标。

教育目的与培养目标是普遍与特殊的关系。只有明确了教育目的,各级各类学校才能制定出符合要求的培养目标;而培养目标又是教育目的的具体化。教育目的是针对所有受教育者提出的,而培养目标是针对特定的教育对象而提出的,各级各类学校的教育对象有各自不同的特点,因此制定培养目标需要考虑各自学校学生的特点。

3. 教师的教学目标

教师的教学目标居于第三个层次,是教育者在教育教学过程中,在完成某一阶段的工作时,希望受教育者达到的要求或产生的变化。学校培养人的工作是长期、复杂而又细致的,要靠日积月累、持之以恒的教学才能实现其最终目的。

教学目标与教育目的、培养目标之间的关系是具体与抽象的关系,教育目的是最高层次的概念,它是培养各级各类人才的总的规定,各级各类学校的培养目标、教学目标都要依据教育目的的制定。培养目标是指不同类型、不同层次的学校培养人的具体要求。教学目标是三者中最低层次的概念,更为具体,微观到每堂课甚至是每个知识内容,教育目的和学校的培养目标是制定教学目标的依据。教育目的、培养目标、教学目标从表面看来很相似,实际上它们有各自的内涵,彼此相关,但相互不能取代。目的与目标根本不同,目标可以测量,而目的不能。认清三者之间的关系非常重要。

## 第二节 制定教育目的的基本依据

教育目的的确立既有主观性,又有客观性。从其提出的主体来看,教育目的是由人制定的,体现着人的主观意志。但就其确立的最终依据来看,教育目的必须以客观存在为依据,即必须依据社会发展的客观需要和受教育者身心发展的客观规律。教育目的不是超社会、超历史的,而是有其现实的客观本原的。人们提出形形色色的教育目的,不管他们承认与否,实际上都是社会对其成员质量规格的客观需求在人们意识中的反映,是人们所处时代的产物。这也是教育目的的社会制约性。

### 一、确定教育目的的主观依据

从主观方面来看,教育目的首先是教育活动中人的价值选择。人们在考虑教育目的时往往会受其哲学观念、人性假设和理想人格等等观念和价值取向的影响。

一方面,人都有追问世界之根本的哲学兴趣;另一方面,自觉或不自觉的哲学观念都会对人的活动产生影响。而哲学观念对于教育活动最重大的影响莫过于对于教育目的设定的影响。柏拉图认为,一切感官所得都属于现象,宇宙的根本是理念。所以,个体如欲追求真理就不能诉诸感官的体验而应当依赖理性。教育的目的不在于灌输知识,而在于启发理性,认识理念。所以理性的培养就成为柏拉图教育目的论的核心。相反,经验主义哲学家洛克认为,先有外物的存在,后有感觉经验。所以,一切知识均来源于后天,都要通过感觉经验。所以,教育目的应当是培养人对外在环境的兴趣,包括接受人与人之间的影响,从而形成他所谓的"绅士"教育目的论。中国古代教育思想家们的教育目的论也往往建立在他们对宇宙之根本如"天""道""理""性"等问题看法的基础上,认为教育的根本目的就在于教学生领悟宇宙和人生的根本,从而从根本上修身养性。所以,教育目的的确定肯定会受到不同世界观或哲学观念的影响。

教育目的的确定还要受到思想家们或制定教育目的者的人性假设的影响。孟子认为,人皆有恻隐之心、羞恶之心、辞让之心和是非之心,这四心乃是仁、义、礼、智四种美德的发端。所以,"学问之道无他,求其放心而已矣"。教育目的无非是要让人将失掉的善心找回来,恢复人的本性并且发扬光大。主张性恶论的荀子认为,"目好色,耳好声,口好味,心好利,骨体肤理好愉逸",故人性皆恶,其善者"伪"。所以教育应当使人去性而起伪，"积礼义而为君子"。董仲舒和韩愈都将人性分为上、中、下三类，上智与下愚不移。教育所能和所要做到的是使"中民之性"或"中品"之性得到可能的改造，与圣贤趋齐。与此相似，古代基督教教育思想家们曾经由原罪说引申出必须对儿童采取严厉的态度的结论。而另一方面，卢梭却认为，"出自造物主之手的东西都是好的，而一到人的手里，就全变坏了"，教育的根本目的在于求得儿童顺其自然的发展。由此可知，教育目的的设定一定会受到主体对于人性的基本假定的影响。

教育目的既然是对培养对象规格的设计，就不能不与人格理想相联系。因而教育目的的设定会受到主体有关理想人格之观念的影响。几乎所有的学派都有对于理想人格的共同追求。从大的文化系统看，佛教倡导与世无争的佛陀人格，道教塑造了长生久视的神仙世界，儒家则大力倡导成仁取义的圣贤人格。以作为我国主流传统文化的儒家为例，一方面，设计了一种非常完美的人格形象，认为"圣人之于民，出乎其类，拔乎其萃"，"圣人为人之精"，另一方面，又认为"圣人与众人一般，只是尽得众人的道理"，"涂之百姓，积善而全尽，谓之圣人"。所以，对于中国古代的学者而言，其修身或学问的总目标就只能是成圣成贤。在西方，卢梭主张的自然发展的人，洛克的"绅士"，杜威所谓的民主社会的公民等，也都寄托了他们对于理想人格的向往，这些理想人格也就自然成为他们所理解的教育目的的重要组成部分。

## 二、确定教育目的的客观依据

教育是社会系统的一个子系统。社会系统的各种因素如生产力、生产关系、科学技术、社会意识、民族传统等，都对教育目的产生影响。其中，生产力和生产关系统一而成的生产方式是社会存在和发展的物质基础，也是教育目的的产生、变化和确立的现实基础。

### （一）教育目的要反映生产力和科技发展对人才的需求

生产力是人类征服改造自然获取物质资料的能力，生产力的发展水平体现人类已有的发展程度，又对人的进一步发展提供可能和提出要求。在社会发展中，生产力的发展起着最终的决定作用，从而也是制约教育的最终决定因素。

不同社会，不同时代，生产力和科学技术发展水平不同，对人才规格和标准的需求不同，教育目的的具体内容自然也不同。在奴隶社会和封建社会，由于生产力水平低下，直接从事生产的劳动者一般不需要经过学校的培养和训练，教育所培养的人主要是统治人才，因此，培养有文化的统治者就成为古代社会教育目的的时代特征。进入资本主义社会，由于大工业机器生产的需要，资产阶级不仅要让自己的子孙系统学习科学、文化、技术知识，以便能够管理现代生产。同时，也不得不让劳动人民的子女接受基础教育和职业技术教育。可见，资本主义社会教育对象范围的扩大和双重教育目的的提出，归根结底是现代生产力和科技发展的需要。有人粗略统计，工业化初期，要求劳动者具备初等文化教育程度;电气化生产时期,要求劳动者具有中等文化教育程度;电子技术生产时代,则要求劳动者具有高中或大学文化教育程度。随着现代科学技术的迅猛发展及其在生产中的广泛应用,生产力的发展水平对制定教育目的的要求表现得更为明确,注重智能开发,注重个性、创造性的培养成为当代教育目的的基本内容。

### (二) 教育目的要符合社会政治经济的需要

教育目的的性质和方向直接决定于社会的政治经济制度。在阶级社会里教育目的总是取决于统治阶级的经济利益和政治利益。因此在阶级社会中,教育目的具有鲜明的阶级性,是阶段意志的集中表现,所谓超阶级的教育目的是不存在的。例如:我国奴隶社会的教育目的在于把奴隶主子弟培养成为维护奴隶制度的统治者,而奴隶及其子弟根本没有受教育的机会。封建社会的教育目的是为了把地主阶级子弟培养成为维护封建统治的官吏,而对劳动人民则实行"民可使由之,不可使知之"的愚民政策。资产阶级的教育目的是培养能够掌握国家机器和管理生产的统治人才,而对工人子弟进行教育则在于培养既能替资产阶级创造利润又不会惊扰资产阶级安宁和悠闲的奴仆。社会主义社会的教育是为工人阶级和广大人民服务的,以全民为对象,其教育目的是培养为社会主义服务的劳动者和各种专门人才。

### (三) 教育目的要符合受教育者的身心发展规律

对受教育者身心发展规律的认识是确定教育目的的前提。首先,教育目的直接指向的对象是受教育者,是希望引起受教育者的身心发生预期变化,使其成长为具有一定个性的社会个体,离开了受教育者这一对象,既不能构成,也无从实现教育目的;其次,受教育者在教育活动中不仅是教育的对象,而且也是教育活动的主体。受教育者作为教育对象在教育活动中的主体地位是教育活动对象区别于其他活动对象的显著特点。教育目的的制订不能不考虑这个特点,为受教育者主体性的发挥留下广阔的空间。完全不考虑受教育者的身心实际及发展规律的教育目的不仅是错误的,而且是无效的。但是,需要注意的是,受教育者身心发展特点并不能决定教育目的的社会性质和社会内容。

> **案例 4-2**
>
> **教育的问题在哪里?**
>
> 2004年《中国教师》杂志对儿童的生存状态进行了调查。调查发现:833名从小学一年级到高中三年级的学生中,有47%的学生认为自己的童年不快乐。主要表现是:受考试折磨、没有自由、压抑、紧张、忙碌。其中,考试是学生认为童年不快乐的主要原因。学生的年龄越大越觉得自己的童年不快乐。

> 一位每逢考试就会犯"间歇性精神错乱"的学生,高考后却被中国人民大学录取了。后来是他给中学班主任的信揭开了谜底。原来,为了逃避每月一次的考试排名和在排名中总位居 30 多名时所遭受到的同学鄙夷的目光、父母的数落和自己的失望,他精心设计了骗局,瞒过老师、同学和父母。为了避免他再次"犯病",学校允许他仅把考卷作为作业来完成,也不参加成绩排名。父母不再苛求他的成绩,转而开始担心他会因学习而熬坏身体。父母丢掉了过重的幻想和期望后,生活也开始变得轻松。自己也没有了来自家庭和排名的压力,心情变得舒展、学习也感到了轻松,学习效果也变得更好。

问题:从调查数据以及上面的案例分析来看,我们的教育出了什么问题?

## 三、教育目的的价值取向

所谓价值,是客体对主体的效用、意义,归根结底是客体对主体需要的满足。价值是主体和客体之间的一种特殊关系,它存在于主客体相互作用之中,是一种关系范畴,而不是实体范畴。一个事物对于人是否有价值,就是视其能否满足人的某种需要;价值的大小也就是满足人的某种需要程度的大小。

所谓教育目的的价值取向,是指教育目的的提出者或从事教育活动的主体依据自身的需要对教育价值作出选择时所持的一种倾向。

人们对教育活动的价值选择,历来有不同的见解和主张。就个人的发展来说,有的人强调知识的积累,有的人强调智能的培养,有的人强调知识的完善,有的人强调美感的陶冶,有的强调德、智、体和谐发展;就社会需要来说,有的人注重政治效益,有人注重经济效益,有人注重文化效益,有的从长计议,有的急功近利;就个人发展与社会需要的关系来说,有的人认为教育目的应从促进个性发展出发,有的认为应从满足社会需要为出发点,等等。在教育目的价值取向上,争论最多影响最大也最具根本性的问题,是教育活动究竟是注重个人个性的发展还是注重社会需要。

下面介绍几种典型的教育目的价值取向观。

### (一)教育目的的个人本位论

代表人物有法国的卢梭、捷克的夸美纽斯、德国的福禄倍尔、瑞士的裴斯泰洛齐及中国古代的孟轲等人。这一派别主张确定教育目的应从人的本性、本能需要出发,使人的本性和本能得到高度发展。其具体观点是:教育目的不是根据社会需要制定的,而是根据个人发展需要制定的;一个人应为他自己受教育,而不是为社会需要受教育;教育的个人价值高于社会价值,个人决定社会,而不是社会决定个人;人生来就有健全的本性和本能,教育目的就是使这种本性和本能顺利地得到发展。这种教育目的观,在一定历史条件下,有过积极作用,但从根本上来说则是不全面的。

个人本位的教育目的论具有强烈的人道主义色彩。它的全盛时期是18和19世纪。在这一时期,强调人的本性需要、强调个人的自由发展对于反对宗教神学、反对封建专制及其影响下的旧式教育具有重要的进步意义。但从根本上来说则是不全面的。此目的论倡导个性解放、尊重人的价值等内容有一定的合理性,但如不将个人的自由发展同一定的社会条件和社会发展的需要结合起来,所谓合乎人性的自由发展就会变成空中楼阁。

### (二) 教育目的的社会本位论

社会本位论是在19世纪下半叶产生的,代表人物有中国古代的孔子,法国的涂尔干、孔德,德国的纳托普、凯兴斯泰纳等。这一派别主张确定教育目的不应该从人的本性需要出发,应该从社会需要出发,社会需要是确定教育目的的唯一依据。具体观点是:个人的发展有赖于社会,没有社会需要就谈不上个人的教育和发展;教育除社会目的之外,没有其他目的;教育成果只能以社会功能来衡量。这种教育目的观十分重视教育目的的社会制约性,是值得肯定的。但完全否认教育目的对个体的依存,否认教育对象对教育目的的影响,则是不可取的。

这种教育目的观重视教育的社会价值,强调教育目的从社会出发,满足社会的需要具有一定的合理性。事实上人的存在和发展是无法脱离一定社会的,离开社会,人也就无法获得其发展的社会条件。从这个意义上说,社会本位的价值取向具有不可否认的意义。但它过分强调人对社会的依赖,导致教育对人的培养只见社会不见人,单纯把人当做社会的工具,而不是把人作为社会主体来培养,造成对人本性发展的严重束缚和压抑。

### (三) 教育目的的调和折中论

美国的实用主义教育家杜威试图调和个人本位价值取向和社会本位价值取向的分歧,做到个人与社会两者的兼顾,他认为教育过程有两个方面,一方面是心理学的,一方面是社会学的,主张要将个人特性与社会目的和价值协调起来。一方面,杜威倡导儿童中心主义,主张培养个性。他反对脱离儿童的需要、兴趣、经验而强加外在的教育目的,认为这是对教育过程的外部强制。另一方面,杜威又主张所谓的社会中心,强调应把教育的社会方面放在第一位,尤其是强调教育应成为民主观念的仆人。

杜威的主张有不少积极因素,如重视儿童的活动在教育与发展中的作用,强调学校与社会生活的联系等。但是,他的两大主张:教育是一个无外在目的的生长过程和教育应当成为实现民主主义的工具,两者本身即是一对矛盾,因而,杜威并未成功地解决这一问题。

### (四)教育目的的辩证统一论

这是马克思主义的教育目的论。主张教育是培养人的活动,教育目的要考虑人的身心发展的各个要素。给予个体自由的充分发展,并予以高度重视;但不是抽象地脱离社会和历史来谈人的发展,而是把个体的发展放在一定的历史范围之内,放在各种社会关系中考察,因而把两者辩证地统一起来。此观点准确地揭示了社会需要与个人发展的辩证关系及其对教育目的的意义,克服了个人本位论与社会本位论的片面性。作为教育实践活动,首先要服务的是社会,适应社会的需要,为一定社会培养人才。而社会对人的需要必然要涉及人才的发展问题。二者共同作为教育目的的客观依据,并根据两者之间的辩证关系认识各自在教育目的确定中的具体作用,为解决教育目的的依据问题提供了正确的途径。

## 第三节 我国的教育目的

### 一、我国教育目的的历史演变

#### (一)新中国成立以前的教育目的

1902年以前,我国尚未确定全国统一的教育目的。梁启超在1902年发表《论教育当定宗旨》,文中阐述了制定和贯彻全国一体的教育宗旨的必要性。

中国近代史上由国家制定教育目的的开端,是1904年的《奏定学堂章程》,其中关于教育目的的规定:"至于立学宗旨,无论何等学堂,均以忠孝为本,以中国经史之学为基,俾学生心术壹归于纯正,而后以西学瀹其智识,练其艺能,务期他日成才,各适实用,以仰副国家造就通才、慎防流弊之意。"这一教育目的反映了当时"中学为体,西学为用"的基本方针。

1906年,清政府正式颁布了新教育宗旨,即"忠君、尊孔、尚公、尚武、尚实"。这是我国近代教育史上第一个正式颁布并实施的教育宗旨。这个教育宗旨的实质是培养封建统治阶级所要求的"顺民"。

1911年,辛亥革命推翻了清王朝的统治,建立了资产阶级共和国。1912年2月8—10日,《民立报》连续发表时任南京临时政府教育总长蔡元培的重要教育思想《对于新教育之意见》(后改名为《对于教育方针之意见》)。该文围绕"养成共和国民健全之人格"的思想,全面阐述了军国民教育、实利主义教育、公民道德教育、世界观教育、美感教育"五育并举"的民国教育方针,以取代清末"忠君""尊孔"的教育宗旨。五育的核心是公民道德教育。蔡元培以公民道德教育为核心的"五育并举"思想,实质上是德智体美诸育和谐发展的思想,这在中国近代教育史上是首创。1912年9月2日,北京政府教育部公布了民国教育的宗旨是:"注重道德教育,以实利教育、军国民教育辅之,更以美感教育完成其道德。"以此,否定了清末"尊孔""忠君"等内容,是历史的一大进步。

### (二)新中国成立以来关于教育目的的表述

教育目的不是固定不变的。在不同社会形态、不同时代,有不同的教育目的。每个时期的教育目的都具有时代特征,反映着当时的社会经济政治面貌。新中国成立以来我国在教育目的方面主要有以下一些表述。

1949年12月,教育部在北京召开第一次全国教育工作会议,确定了全国教育工作的总方针:"中华人民共和国的教育是新民主主义的教育,它的主要任务是提高人民文化水平,培养国家建设人才,肃清封建的、买办的、法西斯的思想,发展为人民服务的思想。这种新教育是民族的、科学的、大众的教育,其方法是理论与实际一致,其目的是为人民服务,首先为工农兵服务,为当前的革命斗争服务。"这个方针后来被称为新民主主义文化教育方针。

1957年,毛泽东同志在《关于正确处理人民内部矛盾的问题》中指出:"我们的教育方针,应该使受教育者在德育、智育、体育几方面都得到发展,成为有社会主义觉悟的有文化的劳动者。"毛泽东同志提出的这个教育方针,反映了社会主义发展对人才规格的要求,对我国教育工作产生了重大影响,一直是发展我国教育的重要方针。

1982年,《中华人民共和国宪法》第46条规定我国现阶段教育目的是:"国家培养青年、少年、儿童在品德、智力、体质等方面全面发展。"这是中国当代历史上第一个以法律形式出现的教育目的。

1985年,《中共中央关于教育体制改革的决定》再次对教育方针进行了明确规定,指出:"教育体制改革的根本目的是提高民族素质,多出人才,出好人才。""所有这些人才都应该有理想、有道德、有文化、有纪律,热爱社会主义祖国和社会主义事业,具有为国家富强和人民富裕而艰苦奋斗的献身精神,都应该不断追求新知,具有实事求是、独立思考、勇于创造的科学精神。"这个教育方针,既体现了德、智、体全面发展的一贯思想,又融入了时代发展对人才规格的新要求。

1986年,第六次全国人民代表大会通过的《中华人民共和国义务教育法》提出:"义务教育必须贯彻国家的教育方针,努力提高教育质量,使儿童、少年在品德、智力、体质等方面全面发展,为提高全民族的素质,培养有道德、有文化、有纪律的社会主义建设人才奠定基础。"

1990年12月30日党的十三届七中全会通过的《中共中央关于制定国民经济和社会发展十年规划和"八五"计划的建议》指出,国家"继续贯彻教育必须为社会主义现代化服务,必须同生产劳动相结合,培养德、智、体全面发展的建设者和接班人的方针,进一步端正办学指导思想,把坚定正确的政治方向放在首位,全面提高教育者和被教育者的思想政治水平和业务素质"。

1993年,中共中央和国务院印发的《中国教育改革和发展纲要》指出:"教育改革和发展的根本目的是提高民族素质,多出人才,快出人才。各级各类学校要认真贯彻'教育必须为社会主义现代化服务,必须与生产劳动相结合,培养德、智、体全面发展的建设者和接班人的方针,努力使教育质量在90年代上一个新台阶。"

1995年3月在《中华人民共和国教育法》中表述为:"教育必须为社会主义现代化建设服务,必须与生产劳动相结合,培养德、智、体等方面全面发展的社会主义事业的建设者和接班人。"在新提法中,对人才素质的培养规格仍然是德、智、体等方面的全面发展;对人才培养的方向强调的是"社会主义事业的建设者和接班人"。这个教育目的已经成为全国必须遵循的法律要求。

1999年颁布的《中共中央关于深化教育改革全面推进素质教育的决定》中对我国的教育方针做了新的表述:"实施素质教育,就是全面贯彻党的教育方针,以提高国民素质为根本宗旨,以培养学生创新精神和实践能力为重点,造就'有理想、有道德、有文化、有纪律'的,德智体美全面发展的社会主义事业的建设者和接班人。"

2001年启动的《国务院关于基础教育改革与发展的决定》及《基础教育课程改革纲要》中指出:实施素质教育,促进学生德智体美等全面发展,应当体现时代要求。要使学生具有爱国主义、集体主义精神,热爱社会主义,继承和发扬中华民族的优秀传统和革命传统;具有社会主义民主法制意识,遵守国家法律和社会公德;逐步形成正确的世界观、人生观和价值观;具有社会责任感,努力为人民服务;具有初步的创新精神、实践能力、科学和人文素养以及环境意识;具有适应终身学习的基础知识、基本技能和方法;具有健壮的体魄和良好的心理素质,养成健康的审美情趣和生活方式,成为有理想、有道德、有文化、有纪律的一代新人。

2007年召开的中共十七大提出党的教育方针为:"坚持育人为本、德育为先,实施素质教育,提高教育现代化水平,培养德智体美全面发展的社会主义建设者和接班人,办好人民满意的教育。"

2013年召开的中共十八大提出党的教育方针是:"坚持教育为社会主义现代化建设服务、为人民服务,把立德、树人作为教育的根本任务,全面实施素质教育,培养德智体美全面发展的社会主义建设者和接班人,努力办好人民满意的教育。"

## 二、我国教育目的的基本精神

我国教育目的在基本内容表述上虽不尽相同,但基本精神是一致的,概括地说,包括这样几个基本点。

### (一)培养劳动者是我国教育目的的总要求

教育目的的这一规定,明确了我国教育的社会主义方向,也指出了我国教育培养出来的人的社会地位和社会价值。他们是国家的主人,是社会主义的劳动者、建设者。社会主义社会只存在分工的不同,但人人都应该是劳动者,劳动是每一个有劳动能力的公民的光荣职责,把每个人都培养成为劳动者,是社会主义教育目的的根本标志和总要求。

社会主义教育目的要培养的劳动者,既包括体力劳动者,也包括脑力劳动者。在社会主义条件下,体力劳动者和脑力劳动者都是劳动者。但社会主义的劳动者应该是一种新型的劳动者,是脑力劳动与体力劳动相结合的劳动者,造就这种新型劳动者是社会主义教育的理想要求。

我国现行的教育方针提出的是培养建设者和接班人,这是对劳动者的具体提法,社会主义事业的建设者和接班人都是劳动者,建设者和接班人是对社会主义劳动者两种职能的统一要求,即社会主义劳动者,在社会主义物质文明和精神文明建设上,是合格的建设者,在社会主义革命事业中是接班人。

**(二)要求德、智、体等方面全面发展是我国教育目的的素质结构**

德、智、体等几方面的发展既各有其作用,是受教育者不可或缺的素质;又相互联系,有机统一成受教育者的素质结构。

受教育者的全面发展,是一种多层次多因素的发展。第一个层次是个体的发展,第二个层次是生理的发展和心理的发展。生理的发展主要是指受教育者身体的发育、机能的成熟和体质的增强,心理发展主要是指受教育者的德、智、体等方面的发展。第三个层次的每一因素(德、智、体、美、劳)又由多种因素组成。如果继续分析,我们还可以发现更多层次和组成因素。目前,我国教育学对教育目的的研究,还主要是在较高层次上讨论受教育者的素质结构,即德、智、体、美、劳的全面发展,这是必要的,但又是空泛、抽象的。只有深入了解各个层次所包含的因素及其在整体中的地位、作用和相互关系,明确人的素质的组合规律和最佳结构,才能设计出具体化、系列化、科学化的培养目标。这对于指导教育实践、评价教育效果、提高教育质量都是有益的。

**(三)坚持社会主义方向是我国教育目的的根本性质**

教育目的的方向性是教育性质的根本体现。阶级社会的教育从来都具有阶级性,但一切剥削阶级的教育目的,从来都极力掩饰其阶级实质,表述上一贯笼统抽象,尽量把他们的教育目的说成是为整个社会利益服务。我国社会主义的教育目的不同于一切剥削阶级,毫不掩饰自己的真实意图,明确提出我们培养的是社会主义事业的建设者和接班人,是新型的劳动者。这种新型劳动者既能从事脑力劳动,又能从事体力劳动;既懂政治,又懂业务,德才兼备;既有科学的世界观,又有高尚的道德品质;既有坚定的社会主义立场,又有远大的共产主义思想。这些都反映出我国教育目的的社会主义方向。

## 三、我国教育目的的理论基础——马克思的人的全面发展学说

马克思的人的全面发展学说正确揭示了人的发展规律,为制定教育目的提供了一定的方法论指导。该理论的基本观点与内容如下。

### (一) 人的发展与社会生产发展是一致的

马克思主义认为物质生产活动是人类最基本的社会实践活动,也是人类自身赖以发展的基础。个人怎样发展,发展到什么程度,不是由个人意愿决定的,而是由生产过程中种种社会条件决定的,人的发展与社会生产发展是一致的,因此,人的发展应当以人生活于其中的社会生产力和生产关系为出发点。

### (二) 分工与私有制使人片面发展

马克思、恩格斯对人的片面发展的过程进行了考察,认为社会分工促进了生产的发展,但也逐渐形成了私有制,划分了阶级,出现了脑力劳动与体力劳动的分离与对立,从而开始了人的片面发展的历史。特别是资本主义工场手工业的出现,脑力劳动和体力劳动的分离逐渐从社会活动的领域深入到生产过程的内部。这种分工的结果,使物质生产过程的智力只归少数人占有,并成为统治工人的力量,同从事劳动的工人相对立,体力劳动者终生从事局部的某项简单操作,不仅智力得不到发展,而且体力和劳动技艺也畸形化。

由于劳动成了一种毫无内容的机械运动,加之工人又被长期固定在某一操作上,因而这种劳动不仅造成了工人智力的荒废,同时也造成了工人身体的畸形。工人是在用摧残生命的方式来维持生命的。劳动创造的产品越完美,工人就变得越畸形;劳动创造的对象越文明,工人就变得越野蛮;劳动创造了智慧,但却给工人带来了愚钝和痴呆。"大工业的机械,又把工人从机器的地位转变成机器附属品的角色",更加深了人的片面发展。

### (三) 现代工业生产要求人的全面发展

马克思主义者在肯定社会分工是社会进步的标志和社会发展的必然的前提下,认为要解决人的发展的片面化,必须消灭旧的劳动分工而代之以科学的合理分工。随着社会生产力进一步发展,以科学技术为基础的机器大工业生产打破了过去落后的生产方式,使生产的技术工艺不断更新,生产部门日新月异。现代工业使工人的职能和劳动过程的结合不断随生产技术基础的变革而变革,引起大量资本和大量工人从一个生产部门投入到另一个生产部门。现代大工业生产把人的全面发展作为现代生产的普遍规律。大工业生产特点,不仅向劳动者提出全面发展的客观要求,同时也提供了全面发展的可能性。这是因为自然科学和工艺学在工业生产中的运用日益广泛,为生产者掌握生产过程提供了可能性,从而使实现劳动能力多方面的转换和人的全面发展成为可能。大工业生产也必然为提高劳动生产率、缩短必要的劳动时间创造条件,为劳动者提供可以自由支配的闲暇,使每个人有充分的时间从事自己爱好的活动,全面发展自己的才能。

### (四) 共产主义社会将使人的全面发展得以实现

马克思、恩格斯认为,虽然资本主义制度下大工业生产的发展对人的全面发展提出了客观的要求,但由于资本主义社会生产的社会化和生产资料私人占有的基本矛盾以及少数人剥削大多数人的制度的存在,劳动者的全面发展不可能真正实现。要实现人的真正自由的、全面的发展,就必须彻底消灭限制人发展的资本主义生产关系,使劳动者成为社会物质财富的占有者,成为自己自由时间的享用者。只有劳动成为人的生活的第一需要,人的全面发展才能真正实现。人的发展从原始的自然状态,经过片面、畸形的发展阶段,最后到共产主义社会获得自由、充分的发展,这是人的全面发展的历史过程。

### (五) 教育是实现人的全面发展的重要途径

马克思十分重视教育在人的发展中的作用,认为教育可使年轻人很快就能够熟悉整个生产系统,它可使他们根据社会的需要或他们自己的爱好,轮流从一个生产部门转到另一个生产部门。因此,教育会使他们摆脱现代这种分工给每个人造成的片面性。培养全面发展的人,必须给予全面发展的教育,在资本主义条件下,马克思指出要给予儿童良好的智育、体育和技术教育,并强调指出实现人的全面发展的唯一方法是教育与生产劳动相结合。

总之,马克思主义关于人的全面发展的学说,为制订我国的社会主义教育目的提供了理论依据和方法论基础。

## 四、全面发展教育的组成部分与培养目标

我国全面发展的教育目的要通过全面发展的教育去实现。全面发展教育是指教育者根据社会发展要求和人的身心发展的规律,有目的、有计划、有组织地对受教育者实施的旨在促进人的素质结构全面、和谐、充分发展的系统教育。社会主义的全面发展教育是由德育、智育、体育、美育和劳动技术教育等部分组成的。

### (一) 全面发展教育的组成部分

1. 德育

德育即思想品德教育,是教育者按照一定社会的要求,有目的、有计划地对受教育者施加系统的影响,把一定社会的思想观点、政治准则转化为个体思想品质的教育。

德育是实现全面发展教育目的的保证。德育是全面发展教育的重要组成部分。在全面发展教育中,德育对其他各育起着灵魂和指导的作用,它一方面可以从思想和政治上保证育人的方向,使学生沿着社会所期望的方向发展;另一方面又给其他各育提供动力和能源,推动学生智、体、美、劳等方面的发展,促进全面发展教育目的的实现。

2. 智育

智育是授予学生系统的科学文化知识和技能、发展学生智力的教育。

智育在培养社会所需要的各类人才中具有重要作用。智育是科学知识再生产和人

类精神财富延续和发展的重要条件,是开发人的智力,培养各级各类人才的重要手段。

智育在人的全面发展中也具有重要意义。智育是全面发展的基础。在全面发展教育中,智育作为传授知识技能和发展智力的教育,为其他各育的实施提供着知识技能的准备和智力的支持,是实施其他各育的基础。其他各育中的知识因素,都要靠智育去形成和发展。同时,智育中也包含着其他各育的因素。因此,要使年轻一代具有高尚的情操、崇高的理想、健康的审美情趣、科学的卫生保健知识、熟练的劳动本领,必须实施智育。

3. 体育

体育是授予学生健身知识、技能,发展学生机体素质和运动能力,增强他们的体质的教育。

体育是促进学生身体发育,增强体质的重要手段,中小学时期是学生一生中生长发育的关键时期,对他们施以体育,指导他们有计划、有组织地锻炼身体,可以促进青少年儿童身体的正常发育,增强体质,为其一生的健康奠定良好的基础。

体育是促进学生全面发展不可缺少的重要条件,人的身心两方面的发展是不可分割、互相促进的。身体是人全面发展的物质前提,是智力活动和其他一切活动的基础。正如毛泽东所说:"体者,载知识之车而寓道德之舍也。"体育能开发学生大脑的潜力,使其保持充沛的精力,提高学习效率;体育能培养学生团结友爱的精神、勇敢顽强的意志、活泼愉悦的心情、遵纪守法的品德;体育能使学生形体匀称、动作协调、姿态优美,培养其美的感受与情感;体育还能为劳动技术教育的实施提供良好的身体条件。

体育是丰富学生业余生活的需要,学生在完成硬性的、具有被动感的学习任务之外,进行的各种体育活动,对学生来说是休闲性的,具有主动感,这能起到愉悦学生性情、缓解学习紧张、丰富学生生活、减轻学生负担、提高享受闲暇能力的作用。

> **案例 4-3**
>
> 儿科医生的担忧[①]
>
> "近年来,学生体质有所下降,让曾是儿科医生的我心急如焚!这可是关系到国家民族未来的大计啊!如何加强学校体育,如何形成全社会共同关心青少年健康成长的环境,是我现在最常思考的问题。"1月23日,上海市学校体育工作会议一结束,市教委主任沈晓明便欣然接受了本报记者的专访,这段直奔主题的开场白表达了他对青少年身体健康和学校体育的高度重视。

---

① 金志明,沈祖芸.推进素质教育重要抓手[N].中国教育报,2007-01-25(1).

据上海市教委、体育局和卫生局联合进行的学生体质健康测试调研显示,上海学生的耐力、爆发力、力量素质等指标较5年前有明显下降,肥胖率却呈上升趋势,视力不良率更是居高不下,睡眠普遍不足,学生体质健康状况存在隐忧。

"这是一个现实而紧迫的任务,必须引起我们足够的重视",对某些教育问题的"诊断",沈晓明常常喜欢从医学的角度加以分析或类比,他告诉记者,"俗话说'三岁看到老',青少年时期的体质状况往往对成年后疾病的产生造成影响,比如儿童肥胖极易引发成年后的心血管病;近视会带来不少眼疾;而睡眠不足又会影响到智力发展、免疫力和耐力。"

在沈晓明看来,新中国成立以来首次召开的全国学校体育工作会议是一个重要信号,把学校体育工作放到了一个前所未有的高度,这既是学校体育工作的机遇,更是国家面向未来民族命运的战略决策。与此同时,要使得多年来素质教育的成果进一步向纵深推进,体育工作可以成为一个重要抓手。

"十一五"期间,上海市将以实施"学校体育工程推进计划"为主线,实现理念与实践的突破创新。对此,沈晓明表示,上海将大力提倡学校体育"服务于终身体育社会建设"和"服务于构建和谐社会及城市发展"两大理念,一方面推进学校体育教学改革,另一方面促使学校、家庭和社区体育的逐渐融合,让关注体质、追求健康成为学生的日常生活方式。

请结合案例分析体育的目的是什么?当前体育在我国学校教育中的地位是怎样的?

4. 美育

又称审美教育或美感教育,是培养学生正确的审美观点以及感受美、鉴赏美和创造美的能力的教育。

美育是社会主义精神文明和物质文明建设的需要。美育能提高人们的审美能力,增长人们的聪明才智,丰富人们的精神生活,满足人们日益增长的审美要求和情趣。美育能给人们提供区别善恶美丑的标准,提高人们的精神境界,促进社会主义精神文明的建设。美育可使学生在未来的物质生产过程中按照美的要求创造出优质美观的产品。

美育是陶冶性情,培养健全人格的需要。美育具有形象性和情感性的特点,能以具体、鲜明、生动的形象感染人、陶冶人。美育可以潜移默化地影响人的气质、情操、性格、意志和信念,起到塑造人的心灵、陶冶人的情感、培养健全人格的作用。

美育是实施其他各育的需要,美育是全面发展教育的重要组成部分,它渗透在全面发展教育的各个方面,对学生身心健康和谐地发展有促进作用。

## 案例 4-4

### 学校的转变

光明学校本是一所薄弱学校,学生无心上学,违法犯罪活动时有发生,学业成绩一直比较差。李校长到学校任职,决心改变这种状况,在调查研究基础上设计出了以美育为突破口带动学校发展的改革方案。学校的具体做法是,在上好音乐、美术课的基础上,要求每位学生都要参加课外艺术社团或兴趣小组的活动,成立了学校鼓乐队、合唱团、书法学社、美术社、工艺小组等各种艺术团体,定期开办艺术教育讲座,举办校园艺术节,及时展览和汇演艺术社团的创作成果。经过一段时间的努力后,学校艺术教育活动搞得热火朝天,学生们乐此不疲,而且,学校整个面貌也发生了变化,违法犯罪现象不再发生,学业成绩明显提高,学生的精神面貌大为改观。

你对李校长的做法有什么看法?请运用美育功能原理分析光明学校的改革措施。

5. 劳动技术教育

劳动技术教育是向学生传授现代生产劳动的基础知识和基本生产技能,培养学生正确的劳动观点,养成良好的劳动习惯的教育。劳动技术教育包括劳动教育和技术教育两个方面。

劳动技术教育有利于促进学生的全面发展。在中小学对学生进行劳动技术教育,让学生参加一定的劳动,可以促进学生养成良好的道德品质,培养劳动观念、劳动习惯和尊重劳动人民的思想感情,养成珍惜劳动成果、爱护公共财物的品德,增强对社会和集体的责任感。劳动技术教育可以使学生把课堂上学到的知识和实际联系起来,加深对书本知识的理解,促进理论和实际、感性认识和理性认识的结合,使学生获得比较全面的知识和掌握一定的生产劳动的技能。在劳动实践中,学生的情操可以得到陶冶,体质受到锻炼。

加强劳动技术教育是提高全民族科学文化素质的需要,也是解决当前学生缺乏劳动能力的现实需要。近年来,由于各种原因,导致了学生劳动观念淡薄、劳动能力较差、怕吃苦、讲享受、缺乏勤俭节约精神、缺乏责任感。重视劳动技术教育,培养学生的劳动态度、习惯和生产技能,形成学生优良的民族精神与美德,关系到民族、国家的前途和未来。

劳动技术教育的推广是世界各国教育的共同趋势。在普通教育中,加强劳动技术教育,是当今世界各国普通关注的一个重大问题。为了适应新技术革命和提高劳动者素质的需要,许多国家都十分重视在义务教育阶段实施劳动技术教育。越来越多的国家已把劳动技术教育作为一门独立课程纳入教学计划,使之成为整个教育体系的重要环节,并制定了专门的劳动教育教学大纲。如日本规定中学生每周在学校、农场、果园和家禽饲养场参加两小时全校性的生产劳动,每个学生每周还要参加一小时小组生产劳动。美国近年来有计划地从小学开始进行"事业教育",启发学生认识劳动的意义,并了解未来可能从事的职业。加强劳动技术教育已成为世界各国教育发展的一个趋势。

德育、智育、体育、美育和劳动技术教育作为全面发展教育的组成部分,它们之间既不能相互替代,又不能彼此分割。之所以不能替代,是因为各育之间是有区别的,每一育都有它特定的内涵、任务和功能,每一育的社会发展价值和个体发展价值都是不同的、不可或缺的,之所以不可分割,一方面是因为各育之间是相互渗透的,每一育中都包含着对人的智力、情感、意志和行为的要求;另一方面因为各育之间是互相促进的,存在着互为目的和手段的关系。再者,教育活动的综合性也决定了这五部分的任务和功能综合在每一类活动中,每一类活动中都不同程度、不同范围地实现各育的任务和功能,而不是由不同的活动分别来实现这五部分的任务。我们把完整的教育活动相对地划分成德育、智育、体育、美育和劳动技术教育,这只是出于研究的安排而人为进行的一种抽象的、理性的划分。在现实的教育教学实践中,不存在纯而又纯的德育、智育、体育等。

### 案例 4-5

**教育局的新规定**

成都市教育局《关于进一步规范基础教育办学行为有关问题的通知》中规定:"坚持义务教育阶段公办学校就近免试入学,任何公办、民办和各类进行办学体制改革的小学、初中不得以考试的方式择优选拔新生,也不得以小学阶段各类学科竞赛(如小学数学奥赛等)成绩作为录取新生的依据。"

**问题**

你对成都市教育局的规定有什么看法?请从全面发展的教育目的出发对"奥赛"进行评价。

### (二) 我国中小学培养目标

任何一个国家的教育目的都是要通过各级各类教育的具体目标的达成而实现的。培养全面发展的社会主义事业建设者和接班人,作为我国总的教育目的,是各种形式的教育和各级各类学校都必须贯彻的总的培养目标。但各级各类学校在实现教育目的时也有各自的特点,他们具有各自不同的性质、任务和培养目标。普通中小学(包括高中教育和实施九年义务教育的小学初中)教育的性质是基础教育,它的任务是培养全体学生的基本素质,为他们学习做人和进一步接受专业(职业)教育打好基础,为提高民族素质打好基础。

1. 小学教育的培养目标

(1)德育方面:使学生初步具有爱祖国、爱人民、爱劳动、爱科学、爱社会主义和爱中国共产党的思想感情,初步具有关心他人、关心集体、诚实、勤俭、不怕困难等良好品德,以及初步分辨是非的能力,养成讲文明、懂礼貌、守纪律的行为习惯。

(2)智育方面:使学生具有阅读、书写、表达、计算的基础知识和基本技能,掌握一些自然、社会和生活常识,培养观察、思维、动手操作和自学能力,以及有广泛的兴趣和爱好,养成良好的学习习惯。

(3)体育方面:培养学生锻炼身体和讲究卫生的习惯,具有健康的体魄。

(4)美育方面:培养学生爱美的情趣,具有初步的审美能力。

(5)劳动技术教育方面:培养学生良好的劳动习惯,会使用几种简单的劳动工具,具有初步的生活自理能力。

小学教育的培养目标是根据我国社会主义教育的目的任务和学龄初期学生身心发展的特点提出来的。小学教育是基础教育的基础。因此,在这个阶段为学生今后全面和谐充分发展打下了"初步"基础,是小学教育培养目标的重要特征。

2. 初中教育的培养目标

(1)德育方面:使学生具有爱祖国、爱社会主义、爱中国共产党的思想感情,初步树立辩证唯物主义、历史唯物主义的基本观点。初步具有为人民服务的思想和集体主义的观点,具有良好的品德,以及一定的分辨是非和抵制不良影响的能力,养成文明礼貌、遵纪守法的行为习惯。

(2)智育方面:掌握必需的科学文化基础知识和基本技能,具有一定的自学能力,具有运用所学知识分析问题、解决问题的能力和动手操作能力,培养学生实事求是的科学态度和不断追求新知识的精神。

(3)体育方面:初步掌握锻炼身体的基础知识和正确方法,养成讲卫生的习惯,具有健康的体魄。

(4)美育方面:具有一定的审美能力,初步形成健康的志趣和爱好。

(5)劳动技术教育方面:掌握一定的基础知识和基本技能,具有正确的劳动观点、劳动态度和良好的劳动习惯,了解择业的常识。

初中教育是小学教育的继续,又是为普通高中、职业高中打基础的教育。初中生处于学龄中期(少年期),是人由童年发展到青年的过渡期,也是人的成长、发展过程中非常重要的一个转折期,因而它成为了为学生全面发展打基础的关键期。这一年龄特征决定了这一时期教育的重要性和困难性。教育者和全社会都要十分关注初中教育目标的全面实现。初中教育要在小学教育的基础上,为学生身心健康、和谐发展打好坚实的基础。

3. 普通高中教育的培养目标

普通高中教育在义务教育的基础上进一步提高学生思想道德素质、科学文化素质、身体心理素质，使学生的个性得到健康的发展，为培养社会主义建设者和接班人奠定良好的基础。其主要目标有以下几点。

(1) 德育方面：教育学生热爱社会主义祖国和社会主义事业，热爱中国共产党，具有为国家富强和人民富裕而艰苦奋斗的献身精神；树立辩证唯物主义和历史唯物主义观点，具有社会主义和共产主义思想的道德品质，具有道德思维和道德评价能力，具有自我教育的能力和习惯，养成遵纪守法、文明礼貌的行为习惯。

(2) 智育方面：帮助学生在初中教育基础上进一步掌握科学文化基础知识和基本技能技巧，拓宽文化视野，发展学生的志趣和特长，发展思维能力、想象能力、创造能力、自学能力和分析问题、解决问题的能力，具有实事求是、独立思考、勇于创造的科学精神。

(3) 体育方面：使学生掌握锻炼身体的基础知识、基本技能、技巧和方法，逐步养成自觉锻炼的习惯和良好的卫生习惯，全面发展身体素质，具有健康的体魄和从事生活、生产所需的身体活动能力。

(4) 美育方面：培养学生正确的审美观使他们具有感受美、鉴赏美和创造美的能力。

(5) 劳动技术教育方面：教育学生具有劳动观点、劳动习惯和学习生产技术的兴趣，掌握现代生产技术的一些基础知识和基本技能，学会使用一般的生产工具，掌握组织和管理生产的初步知识技能。

高中教育阶段的学生处于青年初期，他们的身体和心理的发展将达到基本成熟。高中教育是学生立志择业，为走向生活、走向独立作准备的时期，培养目标要体现这些特点。

培养目标具有导向性、规范性和一定的可操作性。上述中小学各段的培养目标，体现了基础教育在不同阶段培养德智体全面发展的不同要求。

---

**案例 4-6**

**两个中学生的来信**[①]

阅读下面两个中学生的来信，分析我国基础教育落实教育目的的现状，并谈谈你的看法。

1. 我是一位初中毕业刚跨入高中学习的学生，写信主要是反映中国教育现状……我们对读书没有丝毫兴趣可言，罪魁祸首就是我们现在的教育制度，也就是应试教育吧。

---

① 胡立和.素质与能力培养教程[M].长沙：湖南科学技术出版社，2000：22，26.

三天一小考,五天一大考,考完了就排名次(除了第一名外,其他人的自尊心都受到不同程度的损害),月考、段考、期中考、联赛、竞赛、摸底、模拟、期末考、统考、会考、测验,其实,考试只从极小的侧面反映教学质量,只考查了记忆力。我们处在考试造成的高压环境中。应试教育扼杀了学生的创造性思维,对民族发展极为不利。我参加过地区招生考试,考试时的作弊行为实在是触目惊心,更有老师协助作弊。因为学习最终是通过一场考试,因此,许多同学平时学习不认真,到考试时就作弊,考完了万事大吉。所以,考试在很大程度上阻碍了学生学习的积极性……推行素质教育代替应试教育刻不容缓。我们在初三学习期间,每天睡眠不足 7 小时,每星期假日只有半天,从来不敢奢望双休日,不知上高三后还要压缩到何种程度,除了参加中考的课程外,其他的体育、美术全免了。多病、近视持高不下,稚气未脱的脸上,戴一层酒瓶厚的镜片,一副未老先衰的样子……

同学们很少知道国家大事,而临近考试时我们一定要背时事政治,因为它为我们中考争得 10 分。要知道,差一分要 1000 元至 5000 元不等呀！知识的缺乏是多方面的,原因主要是没有时间,即使有时间,也极少有人将《新闻联播》看完……

2. 我校有 8 个高三毕业班,其中除了一个班(该班的老师是我校团委书记)没有签订这个合同,其他 7 个班的 300 余名学生会考后都必须跟老师签订"高考达标合同"。合同内容包括,每个学生都要交高考奖励基金 86 元,用于高考达标后的奖励,规定达到本科的学生奖励 188 元,达到专科的奖励 90 元,达到中专的奖励 50 元,只低于省里划定的最低录取线 10 分以内的,奖励 40 元。

## 五、素质教育

### 案例 4-7

**赶鸭子 填鸭子 烤鸭子 板鸭子**[①]

有一位教育界人士这样描述我国现行的教育模式:家长送孩子上学就像"赶鸭子",老师们为了完成教学任务,给学生们上课就像"填鸭子",而学校为了检查老师的教学情况和学生的学习情况,以便给每个学生和教师排队,于是就要"烤鸭子",最后学生都成了"板鸭子"。

素质教育在我国已经推行多年了,然而在教育实践中,人们对它仍然有不同的观点:有的人认为实施素质教育就是减少文化课,增加培养学生吹、拉、弹、唱等能力的技能课;也有的人认为,应试教育要升学率,素质教育也要升学率,两者没有什么区别。

---

① 姜梅.中小学素质教育管窥[J].教育艺术,2004(05):12～13.

## （一）素质教育的内涵

自 1993 年 2 月《中国教育改革和发展纲要》提出："中小学要由'应试教育'转向全面提高国民素质的轨道,面向全体学生,全面提高学生的思想道德、文化科学、劳动技能和身体、心理素质,促进学生生动活泼地发展,办出各自的特色"的号召以来,从"应试教育"转向"素质教育",已多次写进了教育的政策文件,成为广大教育工作者的自觉语言。特别是 1999 年 6 月 13 日,中共中央、国务院颁布了《关于深化教育改革,全面推进素质教育的决定》（下文简称《决定》）,"素质教育"进一步被确定为我国教育改革和发展的长远方针。

**1. 素质教育是面向全体学生的教育**

《决定》提出"全面推进素质教育,要坚持面向全体学生"。素质教育坚持面向全体学生,依法保障义务教育阶段儿童和青少年学习发展的基本权利,努力开发每个学生的特长和潜能。在素质教育中,"不是选拔适合教育的儿童,而是创造适合儿童的教育"。每个学生都是可以培养造就的。我们的教育特别是义务教育,应该强化普及意识,淡化选拔意识。政府和教育部门应该依法为所有义务教育阶段的适龄儿童、少年提供平等的受教育条件和受教育机会。学校和教师,则要努力使每个班和每个学生都得到平等健康的发展。

**2. 素质教育是全面发展的教育**

素质教育要求德、智、体、美等各方面并重,要求全面发展学生的思想政治素质、文化科学素质、劳动技能素质、身体心理素质和审美素质等。实施素质教育必须把德育、智育、体育、美育等有机地统一在教育活动的各个环节中。学校教育不仅要抓好智育,更要重视德育,还要加强体育、美育、劳动技术教育和社会实践,使诸方面教育相互渗透、协调发展、促进学生的全面发展和健康成长。

**3. 素质教育是促进学生个性发展的教育**

素质教育强调的"全面发展",并非诸方面素质的均衡发展,而是在各方面达到或超过基本标准后,再求得某些方面的专门性、特长性发展。在教育活动中,需要把群体培养目标与个体培养目标统一起来,重视个性差异,重视个体发展。"全面发展"是面向有差异的每一个个体提出来的,这就从客观上决定要因材施教,根据不同学生的不同特点,促进他们的个性发展。真正实施素质教育,必然坚持全面发展与个性发展的统一。全面发展是共性,个性发展是个性。共性存在个性之中,个性中蕴涵着共性。全面发展渗透在每个个体之中,而每个个体的个性发展又体现了"全面发展"的共性要求。由于受教育者各自先天遗传的特征和后天环境的影响,以及所受教育与自身努力程度的不同,处在同一发展阶段的不同个体之间,既有共性的相似,又有个性的差异。素质教育最尊重教育规律和人才成长规律,不可能否认和忽视这种差异,在促进学生全面发展的同时,必然促进每个学生相对他自己而言最好的个性发展。

4. 素质教育是以培养创新精神为重点的教育

当今世界,科学技术突飞猛进,知识经济已见端倪,国力竞争日趋激烈。创新是一个民族进步的灵魂,是国家兴旺发达的不竭动力。民族创新精神的复兴,关键在于教育。素质教育要完成培育民族创新精神和培养创造性人才的特殊使命。因此,在基础教育阶段,首先要面向全体学生,培养每个人的创造性。每个教师,都要爱护和培养学生的好奇心、求知欲,帮助学生自主学习、独立思考,保护学生的探索精神、创新思维。

案例 4-8

太阳是红色的吗?

一次小学英语课上,老师让学生用三种颜色 yellow(黄色)、red(红色)、blue(蓝色)与三种事物 boat(船)、sea(海)、sun(太阳)进行自由组合搭配。

待学生画完后,老师看了学生的作品,很多学生都用黄色画小船,红色画太阳,蓝色画海。但只有一位学生用黄色画太阳,红色画小船,蓝色画海。于是老师就严厉地对他说:"太阳怎么是黄色的?"那位学生的回答令老师很意外,他怯怯地说:"老师,我画的是傍晚的太阳,我看见的傍晚的太阳就是黄色的。"

思考:面对同样的情景,你会做出什么样的反应?如何从教育目的的角度去理解学生个人的创意?

**(二)素质教育的特点**

1. 素质教育的全体性

长期以来,我国的基础教育由于受片面追求升学率的影响,中小学教育紧紧围绕升学有望的少数学生来进行,大多数学生处于被冷落的"陪读"地位。这种教育实质上是一种"选拔"和"淘汰"教育。美国当代著名教育家布鲁姆曾经指出,教育者的基本态度应是选择适合儿童的教育,而不是选择适合教育的儿童。他批评只为少数可能达到最高层次教育的学生准备阶梯的教育是最大的浪费。

素质教育的全体性是指素质教育是面向全体学生的教育,不仅表现在素质教育要求全体学生都有接受教育的权利,而且还表现在教育过程中每个人都有发展的权利。通过

---

① 徐艳红. 太阳是红色的吗? [EB/OL]. (2005-10-15) [2014-12-15]. http://www.edudown.net/teacher/guan-li/gushi/200510/2196.html.

这种教育使得个人都在他原有的基础上有所发展、有所进步。它不是一种选择性、淘汰性的教育,而是一种面向全体人的普通性教育,同时又是差异性教育。

2. 素质教育的全面性

在一切为了升学,一切围绕升学的思想指导下,"考什么,教什么;教什么,学什么"成为中小学的一种普遍现象,重考试科目的考试内容轻其他科目内容,忽视能力训练,造成学生知识上的片面和能力上的欠缺,导致片面发展;片面地追求升学率形成分数价值等于人的价值的错误观念。这种"片面"的教育观念必然导致学生的"片面发展"。

素质教育的全面性主要体现在三个层次上,一是培养目标的全面性,既保证全面发展,又允许个性优势的开发;二是素质教育是在各个阶段的教育都实施的,不仅仅是小学教育、中学教育等初等教育,还包括大学等高等教育;三是对学校内部的教育和教学的全方位改革与推进,改革教学观念、教学途径、教学内容、教学环境,真正做到促进学生的全面发展。

3. 素质教育的基础性

素质教育是"为人生做准备",即"为人生打基础"的教育。素质教育的基础性主要体现在:一是学生的素质是做人成才的基础,正如美国著名教育家赫钦斯所说:重要的是要通过学校教育"奠定做一个自由的和负责的人的基础";二是每个人的素质是整个民族素质的基础,这是从社会经济发展对人的素质的基本要求上规定了素质教育的性质。

4. 素质教育的发展性

应试教育的重要弊端之一就是把学生单纯视为接受知识的"容具"。素质教育不仅重视学生知识和技能的掌握,更重视学生智慧、潜能和个性的发展。而这些素质单靠一般的"灌输"是难以奏效的。正如德国教育家第斯多惠所说:"人们可以提供一个物体或其他什么东西,但是人却不能提供智力。人必须主动掌握、占有和加工智力。"脑科学研究的大量成果表明,人有巨大的潜能,现已开发的只占它的很小一部分。潜能就是每个人潜藏着的智慧才干和精神力量,被称为"沉睡在心灵中的智力巨人","每个人身上有待开发的金矿脉"。

素质教育的发展性意味着素质教育对学生潜能开发和个性特长发展的高度重视。一是教师要相信每个学生的发展潜能。每个人都有潜能的。目前各人能力的高低很大程度上是各人潜能开发的程度不一样,而且绝大多数人的潜能没有得到充分的开发。二是教师要创造各种条件,引发学生的这种无限的创造力和潜能,使每个学生都有机会在他天赋所及的一切领域最充分地展示并发展自己的才能。

5. 素质教育的主体性

应试教育最大的弊端之一,在于对学生的独立人格缺乏真正的尊重,使学生成为考试的机器,把考试成绩和学校的升学率作为教育质量的代名词,从而严重影响学生的身心健康。

素质教育的主体性是指实施素质教育必须以学生为主体,教育者必须尊重学生的人格和尊严,确保学生的主体地位。从根本上说,就是教师要尊重学生的自觉性、自主性和创造性。一是教师要尊重学生的独立的人格,这是教育的前提,也是对待学生最基本的态度。教师不可能喜欢学生的一切,但教师要认识到学生是一个有价值的人,一个值得尊重的人。二是要把学习的主动权交给学生。在教育教学过程中教师要善于激发和调动学生学习的积极性,要教会学生学习,要让学生有自主学习的时间和空间。

---

**案例 4-9**

### 先听听乌龟的意见

格洛丽亚·斯坦姆是女权主义运动的一位领导者兼作家。学生时代,在一次地理考察中,她上了人生中重要的一课。在史密斯大学演讲时,斯坦姆和听众分享了这次经历——

在考察中,在蜿蜒的康涅狄格河畔,我发现了一只巨大的乌龟,它趴在一段路的护堤上。它显然是从河里爬出来的,经过一段土路才到了现在这个地方。它还在继续前进,随时有被汽车压死的危险。于是我走上前,连拉带拽,最后总算把这只大乌龟从路障上带回岸边。

当我正要把乌龟推回河里时,地理学教授走了过来,并对我说:"你知道,为了在路边的泥里产卵,那只乌龟可能花了一个月的时间才爬上公路,结果你要把它推回河里!"

我当时懊恼极了。不过,在后来的岁月里,我发现那次经历是我人生中生动的一课。它时刻提醒我不要犯主观臆断的错误。不管你是激进的还是保守的,在做事关"乌龟"的决断时,都不要忘记先听听乌龟自己的意见。

---

6. 素质教育的开放性

以教师中心、教材中心和课堂中心为代表的传统教育思想是比较适合应试教育需要的,这也正是传统教育教学思想在我国仍然支配教师教学行为的重要原因之一。应试教育中学生接受教育的场所主要是课堂教学,知识和信息的来源主要是教师和课本,形成了封闭的教育空间和单一的信息来源渠道,从而,导致了应试教育的"封闭性"。

素质教育由于涉及学生的全面发展,教育内容大大拓宽了,也要相应宽广的教育空间和多样化的教育渠道与之相适应。因而,素质教育主张积极开拓获取知识的来源和获得发展的空间,重视利用社会的、自然的资源,具有开放性。

### (三) 素质教育的任务

1. 培养与提高学生的身体素质

身体素质是素质结构的物质基础,也是做人与成才的前提条件。它主要包括潜能和特点(力量、耐心、速度、灵敏性、柔韧性)等两个方面,并体现在身体结构与机能上,就是要保持和增进身体健康,发挥生理潜能,培养与提高反映在身体结构与机能上的各种特点,促进和完善身体的结构与机能。

2. 培养与提高学生的心理素质

心理素质是素质结构的中介层,也是做人与成才的心理基础机制。它主要包括潜能、特点与品质三个方面,并体现在认识(认知)、智力因素与意向(非认知)、非智力因素上,取决于人的全部心理活动的状况。所谓培养与提高心理素质,就是要保持心理健康,发挥心理潜能,培养与提高各种心理特点与心理品质,促进并完善认识、智力因素与意向、非智力因素。

3. 培养与提高学生的社会素质

社会素质是素质结构的调节层,主导着学生的做人与成才。它主要包括潜能与品质两个方面,并体现在政治、思想、道德、业务、审美与劳动技术上,取决于政治等这些因素的发展状况。所谓培养与提高社会素质,就是要保持与增进社会健康,发挥社会性潜能,培养与提高政治、思想、道德、审美与劳技诸方面的品质,促进它们逐步趋于完善。

4. 培养与提高学生的创新素质

创新素质是生理素质、心理素质与社会素质高度发展的综合体现,是与三类基本素质不平行的另一类素质。它主要包括潜能与品质两个方面,并体现在创新意识、创新能力、创新人格与创新方法上,取决于创新意识等四大因素的发展状况。所谓培养与提高创新素质,就是要使四大因素得到良好的发展,发挥创新潜能,促进它们逐步趋于完善。

### (四) 素质教育与全面发展教育的关系

1. 全面发展教育是实施素质教育的基本理论依据

人的全面发展学说是实施素质教育的基本理论依据。搞好全面发展教育,才能提高人的素质。贯彻人的全面发展学说,对学生实施全面发展教育,就必须实施素质教育。也只有搞好全面发展教育,才能提高学生的综合素质和民族素质。

2. 全面发展教育是素质教育的途径

我国全面发展教育的内容,长时期为德育、智育与体育三项内容,后来逐步加进了美育和劳动技术教育,形成"五育"并举的局面。很明显,这"五育"与素质教育的内容是基本相应的。通过全面发展"五育"就基本上可以促成素质教育的实施。同时,更为重要的是,经济的发展、社会的进步,对人的素质的要求也会越来越高。这样,作为促进实施素质教育的全面发展教育的内容,也会随之变化、充实。

3. 素质教育是全面发展教育的目标

全面发展教育,就是要使学生获得全面发展。主要是德、智、体的全面发展。但这样分而列举之,不利于教育实际工作者去整体把握。素质教育提出之后,这个问题便得到了解决。素质教育的根本目的是全面提高学生素质,体现了素质教育与全面发展教育的统一:全面发展教育有了"素质"的补充,就使其目标趋于具体;素质教育有了"全面"的规范,就使其要求更加明确。"全面"与素质的彼此补充,反映出素质教育与全面发展教育是相辅相成的。

## 本章小结

教育目的是指一个国家为教育确定的培养人才的质量规格和标准,是社会通过教育过程要在受教育者身上形成它所期望的结果或达到的标准。教育目的是整个教育工作的核心,具有导向、激励、评价的作用。

教育目的的确立既体现着人的主观意志,又必须以客观存在为依据,即必须依据社会发展的客观需要和受教育者身心发展的客观规律。

不同的教育目的隐含着不同的价值取向。目前,教育目的价值取向观主要包括:教育目的的个人本位论;教育目的的社会本位论;教育目的的调和折中论;教育目的的辩证统一论。

我国的教育目的不是固定不变的。在不同社会形态、不同时代,有不同的表述。我国教育目的在基本内容表述上虽不尽相同,但基本精神是一致的,概括地说,包括这样几个基本点:培养劳动者是我国教育目的的总要求;要求德、智、体等方面全面发展是我国教育目的的素质结构;坚持社会主义方向是我国教育目的的根本性质。

我国在马克思的人的全面发展学说的基础上提出社会主义的全面发展教育,主要由德育、智育、体育、美育和劳动技术教育等部分组成。素质教育是全面发展教育的具体落实和进一步深化,是贯彻全面发展教育的必由之路。

## 思考与练习

1. 什么是教育目的?教育目的有哪些功能?
2. 说明学校教育目的的层次结构。
3. 评述几种典型的教育目的观。
4. 我国教育目的确立的依据是什么?
5. 我国的教育目的及其基本点分别是什么?
6. 结合所学知识分析欧内斯特·L.博耶的一段话:"教育的目的不仅是为学生的职业生涯做准备,而且要使他们过一种有尊严和有意义的生活;不仅要生成新的知识,而且要把知识用来为人类服务；不仅是学习和研究管理，而且要培养能够增进社会公益的公民。"

## 参考文献

[1] [英]约翰·怀特.再论教育目的[M].北京：教育科学出版社,1997.

[2] 瞿葆奎.教育学文集·教育目的[M].北京：人民教育出版社,1993.

[3] 全国十二所重点师范大学联合编写.教育学基础(第2版)[M].北京：教育科学出版社,2002.

[4] 扈中平,刘朝晖.挑战与应答——20世纪的教育目的观[M].济南：山东教育出版社,1996.

[5] 扈中平.教育目的应定位于培养"人"[J].北京大学教育评论,2004(7).

# 第五章 学生与教师

## 学习目标

1. 把握学生的本质属性,熟悉学生的权利和义务。
2. 通晓当代教师的职业角色和专业素养。
3. 了解现代社会中师生关系的本质。

教师和学生作为教育系统中两个"人"性基本要素,对于教育教学活动的质量和效果起着关键作用。本章分为"学生"、"教师"与"学生和教师的关系"三节,第一节主要阐述了学生的本质属性、社会地位和义务;第二节主要阐述了教师职业的性质与特点,教师职业专业化的条件;第三节主要阐述了师生关系的内容和类型等。

## 第一节 学 生

教育活动的终极目的是促进学生身心各方面的全面发展,学生是教师的劳动对象,是学习的主体,因此,作为一名合格、专业的教师不仅需要正确把握学生的身心发展规律,还需要深入了解学生所处的地位和拥有的权利与义务。

### 一、学生的本质属性

广义的学生,是指所有处于学习过程的人,"三人行,必有我师焉",有师必有生,无论年龄。从牙牙学语的婴儿,到耄耋之年的老人,都可以是学生,尤其是随着终身教育思潮的兴起,在知识信息日新月异的当代社会,只有不断学习持续充电,才能够适应这个迅速发展的社会。因此,在当今社会,学生不仅包括在校学习的学生,也包括各类成人教育中的学习者等。不过由于传统教育思想的影响和概念的习惯性沿袭,我们最经常使用的还是学生的狭义概念,即在学校教育系统中从事学习活动的人,主要指在校的儿童和青少年。

学生首先是人,具有人的一切本质属性,但教育过程中的学生,因为其所处地位和年龄阶段的特殊性,又具有其与众不同的特性。

#### (一)学生是发展中的人

如同地球一刻不停地在自转一样,人也一刻不停地处于发展变化过程之中,而学校中的学生身心发展尤其迅速。生理学研究表明,身体的各大系统基本都是在青年期之前达到成熟,比如大脑的生长到12岁基本完成,脑重与脑容积、神经结构基本达到成人水平,一直到20岁左右,脑细胞的内部结构和机能都在不断进行复杂分化,沟回增多、加深,神经纤维的数量大大增加,兴奋与抑制过程逐渐平衡。同生理对应,个体的心理包括认知、情绪情感等,也都是在青年期之前趋于稳定。

1. 学生具有发展的可能性与可塑性

青少年学生正处于不断发展之中,具有独特的身心发展特点。美国实用主义教育家杜威认为,儿童与成人是不同的,对于儿童来说,生长和发展是他们的主要任务。儿童是在发展中逐步养成各种习惯,并为以后生活的特定目标提供基础和材料的,因此,"未成熟"[①]状态是儿童发展的主要特征。作为未成熟的人,学生的身心各种特征处于变化之中,不完善是其正常状态,而十全十美则不符合实际。学生没有缺陷就没有发展的动力和方向,从幼稚到成熟,从蒙昧到智慧,其中潜藏着极大的发展可能性,这决定了他们具有极大的可塑性。从教育角度讲,它意味着学生是在教育过程中发展起来的,是在教师指导下自主发展成长起来的。

在实际的教育教学工作中,许多教师往往只是从学生的现实表现推断学生有没有发展的潜力,他们持有僵化的潜能观,认为学生的智能水平是先天决定的,教育对此无能为力。实际上,一个正常的个体在出生后,还具备了健康发展的可能,这种可能是多元的,绝非单调的一种模式。像同一点可以往外生发出多条线一样,最终只有一条线是实线,但代表可能性的虚线则是无穷多的。因而,教师切忌轻易对学生下结论、贴"标签"、用僵化的眼光看"死"学生,而应以发展动态的眼光来认识和看待学生,做塑造学生心灵发展的灵性之手。

2. 学生发展的可能性转变为现实性的条件是个体与环境的相互作用

我们已经知道,影响人身心发展的因素是多方面的,既有遗传和成熟水平的内在因素,又有包括教育在内的外在环境因素,此外还有个体的主观能动性,这些因素可以概括为个体因素与社会环境因素。由此可以说,无论我们意识到与否,环境及自我都在塑造着我们每一个人。学生作为承担着学习任务的个体,同样也不例外,其发展的可能性转变为现实性,是在个体与环境的相互作用下完成的,脱离了外在的环境,缺乏个人的主观努力,学生的个人发展只能是镜中花、水中月,无从谈起。

(二) 学生是具有主体性的人

在教育活动中,学生作为教育对象、受教育者有其被动的一面,这是因为相对于教师而言,学生是年龄较小、知之较少、能力较弱的一方,所以学生在教育活动中表现出对教

---

① [美]约翰·杜威.民主主义与教育[M].王承绪,译.北京:人民教育出版社,2001.

师较强的依赖性。但学生对教师的依赖性并不意味着对教师的完全被动服从,学生作为独立的个体,不管其年龄如何,都是有其主体性、能动性的。传统的教育教学观念强调师道尊严、教师权威,往往把学生仅当成授业的对象,如盛放物品的容器一样,教师向里面倾倒知识,学生只需张口来接收就可以。这种观念实质上把学生等同于死的物,而不是活的人。学生作为活生生的人,有血有肉,有思想有感情,在教育教学活动中不可能完全保持被动无为。实际上,对学生的能动性,人们早已有所认识:对于学生的学校活动来说,教师只是外部因素,学生自己才是内因,外因要通过内因起作用,也就是说,学习只有通过学生的积极行为才能进行,不是教师做什么,学生学到什么,而是学生做什么,学生自己才能学到什么。无论是教材上的知识还是教师的教诲,都必须通过学生的主动作用才能转化为学生的内部知识和能力。

学生作为学习的主体,是具有主观能动性的人。在教育活动中,这种主观能动性首先表现为学生具有自觉性,学生能根据一定的目标或要求,或者在某种情境的激发下,主动采取相应的态度和行动;其次,学生具有独立性,这是自觉性进一步发展的表现。主要表现在学生能自行确定或选择符合自身需要、特点和条件的教育内容,并在接受教育内容的过程中自觉进行自我监控和调控。再次,学生具有创造性,这是学生主观能动性的最高表现。在教育教学过程中,主要表现为学生不满足于教师提供的解决问题的方法或不满足于教材上已有的结论,能够提出与众不同的解题方法或不同于教材的已有结论。

总之,每个学生的发展、学习都是自我教育与外在教育共同作用的结果,学生的每一个活动都有其主体性的参与,只不过主体性在不同的活动中表现程度不同而已。这也可以解释,为什么同样的班级、同样的教师,不同的学生会有不同的学习效果。基于此,教师要在巧妙运用教师权威性的基础上,尊重每一名学生,充分调动和发挥学生的主动性和积极性,达到学生主体性地位的实现,并根据各个学生的不同爱好、兴趣和需要以及发展水平而因材施教,把学习的权利真正地交给学生,教师只需对学生适时进行指导和引导,最终促进学生创新精神和实践能力的发展。

## 二、学生的社会地位

能否正确认识学生的社会地位、权利与义务等,决定着教育教学活动能否顺利而科学地开展。相对于社会正式成员的成年人来说,学生是不成熟的青少年儿童,是未进入正式成人社会的"边际人"。因此,长期以来学生没有被看做是有个性的独立存在的人,他们在社会上处于从属和依附的地位。在人类社会的早期,儿童不是被当成缩小的成人,成人的预备,父母的私有财产,就是被认为是带着原罪出生、需要靠惩戒消除罪恶的对象,远古时代有杀婴以祭神或活埋儿童作殉葬品的宗教迷信习俗,饥荒年月"易子而食""郭巨埋儿"的现象也有发生。这种种现象反映出古代社会"成人本位"的观念根深蒂固,本质特征是无视儿童的独立人格与社会地位。文艺复兴后,随着人们对人的自然本性、权利的尊重,整个社会也开始意识到儿童的存在。18 世纪,卢梭首先"发现"了儿童与童年,19 世纪末 20 世纪初,西方产生了"儿童中心主义"思想,即从儿童自身的原初生命欲求出发去解放和发展儿童,倡导儿童中心的师生关系,这是一种先进的学生观,随着时代发展到今天,人们对于儿童、学生的认识越来越科学。但这只是总体趋势,实际上人类历史不同时期的儿童观、学生观在当今社会依然存在,正如周作人所说的"在中国,革新与复古总是循环的来,正如水车之翻转"[①]。虽然经历了"五四"时期的启蒙,但儿童观、学生观的近现代立场在中国还没有真正确立起来。在 21 世纪的今天,青少年儿童学生的合法权益并没有得到真正的尊重,学生对教师的绝对服从关系依然存在于当下的课堂中。要改变这种状况,必须首先确认学生在社会中的主体地位并切实保障他们的合法权益。

学生作为社会群体中的重要一员,有其特殊的社会地位,在法律意义上则有其权利和义务。作为教育者,为了科学有效地开展教育教学活动,必须对其教育对象的地位和权利义务进行深入的了解,这是现代社会教育科学的必然要求。

(一)学生的社会地位

一个社会中以青少年儿童为主要成员的学生的社会地位如何往往反映了其社会的文明程度。科学定位并维护学生的社会地位既是保障学生权利的一种重要表现,也是开展科学教育的前提条件。学生同社会中的其他群体一样,是社会权利的主体,但其主体地位却常常被忽略,成为父母、老师等成人的依附品。

1. 学生社会地位的保障

学生社会地位的保障有经济、政治、法律等多方面的因素,此处我们主要阐述学生在法律意义上的身份和地位。

(1)学生的身份

孔子主张正名,循名责实,以个人的身份来确定每个人应该遵守的行为规范。在确定学生的法律地位之前,厘清其身份是必要的。从法律法规中寻找对学生身份的定位,我国跟学生紧密相关的法律主要有以下几部:《中华人民共和国宪法》《中华人民共和国未成年人保护法》《中华人民共和国教育法》《中华人民共和国教师法》《中华人民共和国义务教育法》等。综合这几部法律,可以对学生的身份逐层做出如下界定:第一,中小学生是国家公民;第二,中小学生是国家的未成年公民;第二,中小学生是接受教育的未成年公民。因此,对中小学生的全面表述是:中小学生是在国家法律认可的各级各类初等或中等学校等教育机构中接受教育的未成年公民。

---

① 周作人.苦茶随笔[M].长沙:岳麓书社,1987.

（2）学生的法律地位

身份的确定有利于中小学生法律地位的确立。法律地位是由双方主体在法律关系中所享有的权利和履行的义务决定的。从法学的意义讲,学生是在依法成立的学校及其他教育机构中取得学籍,并在其中接受教育的公民。本书中所提到的学生,多数是指小学、中学阶段的未成年学生。作为未成年的公民,中小学生享有未成年公民所享有的一切权利,包括人身权、受教育权等;作为教育过程中的学生,他们则享有受教育的平等权、公正评价权、物质帮助权等。与权利相对应,学生有受教育和管理的义务,而各级各类教育机构及其教师,应该督促学生履行义务,但不能因为教育职能的履行而侵害学生的权利。

2. 学生的权利

学生是权利的主体,他们不仅享受一般公民的绝大多数权利,而且受到社会的特别保护。因而他们享有法律所规定的各项社会权利可以分为两部分:一是指国家宪法和法律授予所有公民的权利;二是指教育法律、法规赋予学生阶段的公民的特有权利。学生的这种特有权利是公民受教育权的具体内容,是国家对学生在教育活动中可以为或不为一定行为的许可与保障。

（1）人身权

人身权是最基本、最重要的一项公民权利,由于中小学生多数属于未成年人,处于身心发展过程之中,因此国家除了对未成年学生的人身权进行一般保护外,还要求社会、学校、教师、家庭尽到特殊的保护责任。人身权具体包括身心健康权、人身自由权、人格尊严权、隐私权、名誉权、荣誉权等丰富的内容。

身心健康权以维护公民的身体与心理健康为主要目标,是最基本的人身权利。学生的身心健康权,包括未成年学生的生命健康、人身安全、心理健康等内容。为保障学生的身心健康权,学校应该为学生提供安全可靠的教学设施和卫生环境,保证学生适当的体育锻炼、文化娱乐及充足的休息时间。如果学生的身心健康权受到侵犯,学生有权利申请法律救济。当前我们屡屡听到学生身心健康权被侵犯的事件,让人痛心。如2005年10月16日,新疆阿克苏市的农一师第二中学附小发生一起学生集体踩踏事故,学生在下楼参加升国旗仪式时,把楼梯扶手挤掉,最终造成13名小学生不同程度受伤,其中1名二年级女生在送到医院,经抢救无效后身亡。学校在管理和监护方面工作不力,是导致此次事故的直接原因。

《中华人民共和国宪法》第37条规定:"公民的人身自由不受侵犯。禁止非法拘禁和以其他方法非法剥夺或者限制公民的人身自由,禁止非法搜查公民的身体。"作为未成年公民,学生同样具有人身自由,能够自由支配自己的人身和行动,教师不得以各种理由对学生进行搜查,不得对学生实行关禁闭等。2003年11月20日,中央电视台《生活》栏目播出《校园里的"禁闭室"》一期节目,安徽宿州市二中初二一班的班主任经常把一些不爱学习的学生关在教室旁边的杂物房中,有的学生连续被关闭一星期之久。这一行为实际严重侵犯了学生的人身自由权和受教育权。

《中华人民共和国宪法》第三十八条规定:"中华人民共和国公民的人格尊严不受侵犯。禁止用任何方法对公民进行侮辱、诽谤和诬告陷害。"人格尊严权具体表现为名誉权、肖像权、姓名权、隐私权、荣誉权。学生虽然是未成年的公民,但其人格尊严同样受法律保护,享有受到他人尊重、保持良好形象及尊严的权利。《中华人民共和国未成年人保护法》第21条规定,学校、幼儿园、托儿所的教职员工应当尊重未成年人的人格尊严,不得对未成年人实施体罚、变相体罚或者其他侮辱人格尊严的行为。当前我国教师对于学生尊严的尊重较之以前普遍有所提高,但在日常教学工作中,也经常可以看到一些老师出于为学生好的目的,实质上却伤害了学生的人格尊严。

2011年10月份,西安市未央区第一实验小学让一些所谓表现不好的、刚入学一个月的一年级小学生佩戴"绿领巾",此举当时引发了社会大范围的争议,以致在五天之后,绿领巾即被叫停。究其原因,就是因为学校缺乏法律意识,伤害了学生自尊心,侵犯了学生的人格尊严。

隐私权是指公民享有的私人生活安宁与私人信息不被他人非法侵扰、知悉、搜集、利用和公开的一项人格权。《中华人民共和国未成年人保护法》第30条规定:"任何组织和个人不得披露未成年人的个人隐私。"学生的隐私权主要涉及① 姓名、肖像、电话、通信、日记和其他私人文件等秘密不被刺探、公开或传播的权利;② 学生的私人生活不受他人监视、监听、窥视、调查或公开;③ 学生的宿舍不被非法侵入、窥视、骚扰或搜查;④ 学生的家庭、亲朋不受非法调查或公开;⑤ 学生的学习成绩或名次、处理或评议结果不被非法公开或扩大知晓范围;⑥ 学生的私人情况(如恋爱史、疾病史)或私人数据不受非法搜集、公开、传输、处理和利用。对照上面学生隐私权的内容,我们可以发现,在日常教育活动中有些教师将学生的家庭隐私如家庭住址、电话号码、父母的婚姻状况、学生的健康状况等公开,有的老师私拆学生的信件,将日记在全班同学面前宣读,收缴学生的手机后私自看短信。这些以教育的名义侵犯学生隐私的行为,不仅会伤害学生的自尊心,失去他们的信任,破坏师生之间的关系,而且对我们整个社会民主和平等意识的培养极为不利。

名誉权是指学生有权享有大家根据自己的日常行为、观点和学习情况而形成的关于其表现、能力、品质及其他方面形成的社会评价。《中华人民共和国民法通则》第101条规定:"公民、法人享有名誉权,公民的人格尊严受法律保护,禁止用侮辱、诽谤等方式损害公民、法人的名誉。"一些教师在行使对学生的评价权和批评教育权时,由于种种原因往往会侵害到学生的名誉权,严重者会影响到学生的心理健康和健全人格的形成。比如有些教师,动辄挖苦学生"脑瓜进水了""智商比猪还低"等,实际上已经构成了对学生名誉权的侵害,依法应承担相应的民事责任。因而学校在行使教育权时,一定要注重对学生名誉权的保护,特别是要注重保护学生的名誉感。

荣誉权是指公民所享有的,因自己的突出贡献或特殊劳动成果而获得的光荣称号或其他荣誉的权利。《中华人民共和国未成年人保护法》第46条规定:"国家依法保护未成年人的智力成果和荣誉权不受侵犯。教师对学生的荣誉称号及劳动成果,不得随意剥夺和侵占。"

2002年,全国首例侵犯学生荣誉权案在锦州市中级人民法院审理。1998年7月,贾跃作为应届毕业生参加了当年的高考,毕业前她曾获市教委授予的市级"优秀学生干部"称号,按有关规定,她可享受加分提档奖励。而锦州市教委有关人员在办理过程中,把贾跃"学生登记表"中"优秀学生干部"改成了"三好学生",并加盖了市教委印章。而"三好学生"是不加分提档的,结果贾跃以2分之差失去了她所期望的一所重点大学的机会。锦州市教委的工作人员因过错行为,致使贾跃在报考大连理工大学的录取中未能享受到市级"优秀学生干部"降10分投档的待遇,丧失了可能被录取的期待权,构成了对贾跃荣誉权的侵害;责令市教委以书面形式向贾跃赔礼道歉,并在其高考档案中作出书面更正;赔偿贾跃经济损失1万余元人民币,精神损失费3万元人民币。

为更好地维护、保障学生的人身权,国家和社会、学校和教师、家庭应各尽其职。作为学校和教师方,应做到以下几个方面。

第一,树立维护学生人身权意识。学校和教师作为教育方和教育者,一定要熟悉《中华人民共和国未成年人保护法》等相关法律,在不违反学生身心发展规律,不侵犯学生正当权益的前提下,对学生实施教育和管理工作。

第二,保障学生的身体健康。学校应当对教育活动场所与设施做好维护工作,不得使学生在危及人身安全和生命健康的场所及设施中学习和活动;学校在组织安排学生参加庆典娱乐、社会实践等集体活动时,一定预先做好预防措施,防止发生人身安全事故;认真学习、坚决贯彻国家制定的《学校体育工作条例》《学校卫生工作条例》等,依据规定安排学生的体育锻炼、课外活动时间;合理安排学生的学习时间和作业量,定期组织学生进行身体检查,做好疾病防治工作。

第三,保护学生的心理健康。学校和老师应当关心、爱护学生,应当尊重未成年学生的人格尊严,不得对他们施以体罚、变相体罚或其他侮辱人格尊严的行为,禁止教育冷暴力,对品行有缺陷、学习有困难的学生,应当耐心教育,不得歧视。

第四,对侵害学生各项人身权的行为应积极予以劝阻、制止或及时向公安机关报告。

(2) 受教育权

现代社会以前,受教育权只是部分人的权利。近现代社会,世界上多数国家颁布了《义务教育法》等法律,规定公民享有受教育的义务和权利。我国的《中华人民共和国宪法》《中华人民共和国教育法》《中华人民共和国未成年人保护法》《中华人民共和国义务教育法》等法律都充分体现出保障、维护儿童受教育权的原则和精神。比如我国《宪法》规定:"中华人民共和国公民有受教育的权利和义务。""国家培养青年、少年、儿童在品德、智力、体质等方面全面发展。"《中华人民共和国义务教育法》规定:"国家、社会、学校和家庭依法保障适龄儿童、少年接受义务教育的权利。""凡年满六周岁的儿童,不分性别、民族、种族,应当入学接受规定年限的义务教育。"《中华人民共和国未成年人保护法》规定:"学校应当尊重未成年学生的受教育权,不得随意开除未成年学生。"

学生的受教育权包含多方面的内容,目前主要体现为受完法定教育年限权、学习权和公正评价权等。受完法定教育年限权是指年满六周岁的儿童应入学接受义务教育,并受满法律规定的教育年限,学校和教师不能随意开除学生。1986年国家颁布的《义务教育法》明确作出了实行九年制义务教育的规定。学习权是指学生在校学习期间,在教育教学过程中,教师不得以任何借口随意侵犯或剥夺学生参加学习活动,诸如听课、作业等的权利。日常教育活动中,我们经常可以见到一些老师,因为某些学生扰乱了课堂秩序、违反了班级规章制度,或者回答不出问题,而让学生离开教室,实质上这在一定程度上侵犯了学生的学习权。公正评价权是指学生在教育教学过程中,享有要求教师、学校对自己的学业成绩、道德品质等进行公正的评价,并客观真实地记录在学生成绩档案中,在毕业时取得相应的学业成绩证明和毕业证书的权利。据媒体报道,某校为了提高教学质量,达到全县教学成绩"保七争三"的目标,规定班里凡是"弱智"的学生均可免于参加期末统考,不计入教师的年度考核。于是乎,为了提高名次,一些老师便把班级中倒数第一、二名学生列为"弱智"对象,被列为"弱智"对象的学生由任课老师带往医院进行检查。医院的医生出于利益的考虑,接受了老师的授意,开出了一张张所谓的"弱智"证明。仅凭成绩就把学生评为弱智,既侵害了学生获得公正评价的权利,又侵犯了学生的名誉权。这是严重违法的行为。

我国作为《儿童权利公约》的缔约国之一,遵循《儿童权利公约》的各项规定,奉行《儿童权利公约》的核心精神:儿童利益最佳原则、尊重儿童尊严原则、尊重儿童观点与意见原则、无歧视原则。我国的《宪法》《未成年人保护法》《教育法》等法律法规,也都对学生的法律权利都作了详细的规定,从法律制度和司法保护制度来看,毋庸讳言:学生依法享有各项权利,一旦受到侵害,即可起诉。

3. 学生的义务

权利和义务是对等的,在享受各项权利的同时,学生也有其应尽的义务。

《中华人民共和国教育法》中规定学生应尽的义务有:

a) 遵守法律、法规;

b) 遵守学生行为规范,尊敬师长,养成良好的思想品德和行为习惯;

c) 努力学习,完成规定的学习任务;

d) 遵守所在学校或者其他教育机构的管理制度。

未成年学生作为法律的主体,在享有法律规定的各项权利的同时,也负有履行法律规定的各项义务。教师有责任教育学生了解自己的义务,履行自己的义务,如果学生在日常生活和教育活动中未尽义务或违反规定,由此造成的后果则应由学生自负。

## 第二节 教 师

教师,作为世界上最古老的职业之一,对于文明的传承和社会的进步起着重要的作用。历史上不少思想家、教育家都曾热情讴歌过教师这个职业。17世纪捷克的大教育家夸美纽斯说,太阳底下再没有比教师职业更高尚的了。苏联的教育家加里宁说,教师是人类灵魂的工程师。英国哲学家弗兰西斯·培根说:"教师是知识种子的传播者,文明之树的培育者,人类灵魂的设计者。"法国教育家卢梭说,在所有一切有益人类的事业中,首要一件,即教育人的事业。德国教育家黑格尔说,教师是孩子们心中最完美的偶像。我国也有许多人们所熟知的说法,如"师者,人之模范也"等。我国教育家杨昌济称教师有"神圣之天职,扶危定倾,端赖于此"。随着人类社会的进步与发展,今天,教师已成为推动经济发展和社会进步的重要力量。要想全面了解教师这个职业,必须从教师职业的性质和特点、教师职业的专业化、教师职业的人格特征等多方面来入手考察。

### 一、教师职业的性质与特点

#### (一)教师职业的性质

《中华人民共和国教师法》第一章第三条专门对教师概念进行了全面、科学的界定:教师是履行教育教学职责的专业人员,承担教书育人、培养社会主义事业建设者和接班人、提高民族素质的使命。《中华人民共和国教师法》对教师概念的这一界定主要包含了以下两个方面的内容。

1. 教师职业是一种专门职业,教师是专业人员

职业是依据人们参加社会劳动的性质与形式而划分的社会劳动集团。根据社会学者把职业划分为专门与普通两大类来看,教师职业属于专门职业,教师是从事教育教学工作的专业人员。但在近代以前,教师职业的专业性并没有为太多的人意识到,也没有专门培训教师的机构。比如,17、18世纪的德国初等学校有些是由牧师兼任,但更多的是教堂的仆役、裁缝、鞋匠、退伍士兵等来兼任。古代中国,教师往往是落第秀才糊口的手段。一直到18世纪,随着师范教育的兴起,教师才开始由专门的师范学校来培养。1782年,美国佛蒙特州开创了最早的教师资格准入制度。1956年,联合国教科文组织在《关于

教师地位的建议》中提出,教师工作应被视为一种专门职业,因为它要求教师经过严格训练而持续不断地研究才能获得并维持专业知识与专门技能。1966年日内瓦第十一届国际劳工局统计专家会议通过了《国际标准职业分类》的修订版,职业划分为8大类,教师被列入其中的"专家、技术人员和有关工作者"一类。1982年3月,国家统计局、国家标准局和国务院人口普查办公室参照国际标准,公布了我国的《职业分类标准》,把我国的职业同样分为8大类。1986年6月21日,我国国家统计局和国家标准局发布的《中华人民共和国国家标准职业分类与代码》中,各级各类教师被列入了"专业""技术人员"这一类别。

2. 教师是教育者,教师职业是促进个体社会化的职业

社会的进步、文明的传承、个体的发展都离不开教师的活动。众所周知,教育活动产生于人类社会之初,当时还没有专门从事教育的专职教师,承担教育教学任务的教育者多是部落、氏族首领,或者是积累了较多丰富经验的长者。学校产生之后,专业的教育工作者——教师才正式出现。学生接受教育的过程,也是从自然人发展成社会人的过程,是学习、接受人类经验,消化、吸收人类文化的过程,而教师在这个过程中承担了教化的特殊任务。教师作为教育者的一部分,其工作的直接目标就是教育年轻一代使之成为合格的社会成员,促进社会的发展。这些教师根据一定社会的要求,有目的、有计划、有组织地向受教育者传授人类长期积累的知识经验与技能,规范他们的行为品格,塑造其适应社会发展的价值观念,并引导他们把社会的具体要求内化为自身的心理素质,从而实现个体的社会化,最终促进整个社会不断向前发展。

因此,可以看出,我国教师是履行教育教学职责的专业人员,承担教书育人、培养社会主义建设者和接班人、提高民族素质的伟大使命。

### (二)教师职业的特点

每种职业都有其特殊之处,这也是该职业存在于社会的原因。作为教师,一般来说,其职业特点主要表现为职业角色的多重化和职业培训的专业化两个方面。

1. 职业角色多重化

教师职业的最大特点在于职业角色的多重化。每个教师在社会上都扮演着多重角色,比如教师、传道者、授业者、解惑者等各种角色,其目的是履行其教书育人的根本任务。所谓教师角色是指处在教育系统中的教师所表现出来的由其特殊地位决定的符合社会对教师期望的行为模式。在日常的教育生活中,教师的多重化角色主要表现为以下几种。

(1) 传道者角色

"道之所存,师之所存也。"教师负有传递社会道德传统和社会价值观念的职责,一般来说,教师的道德观、价值观总是代表着处于社会主导地位的道德观和价值观。"道"广

义上包括国家或民族的历史、地理、风土人情、传统习俗、生活方式、科学技术、文学艺术、行为规范、思维方式、价值观念等多方面内容,狭义上特指国家和社会主流文化所提倡的思想价值、政治道德观念。"道"的顺利传承有利于传播政治思想,形成政治舆论,培养出合格公民和政治人才。教师除了传授一般的道德和价值观外,对学生的"做人之道""为业之道"以及"治学之道"等也有引导和示范的责任。

(2) 授业者、解惑者角色

除了传道之外,教师还要对学生进行授业和解惑,其中,所授之业主要指人类经过长期的社会实践活动后所获得的知识、经验以及技能。教师必须先掌握了这些知识、经验、技能,然后选择适合受教育者的特定方式传递给年轻一代,使他们在短时间内可以迅速掌握人类在漫长年代里积累的成果,进而推陈出新,推进社会的发展和进步。解惑也是教师的重要任务,年轻一代在成长过程中会遇到各种问题、困惑和挫折,教师肩负着释疑解难之责。通过指导和引导的方式帮助学生解除学生和生活中所遇到的烦恼与困惑,不断启迪其智慧并引领其健康成长,使其成为身心全面和谐发展的有用之人。

(3) 示范者角色

学生具有可塑性和向师性的特点,这种特点在一定程度上决定了教师必须具有示范者的角色。教师的言论行为、为人处世的态度等对学生具有耳濡目染、潜移默化的影响作用。教师的言行是学生最直接的学习和模仿的榜样。我们常说"师者,人之模范","学高为师,身正为范",意即教师的工作具有强烈的示范性和表率作用。教师对于学生不只是言传,还有身教,而且从某种意义上来说,身教重于言传。正因为教师是学生的榜样,所以"教师无小节"。无论是课上,还是课下,教师必须谨言慎行,时刻让自己的一言一行、一举一动对学生的学习、品德和行为的发展都能起促进作用。

(4) 管理者角色

传统教学观念认为教师只是教育者,并没有充当管理者的角色,因而才会对教育的管理没有要求。实际上,教师是学校教育教学活动的组织者和管理者,任何一次教学活动,面对同一个班级几十个年龄相近、性格却不相同的学生,无论是课堂授课,还是课外校外活动,都需要教师进行精心组织才能保证教学活动的顺利进行。研究发现,优秀教师在实际的教育教学中都特别重视对学生的管理,并且也都具备出色的管理才能。所以,教师必须强化管理意识,在深入了解各个学生不同特点的基础上进行科学管理。教师执行的管理职能,具体包括如下:确定班级或学科管理目标,制定和贯彻管理制度、维持班级纪律,组织教育教学和班级活动等,同时还需对教育教学活动进行调节、控制、检查和评价。

(5) 朋友角色

传统的教育观念中,学生往往把教师看做知识的化身,教师与学生的地位有高低之分。教师的形象多数是不苟言笑的,教师权威的现象一直存在并深刻影响着学生。教学是一个教学相长的过程,同时,在新课程改革大力倡导以学生为本的今天,学生与教师的地位是平等的。学生是学习的主体,他们往往愿意把教师当做朋友,也期望教师能把他们当做朋友来看待,希望得到教师在学习、生活、人生等当面的指导。因此,教师在教育教学过程中,要把学生看做平等的主体,努力成为学生的良师益友,在学习、生活以及人生等多方面给予指导,与学生一起分担他们的痛苦和忧伤,欢乐与幸福,促进学生身心健康的不断发展。

(6) 研究者角色

之前,教师往往被看做"教书匠",执行着把知识从教材上传递给学生的简单搬运工作,因此,教师作为研究者的角色往往被忽视。现在,伴随着学生观、教材观、教学观等各种科学教学观念的出现,教师作为研究者的角色显得越来越重要。教师的工作对象是充满生命力、千差万别、活生生的人,传授的内容是不断发展变化着的人文、科学知识,这就决定了教师要以一种发展变化的态度来研究自己的工作对象、工作内容,需要他们在教育教学过程中不断学习、不断反思和不断创新。

2. 职业培训的专业化与长期化

教师是履行教育教学职责的专业人员,在整个专业生涯中,依托专业组织、专门的培养制度和管理制度,通过持续的专业教育,习得教育教学专业技能,形成专业理想、专业道德和专业能力,从而实现自身的专业自主。实现教师自身的专业自主需要教师职业培训的专业化和长期化。

(1) 教师职业培训的专业化

教师的职业培训主要通过职前的师范教育、新教师的入职培训和在职教师的在职培训来实现。首先,职前的师范教育是师范生进行专业准备与学习,初步形成教师职业所需要的知识与技能的关键时期,是教师专业化发展的起始和奠基时期。其次,为了保证新教师尽快适应教师这个角色,新教师的任职学校一般都会采取及时有效的支持性措施,对新入职教师进行专业的教育教学培训,向其提供系统而持续的帮助。再次,伴随终身学习思想的盛行和教育改革与发展的大潮,在职教师需要不断进行持续的学习,针对在职教师的继续教育应运而生。这主要是通过采取"理论学习、尝试实践、反省探究"三结合的方式,以培养在职教师研究教育对象、解决问题的能力。教师在职培训的活动广泛,可以进行校本培训,比如,相互观摩、相互评课和相互研讨等方式,也可以是业余进修学习的方式。

(2) 教师职业培训的长期化

教师作为专业人员,从专业思想到专业知识、专业能力、专业心理品质等方面由不成熟到成熟的发展过程,即是由一个专业新手发展成为专家型教师或教育家型教师的过程。这个专业发展过程的实现并不是一蹴而就的,而是需要经历一个漫长而艰难的过程。它不仅需要教师善于学习了解教育教学要求,勤于反思发现问题和完善自己,而且还需要教师勇于实践、恒于研究,要求教师在学习、实践、反思的过程中,不断通过科学研究,发现教育教学规律,根据规律进行教学以提高工作效率和效能。

### (二) 教师职业专业化的条件

教师在教育过程中具有不可替代的重要作用,教师专业素养如何直接关系到人才培养的质量,关系到现代化建设的成败,因此,教师的专业素养是当代教师质量的集中体现。作为一名教师,其学科专业素养和教育专业素养共同构成了教师职业专业化的条件。

**1. 教师的学科专业素养**

教师的学科专业素养是教师胜任教学工作的基础性要求,有别于其他专业人员学习同样学科的要求。具备精深的学科专业知识是教师知识结构的核心,也是其有效履行教师职责的基本条件。教师的学科专业素养包括以下几个方面。

(1) 精通所教学科的基础知识和基本技能

教师必须掌握所教学科的基本理论和学科体系,在头脑中建立学科知识的框架,准确把握所教内容;通过仔细分析教材和教学目标,明确教学中所要讲授的重点、难点和关键点;选取丰富、适当的教学例子,力求教学内容的新颖性、趣味性以及教学方法的灵活多样性。

(2) 了解与该学科相关的知识

在精通所教学科基础知识和技能的基础上,要求教师熟悉与所教学科相邻近的其他学科知识,包括学科间的相关点、相关性质、逻辑关系等,通过学科知识的横向联系,达到触类旁通的效果,这不但能丰富教师所教学科的教学内容,而且使教师有可能与相关学科的教师之间在教学上取得协调,有利于在组织学生开展综合性活动中相互配合。

(3) 了解学科的发展脉络

教师必须了解本学科发展的历史、学科的最新研究成果以及发展趋势,理解其社会价值和人性陶冶的价值,更好地为学生的发展服务。

(4) 了解该学科领域的思维方式和方法论

不同的学科具有各自的思维方式和方法论,教师掌握了该学科特有的思维方式和方法论对于更好地从事学科教学具有极其重要的意义。因此,在平时的教育教学中,教师要仔细思考并深刻领悟所教学科的思维方式,即该学科所具有认识世界的独特视角与层次。同时,还要了解并深入思考该学科的研究者创造发明的过程及其是如何成功的,在其基础上总结并学习研究者身上所表现出的科学精神和人格力量。

对于教师来说,不仅要对教学内容知其然,更要知其所以然,这样才能够理解所教内容的实际价值和意义。在知识经济时代,知识与科技的更新日新月异,教师的知识如果不能够随着时代的发展而不断更新,那么这些教师的知识将会变得陈旧而失去了存在的价值。因此,作为一名合格、专业、优秀的教师必须与时俱进,不断更新自己的知识,常教常新,最终促进学生的不断发展。

2. 教师的教育专业素养

教师的职责是教书育人,因此,教师不仅要具备所教学科的专业素养,还要有教育专业素养。教育专业素养是教师职业区别于其他职业的重要标志,主要包括以下三个方面的内容。

(1) 具有先进的教育理念

教育理念是教师在对本职工作理解的基础上形成的关于教育的观念和理性信念。通过数千年的教育教学实践,人们积累了丰富的教育教学经验,在总结经验和揭示教育教学规律的基础上,形成了系统的教育教学理论。教师必须系统地学习并掌握教育学、心理学、学科教学法等教育理论知识,根据时代变化和社会发展,不断更新教育观、教学观、学生观、教师观以及教材观等教育理念。当下符合时代特征的教育观要求教师对教育功能必须有全面而深刻的认识,理解教育是促进学生德智体美劳等方面的全面发展;时代特征的学生观要求教师必须清醒地认识到学生具有主观能动性,是学习的主体,在教育教学过程中应该充分发挥学生的主观能动性,促进学生创新精神和实践能力的发展;时代特征的教材观要求教师从"教教材"的角色转化为"教教材"与"用教材"相结合的角色,从促进学生全面素质发展的角度,在教材分析中"置入"个人理解,对教材进行"二次加工"等。

(2) 具有良好的教育能力

教师的教育能力素养,主要是指在教育教学过程中保证教师顺利完成教育教学任务的基本能力,包括语言表达能力、组织管理能力以及自我反思能力等。语言是教师向学生传递教育信息的重要工具,语言表达能力是教师职业的特殊要求。教师的语言要准确恰当、简明扼要、通俗易懂,要清晰流畅,富有逻辑性;要借助姿态、表情等肢体语言手段传递信息,做到口头语言与肢体语言巧妙结合。反思是教师提升自身教学质量的一种重要能力,教育教学过程中会遇到很多很多问题,要求教师具有自我反思的能力。自我反思主要包括对课堂上语言和非语言的沟通、教学设计、课堂的组织和管理以及评价学习行为等方面进行自我反思,根据新情况、新问题调整自己的预定计划以适应变化的能力。

(3) 具有一定的教育研究能力

研究能力是综合、灵活地运用已有的知识进行创造性活动的能力,是对未知事物进行探索、发现的心智、情感主动投入的一个过程。[①] 教师参与研究是提高教师自身素质,

---

① 李芒. 教育学·中学最新版[M]. 北京:中国经济出版社,2013:73.

提升教学质量的一条有效途径,作为一名合格、专业、优秀的教师必须具备一定的教育研究能力。教师的教育研究素养,主要是指教师在教育教学过程中运用一定的观点和方法,探索教育规律和解决教育问题的能力。在研究中,需要教师将教育理论与教育实践进行有机结合,用理论来指导实践,在实践中形成理论,从而优化课堂教学实践,不断增强自身的学科专业知识和能力。教师的研究,首先表现为对教育现象和教育问题的反思,比如,如何才能够培养出具有思考习惯和解疑能力的"爱问、善问、会问"的学生,在反思的过程中发现新问题和新现象的价值,通过发现问题、提出问题和解决问题的过程形成理性认识,从而使研究成为一种专业的生活方式;其次表现为对新出现的教育问题和理念等方面的探索与创造能力,通过运用多方面的已有知识和经验进行大胆尝试,不断地探究,创造性地形成解决问题的能力。由此可以看出,在教育教学过程中重视科研的教师,能够在一定程度上有效地激励学生的探索精神和创新精神,促进学生探索能力和创造能力的发展。

### (三) 教师的人格特征

教师的人格特征是指教师的个性、情绪情感、意志、人际交往等方面的特点和品质。俄国著名教育家乌申斯基非常重视教师的人格力量,他认为在教师工作中,一切都应该建立在教师人格的基础上。因为只有从教师人格的活的源泉中,才能涌现出教育的力量。可见,教师的人格是教师职业最重要的本质特征。一名合格的教师应该具有以下的人格特征。

1. 师德高尚

对广大教师来说,高尚的师德是教师优良人格的重要体现,其主要应包括关爱学生、教书育人、为人师表和团结协作以及热爱学习、热爱教育事业等内容。其中,关爱学生是师德的灵魂。教师应该关心爱护学生,尊重学生的人格,平等公正地对待学生;应该对学生严慈相济,做学生的良师益友;应该不讽刺、挖苦、歧视学生,不体罚或变相体罚学生。

2. 情感愉悦

情感作为一种内心体验是人感受客观需要的心理活动。对教师来说,愉悦的情感是塑造青少年健康灵魂的一种强大精神力量。丰富的、愉悦的情感能够对学生带来强烈的感染力,发挥着积极向上的能动作用,使学生在教师的期待和激励下,自觉地、积极地投入到学习中去。同时,教师豁达、容忍、幽默、坦诚、随和的个性品质也有助于教师形成积极、愉悦的情感,从而能够更好地服务于教育和教学。

3. 兴趣广泛

兴趣是教师能够真正从事教育事业的重要动力。作为一名合格、专业、优秀的教师需要具备广泛的兴趣,主要包括热衷追求新知识、努力捕捉新信息、善于倾听不同的意见、勇于发表自己的看法,同时,还能够做到积极参加社交活动,习惯于自我表现。无论是在教育教学过程中,还是在教育教学外,都能够始终表现出高度的主动性和积极性,从而以自身去影响更多的学生。

4. 人际关系良好

良好的人际关系是教师优良人格的重要体现之一。教师的人际交往主要包括与学生保持良好的人际关系以及与同事和学校领导建立良好的人际关系。比如,对于学生,耐心周到、有幽默感,乐于帮助学生;对于同事,合群合作;对于学校领导,有强烈的责任心等。需要注意的是,教师自身做到了诚实、勤奋、廉洁、坚持原则、追求平等以及自觉遵守社会道德规范等,才有助于教师正确地处理好与学生、同事和领导的关系。

## 第三节 学生和教师的关系

师生关系是指教师和学生在教育教学活动中为完成一定的教育任务,以"教"和"学"为中介而形成的一种特殊的社会关系,包括彼此所处的地位、作用和态度等。从学校教育层面来说,由学生和教师所构成的师生关系是其中最基本、最重要的关系。良好的师生关系是实现教学相长的催化剂,是教育教学取得成功的必要保证。

### 一、师生关系的内容

#### (一)师生在教育内容的教学上构成授受关系

在教育教学活动中,教师处于教育和教学的主导地位,指导并促进学生的发展。

1. 从教育内容的角度说,教师是传授者,学生是接受者

相对于学生来说,无论是在知识的储备、智力的发展,还是在社会经验的获得方面,教师都处于明显的优势地位。作为一名合格、专业、优秀的教师,他的任务就是充分发挥自身的这种优势,通过教育教学的传授使学生在短时间内迅速掌握大量的必备知识,实现智力的发展和社会经验的丰富获得,最终促进学生的全面发展。在这种授受的师生关系中,教师处于教育和教学的主导地位。但是,学生在学习中是主体,教师这一教育内容传授的过程并不是单向的传输过程,它需要教师采取多种措施充分发挥学生的主观能动性,促使学生积极地、富有创造性地参与到学习中去,以充分体现学生的主体性地位。

2. 学生主体性的形成,既是教育的目的,也是教育成功的条件

教师的教育影响只有经过学生选择、内化后才能对其发展产生实际的作用,这要求我们充分认识到学生身心发展的能动性,把学生看做具有独立意义的人,是学习的主体。教师对学生的教育与改造,只是学生发展的外部条件和外因,而学生的主体学习活动才是学生获得发展的内在机制和内因。如果没有个体主动积极的参与,缺少了学生在学习活动过程中的积极内化,那么就没有真正意义上的教学存在。而培养学生成为主动

发展的个体,促使他们积极地、富有创造性地参与到教育教学活动中去,又充分体现了以学生为本的素质教育的精神,是我们教育的终极目的。学生的主体性主要表现在自觉性、独立性和创造性三个方面,其中,创造性是学生主观能动性的最高表现。创造性在教学过程中主要表现在学生在自觉性和独立性的基础上,具有超越意识,比如超越教师、超越教材等,他们不满足于教师已提供解决问题的方法,不满足于教材上的已有结论,敢于大胆提出解决问题的新颖方法或是不同于教材的其他结论。

3. 对学生指导、引导的目的是促进学生的自主发展

教师在教育教学过程中对学生的发展具有指导和引导的作用,其最终的目的在于促进学生的自主发展。学生是具有独立意义的人,他们独立于教师的头脑之外,不以教师的意志为转移而客观存在,是学习的主体。教是为了不教,教师的责任就是要帮助学生逐渐经历一个由不知到知、由知之不多到知之较多、由不成熟到成熟的过程,最终实现学生不再依赖教师而学会学习、学会选择、学会求知。知识的更新日新月异,科技也不断发展,教师在学校中传授给学生的东西并不能使学生终身受用。学生能够通过教师的指导和引导学会随着实际情况的变化而有所选择、有所获得,不断促进自身的全面发展。

### (二) 师生关系在人格上是民主平等的关系

师生关系是教育活动中的基本关系,教育中民主平等的根本在于人与人之间的平等。作为个体的人,有权利得到人格的尊重,体现自身的价值与尊严,师生都不例外。

1. 学生作为一个独立的社会个体,在人格上与教师是平等的

教育工作的最大特点在于它的工作对象都是有思想、有感情的活动着的个体,学生和教师一样都是具有独立人格的人,应该互相尊重,建立起民主、平等的师生关系。《中华人民共和国未成年人保护法》中保护未成年人的基本原则之一是尊重未成年人的人格尊严。学生所处年龄阶段的身心发展规律虽然决定了他们具有知之甚少、身心尚未成熟的特点,但是作为一个独立的社会个体,这些学生是具有独立社会地位和法律地位的人,享有宪法和《中华人民共和国未成年人保护法》所赋予的一切权利。学生有自己的人格和精神世界,在教育教学过程中,这些学生都是以独立的个体与教师共同完成教育活动,在人格上与教师处于平等的地位。因此,教师应当主动地保护学生的人格尊严,关心爱护和平等地对待学生;尊重学生的名誉权、肖像权、荣誉权和隐私权;尊重所有学生的人格。同时,教师应该做到禁止体罚、变相体罚学生或其他侮辱人格尊严的行为。

2. 严格要求和民主的师生关系,是一种朋友式的友好互助关系

传统的"师道尊严"的师生关系是一种基于单向传输过程的授受关系,只注重教师的讲,忽视了学生的积极参与,学生处于消极、被动的学习状态,导致师生关系紧张,学生的学习效率低下。真正民主、平等的师生关系,是将尊重、信任与严格要求有机统一起来,师生之间建立起一种朋友式的帮助与信任的关系。因此,教师不仅应该是学生的良师,

还应该成为学生的益友。师生之间要真情互动、教学相长。在教学过程中,学生消除对教师的顾虑和疏远产生亲切感,同时,学生也会因向教师提供知识而产生自豪感和成就感。通过学生对教师的尊敬、依赖和教师对学生的关心爱护,建立良好师生关系的感情基础,逐渐建立一种朋友式的友好互助关系。在这种关系下,师生关系和谐,学生的学习效率不断提高。因此,建立在有利于学生发展意义上的严格要求和民主的师生关系,是一种朋友式的友好互助关系。

### (三) 师生关系在社会道德上是相互促进的关系

#### 1. 师生关系从本质上是一种人—人关系

在今天的教育教学活动中,传统的不平等的师生观念依旧对师生产生着重要的影响,活动中教师权威主义的存在使学生的人格、尊严被忽视,于是产生师生心理上的距离。从社会学的角度来看,师生关系在更深刻的意义上是人与人的关系,是师生之间情感沟通、思想交流和人格碰撞的社会互动关系。

#### 2. 教师对学生的影响不仅仅是知识上、智力上的影响,更是思想上、人格上的影响

教师能够帮助学生在短时间内迅速储备大量知识和发展智力,但教师对学生的影响不只在于此,教师对学生的影响,更重要的是思想上和人格上的影响。对于成长中的儿童和青少年来说,教师对他们具有巨大的潜移默化的影响。这种思想上和人格上的影响并不能简单地靠说教来完成,需要教师用精神的力量进行感染,用道德的力量进行教化。因此,我们常常会说,一位教育工作者的真正威信在于他的人格力量,这种力量会对学生的发展产生终身的影响。同时,学生不仅会对教师的知识水平和能力做出评价,也会对教师的精神风貌和人格做出评价,教师在此基础上获得反馈,从而找出缺点和不足,在以后的教育教学工作中努力做到扬长避短。从这个角度来说,由教师与学生所构成的师生关系在社会道德上是一种相互促进的关系。

## 二、师生关系的基本类型

### (一) 专制型

在这类师生关系中,教师具有很强的教学责任心,但是他们不讲求教学的方式与方法,很少能够听取学生的意愿并与学生进行协作学习,因此,学生相对于教师来说,只是唯师是从,独立性和创造性的发挥受到限制,他们的学习是被动的。专制型的师生关系中,教师与学生的交往一般缺乏情感因素,很难形成互尊互助的良好人际关系。学生有时会因教师的专断粗暴、简单随意而产生反感、憎恶甚至对抗的情绪,往往很容易引起师生关系的紧张。

### (二) 放任型

在这类师生关系中,教师往往缺乏责任心、关心和爱心,对学生的学习和其他方面的

发展任其自然发展、置之不理。学生对教师的教学能力持有怀疑态度,常常会产生失望之感,并且还会议论教师的人格。在这样的师生关系中,班级秩序失控,教学效果较差,容易产生冷漠之感。

### (三)民主型

在这类师生关系中,学生学习的积极性很高,他们兴趣广泛,能够独立思考;教师的教育教学能力很强,能够根据课堂教学进程及时采取适合的教学方法,善于与同学交流,具有较高的威信。在这样的师生关系中,学生和教师配合十分默契。这种默契氛围的形成,不仅来源于教师的民主意识和平等观念,而且还来源于教师较高的业务素质和强大的人格力量。因此,可以说,民主型的师生关系是最理想的学生与教师关系。

## 三、建立良好师生关系的途径与方法

### (一)转变传统的教师角色

长期以来,社会对"传道、授业、解惑"的教师角色要求,已经形成了特定的角色心理和行为定势。随着信息时代的发展和以学生为本教育思想的盛行,教师已不再是真理的唯一拥有者与说教者,他们转变成为学生学习的向导和生活中的朋友。因此,教师必须转变传统的教师角色,树立学生主体的正确学生观,不仅要做学生的良师,更要做学生的益友。

### (二)热爱尊重学生,公平对待学生

热爱学生包括热爱所有学生,对学生充满爱心。这要求教师经常走到学生的中间去倾听学生的心声,而不是动辄对他们进行挖苦、讽刺,粗暴地对待学生。需要注意的是,教师要特别尊重学生的人格,保护学生的自尊心和自信心,维护学生的合法权益,尽量避免师生之间出现对立的状态。同时,教师处理问题和对待学生时,应尽量做到公正无私,不要有所偏爱。

### (三)努力提高自我修养

教师的素质是影响师生关系的核心因素。教师的道德修养、知识素养、能力素养和个性心理品质无不对学生产生深刻的影响。因此,教师必须加强学习和研究,促使自己更加智慧。同时,教师还要培养自己多方面的兴趣和积极向上的人生观,以其高尚的品德、渊博的知识、高超的教学艺术为学生提供优质和高效的服务。

## 本章小结

学生是教师的教育对象,能否正确看待学生决定了教师的教育活动是否有效,现代社会的教师应该树立科学的学生观,认识到学生的发展性和主体性,深入了解学生的权利义务,才能在尊重和维护学生权益的前提下,开展实施教育活动,促进学生健康发展。

师生关系是教育活动中最主要的人际关系,现代社会的师生在教育内容的教学上构成授受关系,在人格上是民主平等的关系,在社会道德上则是相互促进的关系。传统的教师往往被视为高高在上的权威,承担着传道、授业和解惑的功能,现代社会,这种教师形象已经不能满足新时代的需求,作为专业人员,除却传道、授业、解惑者的角色之外,教师还应该成为示范者、管理者、研究者,以及学生的朋友。教师在职业生涯中要不断精研自己的学科专业和教育专业水平,提升自己的职业道德境界,以追求自身专业化水平的提高。

## 思考与练习

1. 你认为现代社会,教师应具备什么样的职业素养?
2. 简述学生的基本权利和义务。
3. 试论述学生和教师关系的内容。

## 参考文献

[1] 全国十二所重点师范大学联合编写.教育学基础(第2版)[M].北京:教育科学出版社,2002.

[2] 王道俊,郭文安.教育学[M].北京:人民教育出版社,2009.

[3] 袁振国.当代教育学[M].北京:教育科学出版社,2010.

[4] 赵伟.教育学(小学卷)[M].兰州:甘肃民族出版社,2008.

[5] 李芒.教育学.小学最新版[M].北京:中国经济出版社,2013.

[6] 李芒.教育学.中学最新版[M].北京:中国经济出版社,2010.

# 第六章　学校德育

> **学习目标**
>
> 1. 理解学校德育的概念、意义、目标和内容。
> 2. 掌握德育过程的概念、结构和规律。
> 3. 掌握学校德育的原则、途径与方法。
> 4. 了解具有代表性的德育模式。

教育的终极目的和价值追求是教人做人，其核心是道德教育。历史上各个时代和各个国家的教育都把德育放在首位。重视德育是我国教育的优良传统，加强德育理论和实践的研究是当代德育改革的迫切要求。

## 第一节　德育概述

### 一、德育的概念

在我国"德"字早在商朝的甲骨文中就已经出现。"德"，在汉代许慎的《说文解字》中解释为"升"，在清代段玉裁的《〈说文解字〉注》中解释"升"为"登"（"登"读作"得"），这里"得"即"德"。朱熹对"德行"的解释是："得之于心，故谓之德"，"施之于身，故谓之行"。"德"指的是人的内在思想、感情及其外在行为表现的善心善行，即合乎道的思想行为。"育"在许慎的《说文解字》中解释为"育，养子使作善也"。育是涵养熏陶品德，是培养人的品德，即培养人的善心善行。在我国古代教育史上，与"德""育"或"德育"意义相同、相近、相似的字词有"教""道""学""教育""教学"等。可见，我国古代"德"的基本含义是指人的合乎道，即符合事物发展规律、社会规范的内在思想、感情和外在行为。"育"的基本含义是指培养人的品德，即培养人的善的内在思想、感情和外在行为。

西方社会于18世纪后半叶形成"德育"这一概念。德国哲学家康德把遵从道德法则、培养自由人的教育称为"道德教育"，简称"德育"。英国教育家斯宾塞在《教育论》一书中，把教育明确划分为"智育""德育""体育"。

该词于20世纪初传入我国。1904年，王国维在译介叔本华教育思想时率先使用了"德育"一词。1912年，蔡元培阐述新教育思想，将"公民道德教育"单列，在其影响下，国民政府颁布了"注重道德教育,以实利主义教育、军国民教育辅之,更以美感教育完成其道德"的教育宗旨,标志着"德育"一词已成为我国教育界通用的术语。

西方的德育仅指道德教育,是与思想教育、法制教育等并列的独立范畴。我国的"德育"起初也仅指"道德教育",后德育概念迅速泛化,我国形成了根深蒂固的"大德育观"。

立足于对德育概念发展历史轨迹和我国德育实践现状的梳理,我们对德育做出以下规定:德育是教育者根据现代社会的要求和受教育者思想品德形成发展的规律,采用有效的途径和方法,发展受教育者思想品德的活动。

## 二、德育的意义

### (一)德育是社会主义现代化建设的重要条件和保证

我国现阶段的根本任务是进行社会主义现代化建设,德育是精神文明建设的重要组成部分。德育通过对人思想的影响,发挥其对社会生活的巨大作用,以便维护、调整、完善一定社会关系、生活方式、政治与经济制度。学校德育是社会主义物质文明和精神文明建设的重要保证,它促进了经济的发展与社会的进步,为巩固安定团结的政治局面和实现社会主义现代化提供了保障。

### (二)德育是青少年健康成长的条件和保证

青少年正处在长身体、学知识和思想道德品质形成的发展时期。他们思想单纯,充满幻想,富于理想,可塑性强,但知识经验少,辨别是非能力差,容易受各种思想道德影响。因此,我们必须通过德育用正确的思想和方法对他们进行引导,以使他们形成良好的思想品德,增强抵制错误思想道德影响的能力,使他们沿着社会主义要求的方向发展,促使他们健康成长。

### (三)德育是实现教育目的的条件和保证

社会主义的教育目的是培养有理想、有道德、有文化、有纪律、全面发展的社会主义事业的建设者和接班人。为了达到这个目的,就必须对学生实施包括德育在内的全面发展的教育。由于德育所具有的"方向盘"和"发动机"的特征,德育工作在全面发展教育中处于主导地位。通过德育促进青少年的品德发展,从而为他们体、智、美、劳等方面的全面发展提供必要的支持和动力,以保证教育目的的实现和教育质量的提高。

## 三、德育目标

### (一)德育目标概念

德育目标是教育目标在受教育者思想品德方面要达到的总体规格要求,即德育活动所预期达到的目的。它是德育工作的出发点和归宿,对德育实践起着根本性的指导作用。

现代德育目标制定的主要依据是:受教育者思想品德形成、发展的规律及心理特征;国家的教育方针和教育目的;民族文化及道德传统;时代与社会发展的需要等。

### (二) 德育目标特征

一是历史性。德育目标属于历史范畴,任何社会的德育目标都反映和体现一定历史阶段的社会要求,没有普遍适用于各个历史时期的德育目标。

二是社会性。德育目标是一种社会意识,任何社会的德育目标都必须反映当时社会发展对人才规格在德育方面的要求,必须考虑为社会发展培养什么品质的人。在阶级社会里,德育目标具有明显的阶级性。

三是价值性。德育目标依据社会需要制定,为社会发展培养其所需要的人才。德育目标对德育工作本身有导向、协调、评价、规范、指导、激励等价值。

## 四、德育内容

### (一) 德育内容的概念

德育内容是指德育活动所要传授的具体道德价值和道德规范的总和。它关系到用什么样的理想信念、道德规范、政治观、世界观、人生观、价值观来教育学生的重大问题。

### (二) 选择德育内容的依据

1. 德育目标

教育目的、德育目标对德育内容起着直接制约作用。德育内容是为达到预期的学校德育目标服务的,学校德育内容必须根据教育目的、学校德育目标的要求来确定。

2. 受教育者的身心发展特征

学校的德育内容应遵循受教育者身心发展规律,使德育内容的深度和广度与学生品德发展的"最近发展区"相吻合,以更好地为青少年所接受。

3. 德育所面对的时代特征和学生思想实际

德育工作要有针对性和有效性。德育工作的针对性,就是指德育的内容要主动适应国内外新形势的要求和社会环境的变化,要根据青少年身心发展的特点和思想品德形成的规律有针对性地确定,有的放矢地开展德育工作。德育工作的有效性是指确定德育内容不能主观化,要依据时代特征和学生思想实际,认真选择,确实有效地推动社会发展和学生思想品德进步。

4. 文化传统

德育内容总是随时代的发展而变化,因不同国家社会性质、发展水平和文化传统而各具特色。美国是一个历史短暂的国家,在 200 多年的时间中,美国逐渐形成了重实用、重创新的传统。受其政治经济文化背景影响,美国学校德育的主要内容是使学生了解美国的政治制度、宪法、公民的基本权利,提倡自由、平等,崇尚个人主义,履行社会责任。

### (三) 我国学校德育内容

根据2005年《教育部关于整体规划大中小学德育体系的意见》，我国学校德育内容主要有以下几个方面。

#### 1. 政治教育

政治教育主要对学生进行爱国主义、社会主义和党的路线、方针、政策教育，使他们确立为建设中国特色的社会主义而奋斗的政治方向。当前政治教育的主要内容有：爱国主义、集体主义、社会主义教育，中华民族优良传统和中国革命传统教育，尊重国旗、国徽，热爱祖国文化的爱祖国教育和基本国情及时事教育，民族团结教育、国防教育等。

#### 2. 思想教育

思想教育主要是对学生进行辩证唯物主义和历史唯物主义的世界观方法论教育、为人民服务的人生观教育、集体主义的价值观教育及"五爱"教育，培养学生具有正确的思想观点。如：民主、科学教育，爱集体、爱家乡教育，热爱学习、立志成才教育，热爱劳动和安全教育、热爱自然和环保教育等。

#### 3. 道德教育

道德教育就是对学生进行社会主义道德原则和道德规范教育，培养他们具有正确的道德认识、高尚的道德情感、坚强的道德意志和良好的道德行为习惯。属于道德教育的内容有：孝亲敬长教育，做人做事基本道理和文明行为习惯养成教育，社会生活基本常识和社会公德教育。

#### 4. 民主法纪教育

民主法纪教育就是对学生进行社会主义法制和纪律教育，使他们懂得社会主义民主和法治的基本内容，自觉行使与维护自己的民主权利，具有法律观念和遵纪守法的品质。

#### 5. 心理健康教育

心理健康教育是指通过对学生进行心理健康知识的教育和训练，培养学生良好的心理素质，预防心理障碍和心理疾病的发生，促进学生身心全面和谐发展。心理健康教育的内容主要分三个方面，即学习辅导、生活辅导和择业辅导。随着社会的发展、心理问题的增多，人们对心理健康教育越来越重视。

德育的五项内容各有自己的特定内涵，但又互相联系，互相渗透，互为条件，互相制约，构成了德育统一体。其中思想教育是灵魂，政治教育是方向，道德教育是核心，民主法纪教育是保障，心理健康教育是基础。

## 第二节 德育过程

德育过程是德育原理的基本理论，它是对德育本质与规律的进一步认识与理解，是制定德育原则、组织德育活动、选择德育方法的基本依据。

## 一、德育过程的概念

个人的道德成长是一个过程,学校德育也是一个过程。所谓德育过程是在德育目标指导下,学校教育者和受教育者双方借助于经过选择的德育内容和方法,进行施教传道和受教修养的统一活动过程,是促使受教育者将德育内容内化为个体的思想品德素质结构并使之发生教育者所期望的整体性变化的过程,是个体社会化与社会规范个体化的统一过程。

德育过程与个体思想品德形成过程既相互联系又相互区别。从联系来看,德育过程只有遵循个体的思想品德形成发展规律,才能有效地促进个体的思想品德形成发展,而个体思想品德的形成发展也离不开德育因素的影响。从区别来看,德育过程是一种教育活动过程,是教育者和受教育者双方统一活动的过程,是有目的地培养和发展受教育者良好品德的过程;而品德的形成过程属于人的发展过程,是指个体品德的知、情、意、行从简单到复杂、从低级到高级、从量变到质变的矛盾运动过程,影响这一过程实现的因素包括生理的、社会的、实践的等多方面,德育仅是社会因素中的一种因素。二者属于教育与发展的关系。

## 二、德育过程的结构

德育过程的结构是德育过程各个组成部分或构成要素相互联系、作用的方式。德育过程通常由教育者及其活动、受教育者及其活动、德育影响三要素构成,三个因素在德育过程中有着自己独特的功能,彼此影响,互相联系,共同作用于德育过程。

教育者是德育过程的组织者、领导者,是一定社会德育要求和思想道德的体现者,在德育过程中起主导作用。教育者包括个体教育者和群体教育者。教育者必须根据社会发展的具体要求,依据受教育者思想品德发展的实际水平和客观规律来引导、促进受教育者思想品德的形成与发展。

受教育者包括受教育者个体和群体,他们都是德育的对象。在德育过程中,受教育者既是德育的客体,又是德育的主体。当他们作为德育对象时,是德育的客体;当他们接受德育影响、进行自我品德教育和对其他德育对象产生影响时,成为德育主体。因此,只有调动受教育者的主动性和自觉性,发挥其接受德育影响和进行自我教育的主体作用,才能使德育过程达到预期的效果。

教育者对受教育者施加影响,必须借助一定的德育影响才能实现。德育影响可以分为两个方面:从内容上说,德育内容是德育活动的载体,是教育者和受教育者互动的中介;从形式上说,德育方法与手段以及德育组织形式,是实现德育目的所采用的具体方式。

### 三、德育过程的规律

#### （一）德育过程是促进受教育者的知、情、意、行诸因素统一协调发展的过程

德育过程是培养受教育者思想品德的过程，知、情、意、行是构成思想品德的四个基本要素。知，即道德认识，是人们对社会思想准则、社会道德规范及其意义的理解和掌握，以及在此基础上形成的思想观念以及对是非、善恶、美丑的认识、判断、评价和辨识能力。品德的发展总是以一定的道德认识为必要条件，道德认识水平的提高，可以调节人的行为，加深情感体验，增强意志和信念。情，即道德情感，是指人们根据一定的道德标准，去评价自己和别人的行为时所产生的一种内心体验和态度。道德情感是一种巨大力量，当人们的道德认识与相应的道德情感发生共鸣时，便形成道德信念，信念是行为的强大动力。正确的道德情感可以成为思想品德发展的动力，错误的道德情感则相反。意，即道德意志，是指人们在实现一定的道德行为过程中，克服一切内外的阻力和困难所做出的自觉顽强的努力。它常常表现为战胜来自主客观的各种干扰和障碍，按照既定的目标把思想品德行为坚持到底。行，即道德行为，是人们按照一定道德规范，对他人和社会做出的反应和采取的行为。道德行为是衡量一个人道德修养水平的重要标志，也是德育的最终目的。道德行为受道德认识、情感和意志的支配、调节，同时又影响道德认识、情感和意志。

品德的各构成要素具有统一性和整体性，彼此关联，不可或缺。道德认知是基础，道德行为是关键。在德育过程中，只有注重知、情、意、行等方面的全面培养，协调发展，才能增强德育的有效性。

#### （二）德育过程是受教育者在活动和交往中形成思想品德的过程

受教育者的品德是社会道德规范的反映。作为一种思想体系和意识形态的社会道德规范，它只能在人与人的交往中，在人接触这种思想体系和意识形态的某种物化形式的活动中，形成或改变一定的品德或品德结构体系。从思想品德产生的根源上说，活动和交往是学生思想品德形成的基础。不仅如此，学生的思想品德也只有在活动和交往中才能表现出来受到检验。看一个人的某种品德是否真正形成，不仅要看其内在的思想情感和动机，而且要看其实际行为表现。检验、评价一个人品德的发展程度及其优劣的真正标准，主要也是看其在社会活动和交往中的行为表现。

活动和交往的性质、内容、方式不同，对个体的思想品德影响的性质和作用也不同。教育性的活动与交往是有目的地依据思想品德形成发展规律设计和组织实施的，因而具有加速个体品德发展的作用。学生活动与交往的形式是多种多样的，教育者应当有目的、有计划地组织学生的活动和交往，充分发挥各种活动与交往的德育作用，促进受教育

者品德的健康发展。尤其应该重视学习活动的组织,使学习活动体现道德规范的各种要求,成为德育活动重要而有效的途径。

### (三) 德育过程是促进受教育者思想品德矛盾积极转化的过程

受教育者思想品德的形成和发展离不开外部德育的影响,外部德育影响只有通过主体内部的思想矛盾才能起作用,心理内部矛盾是品德发展的动力。

德育影响反映到受教育者的主观世界,便与其原有的品德状况或结构形成矛盾关系。由于每个受教育者都有自己独特的内部品德环境或品德结构,他们常常按照自己的态度来对外在教育影响做出肯定的、否定的或中立的评价和筛选,形成自己特有的品德内部矛盾,并以"自己的方式"解决这些矛盾,从而引起品德结构的某种变化,或形成新的品德结构,或对原有品德结构作某些调整,或使原有品德结构更加巩固和完善。学生品德正是在不断产生和不断解决其主体品德内部矛盾斗争中形成发展的。

德育过程中,教育者要注意从多方面激发和促进学生思想内部的矛盾冲突,发挥受教育者的主动性和积极性,使教育和学生的自我教育结合起来,促进受教育者的品德发展和完善。

### (四) 德育过程是一个长期的反复的逐步提高的过程

个体道德品质的完善贯穿于人整个生命历程。品德发展是一个长期的从量变到质变的过程,是螺旋式上升的过程。道德教育的一大特点就是其复杂性和反复性,德育过程是一个长期的、反复的、逐步提高的过程。

无论新品质的形成还是不良品质的矫正,都需要一个长期反复的过程。一种新品质的形成实质上是形成一种相应的稳定的心理特征,这必须经过长期的、反复的教育和培养。一个人只有当不止一次地反复完成某一品德行为,并根据经验和实践,确信他的这一行为是正确的,以致这种行为已成为他稳固的个性特征时,才能称他已经形成了这方面的道德品质。至于改造不良品德,更必须经过长期的、艰巨的、反复的过程,不能期望"立竿见影""毕其功于一役"的奇迹,必须持之以恒,循序渐进,才能收到良好的效果。

同时,学生思想品德的发展受到家庭、学校、社会等多种因素的共同影响,这些影响是非常复杂的,有正面的,也有负面的。青少年学生思想品德还不稳定,容易出现反复。因此,只有经过长期的、反复不断的提高、培养和教育,才能促使学生思想品德的形成和发展。

## 第三节 德育原则、德育途径与方法

### 一、德育原则

德育原则是根据教育目的、德育目标和德育客观规律提出的指导德育工作的基本要求。它指导着德育工作的各个方面及整个进程。经过几十年的探索与实践,我国学校德育原则体系已基本确立。

### (一) 导向性原则

德育的导向性原则,是指德育要坚持一定的理想性和方向性,要求教育者坚定不移地引导学生向正确的方向发展。这一原则是教育受社会政治经济发展制约、为社会发展服务这一规律的反映,是由我国社会主义教育的性质和任务决定的。坚持导向性原则要做到以下两点。

1. 坚定正确的政治方向,引导学生把树立中国特色社会主义理想信念和正确的世界观、人生观、价值观结合起来。

2. 坚持以人为本,引导学生把理想与现实结合起来,把养成高尚的思想品质、道德情操与日常生活结合起来,做一个方向正确、言行一致的人。

### (二) 从学生实际出发原则

从学生实际出发原则是指在德育工作中要根据学生的年龄特征、个性差异和思想状况,提出不同程度和层次的教育要求,选择恰当的教育内容和方法,有的放矢,因材施教。这一原则是根据青少年儿童生理、心理发展规律,以及品德形成规律提出的。贯彻这一原则的基本要求有以下两点。

1. 客观、全面、深入地了解和研究学生。了解和研究学生时,要按照学生本来的面貌看待他们,不能带有主观偏见;要坚持发展的观点,既要看到学生的过去,又要看到现在和未来;要全面地了解学生,德、智、体、美、劳缺一不可,每一方面也要看到矛盾的两个方面,切忌偏激。

2. 教育既要考虑学生的年龄特征,又要掌握其个性差异。各年龄阶段学生的道德认识、道德情感、道德意志、道德行为的特点各不相同,德育的要求、内容、形式、方法等也应各具特色。教师要针对学生个性特点,选择最恰当的内容,运用最合适的方法,使之发展到可能达到的最好境界。

### (三) 知行统一原则

知行统一原则是指在德育过程中,既要重视对学生进行系统的思想政治观念和道德准则的教育,提高其道德认识水平,又要重视对学生进行道德行为的实际锻炼,把提高道德认识与培养道德行为习惯结合起来,做到言行一致、表里如一。这一原则是根据思想品德在活动和交往中形成这一规律提出的。贯彻这一原则的基本要求有以下几点。

1. 注重提高学生的道德认识。从实际出发,结合学生学习、生活和思想的实际状况,对学生进行系统的社会主义理论和道德规范教育,从根本上提高他们的思想认识水平。

2. 强调养成良好的道德行为。为学生创设实际锻炼的机会,组织学生参加各种实践活动,引导他们去分析、评价、解决实践中的思想道德问题,增加情感体验,磨炼道德意志,形成良好的道德行为习惯。

3. 全面评价学生的行为。既要看行动,又要看动机,既要看认识,又要看实践。这样才能使学生养成知行统一、言行一致、表里如一的品质。

4. 教师必须以身作则,言传身教。言传重于身教,只有教师自己首先做到言行一致、表里如一,才能增强教育的权威性、感召力和说服力,使学生"不令而行"。

### (四) 集体教育与个别教育相结合原则

集体教育与个别教育相结合原则是指教师要教育集体、培养集体,通过集体的活动、舆论、优良风气和传统教育个人,又要通过教育个人影响集体的形成和发展,把教育集体和教育个人辩证地统一起来。这一原则是由社会主义教育的性质和目的决定的。贯彻这一原则的基本要求有以下两点。

1. 必须教育和培养好集体,充分发挥学生集体的教育作用。集体既是教育的对象,又是教育的力量。集体一旦形成,它就成为一种巨大的教育力量。

2. 要加强个别教育,把集体教育和个别教育结合起来。教师在重视集体教育的同时,要针对学生的特征,进行个别教育,使学生个性在集体中得到发展,并通过对学生个人的教育推动集体前进。

### (五) 正面教育与纪律约束相结合原则

正面教育与纪律约束相结合原则是指在德育过程中,必须坚持进行正面引导,以说服教育为主,又要有强制性的纪律约束,督促其严格执行。二者相辅相成,缺一不可。这一原则是由社会主义教育的性质、任务和内容决定的,也是由德育过程中内外因辩证关系所决定的。贯彻这一原则的基本要求有以下三点。

1. 要正面说理,疏通引导,启发自觉。通过摆事实、讲道理,提高学生思想认识,教给他们正确的思想观点和方法,杜绝不良行为。对犯错误的学生应根据实际情况,给予必要的批评和处分,同时要坚持说服教育,启发他们认识错误,改正错误。

2. 要树立先进典型,用正面榜样引导学生,注意培养后进生转变的典型。单纯的说理往往缺乏可信性和感染力,通过榜样形象辅助说理教育,能够激发学生的上进心和积极性,收到事半功倍的教育效果。

3. 要建立必要的规章制度。正面教育与规章制度的约束是相辅相成的,没有必要的规章制度,学生行为就无章可循,正面教育就不能落实到行动中去,必须把正面教育与建立规章制度结合起来。

### (六) 依靠积极因素克服消极因素原则

依靠积极因素克服消极因素原则是指在德育过程中要一分为二地看待学生,依靠和发扬其积极因素,克服和转化其消极因素,因势利导,长善救失。这一原则是学生通过内部思想矛盾斗争和转化来形成思想品德这一客观规律的反映,是社会主义教育目的的要求。贯彻这一原则的基本要求有以下三点。

1. 坚持用"一分为二"的观点看待学生。既要看到他们身上的消极因素,更要善于发现他们身上的积极因素,激发其上进心。

2. 要根据学生特点,因势利导,化消极因素为积极因素。教师要积极组织开展各种健康有益的活动,使学生在活动中得到发展,受到教育,促进他们向积极方面转化。

3. 要使学生正确认识自我,自觉开展思想斗争,发扬优点,克服缺点。教师要善于帮助学生全面客观地认识自己身上的优缺点,促进其思想矛盾斗争的开展,使他们不断进步。

### (七)尊重信任与严格要求相结合原则

尊重信任与严格要求相结合原则是指在德育过程中,教师既要尊重、信任、关怀、爱护学生,又要对学生的思想和行动提出严格的要求。这一原则符合学生思想品德形成的规律。贯彻这一原则的基本要求有以下三点。

1. 尊重信任学生,激发和维护学生的自尊心和上进心。教师要关心、爱护每一个学生,教师的每句话、每个教育要求和措施,都要有利于激起学生的自尊心和积极情绪,唤起他们的荣誉感和责任感。

2. 做到宽严适度,严而有格。对学生提出的要求要正确合理、明确具体。教师提出要求之前要慎重考虑,要求一经提出,就要贯彻到底,不能半途而废。

3. 形成尊师爱生的师生关系。教师要严于律己,宽以待人,增强教育要求的严格性、坚决性和权威性的同时,也要教育学生尊重教师,使学生心悦诚服地接受教师的影响。

### (八)教育影响的一致性和连贯性原则

教育影响的一致性和连贯性原则是指在德育过程中应有目的、有计划地对各方面的教育影响加以组织和调节,使其相互配合,协调一致,前后连贯,有序进行,以使学生思想品德健康发展。这一原则是由教育影响的多样性和学生思想品德形成的长期性决定的。贯彻这一原则的基本要求有以下三点。

1. 学校内的教育影响要一致。要统一校内各方面教育力量,使全体教职员工和各种学生组织,按照统一的培养目标、德育要求,分工协作,共同对学生进行教育。

2. 学校和家庭、社会的教育影响要一致。学校要充分发挥专门教育机构的主导作用,密切联系家庭、社会,统一协调对学生的影响。

3. 要把经常教育与集中教育结合起来。经常教育是集中教育的基础,集中教育是经常教育的必要补充和继续。集中教育之后,又必须转成经常教育,巩固其教育成果。集中教育的进行要目的明确,要求统一,检查总结及时。经常教育要制度化,使其渗透到各种教学中,贯彻到学校工作的各个环节中。

## 二、德育途径

德育途径是实施德育的具体组织形式,是实现学校德育目标、落实德育内容的途径。我国学校德育的主要途径有:道德课程、渗透在学科教学中的德育影响、校内外组织与活动的德育影响等。

### (一) 道德课程

古典人文学科中蕴涵着丰富的道德内容,通过这类学科的教学自然地渗透道德教育,可谓是学校教育的传统。然而,随着自然科学知识大量涌入学校,学科教学逐渐与德育疏远,仿佛成了专门实施智育的途径。开设专门的道德课系统地向学生传授道德知识和道德理论的德育新途径出现了,杜威把这条途径称做"直接的道德教学"。我国自20世纪初开始设置道德课,中间历经多次变化,逐步形成了我国中小学现行的"品德与生活""品德与社会""思想政治课""思想品德课"的格局。

设立单独的道德课程,进行直接的道德教学,不仅使学校德育的实施在课程和时间上得到最低限度的保证,而且可以系统地向学生传授道德知识和道德理论,提高学生的道德认识。只要教法得当,道德课完全可以成为促进学生道德思维能力和道德敏感性的发展的主要途径。

然而,设立单独的道德课,把道德教育与学科教学相提并论,实际上贬低了学校德育的价值和地位。在一切以考试为终极追求的学校里,道德课变成了关于道德知识的教学,受教育者把道德理论、规范、准则作为知识来掌握,学生获得的是关于道德的知识,而非美德。学生在道德课上获得的道德知识与其在实践中的行为基本不相关,直接道德教学的作用是相当有限的。大量的事实表明,仅仅依靠直接的道德教学不足以实现学校的德育目的,而应与更加经常性的、范围更加广泛的其他各科教学结合起来进行。

### (二) 渗透在学科教学中的道德影响

我国正式颁布的《小学德育大纲》强调:"各科教学是向学生进行思想品德教育最经常的途径。"教师不能通过口授或训练的方式直接帮助学生获得某种态度和价值观,而只能通过知识与技能的教学间接地影响学生的态度或价值取向,即通过各门学科的知识教学对学生进行道德渗透。美国当代教育家里考纳认为,各科教学对道德教育来说是一个"沉睡的巨人",潜力极大。教学工作是学校的主要工作,占用各种资源最多,各科教学是学校德育中最经常、最有效的途径。

各科课程中都包含着丰富的德育内容,要充分利用和挖掘不同学科在内容和材料本身所蕴涵的道德教育资源,结合不同学科内容的特点对学生进行道德上的渗透。教学方法、教学组织形式也具有德育意义,如课堂教学有利于培养学生的集体主义思想、团结友爱、遵守纪律等品质。

### （三）校内外组织及活动的道德影响

学生思想品德是在社会活动和相互交往中形成的。校内外有计划地建立的各类组织及其开展的活动是学校德育的重要途径，主要包括共青团、少先队和学生会及其活动、会议及时事政策学习、课外校外活动、社会实践活动等。

共青团、少先队和学生会是学校中学生的集体组织，它们组织开展的活动是学生进行自我教育的最好形式。学校应加强对这些组织的领导，保证它们的活动时间，尽可能提供必要的条件，支持并指导它们根据学校德育计划，独立开展多种形式的适合于青少年的活动。在活动中应注意发挥它们独立自主的精神和自我教育的特殊作用，使这些组织成为学校实施德育的有力助手。

会议及时事政策学习是对学生进行思想教育的重要形式。校会以全校学生为对象召开，班会以班为单位召开，周会每周一次，时事政策学习不定期举行，主要用来对学生进行思想品质教育和时事政策教育。

课外校外活动是指在学校教育计划之外，由学校或校外教育机关领导和组织的多种多样的教育、培训、训练活动。课外校外活动是学生根据自己的兴趣爱好自愿参加的活动，活动内容不受教育大纲限制，形式灵活多样，对学生具有较强的吸引力，有利于调动学生的主动性和积极性，使学生在自愿、积极、主动的参与中，受到教育与锻炼。

社会实践活动也是学校德育的有效途径。学生参加社会实践活动，可以了解我国国情和发展现状，加深对中华民族和中华文化的感情，体验劳动成果的来之不易，养成艰苦朴素的品德，树立改造社会的责任感，提高思想道德水平，加速其社会化进程。

## 三、德育方法

德育方法是师生在德育过程中为实现一定的德育目标而灵活采用的、具有一定内在关联的活动方式与手段的组合。我国教育工作者在进行德育时常用的基本方法有以下五类。

### （一）语言说理法

语言说理法是主要运用语言向学生说理传道，以提高学生的道德认识和道德思维能力的方法。主要包括讲解与报告、谈话与讨论、指导阅读等。

1. 讲解与报告。讲解适用于阐明某一理论观点，解释某些道德规范、制度规定和行为要求等，报告适用于解决学生思想中带有普遍性的问题。采用这种方式必须做到：目的明确、观点鲜明、论证充分、生动有趣、通俗易懂、贴近实际。

2. 谈话与讨论。这是通过师生、生生间对话或思想交流进行说服教育的方式。讨论主要在学生中间进行,可以使学生澄清认识,增进了解,加深友谊。运用谈话和讨论方法时,教师要充分准备,正确引导,围绕中心问题进行;要善于启发,引导学生思考,教会他们观察、分析、思考问题的方法;要态度诚恳,平等待人,不能把自己的结论强加于学生。

3. 指导阅读。是教师通过有目的地指导学生阅读书籍、报刊、杂志和文件、材料等对学生进行说服教育的方式。这种方式常与讲解、报告、谈话、讨论等方式相结合,可以弥补口头说理的不足。

### (二) 形象感染法

主要通过事实、典型人物、情境等直观形象向学生进行说理、引导和感化,以使学生获得直接的道德体验,形成正确的品德认识和健康的品德情感的德育方法。

1. 参观访问。通过组织引导学生接触社会现实提高学生思想认识的方式,如参观各种革命遗迹、现代化工厂,访问老革命、老英雄等。访问要目的明确,事先做好准备;被参观访问的对象要有代表性,真实可信,适合学生的年龄特点和需要;参观访问结束后要及时总结心得体会,巩固教育成果。

2. 榜样示范法。榜样示范法是通过典型示范,以他人的优良品德和模范行为来影响学生品德生成的教育方法。榜样的种类很多,对学生影响较大的有:革命领袖和英雄模范人物、家长和教师、优秀学生。运用榜样示范法时应注意:树立的榜样应当是多类型的、多层次的,应具有时代感、真实性和可接受性。要注意激发学生学习榜样的动机,使他们产生达到榜样境界的愿望,并在行动中巩固和深化对榜样的理解和感情。

3. 情感陶冶法。情感陶冶法是教师自觉地利用一定的教育情境及自身的教育因素,激发学生情感,潜移默化地培养和提高学生思想品德的方法。这种方法侧重于学生道德情感的培养,通过有意识地创设教育情境,使学生置身于有教育意义的氛围,耳濡目染,在不知不觉中接受影响,逐渐达到陶情冶性的目的。运用情感陶冶法应注意:教师要做好陶冶因素的选择、组合和重建工作;要引导学生参与教育情境的创设,学生不是被动的受教育者,而是德育活动的主动参与者,学生与教育情境的交互作用是陶冶力量的基础;要把陶冶教育与说服教育结合起来,帮助学生理解情境的价值与意义,自觉地吸收其有益影响,并与自我品德修养实践结合起来。

### (三) 实际锻炼法

实际锻炼法是教师有目的、有计划地组织学生参加实践活动,使其受到实际锻炼,培养优良品德和行为习惯的方法。这种方法侧重于意志锻炼和行为练习。实际锻炼法的方式可分为以下两种。

1. 常规训练法。教师指导学生按照学校的规章制度在日常学习、生活中进行经常性的行为练习,以形成良好的道德行为习惯的方法。常规训练的内容和方式主要包括学生守则、课堂常规、卫生常规、礼貌常规等。

2. 活动锻炼法。通过让学生参加各种实际活动,在活动中培养优良品德和行为习惯的方法。学习活动是学生最主要、最经常的锻炼方式,通过学习活动可以培养学生的责任感、创造精神、不怕困难的拼搏精神、实事求是的科学精神等,使他们形成遵守纪律、尊敬师长、团结同学的良好品德。

实际锻炼法在运用时应注意:要与说服教育等其他方法结合起来,使学生充分认识实际锻炼的意义,启发他们自觉实践的要求和动机;要为学生提供更多的实践形式和锻炼机会,创造良好的实践条件;实际锻炼要反复进行,持之以恒,从点滴小事做起,注意通过日常的学习、生活进行锻炼;在实践过程中要严格要求,及时督促检查并通过表扬或批评,使学生增强实践的信心和决心。

### (四) 品德评价法

品德评价法是通过对学生的道德言行进行评价以促进其品德成长的方法。正确的品德评价可以激发学生的上进心,促进良好品德的形成和深化,抑制不良品德的蔓延和滋生。品德评价有助于学生自我道德形象的确立,使他们有可能比较合乎实际地确立自我发展的目标和要求;还有利于及时将学生品德情况传递给家长,促进学校、家庭的相互配合,共同做好教育工作。

品德评价法有如下三种方式。

1. 表扬与奖励。即对学生好的思想行为给予肯定的评价。表扬和奖励常用的有口头表扬、授予称号、颁发奖状奖品等。

2. 批评和惩罚。即对学生的不良思想和行为予以否定的评价。一般可分为警告、记过、留校察看、开除学籍等。学校惩罚的目的在于教育,一般不采取经济制裁手段。

3. 操行评定。即对一定时期内学生思想品德所作的比较全面的评价,包括肯定的评价和否定的评价两方面。操行评定一般一个学期一次,并写成书面的操行评语,这是了解学生优缺点,对学生因材施教的重要依据之一。

运用品德评价法教育学生要做到:评价要有明确目的,无论采取哪种方法评价学生,都是为了促进学生进步。评价要客观公正,教师要实事求是,一视同仁,以全面发展观点看待学生,使奖励恰如其分,惩罚合理有效,操行评定切合实际,做到既能解决问题,又能感化教育学生。评价要抓住时机,适时评价,才能收到良好效果。

### (五) 自我教育法

自我教育法指在教师的启发影响下,学生主动向自己提出目标,充分发挥自身的能动性,进行自觉的思想提高和行为转化的方法。青少年学生自我意识已经形成,有了自我教育的愿望和能力,自我教育是学生个体在道德上的努力,是道德行为主体在其思想品德发展中自觉能动性的表现。教师可从以下几方面加强指导。

1. 激发学生自我教育的愿望与动机。帮助学生认识社会、家庭、学校对自己提出的思想品德要求,确信通过自己努力可以达到要求,并使学生充分认识到自我教育的重要性,从而产生自我教育的愿望与动机。

2. 培养学生自我教育的能力。主要包括自我认识能力、自我评价能力、自我激励能力、自我控制能力、自我行为能力等。

3. 帮助学生掌握自我教育的方法。为了使学生自我教育的愿望能付诸行动,并收到理想效果,教师必须帮助学生学习和掌握正确的方法。

4. 拟定和执行自我教育计划。教师应指导学生在自我认识与评价的基础上进行自我规划,拟定可行的计划,并帮助监督执行,不断增强学生自我教育的信心和决心。

## 第四节 德育模式

所谓德育模式是指包括一定观点和理论,一系列原则、策略方法和途径的德育实施体系。当代最具影响的德育模式有认知性道德发展模式、社会学习德育模式、价值澄清模式、体谅关心模式等,它们在提高学生道德认识、陶冶学生道德情操、培养学生道德行为习惯上各具特色,为在价值多元社会里进行学校德育提供了极有价值的思路。

### 一、认知性道德发展模式

认知性道德发展模式最初由瑞士学者皮亚杰提出后,经美国学者柯尔伯格的继承和发展,成为西方最具影响力的道德发展模式。皮亚杰侧重于对道德认知发展阶段的理论研究,柯尔伯格则致力于从实践上提出一种可供操作的道德教育模式。认知性道德发展模式的基本德育观包括如下内容。

#### (一)了解学生所处的道德认知发展阶段,使其道德向更高级阶段发展

儿童的道德发展是有阶段性的,道德教育应注意了解儿童所处的发展阶段,循序渐进地促进其道德发展,不能超越儿童的发展水平对其进行居高临下的说教,同时注意向学生展示比其思维发展水平高一个阶段的方法,以促进学生道德水平的发展。

#### (二)用"道德两难法"引发学生的道德认知冲突

"道德两难法"又称"道德两难故事法",是旨在引导学生就典型的道德两难问题进行讨论,以诱发其认知冲突,促进其积极的道德思维和道德判断发展的教育方法。"道德两难法"对于促进儿童道德判断力的发展,提高其道德认识,培养其在道德问题上的行为抉择能力都具有重要意义。

### (三) 发挥道德生活情境和社会环境对儿童道德发展的积极影响

儿童的道德发展是不断教育和学习的结果。学校、家庭和社会要创造良好的道德生活情境，广泛开展各种道德教育活动，以促进儿童的道德发展。道德教育不能采用强迫、灌输的方式进行，要充分调动学生的道德自主性，使其在个体内部状态与外界环境的交互作用中提高道德判断力，丰富道德见解。

### (四) 不能用权威影响向儿童灌输道德观念

柯尔伯格坚信，儿童不能理解高于其所处阶段两个阶段的道德推理，在道德教育中不能将道德原则直接教给儿童。儿童的道德思维是从他内心产生，按一定顺序、分阶段渐进发展的，直接的道德原则教授没有明显的教育意义。教育者应着重激发其内在的发展，不能用权威的影响向儿童灌输道德观念。

在认知性道德发展模式实施中，道德两难(moral dilemma)问题的设计运用是关键。所谓道德两难，指的是同时涉及两种道德规范且两者不可兼顾的情境或问题。

---

**案例 6-1**

**"海因兹两难问题"**

欧洲有个妇女身患了癌症，生命垂危。医生认为，有一种药也许救得了她。这种药是本城一名药剂师最近发现的一种镭剂。该药造价昂贵，药剂师还以10倍于成本的价格出售。他花200美元买镭，而一小剂药却索价2000美元。这位身患绝症的妇女的丈夫名叫海因兹，他向每个相识的人借钱，但他只能筹到大约1000美元，只是药价的一半。海因兹告诉药剂师他的妻子快要死了，并且请求药剂师便宜一点把药卖给他，或者允许他以后再付钱。可是，这位药剂师说："不行，我发明这种药，我要靠它来赚钱。"海因兹绝望了，趁店主不注意为妻子偷了药。海因兹该不该偷药？为什么？

---

"不许偷盗"和"救人性命"均为生活中应当遵守的道德规范，但在"海因兹两难"中这两条规范发生了不可避免的冲突。海因兹不得不在两者之间做出抉择，遵守"不许偷盗"的规则就意味着违背生命的原则，重视生命原则就意味着偷盗。任何行为决断都会违背其中的一条道德规范，所以叫做"道德两难"。

柯尔伯格认为儿童的道德判断处于不断发展中，可分为三种水平和六个阶段(如表6-1)，这三种水平和六个阶段按照不变的顺序由低到高逐步展开，更高层次和阶段的道德推理能兼容更低层次和阶段的道德推理，反之，则不能。

知识卡片 6-1

表 6-1 道德判断发展的阶段

| 水平 | 阶段 | 道德推理的特点 | 关于"海因兹两难"的道德推理 | |
|---|---|---|---|---|
| | | | 不该偷的理由 | 该偷的理由 |
| 前习俗水平 | 1 | 以惩罚和服从为定向 | 偷东西会被警察抓起来,受到惩罚。 | 他事先请求过,又不是偷大东西,他不会受重罚。 |
| | 2 | 以工具理性的相对主义为定向 | 要是妻子一直对他不好,海因兹就没有必要自寻烦恼,冒险偷药。 | 要是妻子一向对他好,海因兹就该关心妻子,为救她的命去偷药。 |
| 习俗水平 | 3 | 以人与人之间和谐一致或"好男孩/好女孩"为定向 | 做贼会使自己的家庭名声扫地,给自己的家人(包括妻子)带来烦恼和耻辱。 | 不管妻子过去对他好不好,他都得对妻子负责,为救妻子去偷药,只不过做了丈夫该做的事。 |
| | 4 | 以法律与秩序为定向 | 采取非常措施救妻子的命合情合理,但偷别人的东西犯法。 | 偷东西是不对,可不这么做的话,海因兹就没有尽到做丈夫的义务。 |
| 后习俗水平 | 5 | 以法定的社会契约为定向 | 丈夫没有偷药救妻子的义务,这不是正常的夫妻关系契约中的组成部分。海因兹已经为救妻子的命尽了全力,无论如何都不该采取偷的手段解决问题。但他还是去偷药了,这是一种超出职责之外的好行为。 | 法律禁止人偷窃,却没有考虑到为救人性命而偷东西这种情况。海因兹不得不偷药救命,如果有什么不对的话,需要改正的是现行的法律。稀有药品应当按照公平原则加以调控。 |
| | 6 | 以普通的道德原则为定向 | 海因兹设法救自己妻子的性命无可非议,但他没有考虑所有人的生命的价值,别人也可能急需这种药。他这么做,对别人是不公平的。 | 为救人性命去偷是值得的,对于任何一个有道德理性的人来说,人的生命最可宝贵,生命的价值提供了唯一可能的无条件的道德义务的源泉。 |

认知性道德发展模式是一种重视理性思维的德育模式,是一种从基础理论到开发应用的研究模式。它在跨文化基础上提出的道德认知发展阶段理论,具有一定的普遍意义和合理因素。尤其是柯尔伯格的"道德两难法"在道德教育中的积极意义,已得到广泛的认可。但该理论过分注重道德发展的认知层面,忽视了情感和行为层面;研究中的实例代表的范围不广且全为男性,科学根据不周全;其道德认知发展阶段的不可逆性也令人质疑。

## 二、社会学习德育模式

社会学习德育模式是当代西方较有影响的德育思想流派之一。主要代表人物有班杜拉、米切尔、希尔斯、沃尔特斯等人。该理论强调个体与环境的交互作用、观察学习、模仿等对道德教育的重要作用。社会学习德育模式的基本德育观：

（一）强调观察学习对道德教育的积极作用

所谓观察学习是指学习者通过观察他人的行为或行为的结果而发生的学习，又称替代性学习。儿童不仅通过观察而习得行为，而且还可以在替代的基础上通过条件反射而习得情感反应。人的知识经验、思想观点、社会态度和道德品质都可以通过观察学习而获得。

（二）注意道德教育中的榜样示范

该学派认为榜样示范是学校德育的重要手段和途径。个体道德行为的学习，既可以借助学习者对有关刺激进行直接反应而实现，又可以借助榜样为结合中介而实现。通过榜样示范而获得的模仿学习，对个体的道德行为的形成具有更为重要的意义。

（三）强调个体的自我调节在道德教育中的作用

社会学习理论特别强调培养学生的自我评价能力、建立认知调节机制和动机激发对道德教育的作用。主张学校德育应将环境的示范与个体的发展和认知调节机制的互动结合起来，以使学生的品德实现由榜样示范向儿童心理的内化。后者是人们对自己能否进行某一行为的实际能力的推测或判断，称之为自我效能感，对品德形成起着重要的作用。

（四）强调道德教育中个人与环境的交互作用

与行为主义的环境决定论不同，社会学习理论认为，行为既受环境的影响，同时人的行为也会改变环境。行为是一种个人与环境交互作用的结果，内在与外在影响的交互作用促进道德发展，应当重视研究儿童道德行为形成的社会因素，尤其注意发挥成人榜样与社会环境对儿童学习特定道德行为的影响。

社会学习德育模式提出了许多有价值的观点，如"观察学习""榜样示范"等，在一定程度上揭示了道德学习的本质特点，具有很多合理因素。特别是该理论研究者进行的诸如"攻击性行为学习研究""儿童道德判断实验研究""抗诱惑实验研究"等典型专题实验，比较科学地解释了儿童品德形成的复杂原因，强调道德由内化到外化，对学校德育具有重要启示作用。然而该理论也存在一些不足，如夸大环境和榜样的作用，认为通过模仿学习可以导致道德的行为和发生。

## 三、价值澄清模式

价值澄清模式产生于20世纪60年代的美国，是当代西方极富影响的道德教育模式。其代表人物主要有路易·拉斯思、梅里尔·哈明、悉尼·西蒙和霍华德·柯尔申鲍姆等。价值澄清模式基本德育观有以下几点。

### （一）道德教育以帮助学生澄清混乱的价值观为要旨

该学派认为，学校德育的基本出发点是通过评价过程来促进学生形成一致的价值观，帮助学生澄清价值观的混乱。每个人都有自己的价值观，按自己的价值观行事。教育者应当创造机会，帮助他们澄清混乱的价值观。

### （二）引导学生学会对日常生活中的价值问题进行理性思考

在价值澄清过程中，教师应引导学生学会利用日常生活中的有关价值问题的具体情境，积极帮助学生对有关价值问题进行思考和评价。他们特别强调"价值显示器"的作用。价值显示器是一些用词语表示的倾向和态度。学生在与教师交谈、做游戏、开展各类活动中都可以流露出自己的价值观方面的某种倾向，教师要引导学生对这些相关情境进行选择、思考和评价。

### （三）教师的作用在于帮助学生澄清其价值观

价值澄清模式认为，教师不应直接把价值观教给学生，教师的责任在于帮助儿童澄清、形成并发展他们自己的价值观。学校应是中立的，不应提倡任何一种价值观。在与学生交谈时，教师应表示出一种知道、认可的态度，但并非是对学生的赞成，而是要使学生觉得教师在注意他、尊重他，而不是忽视他、教训他，从而引导学生做出自己的思考。

### （四）对学生的价值澄清过程进行合理评价

该学派主张，教师应引导学生学会评价分析和批判性思考。价值澄清模式由四个基本要素构成：关注生活、接受现实、激发进一步思考、培养能力。教师引导学生确定他自己的价值，实质上是一种"评价过程"。这种评价过程主要是为了避免进行价值灌输和道德说教，以促进学生理智地进行价值选择，减少学生的价值混乱，最终使学生在澄清价值的基础上形成自己的价值观。

价值澄清模式主要从儿童的现实生活出发，引导他们对现实生活中的问题进行价值判断和评价，自己作出价值选择，这有利于培养学生的自主判断、自主选择能力，改变了学生在受教育活动中的被动地位，促进了主体德育的发展。同时，价值澄清模式具有很强的操作性，拉斯等人设计了上百种价值澄清的策略、价值教学活动和指导手册，提供了很多条注意事项，易教易学，实际可行。

但这种模式由于强调价值观源于个人的经验，并把个人的活动和经验作为确定价值观的标准，这就必然导致价值相对主义。价值澄清学派不承认在当今社会中有一套人们所公认的道德原则或价值，它所导致的最大后果是价值观混乱和无政府主义，这显然和它所倡导的澄清价值混乱的初衷相背离。另一方面，价值澄清模式过于强调学生获得和掌握进行价值判断、价值评价和价值选择的一系列的技能、技巧，而忽视了价值观教育的具体内容，忽视了学生具体道德行为的培养与训练，使学生面临一些重大的道德问题时束手无策。

## 四、体谅关心模式

体谅关心模式是英国著名学校道德教育家麦克菲尔(Peter Mcphail)和美国女教育家诺丁斯(Nel Noddings)等人倡导的当代很有影响的一种道德教育模式。麦克菲尔使用的核心概念是"体谅"(consideration),诺丁斯使用的核心概念是"关心"(caring),虽然二者之间存在一些差异,但都强调情感在道德教育中的作用,认为学校道德教育应以情感为中心进行,体谅关心青少年是德育的出发点和归宿。体谅关心模式基本道德教育观有以下几点。

### (一) 道德教育必须根据学生的实际需要进行

体谅关心模式深受人本主义思想特别是马斯洛需要层次说的影响,认为道德教育的开展必须首先了解作为道德教育对象的学生的真实需要,并以此为出发点来满足这种需要,才能被学生乐于接受。麦克菲尔发现学生普遍具有希望获得体谅并体谅别人、关心别人和被别人关心、与教师平等相待及与他人和谐相处的需要。因此,道德教育的计划应设身处地为学生着想,那么任何形式的德育都应建立于体谅与关心基础之上。

### (二) 道德教育必须动之以情,以情感人,倡导道德教育的母爱式关心途径

教育者都应是关心者,学生是被关心者。教师要关心学生,而且要使学生体验到自己在被关心的状态下,否则就没有形成关心者与被关心者的人际关系,从而也无法进行道德教育。教师应以关心者的角色参与到教育过程中,淡化职业意识,不应把自己的工作范围仅限于学校教室狭小的天地里,而应把自己融入整个社会生活中。在德育过程中应采用对话法,这是使学生学会如何建立并保持与他人的关心关系的基本方法。

### (三) 反对唯理主义道德教育方式

麦克菲尔等人认为,道德教育中过多地运用高度理性化的教育方法,仅关注培养学生独立的道德思维、判断和责任,对学生的道德情感和道德行为不予关注,这必然降低道德教育的成效,最终对学生道德发展不利。因为道德更多的是一种个性模式而非推理方式。尽管道德教育的确具有培养学生的道德推理、判断的职责,但如何教育学生学会与他人和睦相处更为重要。学校道德教育应把情感和道德行为动机作为道德教育的中心和出发点,才能收到良好的效果。

麦克菲尔等人编制的围绕人际—社会情境问题的教材——《生命线丛书》是实施体谅模式的支柱。它由三部分组成,循序渐进地向学生呈现越来越复杂的人际与社会情境。第一部分"设身处地",旨在发展个体体谅他人的动机,其中的所有情境都是围绕人们在家庭、学校或邻里中经历的各种共同的人际问题设计的,含"敏感性""后果""观点"3个单元。第二部分"证明规则",由5个单元组成,以逐渐复杂的方式,探讨少年保罗以及他的家庭、朋友、邻居在各种社会背景中面对各种社会压力和要求时发生的难题。其一

般目的在于给学生机会,"以设法解决当他们试图取得成年人的地位并在与其他成年人平等的基础上生活和工作时发生的各种常见的问题",具体目的在于帮助青少年学生形成健全的同一性意识,并把自己视为对自己的共同体作出贡献的人。第三部分"你会怎么办",有6个小分册,每个分册各自都围绕一个不同的历史事件进行编写。通过一个个让人印象深刻的历史时刻,为学生们进行道德反思提供了舞台,目的在于拓宽学生超越当前社会的道德视野,鼓励学生形成更为深刻、普遍的判断框架。

体谅关心模式把道德情感的培养置于道德教育的中心地位,重视道德情感,将道德情感和道德判断相结合,引导学生学会关心,学会体谅。其教材、教法和教育目标对解决学校德育问题很有价值,但对其理论假设非议颇多,如麦克菲尔关于社会反应的道德分类缺乏对12岁以前儿童的实证研究等。

体谅模式真正的特色与贡献,在于它提供了一整套提高学生人际意识和社会意识的开放性情境教材,并且为教师理解和使用这套教材提供了一系列的教师指南,如《中学德育》《学会关心》等。这类指南详细阐述了《生命线丛书》各部分各单元的教育目的和意图,还提出了与教材配套的教学方法、策略和程序方面的建议,更可贵的是,指南向教师全面展示了《生命线丛书》的编撰思想和方法,使得教师有可能根据它的思路开发出有当地文化特色的人际—社会情境问题教材。

## 本章小结

学校德育是教育者根据现代社会的要求和受教育者思想品德形成发展的规律,采用有效的途径和方法,发展受教育者思想品德的活动。德育目标是教育目标在受教育者思想品德方面要达到的总体规格要求,即德育活动所预期达到的目的,它是德育工作的出发点和归宿。德育内容是德育活动所要传授的具体道德价值和道德规范的总和。它关系到用什么样的理想信念、道德规范、政治观、世界观、人生观、价值观来教育学生的重大问题。学校德育是一个实践过程,德育过程是在德育目标指导下,学校教育者和受教育者双方借助于经过选择的德育内容和方法,进行施教传道和受教修养的统一活动过程,是促使受教育者将德育内容内化为个体的思想品德素质结构并使之发生教育者所期望的整体性变化的过程,是个体社会化与社会规范个体化的统一过程。德育过程存在诸多矛盾,有其自身运行的规律。学校德育必须在了解德育过程规律的基础上,遵循科学的德育原则,选择恰当的德育途径和方法,才能取得良好效果。德育模式实质上是德育实施过程中德育理论、德育内容、德育方法、德育途径的组合方式。认知性道德发展模式、社会学习德育模式、价值澄清模式、体谅关心模式是当代最有影响的德育模式,它们在提高学生道德认识、陶冶学生道德情操、培养学生道德行为习惯上各具特色,为价值多元社会里进行学校德育提供了极有价值的思路。

## 思考与练习

1. 复习概念:学校德育、德育目标、德育内容、德育过程。
2. 德育过程的结构和规律是什么?
3. 学校德育的原则有哪些?如何贯彻实施?
4. 学校德育的主要方法和途径。
5. 当代主要的德育模式。

## 参考文献

[1] 袁振国.当代教育学[M].北京:教育科学出版社,2004.

[2] 胡厚福.德育学原理[M].北京:北京师范大学出版社,1997.

[3] 戚万学,杜时忠.现代德育论[M].济南:山东教育出版社,1997.

[4] 黄向阳.德育原理[M].上海:华东师范大学出版社,2000.

[5] 鲁洁,王逢贤.德育新论[M].南京:江苏教育出版社,2000.

[6] 班华.现代德育论[M].合肥:安徽人民出版社,2003.

[7] 檀传宝.德育原理[M].北京:北京师范大学出版社,2006.

# 第七章 教　　学

**学习目标**

1. 了解教学的意义和一般任务；掌握教学的概念。
2. 掌握教学过程的概念以及教学过程的基本规律；理解教学过程的主要特点。
3. 掌握教学原则的概念、中小学常用的教学原则以及教学方法如何应用。
4. 理解课的类型和结构；掌握班级授课制的基本特征和优缺点。
5. 掌握教学工作的基本环节。

教学是学校的中心工作，是教师教和学生学的双边互动过程。"教学论"一词最早来源于拉丁语的 Didatica，原意为教授术。[①] 1632年，捷克教育家夸美纽斯将他的著作命名为《大教学论》(Great Didatica)，并在该书的扉页上强调它的主要宗旨是阐明"把一切事物教给一切人们的全部艺术"[②]。现代教学论是研究现代教学中的现象和问题，揭示现代教学规律的一门科学。

## 第一节　教学工作的意义和任务

教学是学校教育中最基本的活动，不仅是智育的主要途径，也是德育、体育、美育等的基本途径。教学在学校工作中居于十分重要的地位。学校要卓有成效地实现培养目标、造就合格人才，就必须以教学为主。

### 一、教学的概念

**(一) 教学的定义**

教学是学校教育中最基本的活动，有广义和狭义之分。广义的教学指人类社会中一切影响人的成长和发展的传递性活动。在这里，我们主要从狭义的角度来理解教学。狭义的教学是指学校教学，是教师的教与学生的学共同组成的一种活动，在这个活动中，学生掌握一定的知识和技能，同时身心获得一定的发展，形成一定的思想品德。

---

[①] 南京师范大学教育系.教育学[M].北京：人民教育出版社，1984：372.
[②] [捷]夸美纽斯.大教学论[M].傅任敢，译.北京：教育科学出版社，1999：1.

### (二) 教学与教育的关系

教学与教育既相互联系又相互区别,两者是部分与整体的关系。教育包括教学,教学是学校实施全面发展教育的一个基本途径。除教学活动外,学校还通过课外活动、生产劳动、社会实践等途径向学生进行教育。教学工作是学校教育工作的一个组成部分,是学校教育的中心工作。除教学工作外,学校教育还包括其他教育和管理工作,如德育工作、后勤工作等。

### (三) 教学与智育的关系

智育是全面发展教育的一个组成部分,主要通过教学进行,但教学并不是智育实现的唯一途径,智育还要通过课外活动、社会实践等途径才能全面实现;教学要完成智育任务,但是智育却不是教学的唯一任务,教学也要完成德育、美育、体育、劳动技术教育的任务。

## 二、教学的意义

教学在学校整个教育系统中发挥着核心作用。教学的作用主要表现在以下几个方面。

### (一) 教学是学校的中心工作

从学校整体工作来看,教学工作所占的比重最大,学校培养人是通过多方面的工作来进行的,但是教学工作是学校经常的、大量的基本工作,它占的时间最多,内容最丰富。学生的身心发展基本上是依靠教学工作来实现的,学校培养人才质量的好坏,很大程度上取决于教学水平的高低。因此,只有围绕教学这一中心工作全面、妥善地安排学校各项工作,才能把学校办好。

### (二) 教学是实现教育目的的基本途径

根据1995年《中华人民共和国教育法》的规定,我国现阶段的教育目的是培养"德智体等全面发展的社会主义事业的建设者和接班人"。教学能够有目的、有计划、有组织地将德智体等方面的基础知识和基本技能传递给学生,并能在此过程中形成学生的情感、态度、价值观。由此可见,教学是实现教育目的的基本途径,它对于培养全面发展的合格人才至关重要。

### (三) 教学对人类社会和个体的发展起着重要作用

教学是一种特殊的认识过程,在这一过程中,主要通过知识的传授、技能的培养,以及情感、态度和价值观的形成等方式促进学生的身心健康全面发展。教学主要通过对人类个体培养保证社会的延续和发展。当今社会是一个科技迅猛发展、知识更新逐渐加速的知识经济社会和学习型社会,在这样一个社会中,教学对于人类社会和个体发展的功能更加突出。

## 三、教学的一般任务

教学的一般任务,是指各教育阶段、各科教学应共同实现的目标要求。在我国,教学的一般任务有以下几项。

### (一) 引导学生掌握系统的科学文化基础知识和基本技能

在教育目的的指引下,引导学生掌握系统的科学文化基础知识,形成基本的技能和技巧是教学必须完成的任务。"双基教学"是我国学校教育的传统和优势,所谓"双基"指的是基础知识和基本技能。所谓基础知识,是指构成各门科学的基本事实、基本概念、原理和公式及其系统。它是组成一门学科知识的基本结构,是进一步学习和研究该学科的基础。所谓基本技能,则是指各门学科中掌握复杂技能所必须具备的最主要、最常用的起始性技能,如语文和外语的阅读、写作技能,数学的运算技能,理、化、生学科的实验技能等。技能通过反复练习,可以发展成技巧。一般来说,知识的掌握是形成技能、技巧的基础,而技能、技巧的形成又有助于进一步理解和掌握知识。

### (二) 发展学生的智力、培养能力,教会学生学习

发展学生的智力、培养能力,教会学生学习是当今世界教育教学改革与发展的重大课题,也是教学应该完成的重要任务。所谓智力,是指个体认知过程中表现出来的那些稳定的心理特征。它主要包括观察力、记忆力、想象力和思维能力。所谓能力,是指保证人们顺利地进行实际活动的稳定的心理特征,包括认知能力、解决问题的能力和创造能力等。所谓教会学生学习,是指教师在知识的传授、技能和能力的培养过程中应该着重激发学生的学习积极性,端正学习态度,掌握独立学习的能力,使学生成为既喜欢学习,又能够学习、善于学习的人。只有这样,才能真正为学生的终身学习奠定坚实的基础。

### (三) 发展学生的体力,提高学生的健康水平

发展学生的体力,提高学生的健康水平,不仅是体育教学的任务,也是各科教学的任务。学生的身心发展是一个全面的相互联系的整体发展,其中身体的发展又是心理发展的前提和基础。正因如此,英国著名的思想家和教育家约翰·洛克的名著《教育漫话》第一句话就是"健康之精神寓于健康之身体"[1]。教学与学生的身心发展有着极为密切的关系。教学内容与教学方法的选择、教学组织形式安排、教学设施与设备的配备等方面都会直接或间接地影响到学生的身体健康和生长发育。因此,学校和教师不仅应通过教学向学生传递科学的生理保健和身体健康知识,而且还要在教育设施建设和设备安置以及具体的教学过程中特别注意教学卫生,使教室的采光、设备的卫生和安全,学生的站立、读写姿势等方面都符合教学卫生要求。

### (四) 培养学生高尚的审美情趣,使其养成良好的思想品德,形成科学的世界观和良好的个性心理品质

世界观是对世界的总的看法和态度。青少年正处在品德、审美情趣和世界观急速发

---

[1] [英]约翰·洛克.教育漫话[M].傅任敢,译.北京:教育科学出版社,1999:1.

展和逐步形成的重要时期,教学在使学生形成科学的世界观、培养良好的道德品质和审美情趣方面起着重要作用。教师在各科教学中一方面应自觉地结合各科教学的特点,挖掘渗透其中的思想内容和美育因素,对学生进行思想品德教育,使学生学会感受美、欣赏美,形成高尚的、健康的审美情趣,为其健康成长奠定良好的基础。另一方面,还要充分发挥教师本身的德育因素和美育因素,以身作则,做学生的表率,通过自己高尚的师德、优雅的教态、精彩的语言、巧妙优美的板书等使学生得到美的陶冶和教育。此外,随着社会变迁的加快、竞争的加剧、压力的增大,具备健康的个性心理品质对于学生的发展越来越重要。为此,教学还要注意培养学生良好的个性心理品质,如发展学生的主体能动性、塑造学生坚强的意志、发展学生的自我情绪管理能力等。

## 第二节 教学过程

教学过程的理论是教学的基本理论。教学过程是教师根据一定社会的要求和学生身心发展的特点,指导学生有目的、有计划地掌握系统的科学文化基础知识和基本技能,同时身心获得一定的发展,形成一定的思想品德的过程。

### 一、教学过程的主要特点

#### (一)教学过程是一种特殊的认识过程

教学过程要遵循一般认识过程的普遍规律,要经历由感性认识上升到理性认识、又由理性认识回到实践这一循环往复的过程。但它是一种特殊的认识过程,是由教师引导学生通过学习知识去间接认识世界的过程,是认识主体(主要是学生)在认识活动过程中不断发展和完善的过程。其特殊性具体表现在以下几个方面。

1. 学生的认识对象以间接经验为主

教学中学生学习的主要是间接经验,并且是间接地去经验。在学习内容上,学习的内容是经过系统选择、精心加工,简化和典型化的人类文明经验的精华。这些认识对象以课程标准、教学大纲、教材等形式呈现在学生面前。这就使得学生的认识与人类的一般认识以及与科学家的认识不同,学生的主要任务不是亲身探索人类尚未知晓的事物,而主要掌握人类文化的精华。还可以使学生在新的起点上继续认识客观世界,继续开拓新的认识领域。

2. 学生的认识活动是有领导、有组织地进行的

学生的认识活动是在专门的教育机构——学校,并在专业人员——教师的指导下,有组织、有计划地进行的。学校为教学提供了有利的条件,而教师又有"闻道在先""学有专攻"的多种优势。这样,在教师领导和组织下的这种特殊认识过程,就可以最大限度地

排除学生在认识过程中的盲目性,减少探索的时间,少走弯路,以便经济、有效、快捷地完成认识任务。

3. 学生的认识活动具有多端性

教学的认识过程与人类一般的认识过程存在较大的差异。人类的一般认识过程的开端是实践,遵循由实践到认识,由感性认识上升到理性认识,再由理性认识到实践的过程。与之不同,教学的认识过程具有多端性,"它既可以从生动的直观开始,也可以从抽象的理论开始,有时还需要从有领导的实践活动开始"。[①]

### (二)教学过程是以认识过程为基础、促进学生发展的过程

教学过程是一个通过提高学生的认识,促进其身心健康发展的过程。教学过程依赖的环境、教学的手段、教学传递的内容等,都经过了教育者的精心设计和规划,如果对这些因素组织合理、使用得当,不仅能够提高学生的认识效率,而且还有利于促进学生的身心发展。比如教材中凝聚了各种情感、意志、性格等精神的力量,它不仅具有认识的价值,而且还有智力的、伦理的以及美育的等多方面的发展价值,如果教学活动得当,教材所孕育的各种发展价值便会得以显现,也能更好地促进学生发展。

### (三)教学过程是教学信息交流反馈和师生双边活动过程

教学过程就是教学信息的交流与反馈过程。教学内容是人类经验和智慧的结晶,其在进入教学过程之前还只是知识的存储形式。为了顺畅实现教师和学生的教学信息交流,教师首先必须将教学内容转化成可接受的教学信息。然后再根据学生的知识储备情况、认知结构和能力等,使教学信息能够被学生理解和接受。此外,教学过程又是一个教师教和学生学的双边互动过程。在教学过程中,教师通过自己的言行举止影响学生,同时学生也会以种种方式对教师产生一定的影响。

## 二、教学过程的基本规律

### (一)教学过程中学生的认识规律

教学过程是学生在教师的指导下学习以书本知识为主要形式的间接经验的过程。这个过程一般要经过感知、理解、巩固和运用四个相互联系的认识过程。

1. 感知教材,形成表象

教师要引导学生感知教材,形成清晰的表象和鲜明的观点,为进一步理解教材、理解抽象概念打下基础。这是学生学习的第一个阶段。

2. 理解教材,形成科学概念

这一阶段教师要引导学生在感知基础上通过分析、比较、抽象概括以及归纳演绎等

---

[①] 南京师范大学教育系.教育学[M].北京:人民教育出版社,1984:381.

思维方法的加工,形成概念、原理,真正认识事物的本质和规律。

3. 保持与巩固知识

通过各种各样的复习,对学习过的知识进行再记忆。巩固知识往往渗透在教学全过程中,不一定是一个独立的环节。

4. 运用知识,形成技能技巧

学生掌握知识的目的在于运用,教师要组织一系列的教学实践活动引导学生动脑、动口和动手,以形成技能技巧,并把知识转化为能力。

### (二) 教师的主导与学生的主动作用相统一的规律

教学活动是教师的教和学生的学组成的双边活动,如何处理好教与学的关系一直是教育史上的一个重要的理论和实践问题。传统教育倾向于把师生关系看做是单向的传与受关系,以教师为中心,不适当地强调教师的权威和意志,把学生看做是被动的知识接受者。儿童中心主义又走向另一极端,在教学中把教师降到从属地位。现代教学论则强调教与学二者的辩证关系,教师在教学过程中处于组织者的地位,具有主导作用。学生是学习的主体,具有学习的主动作用。具体而言,教师的主导作用表现在:第一,教师的指导决定着学生学习的方向、内容、进程、结果和质量,教师对于整个教学过程起着引导、规范评价和矫正的作用;第二,教师影响着学生的学习主动性和积极性的发挥以及学生的学习方式;第三,教师影响着学生个性以及世界观、人生观和价值观的形成。学生的主动作用则表现在:第一,受学生本人兴趣、需要以及所接受的外部要求的推动和支配,学生对于教师传授的教学信息进行鉴别和选择接受;第二,受学生原有知识经验、思维方式、情感意志、价值观等制约,学生能够对教学信息进行一定程度的加工和创造。

教师的主导与学生的主动作用相统一的规律要求教师在教学过程中既要充分发挥主导作用,提高思想修养和专业水平,加强对学生的了解、沟通,提高责任感和创造性,又要承认和尊重学生作为学习的主体地位,充分发挥学生参与教学的主动作用。

### (三) 掌握知识和发展智力相统一的规律

知识是人们在实践活动中所获得的对客观世界的认识和经验的总和。智力是保证人们有效认识客观事物的心理特征的总和,包括观察力、注意力、思维能力、记忆能力和想象能力等。掌握知识与发展智力能力相互依存、相互促进,二者统一在同一教学活动中。掌握知识与发展智力的辩证关系表现在两个方面。一方面,学生掌握知识是发展智力的基础。智力的发展有赖于知识的掌握,知识为智力提供了前提条件。另一方面,智力发展是掌握知识的重要条件,智力的发展水平直接影响到知识掌握的深度、广度和速度。

掌握知识和发展智力相统一的规律要求教师在教学过程中在引导学生掌握知识技能的同时,积极启发学生的思维活动,注意发展学生的智力和能力。

### (四) 传授知识与思想品德教育相统一的规律

在教学过程中,学生掌握科学文化知识和提高思想品德修养是相辅相成的两个方面,主要体现在以下两个方面。一方面,知识是思想品德形成的基础。学生思想品德的提高有赖于其对科学文化知识的掌握。首先,科学的世界观和先进的思想都要有一定的科学文化知识作基础;其次,知识学习的本身是艰苦的劳动,这个学习过程可以培养学生优秀的道德品质。正如赫尔巴特说的那样:教学永远具有教育性。另一方面,思想品德的提高为学生积极地学习知识提供动力。学习活动是一项十分辛苦的脑力劳动,在学习过程中必然会遇到各种各样的困难,这就需要学习者必须有明确的学习目的、强烈的学习欲望和坚强的意志和毅力。

传授知识与思想品德教育相统一的规律要求教师在教学过程中正确处理知识传授与思想品德培养的辩证关系,在教学中,注意引导学生领会所学知识的思想性,不断培养、提高学生的思想品德水平。

## 第三节 教学原则和教学方法

### 一、教学原则

#### (一)教学原则的内涵

教学原则是根据一定的教学目的,反映教学过程规律而制定的,是教师有效开展教学工作所必须遵循的基本要求或行动准则。

教学原则贯穿于各项教学活动之中,它的正确和灵活运用,是提高教学质量的重要保证。教学原则是对教学规律的反映,教学规律是教与学内部矛盾运动的客观规律,人们只能去发现它,掌握它,但不能制造它;而教学原则则是人们在认识教学规律的基础上制定的一些教学的基本准则,它反映教学规律。人们对教学规律的不断发现和掌握,才会使人们所制定的教学原则不断发展和完善。

#### (二)我国中小学常用的教学原则

目前我国中小学常用的教学原则有以下几项。[①]

1. 科学性与思想性相统一的原则

这一原则指的是教学既要使学生获得系统的科学文化知识,又要使学生受到一定的思想品德教育,在保证所授知识科学性的同时,借助知识教学进行思想品德教育。

在教学过程中贯彻这一原则的基本要求是:首先,教师传授的知识应当是科学的、先进的;其次,教师必须具有正确的教学态度,采用科学的教学形式和方法;最后,教师应充分挖掘教材内在的思想性和教育性。

---

[①] 韩延明.教育学教程[M].保定:河北大学出版社,1995:233~244.

2. 理论联系实际原则

这一原则指的是教学要以传授书本知识为主,加强理论知识的教学和基本技能的训练,从理论与实际的联系上去理解知识,注意运用知识去分析问题和解决问题,学以致用。

在教学中贯彻理论联系实际原则的基本要求有以下几点。首先,书本知识的教学要注重联系实际。只有注意理论联系学生生活、生产实际,教学才能生动活泼,使抽象的书本知识易于被学生理解、吸收,转化为他们的有用的精神财富。其次,重视培养学生运用知识的能力。教师要重视教学实践如练习、实验、参观和实习等,组织学生从事一些科学观察、实验与发明以及生产劳动等。

3. 直观性原则

这一原则指的是在教学中要通过学生观察实物、模型,或教师语言的形象描述,引导学生形成所学事物、过程的清晰表象,丰富他们的感性知识,实现从具体思维向抽象思维的过渡。

直观性原则的提出在教育史上具有进步意义,它给中世纪脱离儿童实际生活的经院式教学以沉重打击,使书本知识与其反映的事物联系起来。夸美纽斯曾指出,凡是需要知道的事物,都要通过事物本身来进行教学,那就是说,应该尽可能地把事物本身或代替它的图像、模型放在面前让学生去看看、摸摸、听听、闻闻等。

在教学过程中贯彻直观性原则的基本要求有以下几点。首先,教师应正确选择直观教具和现代化教学手段。在教学中要根据教学的任务、内容和学生年龄特征正确选用直观教具,包括各种实物呈现、模像呈现以及语言描述等。其次,教师应认真考虑直观教具呈现的时间、地点、数目和条件等问题。最后,教师一定要把形象直观与抽象概括相结合,因为直观只是手段,其目的在于促进学生理性认识的发展。

4. 启发性原则

这一原则指的是在教学中教师要承认学生是学习的主体,注意调动他们的学习主动性,引导他们独立思考,积极探索,生动活泼地学习,促进学生的身心健康发展。

中外教育家都很重视启发式教学。孔子提出了"不愤不启、不悱不发"[①]的著名教学要求,这是"启发"一词的来源。宋代理学家朱熹注曰:"愤者,心求通而未得之意;悱者,口欲言而未能之貌。启,谓开其意;发,谓达其辞。"[②]苏格拉底在教学中重视启发,善于用启发式来激发和引导学生自己去寻找正确答案,形成著名的"产婆术"。第斯多惠也认为:一个坏的教师奉送真理,一个好的教师则教人发现真理。所有这些,都表明了启发性原则在教学中的作用。

在教学过程中贯彻启发性原则的基本要求是:首先教师应调动学生学习的主动性和

---

① 《论语·述而》。
② 《四书集注》。

积极性;其次,教师应巧妙地设疑答惑,引导学生活跃思维;最后,教师应启发学生独立思考,教会学生学习。

5. 巩固性原则

这一原则指的是教学要引导学生在理解的基础上牢固地掌握知识和技能,长久地保持在记忆中,能根据需要迅速再现和运用,为进一步学习新知识打好基础。

历代许多教育家都很重视掌握知识的巩固问题。孔子要求"学而时习之"[①],"温故而知新"[②]。夸美纽斯形容只顾传授知识而不注重巩固,就等于把流水泼到一个筛子上。

在教学过程中贯彻巩固性原则的基本要求是:首先,教师应引导学生在理解的基础上,通过复习和运用来巩固所学的知识;其次,教师应在学生已牢固掌握所学知识的基础上,引导学生将学习的新知识与已有知识联系起来,以便在学习新知识的同时,进一步巩固和深化已学知识和技能。

6. 循序渐进原则

这一原则指的是教学要按照学科的逻辑结构和学生认识发展的顺序进行,使学生由浅入深地掌握各门学科的知识,形成技能与技巧。

古今中外的著名教育家都非常重视循序渐进的原则。比如孔子强调"欲速则不达"[③],孟子主张"盈科而后进"[④]。夸美纽斯则强调"一切事物都必须按照适当的顺序去教授"[⑤]。

在教学过程中贯彻循序渐进原则的基本要求是:首先,教师应按照各门学科内在的逻辑顺序展开教学;其次,教学应遵循学生的认知顺序展开教学;最后,教师在教学过程中应该渐次递进,不能急于求成。

7. 因材施教原则

这一原则指的是教学要在面向全体学生、保持统一规格的同时,注意从学生的实际情况、个别差异出发,有的放矢地进行有差别的教学,使教学的深度、广度、进度适合学生的知识水平和接受能力,获得最佳的发展。

孔子善于根据学生的不同特点有针对性地进行教育以发挥他们的各自专长。宋代教育家程颐把孔子这一经验概括为"孔子教人,各因其材"[⑥]。

在教学过程中贯彻因材施教原则的基本要求是:首先,教师应针对学生的特点进行有区别的教学;其次,教师要将集体教学与个别指导、统一要求与因材施教结合起来,使

---

① 《论语·述而》。
② 《论语·为政》。
③ 《论语·子罕》。
④ 《孟子·离娄下》。
⑤ [捷]夸美纽斯.大教学论[M].傅任敢,译.北京:教育科学出版社,1999:147.
⑥ 《河南程氏遗书》。

每一个学生都能在已有基础上有所发展。

## 二、教学方法

### (一) 教学方法的概念

教学方法是在教学过程中,为了实现教学目的,完成教学任务,师生在共同活动中所采用的教学方式的总称。教学方法直接关系到教学的效率,在教学过程中起着十分重要的作用。

### (二) 教学方法的分类

1. 以语言传递为主的教学方法

(1) 讲授法

讲授法是指教师通过语言,系统地向学生传授科学知识、思想观点,发展学生能力的方法。讲授法是一种运用非常广泛的教学方法,其优点主要在于能在较短的时间内,向学生系统地传授较多的知识;结合传授内容能有目的、有计划地对学生进行思想品德教育。此外,讲授法还可以与演示法、实验法等教学方法结合运用,取长补短。因此,无论过去,还是当前,讲授法都应是学校教学中一种常用的、既经济又可靠的教学方法。

(2) 谈话法

谈话法是指教师根据教学目的的要求和学生已有的知识经验提出问题,通过师生间的问答对话而使学生获得知识、发展能力的方法。谈话法的优点是特别有助于激发学生的思维,调动学习的积极性,培养他们独立思考和语言表述的能力;还有利于信息的及时反馈,增进师生之间的相互理解。

(3) 讨论法

讨论法是指教师指导学生以班级或小组形式围绕某一课题各抒己见、展开争论、相互启发,以提高学生认识的方法。讨论法的优点在于能充分发挥集体的教育作用,使学生之间相互启发、集思广益;有利于培养学生运用所学的知识来分析问题和解决问题的能力;有利于学生语言表达能力的提高。

(4) 读书指导法

读书指导法是指教师指导学生通过阅读教科书和参考书来理解和巩固知识、培养学生自学能力的方法。读书指导法的优点在于能够提高学生的自学能力,养成阅读书籍的良好习惯。

2. 以直观感知为主的教学方法

(1) 演示法

演示法是指教师通过展示各种直观教具、实物或进行示范性实验,从而使学生在观察中获得对事物和现象的感性认识的方法。演示法的优点在于加强教学的直观性,不仅是帮助学生感知、理解基本知识的手段,也有利于培养学生的观察能力。

(2)参观法

参观法是指教师根据教学需要,组织学生对校内外的相关实物或实际进行观察研究,从而使其获得知识或巩固、验证已有知识的方法。参观法的优点在于能使教学和实际生活紧密地联系起来,使学生在接触社会生活中受到实际的教育;有利于激发学生学习的积极性,扩大学生的视野,加深学生对所学知识的理解和运用。

3. 以实际训练为主的教学方法

(1)练习法

练习法是指学生在教师指导下,通过课堂及课外作业,运用已有的知识独立解决问题,以巩固知识、形成技能技巧的方法。练习法的优点在于通过练习巩固所学知识,形成技能技巧;在独立活动中,可以培养学生克服困难的意志品质,养成勤于思考和按时完成学习任务的良好习惯。

(2)实验法

实验法是指学生在教师的指导下,利用一定的仪器设备进行独立操作,引起某种现象的发生,通过观察和研究这些现象获取直接经验、培养技能技巧的方法。实验法的优点在于能使学生通过独立操作和亲自观察获得直接经验,理论联系实际,有利于学生形成科学的知识体系;可以使学生掌握实验操作技能,培养学生的实际操作能力和独立从事科学研究的精神。

(3)实习作业法

实习作业法,又称"实习法",是指教师指导学生从事一定的实际工作,借以形成一定的技能,掌握有关的直接知识,验证间接经验,或将知识运用于实践以培养分析问题、解决问题能力的教学方法。实习作业法的优点在于它能够使理论与社会生活实际相联系,有利于教育与生产劳动相结合,促进学生深入掌握知识、培养实际工作能力。

(4)发现法

发现法,又称"探究法""研究法",是指学生在学习概念和原理时,教师通过提供适于学生进行"再发现"的问题情况和教材内容,引导学生积极开展独立的探索、研究,自行发现并掌握相应的概念和原理,培养学生创造能力的方法。发现法的优点在于能使学生发现试探的方法,培养学生发现问题、解决问题的能力以及发明创造的态度;能使学生产生内在学习的动机,增强学习的自信心。

4. 以情感陶冶为主的教学方法

(1)欣赏教学法

欣赏教学法,简称"欣赏法",是指在教师指导下,学生通过以情感为主的体验,培养审美感、道德感、理智感等高级情感的教学方法。欣赏教学法的优点在于它能够结合教学内容指导学生去认真体会客观事物的真善美,并在体会和品味中使学生更深刻地了解事物的本质,陶冶其道德感,激励其理智感,培养其审美感。

(2) 情境教学法

情境教学法是指教师在教学过程中为学生创设一个具体、生动、形象的学习情境,并引导学生在所创设的情境中进行有效学习的方法。情境教学的指导思想在于通过情境教学培养学生情感,启迪思维,发展想象,开放智力。情境教学法是一个融言、情、境、行为为一体的教学方法,它要求具有形式上的新颖性、内容上的实用性和方法上的启发性。

### (三) 选择教学方法的依据

古人云:"教亦多术矣,运用在乎人。"在具体教学实践中,教师应按照一定的科学依据,选择恰当的教学方法,使教学效果达到最优化。教师应注意依据以下几个方面来选择教学方法。

首先,依据具体的教学目的和任务。教学目的和任务决定教学方法的选择。不同的教学目的和任务需要运用不同的教学方法去实现和完成。其次,依据教学内容的性质和特点。各门学科都有其专门的特点,因此,不同学科性质的内容应采取不同的教学方法。再次,依据教学对象的实际情况。教师在选用教学方法时,应充分考虑到教学对象的年龄特征、已有的认知水平、学习态度、班级的学习纪律等,从学生的实际情况出发,坚持因材施教。再次,依据教师自身的素养条件。任何一种教学方法的选用,只有适应教师的素质条件,能为教师所理解和掌握,才能发挥其应有的作用。如果教师不顾自身素质条件限制,盲目选用教学方法,就不能在教学实践中取得良好的效果。最后,依据学校的教学条件。科学恰当地选择教学方法还应该充分考虑到学校的教学条件,如学校所处的周围环境、学校的教学设备等。

> **案例 7-1**
>
> 王老师是一位有着丰富教学经验的物理教师,在进行《光的反射》一节的教学方法选择时,考虑到她所教的对象是初中二年级的学生,具备一定的探究能力,而且她了解她的学生非常喜欢动手操作探究,而且这一节的教学目标是让学生理解并能够运用光的反射规律解释某些生活现象,为此王老师决定利用学校的物理实验室进行发现教学。王老师让学生们在实验室里,利用镜面反射,用手电照亮一个物体,通过探究,发现入射角和反射角之间的关系。

### (四) 应用教学方法的基本要求

运用教学方法应注意贯彻综合性、灵活性和创造性等基本要求。

教学方法运用的综合性包括两个方面的含义:一是注意多种教学方法有机配合,综合不同教学方法的优点、长处,充分发挥教学方法体系的整体功能;二是要注意发挥每一种教学方法的综合功能。就每一种具体的教学方法而言,其功能都具有综合性和全面性,比如讲授法既可以传授知识,也可以促进学生心智技能的形成和语言思维能力的发展,还可以起到陶冶学生个性的作用。教师在运用某一具体教学方法时,应注意发挥其综合性功能,既要完成具体的教学任务,又要促进学生能力、品德等方面的全面发展。

教学方法的灵活性,指在实际应用中教学方法往往要根据实际情况随时进行调整。教学方法运用的创造性是指教师不应被已有的教学方法的种类和一般形式所束缚,而应从教学实际出发,在把握现有教学方法的基础上有所创新、创造,也就是人们常说的:"教有法,但无定法。"

## 第四节 教学组织形式

教学组织形式回答采取何种形式完成教学任务,从而实现教学目的的问题。现代教学的基本组织形式是班级授课制。

### 一、教学的基本组织形式

#### (一) 课的类型与结构

1. 课的类型

课的类型是指根据不同的教学任务,或按一节课主要采用的教学方法来划分的课的种类。正确划分课的类型,能使教师明确每堂课在整个教学体系中的地位与作用,从而正确选用并合理搭配各种课的类型。课的类型划分依据主要有两个:一是教学任务,二是教学方法。

根据完成教学任务的不同,可以把课分成两大类:单一课和综合课。

单一课是指在一节课内以完成单一的教学任务为主的课的类型。单一课通常包括:讲授新知识的课、巩固知识的课、培养技能技巧的课、检查知识和技能的课等。

讲授新知识的课,又称"新授课"。其主要任务是系统地向学生讲授新的知识。虽然在新授课中也会对学生所学过的知识、技能进行复习、巩固和检查等,但所有这些都是为更好地传授新知识这一主要任务服务的。

巩固知识的课,又称"巩固课"。其主要任务在于复习和巩固学生前一段时间所学习的知识,并把这些知识加以概括和系统化,使之成为学生知识体系和认知结构中的一部分,真正为学生所掌握,便于学生的回忆、提取与运用。

培养技能技巧的课,又称"技能课"或"练习课"。其主要任务是训练学生的技能技巧。在教师的指导下,通过多种方式,进行集中或分散的练习,使学生能够自觉地、熟悉地运用所学知识于实践。

检查知识和技能技巧的课,又称"检查课"。其主要任务在于检查学生学习和掌握知识、技能技巧以及各种能力的发展情况。检查课的大部分时间或全部时间都用来进行口头提问、书面作业或实际操作等各种方式的检查。

综合课,又称"混合课",是指在一节内完成两种以上教学任务的课。这种类型的课一般在小学和中学低年级采用较多,适合小学生和中学低年级学生的年龄特征和教学内容程度浅显的特点。有的学科每周课时较少,也需要在一节课内同时完成几项教学任务。

根据所使用的教学方法的不同,可以把课分为讲授课、观察课、演示课、练习课、实习课、实验课、讨论课、复习课、阅读指导课等。

上述两种分类有一定的联系和交叉,具体表现在两类课型有对应之处,如新授课多属于讲授课,巩固课多属于复习课,技能课多属于练习课或实验课等。

2. 课的结构

课的结构是指课的组成部分及各部分进行的顺序和时间分配。课的类型决定课的结构。不同类型的课有不同的教学任务和特点,结构亦有相应的变化。课的结构的一般组成部分包括组织教学、检查复习、讲授新知识、巩固新知识和布置课外作业等。

(二) 班级授课制及其特征

1. 班级授课制

现代教学的基本组织形式是班级授课制。班级授课制,又称"班级上课制"或"课堂教学",是将学生按年龄和程度编成不同的班级,每班有固定的学生,由教师按照预先制定的教学时间表对全体学生进行上课的教学组织形式。

班级授课制产生于近代资本主义兴起的时期。在此之前,学校采用的是个别教学的形式。随着资本主义工商业的发展和科学技术的发展,社会对教育的需求增大,要求扩大教育规模,增加教学内容。这时个别教学的组织形式已不能满足社会发展的需要,要求有一种新的符合社会和教育发展需要的教学组织形式取而代之,于是课堂教学便应运而生。早在16世纪,欧洲一些国家的学校中便出现了课堂教学的萌芽。1632年,捷克教育家夸美纽斯的《大教学论》最早从理论上对班级授课制作了阐述,为班级授课制奠定了理论基础。后来,以赫尔巴特为代表的教育家提出教学过程的形式阶段论(即明了、联想、系统、方法),班级授课得以进一步完善而基本定型。到19世纪中叶,班级授课制已成为西方学校乃至世界各国普遍采用的教学组织形式。在我国,最早采用班级授课制的是于1862年设于北京的京师同文馆。1905年废科举、兴学校以后,逐步地在全国范围内得到推广,成为我国学校教学的基本组织形式。

2. 班级授课制的基本特征

现代教学组织形式主要是解决"班""课""时"的问题。① 班级授课制的主要特征就体现在"班""课""时"三个方面。

(1) 班级授课制以班为单位由教师同时对整个班级进行教学。班级是按学生年龄和知识水平编成的,通常每班由30～50名年龄和文化程度相同或相近的学生组成,学生相对稳定。一般来说,每个教学班的任课教师也相对稳定,他们分工协作、各司其职,在教学过程中共同发挥主导作用。

(2) 班级授课制以课的形式进行教学。课堂教学内容按学科和学年分成既有系统联系又相对独立和均衡的许多部分,每部分采用相应的教学方法和手段有计划、有步骤地展开教学活动,其中每一部分的内容和活动,就叫做"一课"。

(3) 班级授课制在课堂教学计划中规定了学年、学期和学日课业的起止时间和严格的作息时间表,在固定的单位时间里进行。单位时间可以是30分钟、40分钟或50分钟,但都是统一和固定的,课与课之间有一定的休息时间。

(三) 班级授课制的优缺点

班级授课制既有优点,也有不足。与个别教学相比,班级授课制有以下几个显著的优点。

1. 有利于提高教学工作的效率

班级授课制最显著的特点之一就在于它比个别教学的效率更高。从教育史上看,班级授课制正是适应普及义务教育、扩大教育规模、提高教学效率的要求而产生的一种教学组织形式。夸美纽斯在其《大教学论》中形容这种教学如同印刷书籍一样,具有很高的工作效率。由于采用班级的形式集体授课,一个教师能同时教许多学生,从而扩大了教育规模,提高了教学的效率。

2. 有利于发挥班集体的教育作用

班级是教学活动的基层组织,也是学生学习和生活的基本单位。学生生活在班集体中,有着共同的生活目标和共同的活动,便于学生之间相互观摩、共同切磋、相互启发、彼此帮助,有利于学生个性的健康发展和学生社会化的顺利进行。

3. 有利于提高教学质量

教学内容被分为彼此相关又相对独立的课,以课的形式来安排教学活动,使教学有目的、有计划、有组织地进行,能够确保学生获得系统连贯的科学知识,便于学生形成合理的知识体系和认知结构。

4. 有利于教师主导作用的发挥

采用班级授课制进行教学。教师可以在学科课程标准的规范下,选择教学内容

---

① 韩延明,王振中.教育学[M].北京:教育科学出版社,1991:226.

和教学方法,组织教学活动,使其教育思想和智慧、才华得以充分展现,便于充分发挥教师的主导作用。

5. 有利于保障师生的身心健康

班级授课制有严格的作息时间表,各门学科轮流交替地上课,既能扩大学生的知识领域,又能提高学生学习的兴趣,减轻师生的疲劳。这既符合人类大脑活动的规律,又合乎教学卫生的要求,有利于师生的身心健康发展。

班级授课制虽然具有以上优点,但也存在着以下几点局限性。

1. 不利于因材施教

班级授课制最大的局限性在于它不能适应学生的个别差异,不利于因材施教。由于它过于强调面向全班学生,教学内容与进度整齐划一,因此只能以中等学生的水平为准,不能照顾到每个学生的兴趣、爱好和特长,以及优等生和后进生的要求,不利于发挥学生的全部潜能。

2. 容易导致理论与实践的脱节

班级授课制以教材为中心,偏重系统的书本知识传授和间接经验的学习,容易忽视学生的实践活动,学生的探索和实践机会少,不利于学生实践操作能力的培养,造成理论与实践相脱节。

3. 不利于学生主动探索精神和开拓创新能力的培养

班级授课制强调教师在教学活动中的主导作用,教学活动由教师设计与组织,学生要适应教师的教学,会使学生的独立性与主动性受到限制。另外,教学内容和时间的固定化、教学进程的程式化,使教学活动缺乏灵活性与新颖性,妨碍学生生动活泼、积极主动的学习,不利于其主动探索精神和开拓能力的培养。

## 二、现代教学的辅助形式

### (一) 个别教学

个别教学是教师针对不同学生的情况进行个别辅导的教学组织形式。中国和欧洲古代学校主要采用个别教学的形式,这种教学组织形式是当时低下的生产力水平的反映。欧洲中世纪末期,资本主义工商业的发展和科学技术的进步要求扩大教育规模,增加学生人数,提高教学效率。个别教学的形式就被班级授课制所取代。个别教学强调发掘、珍惜受教育者的良好个性潜能和优势,弥补了班级授课制中平均、划一教学的不足,是满足特殊化教育需要、实现个性发展的手段和途径。它的缺点是耗时耗力,效率较低。

### (二) 分组教学

分组教学是把学生按照能力或学习成绩分为不同的小组进行教学的组织形式。分组教学在一定程度上可以弥补班级授课制过分统一化的不足,照顾学生的个别差异,适应他们不同的情况和要求,有利于人才的培养。但也有人认为,分组教学会给各类学生心理上造成一定的不良影响,可能会使"优等生"在学习上产生骄傲自满情绪,"差生"则容易自暴自弃,不利于他们学习成绩的进一步提高和个性的全面发展。

### (三)现场教学

现场教学是指教师把学生带到事物发生、发展的现场,在有关人员的协同下,通过观察、调查或实际操作进行教学的一种辅助教学组织形式。现场教学一般可以分为两种类型:一种是根据传授理论性知识的需要,组织学生到有关现场进行教学;另一种是根据学生从事实践活动的需要,到现场向学生传授必要的技术。

## 三、现代教学的特殊组织形式——复式教学

复式教学是把两个或两个以上不同年级的学生编在一个教室里,由一位教师分别用不同的教材,在一节课里对不同年级的学生进行教学的一种特殊组织形式。它适用于学生少、教师少、校舍和教学设备较差的农村以及偏远地区。复式教学保持了班级授课制的本质特征,与班级授课制不同的是教师要在一节课的时间内巧妙地同时安排几个年级学生的活动。复式教学组织得好,学生的基本训练和自学能力往往更强。组织复式教学的要求:(1)合理编班,要根据学生人数、教室大小、师资质量等情况全面考虑,灵活掌握;(2)编制复式班课表;(3)培养小助手;(4)建立良好的课堂常规;(5)教学过程中要注意"动静搭配"。

## 四、当前教学组织形式改革的重点

当前,在国内外的教学改革中,人们对教学组织形式的改革,突出了以下几个重点。

### (一)适当缩小班级规模,使教学单位趋向合理化

过大的班级规模,限制了师生交往和学生参与课堂活动的机会,阻碍了课堂教学的个别化。小班可以为提高教学质量,创造良好的教学环境和学习气氛。

### (二)改进班级授课制,实现多种教学组织形式的综合运用

班级授课制与个别教学、分组教学相结合,课堂教学与课外教学相结合,传统的传习形式与现代教育技术相结合,已经成为目前发达国家教学组织形式改革的新特点。

### (三)多样化的座位排列,加强课堂教学的交往互动

传统的课堂座位排列形式是秧田型。目前,这种封闭的排列方式得到了改进。班级规模不超过25个学生时,可以采用马蹄型、圆型;班级规模25名以上学生时可采取矩形、同心圆型和马蹄型;小组活动或个别学习的座位安排,可采取模块型。

### (四)探索个别化教学

现代个别化教学虽然使教师和学生结成一对一的教学关系,但并不是纯粹的个别教

学,学生的学习仍然有集体活动的成分。例如当今,教师可以利用现代化的教学手段来指导学生的个别学习,并且可以根据每个学生的不同需要和条件来选择学习的内容和时间。

## 第五节　教学工作的基本环节

教学活动是一个完整有序的系统,教学工作由一个个相互联系、前后衔接的环节构成。从教学流程看,完整的教学工作由备课、上课、课外作业的布置与批改、课外辅导、学业成绩的检查与评定等基本环节组成。

### 一、备课

#### (一) 备课的意义

备课是上课前的准备工作,是上好课的前提。所谓备课就是教师根据课程标准的要求和本门课程的特点,结合学生的具体情况,选择最合适的表达方式和顺序,以保证学生有效的学习。教学实践表明,一堂课的成败,与备课是否充分有直接关系。备课还是教师提高自身文化科学知识水平和业务能力的必要途径,也是教师不断积累和总结教学经验,改进教学工作的过程。

#### (二) 备课的内容和要求

1. 钻研教材

教师备课应认真钻研教材,包括钻研学科课程标准和教科书,阅读有关参考书。

学科课程标准体现着国家对本学科的统一要求,钻研学科课程标准是教师备课的基本内容之一。钻研学科课程标准,就是要弄清本学科的教学目的,掌握教材体系、基本内容和教学方法上的基本要求,统观全局、抓住主线,为教师具体制定课堂教学计划和教学进度提供依据。

教科书是教师备课的依据,它为教师备课提供了基本材料。教师在备课过程中,应以学科课程标准的基本精神为指导,深入领会教科书的编辑意图,通过反复钻研熟练地掌握教科书的全部内容,了解整个教科书的整体结构,明确前后教材的联系,准确把握重点章节和各章节的重点、难点和关键内容。

参考书是教科书的补充。为了更好地掌握教科书,教师应在认真钻研教科书的基础上,广泛阅读有关参考书,从中选取合适的材料来充实教学内容,使教学"由博反约"、深入浅出。

2. 了解学生

备课不仅要"备教材",而且要"备学生"。要使自己的教学工作有的放矢、切合实际,教师必须全面深入地了解学生的知识基础、认知能力、学习态度、思维特点和个性特征等情况。具体地说,了解学生包括:了解学生对本门学科的知识、技能掌握的范围和质量;了解学生的学习兴趣和学习态度;了解学生的思维特点、自学能力和学习习惯等。既要了解全班学生的一般情况,又要了解学生间的个别差异,以便区别对待,增强教学的针对性。在了解学生的基础上,教师要预测学生在学习新教材、接受新知识时可能产生的各种问题与困难。拟订相应的教学措施,增强教学的预见性和针对性,更好地调动学生的积极主动性,提高教学的成效性。

### 案例 7-2

一位英语老师回忆起她初为老师时上的一堂课:我心里既高兴又紧张,对自己还是自信满满的,为了这一节课我做了充分的准备。准备了人物头饰、动物头饰,我心想小孩子一定会被这些漂亮的头饰所吸引,上课也一定会很认真,很积极。但事实并非如此,原来这些小孩大多都学过剑桥英语,他们对这些简单的动物单词早就了如指掌,对这些内容也毫无兴趣,他们就在下面讲话,做小动作,只是在我拿出那些头饰的时候才有些兴趣暂时安静一会儿,我有点手足无措,整节课就是在不停地整顿纪律,应该说这是一堂失败的课,我有种受挫感。我在课后进行了反思,从这堂课来看,我最大失败之处就是没有了解学生的知识基础。其实,在备课时,要备教材,更要备学生、备教学方法、备各种教学情形。站在学生的角度上思考,保持与学生共同学习的心态,从学生的认知水平、知识基础以及情感态度上深入地考虑,这样备出来的课,才是符合学生需要的。所以以后我应该灵活一点,才能帮这些学生多补充一些课外的知识,拓展他们的知识面,教学内容可以不单单局限于教材上的,只有适合学生的才是最好的。备课的思路调整以后,我的课渐渐获得了学生的喜欢。

3. 设计教法

设计教法就是考虑如何把已经掌握的教材传授给学生,其中包括如何组织教材、如何确定教学方法等问题。教师在准备运用教学方法时,应坚持启发式教学指导思想,注重教学方法整体功能的发挥,善于把各种不同的教学方法相互搭配,灵活地加以运用。

4. 制订教学计划

在深入钻研教材、全面了解学生、恰当设计教法的基础上,教师还应制订出教学工作的三种计划:学期(或学年)教学进度计划、课题(或单元)计划、课时计划(教案)。

学期(或学年)教学进度计划应在学期或学年开始前制订出来,它是对一个学期(或学年)的教学工作所做的总的准备和制订的总计划。这种教学计划的作用在于明确整个学期(或学年)教学工作的任务和范围,并做出通盘的安排以加强教学的计划性和预见性。学期(或学年)教学进度计划的内容主要包括:学生情况的简要分析,本学期(或学年)教学的总任务和要求,教学总时数,教科书的章节或课题及其教学时数的具体安排,预定复习、考试和考察的时间,所需主要教具等。

课题计划是指在制订好学期(或学年)进度计划的基础上对教学大纲中一个较大的课题或教科书中的一个单元进行全盘考虑而制订的教学计划。课题(或单元)计划应在一个课题(或单元)的教学开始之前制订,它的作用在于对一个课题(或单元)的教学工作进行全面安排。这种教学计划的内容主要包括:课题(或单元)名称、教学目的、课时划分及每个课时的主要问题、课的类型、教学方法、主要教具等。

课时计划(教案)是在课题计划的基础上,对每一节课进行缜密的设计而写出的教案。课时计划是备课工作中最为深入、具体的一步,是教师讲课的重要依据,直接关系到上课的质量。这种教学计划的内容主要包括:班级、学科名称及课题、授课时间、教学目的、课的类型、教学方法、教学进程、教具、板书设计等。其中教学进程是课时计划的基本组成部分,它包括一堂课的教学内容纲要及具体安排。教学方法的具体运用和时间的分配等。有的课时计划还列有课后自我分析和备注等栏目,以便对实际教学效果的成功与不足之处做出简要分析,提出改进意见,从而积累教学经验、提高教学水平。任何教师上课都要备课,写出教案,但教案的详略可以由教师根据本人教学经验和实际情况而定。

## 二、上课

上课是整个教学工作的中心环节,它对备课、课外作业的布置与批改、课外辅导、学生成绩的检查与评定等环节具有支配和决定的作用。要顺利地上好一节课,教师必须在认真备好课的基础上,注意以下几点基本要求。

### (一) 目的明确

教学目的是上课的出发点,是一堂课的灵魂。确立教学目的,要注意做到具体明确、切实可行,既要符合本门学科总的目的和任务,又要从本课具体的教学内容和学生的实际情况出发,避免笼统、公式教学,应包括学生应掌握的知识、技能,应发展的能力,以及应进行思想品德教育的内容。

目的的明确,指的是教师和学生对一堂课要达到什么教学目的都应心中明确。因此,教师不仅应自己首先明确教学目的,而且还应使学生了解本堂课的教学目的,激发学生的学习积极性。

### (二) 内容正确

内容正确是上好一堂课的基本要求,也是圆满完成教学任务的重要保障。正确的教学内容,应该体现科学性与思想性的统一。保证教学内容的科学性要求教师讲授的内容、呈现的教材必须是科学的、正确的,不得与科学结论或公理相悖;教师对概念的定义、原理的论证必须是准确、有条理、符合逻辑的;教学内容既要突出教材的重点、难点、关键,又要顾及教材的系统性、连贯性;既要注意新旧知识的联系,又要注意理论与实际的结合,把传授知识与发展能力结合起来。保证教学内容的思想性则要求教师深入挖掘教材本身所蕴涵的思想性,并以饱满的热情进行讲解,激起学生的思想共鸣,充分发挥教学的教育功能,把知识教学与启迪思想、陶冶情操有机结合起来。

### (三) 结构合理

结构合理是指一堂课的组织紧凑、合理,有高度计划性,何时讲、何时练、何时演示、何时提问、何时讨论、何时板书等都安排妥当、过渡顺利。在整个课堂教学过程中,教师要科学地分配和掌握时间,严密地组织教学活动,使教学环节一环紧扣一环,最大限度地发挥每一分钟的效用。为了保证教学的结构合理,各教学环节顺利自然地过渡,教师还应注意指导和组织学生进行学习,保持教学活动的有序性,防止和消除破坏课堂纪律的不良现象,避免课堂秩序混乱。

### (四) 方法恰当

方法恰当是指教学方法的选择和运用要恰当。只有方法恰当,才能高效率地完成教学任务。衡量教学方法是否恰当的标准有以下几个:教学方法是否符合学生实际情况、教师的教学风格、教材的具体内容;教学方法能否引起和维持学生的学习兴趣;教学方法是否具有启发学生积极思维的作用;教学方法是否给学生带来满足感等。在课堂教学过程中,教师只有根据教学的目的和任务,遵循学生认知发展的规律,恰当选择和灵活运用教学方法,才能调动学生学习的积极性,使学生顺利地掌握本课堂的教学内容。

### (五) 语言艺术

教师语言是传递知识和表达感情的重要工具,在很大程度上直接影响着教学效果。教师讲课的语言应当简明、准确、生动、合乎逻辑,具有一定的感染力和说服力。所谓"简明",就是指教学语言要简约而明达;"准确"是指教学语言要讲究科学性;"生动"是指教学语言要具有直观性和启发性;"合乎逻辑"是要求概念准确、推理严密、论证合理;"具有感染力和说服力"则要求教师教学语言要精心设计、声情并茂,体现出教师爱的力量和人格魅力,能够感染和说服学生。

### (六) 板书有序

教学板书是教师普遍使用的一种重要的教学手段和表现形式,是师生在课堂上最简易的利用视觉交流信息的渠道。"好的板书对于提纲挈领地了解课文内容,对于把握住课文的关键问题,起着很大的作用。教师必须慎重考虑,精心设计。"[①]在课堂教学中要求

---

① 斯霞.我的教学生涯[M].上海:上海教育出版社,1982:28.

教师板书要做到以下几点。一是要字迹清楚、规范、美观大方。教师板书字迹要工整规范、清晰美观,对学生起到示范作用,给学生以美的享受和艺术的熏陶。二是要简洁实用,体现教学思路、知识体系,突出教学重点。教学板书是对教学内容的加工和提炼,贵在精巧设计、以少胜多。课堂板书应有助于理清教学内容的思路,将教学内容结构化,突出其重点和难点。三是要形象直观,引起学生浓厚的学习兴趣,激发学生的丰富想象力,活跃学生的思维。

#### (七)教态自如

教师的教态对于教学语言表达起到一定的配合、修饰和补充。教师的教态还会直接影响到课堂教学气氛的形成和学生情绪的变化。因此,教师在课堂教学中要精神饱满、充满信心、自然大方、不矫揉造作,使教学引人入胜、轻松自如,调动起学生的学习积极性,顺利完成课堂教学任务。

### 三、课外作业的布置和修改

课外作业,也称"家庭作业",是学生根据教师的要求,在上课以外的时间独立进行的学习活动。课外作业的布置与批改是教学工作的有机组成部分,其目的在于促使学生巩固消化课堂所学的知识,形成技能技巧,训练和发展学生的能力,养成学生独立思考和自觉完成作业的良好习惯。

#### (一)课外作业的形式

课外作业的种类和形式多种多样,一般可分为以下几种:阅读作业,包括为预习或复习而阅读教科书,以及为扩大学生的知识领域或加深学生对教材的理解而阅读有关的参考书等;口头作业和口头答问,包括朗读、熟读、背诵、复述、答问和口头解释、分析、熟记教材的基本事实、定理、法则等;书面作业,包括实习、实验、实地观察与测量、制作标本模型、社会调查等。

#### (二)布置和批改学生课外作业的基本要求

布置课外作业应注意以下几点。第一,课外作业的内容要符合学科课程标准和教科书的要求,要与课堂教学和课内作业保持内在联系,课内、课外的学习互相促进,有助于学生巩固、加深理解所学知识,并形成相应的技能技巧。第二,课外作业的难易要适度、分量要适当。第三,课外作业的形式要多样。经常变换家庭作业的形式会提高学生做家庭作业的兴趣。第四,布置课外作业要有明确的要求和必要的指导。布置课外作业要向学生提出明确的要求,规定具体的完成时间。对作业中的难点、疑点可进行必要的辅导,对于不同类型的学生,要采取不同的措施,分别指导,区别对待。

检查、批改学生的课外作业要注意以下几点。第一,及时检查、认真批改,以便使学生养成按时完成作业的良好习惯。第二,将作业完成的情况及时反馈给学生,完成作业较好的学生要及时表扬,对作业中存在的问题要进行分析,找出原因,对于作业中存在的普遍问题要在课上集体订正。第三,教师通过检查批改作业,发现教学中的不足之处,要采取措施及时弥补。第四,批改学生的作业可以采取多种方式:全面批改、重点批改、轮流批改、当面批改、师生共同讨论批改、指导学生相互批改等,教师应从实效出发考虑批改方式的选用。

### 四、课外辅导

课外辅导是贯彻因材施教、适应学生个别差异的重要措施,是教学工作不可缺少的环节之一。

#### (一)课外辅导的内容

课外辅导可分为集体辅导和个别辅导两种方式。集体辅导是针对学生中普遍存在的问题进行全班性辅导;个别辅导则是针对不同学习能力的学生分别进行的辅导。课外辅导的主要内容和任务包括以下几个方面:给学生解答疑难问题,指导学生做好课外作业;给学习成绩较差、基础较为薄弱的学生补课,帮助他们克服学习上的困难;对学习成绩优异、学习能力强的学生适当补充学习内容,适当提高内容难度,满足他们的求知欲,扩大他们的视野;还要对学生进行学习目的、学习态度的教育和学习方法的指导等。

#### (二)课外辅导的要求

课外辅导工作的基本要求包括以下几点。第一,因材施教,增强教学的针对性。教师应深入了解学生,根据不同类型和特点的学生,确定具体的辅导内容和措施,以增强教学的针对性。第二,对于"后进生",教师应热情耐心地予以补课辅导,增强他们的信心,尤其要注意发展他们的智力。对"后进生"的辅导应尽量争取家长的配合。第三,教师还要充分发挥集体优势,组织学生开展互帮互助的活动。第四,教师应客观、正确地认识课外辅导的意义和作用。课外辅导是课堂教学的有益补充,但不是上课的继续,也不是上课的简单重复。课外辅导只有在保证课堂教学质量的前提下才能发挥理想的作用,因此教师既不能忽视课外辅导作用,也不能把课外辅导搞成变相上课。

### 五、学业成绩的检查与评定

学业成绩的检查与评定是教学工作的一个重要环节,它对教学工作的顺利进行和教学质量的提高具有十分重要的意义。

#### (一)学业成绩检查与评定的意义

首先,有利于促进学生的学习。检查考核能够督促学生复习巩固所学的知识和技能,并可以从考核结果的反馈中了解自己学习的情况,找出差距,明确学习方向,调整自己,进一步提高学习的质量和效率。

其次,有利于促进教师的教学。教师可以通过对学生的检查和评定,了解自己教学中的长处和不足,总结经验教训,以利于下一步的教学工作的改进。

再次,有利于学校领导和教育行政部门了解学校的教学情况。学校和教育行政部门可以通过对学生的检查和评定,了解学校的教学情况,改善和加强对学校教学工作的领导。

最后,有利于家长了解自己子女的学习情况。学生学业成绩的检查和评定可以使家长及时了解子女的学习情况和变化,以便配合学校进行教育,督促孩子努力学习,提高学习质量。

### (二) 学业成绩检查的方式

检查学生学业成绩的方法是多种多样的。常用的检查方式有两大类:平时检查(考查)和阶段检查(考试)。

1. 平时考查

平时考查的方式主要有口头提问、检查书面作业和单元测验等形式。

口头提问是学生根据教师所提出的问题进行面对面地口头回答的方式。这种检查方式的优点是可以使教师直接了解到学生掌握知识的情况;通过面对面的交流,教师可以及时指出学生的优缺点并提出改进意见;口头提问还可以促进学生口头语言表达能力的提高。运用口头提问方式应注意所提问问题的计划性和提问对象的普遍性,并将简单提问和详细提问结合起来,把口头回答和板书回答结合起来,使提问发挥最大的功效。

检查书面作业包括检查平时的课堂作业、家庭作业等。经常检查学生的各种书面作业可以调动学生完成作业的积极性,养成按时完成作业的良好习惯,锻炼学生独立地运用知识解决问题的能力。教师可以从学生的作业中了解学生的学习情况和学习上存在的问题,以便于有针对性地改进。

单元测验一般在学完一章或一个课题之后进行,它能使教师在较短的时间内了解学生掌握知识的情况,为改进教学服务;有助于学生知识的系统化和概括化。单元测验的次数、难易程度、时间长短,应根据学科特点和学生情况适当安排,不宜过多、过频、过于集中;测验结束后,教师要及时评阅和讲评,采取措施弥补学生知识的缺陷。

2. 考试

考试是对学生知识、技能等进行总结性检查时所采用的一种方式。考试可以把学生平时学习的知识归纳成完整、系统的知识体系,对于掌握和运用教材中的基础知识和规律性知识具有重要作用。教师通过考试可以较为全面地了解学生学习的情况,给予总的评定。它通常在期中、期末和毕业时进行。考试可采取口试、笔试和实践考核等多种形式。

口试是通过让学生面对面地口头回答教师所出的题目来检查学生学业成绩的一种

方式。口试的优点在于它可以使学生充分叙述所掌握的知识；教师可以直接掌握学生的真实情况。它的缺点是教师需要拟定大量的口试题目，准备试题和进行考试都要占用大量的时间。

笔试是对全班学生出同样的考题，要求学生在规定的时间内做出书面回答的一种检查方式。笔试的优点在于它更节省时间，也便于教师评价和比较全班学生的学习成绩，有利于发现教学中存在的共同问题。笔试有闭卷和开卷两种形式，实际教学中教师可根据需要选用。

实践考核是指通过实践活动对某些实践活动如实验、操作、设计和制作物品等进行检查的一种方式。实践考核便于检查学生的实践能力和动手操作能力，有利于学生实践意识的培养和实践能力的培养，但并非所有的学科都适用这种考查方式。

在实际教学中，教师要根据检查的目的、学科的特点和学生的实际情况来确定考试方式。必要时，也可以把以上几种形式结合起来使用。

**（三）学业成绩评定的方法与要求**

1. 学生成绩评定的方法

评定就是对学生学业成绩的平时检查和阶段性检查给予一定的评分或评语。评分和评语两种方式各有优缺点。评分可以较客观地反映学生的学习情况，便于进行比较，却无法具体说明学生在掌握知识方面的优缺点。评语则可以对学生学习情况作出恰当的评价，指出学生的优缺点和改进的方向与方法，但评语不利于横向的比较，不利于进行各种统计计算。

评分的主要方法一般分为两种：百分制计分法和等级制计分法。等级制计分法又可分为两类：一类为等级记分法，如甲、乙、丙、丁，优、良、中、差、劣，优、良、及格、不及格；另一类为数字计分法，如 5、4、3、2、1 等。

2. 学业成绩评定的要求

教师进行学业成绩评定时应做到以下几点。（1）客观公正。必须严格遵循评定标准。（2）方向明确。要向学生指出学习上的优缺点和努力的方向，这是评定学生学业成绩的主要目的。（3）鼓励学生创新。在评定中，不仅要看答案，而且要看思路，要重视学生思维的创造性。

## 本章小结

本章介绍了教学、教学过程、教学原则、教学方法、班级授课制、课的类型以及复式教学等的概念；阐明了教学的意义和一般任务，揭示了教学过程的基本规律，在此基础上进一步提出了中小学常用的教学原则，并指出在教学中如何贯彻这些基本原则；教学方法有以语言传递为主的、有以实际训练为主的、有以情感陶冶为主的、有以直观感知为主的,在教学中要根据具体情况灵活应用,不能僵化;现代教学的基本组织形式是班级授课制,根据不同的分类标准,课可以分为不同的类型,在介绍班级授课制的基本特征的基础上,指出班级授课制既有优点也有缺点,除了班级授课制以外,还有多种教学的辅助形式和其他形式,要多种教学组织形式综合运用,取长补短,发挥整体功能;教学工作由备课、上课、课外作业的布置与批改、课外辅导、学业成绩的检查与评定等基本环节组成,掌握各个基本环节的基本要求,领会其中的内涵精神,才能搞好教学工作。

## 思考与练习

1. 什么是教学、教学过程？教学过程的基本规律有哪些？
2. 中小学常用的教学原则有哪些？教师在教学过程中应如何贯彻这些原则？
3. 什么是教学方法？中小学常用的教学方法是如何分类的？
4. 什么叫班级授课制？它有哪些优缺点？
5. 上课的基本要求有哪些？

## 参考文献

[1] [捷]夸美纽斯.大教学论[M].傅任敢,译.北京:教育科学出版社,1999.

[2] 王策三.教学论稿[M].北京:人民教育出版社,1985.

[3] 南京师范大学教育系.教育学[M].北京:人民教育出版社,1984.

[4] 庞守兴,广少奎.教育学新论[M].济南:山东大学出版社,2009.

[5] 全国十二所重点师范大学联合编写.教育学基础(第2版)[M].北京:教育科学出版社,2002.

[6] 李秉德.教学论[M].北京:人民教育出版社,2001.

[7] 黄济,王策三.现代教育论[M].北京:人民教育出版社,1996.

# 第八章 课　　程

**学习目标**

1. 理解课程、课程目标、课程实施的内涵。
2. 理解和掌握课程的分类、课程的设计理论、课程评价的分类和模式。
3. 掌握运用课程的设计、课程的实施、课程评价。

> **案例 8-1**
>
> **老师的困惑：相熟又陌生的"课程"**[①]
>
> 　　在一次学术研讨会上，与会者就课程改革中遇到的问题进行了激烈的讨论。
> 　　一位教师说："我是一名中学教师。对这次课程改革，我表示支持并积极参与。这次课程改革提出的一些新观点、新理念，我也非常赞同。但是，理论家告诉我们，课程既包括书本知识，又包括学生的活动经验；既有教材内容，又有教师、学生、环境；既有看得见的，又有看不见的；既有校内的又有校外的。总之，我感觉理论家似乎在告诉我们处处是课程，时时有课程。这样的课程概念似乎有点玄、空。真到了实际工作中，我还是不知该如何理解和把握课程，还是不知该怎样做。"
> 　　与会张教授说："现在理论界给'课程'下的定义的确是五花八门，有些繁杂，给老师们造成了理解上的困难。不过，这种现象的背后实际上隐藏着各种价值观的斗争。不同的课程定义反映了定义者的价值倾向性。倾向于儿童中心、学生中心的，就把课程定义为学生的经验；倾向于学科中心的，就把课程定义为学科知识；倾向于社会改造的，就把课程定义为各种社会问题及其解决过程。对教育工作者来说，重要的不是选择这种或那种课程定义，而是意识到各种课程定义所要解决的问题，以便根据课程实践的要求，做出明智的决策。总之，期望有一个精确的课程定义是不可能的。老师们要充分发挥主体性，创造性地运用理论解决各种问题。"

---

① 王本陆.课程与教学论[M].北京:高等教育出版社,2004.

## 第一节　课程概述

### 一、课程的一般概念

课程作为教育科学的一个重要研究领域，集中体现了教育要求，具体反映了教学内容，同时又决定了教学方法和教学组织形式的选择，而且还是教育、教学评价的重要依据，因而越来越受到人们的关注。对课程问题的专门研究发端于20世纪初，从20世纪20年代起，一些国家就逐步将课程问题作为一门独立的学科加以研究，即课程论或课程学。实际上，人类对课程问题的思考在古今中外众多的教育思想家那里已经得到体现。

"课程"一词在中国始见于唐宋期间。据考证，唐朝孔颖达在《五经正义》里为《诗经·小雅·小弁》中"奕奕寝庙，君子作之"句作疏："维护课程，必君子监之，乃依法制。"但这里"课程"的含义与我们今天所用之意相去甚远。宋代朱熹在《朱子全书·论学》中多次提及"课程"，如"宽著期限，紧著课程""小立课程，大做文章"等，其含义是很清楚的，即指功课及其进程。但这里的"课程"仅仅指学习内容的安排次序和规定，没有涉及教学方面的要求，因此称为"学程"更为准确。到了近代，由于班级授课制的施行，赫尔巴特学派"五段教学法"的引入，人们开始关注教学的程序及设计，于是"课程"的含义从"学程"变成了"教程"。新中国成立以后，由于凯洛夫教育学的影响，到20世纪80年代中期以前，"课程"一词很少出现。

在西方英语世界里，课程（curriculum）一词最早出现在英国教育家斯宾塞（H. Spencer）《什么知识最有价值？》（*What Knowledge is of Most Worth*？1859）一文中。它是从拉丁语"Currere"一词派生出来的，意为"跑道"（Race-course）。根据这个词源，最常见的课程定义是"学习的进程"（Course of study），简称学程。这一解释在各种英文词典中很普遍，英国牛津字典、美国韦伯字典、《国际教育字典》（International Dictionary of Education）都是这样解释的。但这种解释在当今的课程文献中受到越来越多的质疑，并对课程的拉丁文词源有了新的理解。"Currere"一词的名词形式意为"跑道"，由此课程就是为不同学生设计的不同轨道，从而引出了一种传统的课程体系；而"Currere"的动词形式是指"奔跑"，这样理解课程的着眼点就会放在个体认识的独特性和经验的自我建构上，就会得出一种完全不同的课程理论和实践。随着研究的深入，课程研究逐渐成为一个独立的领域，对课程的理解和认识也在不断发展。

关于课程的概念是一个争议非常大的问题，种类繁多，1991年出版的《国家课程百科全书》中列举了九种有代表性的课程定义。

我们理解的课程有广义、狭义和最狭义之分。广义的课程是指学生在校期间所学内容的总和及进程安排,即指学生在学校获得的全部经验,如中学课程。狭义的课程是指各级各类学校为了实现培养目标而开设的教学科目的总和以及它们之间的开设顺序和时间比例关系,如数学课程。最狭义的课程特指某一门课程,如三年级的语文课。

## 二、课程的类型

课程类型是指课程的组织方式或指设计课程的种类。根据课程工作者的课程观不同,划分标准不同对课程进行不同的分类。根据课程制订者或管理制度角度,可分为国家课程、地方课程、学校课程;根据课程任务进行分类,可分为基础型课程、拓展型课程、研究型课程;根据学生选择课程的自主性进行分类,可分为必修课程和选修课程;根据课程形态进行分类,可分为显性课程和隐性课程;根据课程的组织核心来看,可分为学科中心课程、学生中心课程、社会中心课程等。

### (一)根据课程制订者或管理制度角度进行分类

1. 国家课程

国家课程,也称为"国家统一课程",它是指自上而下地由中央教育行政机构负责编制、审定、实施和评价的课程,其管理权属于中央教育行政机关,属于一级课程。通常是在全国范围内统一设置的课程。它编定的宗旨是保证国家确定的普通教育的培养目标,因而侧重于学生应掌握的基础知识和基本能力,学生发展的基本要求和共同素质,强调课程内容的一致性、共同性和发展型。在实施上具有强制性,体现国家对教育的基本要求,以确保一个国家所实施的课程能够达到共同的教育质量要求。

2. 地方课程

地方课程,也称"地方本位课程",是省、自治区、直辖市等各级地方教育行政机构和教育科研机构根据本地情况自行编定的课程,属于二级课程。它编定的宗旨是补充、丰富国家级课程的内容,是一种为突出地方特色与地方文化,具有区域性、本土性特点,是为了满足各地经济、文化发展和各地学生发展需要而设置的课程。

3. 学校课程

学校课程,又叫"校本课程",是在实施国家课程和地方课程的前提下,学生根据自己的教育理念,通过对本校学生的需求进行科学和系统评估的基础上,充分利用当地社区和学校的课程资源而开发的多样的、可供学生选择的课程。学校课程设置的目的在于尽可能适应社区、学校、学生的差异性,课程通常是由校长领导、教师参与研制开发的,通常以选修课的形式出现。

### (二)根据课程任务进行分类

1. 基础型课程

基础型课程注重学生基础学力的培养,即培养学生作为一个公民所必须的"三基"

(读、写、算)为中心的课程,是中小学课程的主要组成部分。它以基础知识和基本技能为主,不仅注重知识和技能传授,也注重思维力、判断力等能力的发展和学习动机、态度的培养。基础型课程是必修课,随学段的不同而有所不同。

2. 拓展型课程

拓展型课程注重拓展学生的知识和能力,开阔学生的视野,发展学生的特殊能力,并迁移到其他方面的学习上的课程。拓展型课程往往以选修课的形式出现,具有较大的灵活性。

3. 研究型课程

研究型课程注重培养学生的探究精神、探究态度和探究能力,指的是在教师引导和指导下,根据各自的兴趣、爱好和条件,由学生自主选择不同的研究课题,独立地开展研究,从而培养创新精神和创造能力的一种课程。在研究型课程中,教师关注的是学生怎样找到解决问题的切入口,怎样形成假设,怎样查找资料,怎样进行论证,怎样形成真正属于自己的见解,而不在于要得到什么统一的答案。因而研究型课程从问题的提出、方案的设计到实施以及结论的得出,完全由学生自己来做,注重研究过程甚于研究结论。

### (三)根据学生选择课程的自主性进行分类

1. 必修课程

必修课程是为保证所有学生达到基本学力而必须学习的课程。它体现了国家和社会对人才的统一要求,注重培养和发展学生的共性,保证国家和社会对其社会成员的基本素质要求,具有统一性和强制性。

2. 选修课程

选修课程是指学生可以在一定范围内,根据自己的需要、兴趣以及个性差异有选择地进行学习的课程。它注重培养和发展学生的个性,从而促进人才的成长,具有选择性和多样性。

### (四)根据课程形态进行分类

1. 显性课程

显性课程,又称"公开课程""官方课程",是指为实现一定的教育目标而以课程标准、教材等显性的形式出现的课程。显性课程是课程的主要形式,是教学的主要载体。

2. 隐性课程

隐性课程,又称"潜在课程""隐蔽课程""自发课程"等,与显性课程相对应,在学校情境中是学生非正式和无意识的学校学习经验,以间接的、内隐的方式呈现的课程。隐性课程在学校中无时不有、无处不在,一般而言,其形态包括以下几个方面:第一,学校的物质环境,如学校的建筑、校园的规划、教师的环境及布置、教学设备等;第二,学校的组织制度,如学校的组织制度、管理评价;第三,学校的文化传统,如学校的校风、班级的班风、师生关系、学生团体文化等。

**(五)根据课程的组织核心来看**

1. 学科中心课程

学科中心课程,又称"学科课程""分科课程",是指分别从相应的科学知识领域中选择适合学生发展阶段的内容,根据知识的逻辑体系和教育教学需要组成不同的学科,独立地安排其顺序、学习时数和期限进行教学的课程。

学科中心课程历史悠久,它源于中国古代的"六艺"(礼、乐、射、御、书、数)和古希腊的"七艺"(文法、修辞、辩证法、算术、几何、天文、音乐)。迄今为止,世界上的许多国家都采用学科中心课程。

学科中心课程以知识和知识的逻辑体系为中心编制课程,注重学科的理论知识,强调把各门科学中的基本概念、基本原理和基本规律教给学生。因而能在较短的时间内让学生系统掌握和继承这些知识和经验,但也因过多地注重知识的逻辑和体系,以知识为本位,忽视了学生的需要和兴趣,同时学科分类较多较细,容易造成学生课业的负担。这种课程上的人为的割裂,造成学生认知结构的支离破碎,不利于学生综合能力的培养和发展。

2. 学生中心课程

学生中心课程,又称"活动课程",是指主张打破学科界限,以学生的兴趣、需要和活动为中心来获得经验和能力的课程。

学生中心课程从思想上可以追溯到法国启蒙主义教育家卢梭的"自然教育"思想,主要倡导者是美国实用主义教育家杜威,他提出"教育即生活""学校即社会""做中学"的主张。

学生中心课程从学生的需要、兴趣和个性出发,以学生的心理发展顺序为中心编制课程,能够激发学生活动的主动性和创造性,有利于发展学生的智力、培养实践能力,但容易忽视学生对系统知识的学习,而使学生获得的知识缺乏系统性和连贯性。

3. 社会中心课程

社会中心课程,又称"社会改造主义课程",是指以解决实际的社会重大问题的逻辑为主线、强调教育与社会的联系来编制的课程。在课程改革上,社会改造主义者提出学校课程也应致力于社会改造,要以明确的社会改革目标作为自己的目的,主张问题中心课程。

社会改造主义是从进步主义教育运动中逐渐派生出来的,在20世纪30年代和50年代两度兴盛,其早期的代表人物有拉格、克伯屈和康茨。1932年,拉格在《进步主义教育》杂志上发表题为《通过教育改造社会》的论文,康茨和克伯屈则分别出版《学校敢于建立一个新的社会秩序吗?》和《教育与社会危机》两部著作,这标志着社会改造主义的初步形成。

社会改造主义课程理论认为,教育的根本价值是社会发展,学校应该致力于社会的改造而不是个人的发展。主张课程的最终价值是社会价值,课程是实现未来理想社会的运载工具,使课程与社会问题联系起来,增强学生适应和改造社会生活的能力,但也因此夸大了学校变革社会的功能,把课程设置的重心完全放在适应和改造社会生活上,忽视学生的主体性,阻碍学生主体意识和能力的发展,其预想的课程目标很难实现。

此外还有根据课程功能的角度,可把课程分为工具性课程、知识性课程、技能性课程、实践性课程;根据教育阶段角度,可把课程分为幼儿园课程、小学课程、初中课程、高中课程等。不同类型的课程有不同的特征,也有不同的功能和作用。在实际教育工作中,通常需要把不同类型的课程加以组合,以实现学生的全面发展。

### 三、制约课程的主要因素

课程是随社会的发展而演变的,它反映了一定社会的政治、经济要求,受一定社会生产力和科学文化发展水平以及学生发展规律的制约,即社会、知识和学生是制约学校课程的三大外部因素。制约课程开发的还有课程内部因素,即课程理论及课程发展的自身规律。

#### (一)一定历史时期社会发展的要求及提供的可能

不同时代学校课程体系和总体结构都是直接受制于一定社会发展的需求。社会发展的需求不同,教育目的和培养目标不同,学校的课程体系和结构就会有所差异。社会要求包括政治、经济、科技、文化、道德等,这些因素的发展影响着学校课程的门类、课程内容的广度和深度、课程的管理、课程的方向以及社会对人才的需求等。如古代学校教育重语言、政治、伦理和宗教等学科;至近代,自然科学学科、技术性学科、社会科学学科才逐渐在学校课程中占据重要地位。

#### (二)一定时代人类文化及科学技术发展水平

文化科学知识是人类长期积累的宝贵经验和当代科学成就的总和。课程设计首先要考虑的就是从这些知识总和中选择什么,这也是影响课程的最基本的前提。由于各国的文化传统不同,对课程内容的具体规定上也具有差异性。如亚洲各民族的教育注重培养个人对社会的义务感,而欧美各国则突出个人的自由发展。我国有重视伦理道德的传统,因此思想品德课一直受到重视。科学知识的发展水平也影响课程的设置水平、性质和特征,课程内容也应反映各门科学中那些具有高度科学价值和实践价值的基本理论、法则和基本概念。课程的编制应考虑一定时代文化知识结构的内在逻辑性和现代科学技术发展的水平,以保证学校课程的科学性和系统性。

### (三)学生的年龄特征、知识、能力基础及其可接受性

学生的身心发展的特点和水平也是影响课程发展的重要因素。课程的设置、课程目标的设计、教材的编制、课程的总体水平、课程内容的程度和逻辑结构不仅要符合学生的年龄特征,符合学生身心的发展规律和发展水平,而且要正确处理需要与可能、现实与发展的关系,从而最大限度地满足学生的身心和谐发展。在当代,课程的开发还要尽可能满足学生多样化的学习,促进学生个性的发展。

### (四)课程理论

课程的发展不仅受到一定社会政治、经济、文化、科技和学生身心发展的规律和水平等外部因素的制约,一定社会条件下形成的课程理论对课程的发展起着重大的指导作用,它是影响课程自身发展的重要内部因素。对课程设计产生较大影响的课程理论有学科中心课程论、活动中心课程论、人本主义课程论、结构课程论等,其中泰勒的课程设计理论对课程设计就产生过很大的影响。

拉尔夫·泰勒(Ralph Tyler),美国著名教育学家、课程理论专家、评价理论专家。他是现代课程理论的重要奠基者,是科学化课程开发理论的集大成者。由于对教育评价理论、课程理论的卓越贡献,泰勒被美誉为"当代教育评价之父""现代课程理论之父"。1949年出版了《课程与教学的基本原理》,被公认为现代课程理论的奠基石。在这本书中,泰勒提出了关于课程编制的四个问题,即泰勒原理:(1)学校应该达到哪些教育目标?(2)提供哪些教育经验才能实现这些目标?(3)怎样才能有效地组织这些教育经验?(4)我们怎样才能确定这些目标正在得到实现?透过这些问题,我们可以看到编制课程的四个基本步骤:确定目标、选择经验、组织经验、评价结果。其中确定目标是最为关键的一步,其他所有步骤都是围绕目标而展开的。所以泰勒的课程编制模式又称为"目标模式"。

## 第二节 课程目标

人类的实践活动是有目的的行为,教育教学活动也是如此。教育教学活动目标是一切教育教学活动的出发点和归宿,它支配、调节着教育教学活动,任何教育教学活动都是围绕着实现一定的目标而进行的。教育教学目标一直影响着课程目标的设定。

### 一、课程目标的内涵

要把握课程目标的含义,首先要理解什么是"目标"。《现代汉语词典》中,把"目标"定义为"想要达到的境地或标准"。在英语中,"objective"原义为"流水线上生产出的产品",引入

教育领域中,它的含义转变为"用预期达到的教育结果来支配教育行动的思想"。

课程目标是指课程本身要实现的具体目标,是国家通过课程实施期望一定教育阶段的学生在发展品德、智力、体质等方面达到的程度。基础教育的三维课程目标即为知识与技能、过程与方法、情感态度与价值观。据此,课程目标主要分为四类。第一,认知类。包括知识的基本概念、原理和规律,理解思维能力。第二,技能类。包括行为、习惯、运动及交际能力。第三,情感类。包括思想、观念和信念,如价值观、审美观等。第四,应用类。包括应用前三类来解决社会和个人生活问题的能力。其中知识技能目标的达成是基础,过程方法、情感态度、价值观目标的实现更为重要。

**知识卡片 8-1**

**基础教育课程改革的具体目标**[①]

改变课程过于注重知识传授的倾向,强调形成积极主动的学习态度,使获得基础知识与基本技能的过程同时成为学会学习和形成正确价值观的过程。

改变课程结构过于强调学科本位、科目过多和缺乏整合的现状,整体设置九年一贯的课程门类和课时比例,并设置综合课程,以适应不同地区和学生发展的需求,体现课程结构的均衡性、综合性和选择性。

改变课程内容"难、繁、偏、旧"和过于注重书本知识的现状,加强课程内容与学生生活以及现代社会和科技发展的联系,关注学生的学习兴趣和经验,精选终身学习必备的基础知识和技能。

改变课程实施过于强调接受学习、死记硬背、机械训练的现状,倡导学生主动参与、乐于探究、勤于动手,培养学生搜集和处理信息的能力、获取新知识的能力、分析和解决问题的能力以及交流与合作的能力。

改变课程评价过分强调甄别与选拔的功能,发挥评价促进学生发展、教师提高和改进教学实践的功能。

改变课程管理过于集中的状况,实行国家、地方、学校三级课程管理,增强课程对地方、学校及学生的适应性。

## 二、课程目标与教育目的、培养目标、教学目标的关系

教育目的是指教育的总体设计,是国家通过教育所要培养的人的质量和规格的总要求,或社会通过教育过程要在受教育者身上形成它所期望的结果或达到的标准。即解决

---

[①] 教育部.基础教育课程改革纲要(试行),2001.

一个国家、一个社会将受教育者培养成什么样人的问题,对各级各类学校、各种形式的教育教学活动都具有指导和制约作用。例如,按照《国家中长期教育改革和发展规划纲要(2010—2020年)》,我国现阶段的教育目的是"全面贯彻党的教育方针,坚持教育为社会主义现代化建设服务,为人民服务,与生产劳动和社会实践相结合,培养德智体美全面发展的社会主义建设者和接班人"。教育目的就是根据社会发展要求和受教育身心发展的规律确定的,是教育工作的出发点和最终目标。但教育目的是对各级各类学校教育的总的规定和要求,具有高度的概括性、抽象性和广泛的适应性。然而,这种普遍使用的教育目的要进一步落实,还必须有培养目标。

培养目标是各级各类学校根据教育目的和学校的性质和任务制定的、符合一定社会需要的具体要求,是教育目的的具体化。它与教育目的的关系是具体与抽象的关系,也就是说培养目标要根据教育目的来制定,而教育目的又要通过各级各类学校的培养目标的实现才能实现。例如,《基础教育课程改革纲要(试行)》规定了基础教育的培养目标应体现时代要求,"要使学生具有爱国主义、集体主义精神,热爱社会主义,继承和发扬中华民族的优秀传统和革命传统;具有社会主义民主法制意识,遵守国家法律和社会公德;逐步形成正确的世界观、人生观、价值观;具有社会责任感,努力为人民服务;具有初步的创新精神、实践能力、科学和人文素养以及环境意识;具有适应终身学习的基础知识、基本技能和方法;具有健壮的体魄和良好的心理素质,养成健康的审美情趣和生活方式,成为有理想、有道德、有文化、有纪律的一代新人"。各级各类学校的培养目标主要依靠各级各类学校的学科教学活动来实现,更准确地说,教育目的和培养目标是通过一系列的课程与教学目标落实到教学活动中去的。

课程目标是培养目标的进一步细化,是指教学活动实施的方向和预期达到的结果,也称教学目标或称课程与教学目标。要保证教学工作取得预期的结果和标准,首先就必须提出具体明确、切实可行的课程与教学目标,据此展开教学活动。例如,在具体的课程实施与教学活动中,在知识与技能、过程与方法、情感态度与价值观等目标方面,不同的教学活动要达到的具体目标是不一样的。

## 三、课程目标的依据

在制定课程目标时要考虑很多方面的因素,其中主要有学生的需要、当代社会生活的需求和学科的发展三个方面。

### 1. 对学生的研究

对学生的研究、分析学生的需要是制定课程目标的首要依据。课程是学生的课程,因而学生的需要是课程目标确定的基本依据之一。在制订课程目标时,要首先考虑学生的现状,了解学生的兴趣爱好、学习能力、年龄特征和个体差异。在了解和研究学生现状的基础上设计出合理的课程目标。当课程以满足学生的需要、促进学生个性发展为直接目的,当课程开发以学生的需要为基点,强调学生需要的优先性的时候,这种课程就是"学生中心课程论"。这种课程理论不是认为对学生的研究是课程目标的唯一性,而是强调学生的需要和个性发展的优先性。

2. 对社会的研究

学生不仅生活在学校中,而且还生活在社会中,学生的学校生活是为明天走向社会做准备的过程,实际上就是学生社会化与个性化的过程。课程目标必须密切联系社会,反映社会生活的需求,因而制订课程目标时,必须研究当代社会生活的经济全球化、政治多极化、文化多元化、社会信息化等特征,培养学生适应社会发展需求的能力。当课程以满足当代社会生活需求以维持或改造社会生活为直接目的,当课程开发以当代社会生活的需求为基点,强调当代社会生活需求的优先性的时候,这种课程就是"社会中心课程论"。这种课程理论也不是认为对社会生活需求的研究是课程目标的唯一性,而是强调社会生活需求的优先性。

3. 对学科的研究

人是一种文化的存在。人由自然人发展为社会人的基本途径就是通过学校课程学习系统的基础知识和基本技能,而学科是知识的最主要的载体,因此,制订课程目标必须考虑学科知识及其发展,使学生能够继承文化遗产,创造和繁荣文化,更能传承文明,并引领其发展。当课程将学科的发展视为直接目的,当课程开发以学科知识及其发展为基点,强调学科知识优先性的时候,这种课程就是"学科中心课程论"。这种课程理论也不是认为对学科的发展是课程目标的唯一性,而是强调学科发展的优先性。

## 第三节  课程设计

### 一、什么是课程设计

《简明国际教育百科全书课程》中对课程设计的定义为"课程设计是指拟订一门课程的组织形式和组织结构",并指出"它决定于两种不同层次的课程编制的决策。广义的层次包括基本的价值选择,具体的层次包括技术上的安排和课程要素的实施"。其中,所谓广义的层次大致相当于理性主义的课程设计取向定义,而具体的层次则相当于技术取向的课程设计定义。但也有学者认为除了这两个层次的课程设计外,还存在一个更微观的课程设计层次,并且不同层次的课程设计要受到不同因素的影响。我们关注的是具体层次的课程设计定义,是指课程结构的编制,包括课程体系整体的编制和具体课程的编制,是指有目的、有计划、有结构地产生教学计划、教学大纲以及教材的系统化活动。其中,教学计划、教学大纲、教材也是课程设计的三个层次。

## 二、课程设计的三个层次

### (一) 教学计划

1. 教学计划的含义及意义

教学计划也称课程计划,它是根据教育目的和不同类型学校的教育任务,由国家教育主管部门或学校所制定的有关课程和教育工作的指导性文件,如《普通高中课程方案》,是课程设置的整体规划,它规定不同课程类型相互结构的方式(如学科课程、活动课程及综合课程在课程计划中的地位及所找的比例等),也规定了不同课程在管理及学习方式的要求及其所占比例(如必修课与选修课的比例),同时,对学校的教学、生产劳动、课外活动等作出全面安排,具体规定了学校应设置的学科、课程开设的顺序及课时分配,并对学期、学年、假期进行划分。

教学计划作为教育主管部门制定的有关学校教育教学工作的指导性文件,体现了国家对学校的统一要求,是办学的基本纲领和重要依据。而我国义务教育的教学计划还应当具备强制性、普遍性、基础性三个基本特征。

2. 教学计划的构成

教学计划是由指导思想、培养目标、学科设置、学科顺序、课时分配、学年编制和学周安排构成。

(1) 指导思想。指导思想通常在教学计划的开始部分,主要从教育思想、教育方针、当前课程改革的宗旨、制定本教学计划的方法论等方面来论述。

(2) 培养目标。培养目标是各级各类学校根据教育目的和学校的性质与任务制定的,对学生在思想品德、知识技能、体质强健、审美修养、身心健康等方面提出的要求。

(3) 学科设置。有了明确的指导思想和培养目标,但是人类积累的文化知识浩如烟海,学习哪些学科才能达到这一目标呢?这就要涉及学科设置问题。学科设置是根据培养目标而确定开设哪些教学科目。它是制订教学计划时要解决的首要问题,是教学计划的基本部分和中心问题。

**知识卡片 8-2**

**2001 年颁布试行的《基础教育课程改革纲要(试行)》中的相关规定**[①]

小学阶段以综合课程为主。小学低年级开设品德与生活、语文、数学、体育、艺术(或音乐、美术)等课程;小学中高年级开设品德与社会、语文、数学、科

---

① 教育部.基础教育课程改革纲要(试行),2001.

学、外语、综合实践活动、体育、艺术(或音乐、美术)等课程。初中阶段设置分科与综合相结合的课程,主要包括思想品德、语文、数学、外语、科学(或物理、化学、生物)、历史与社会(或历史、地理)、体育与健康、艺术(或音乐、美术)以及综合实践活动。积极倡导各地选择综合课程。学校应努力创造条件开设选修课程。在义务教育阶段的语文、艺术、美术课中要加强写字教学。

高中以分科课程为主。为使学生在普遍达到基本要求的前提下实现有个性的发展,课程标准应有不同水平的要求,在开设必修课的同时,设置丰富多样的选修课程,开设技术类课程。积极试行学分制管理。

从小学至高中设置综合实践活动并作为必修课程,其内容主要包括:信息技术教育、研究性学习、社区服务与社会实践以及劳动与技术教育。强调学生通过实践,增强探究和创新意识,学习科学研究的方法,发展综合运用知识的能力。增进学校与社会的密切联系,培养学生的社会责任感。在课程的实施过程中,加强信息技术教育,培养学生利用信息技术的意识和能力。了解必要的通用技术和职业分工,形成初步技术能力。

(4) 学科顺序。学科设置问题解决之后,就有一个学科开设的顺序问题。学科顺序的安排不但要反映科学本身的体系、各门学科之间的内在逻辑联系,而且要符合不同年龄阶段学生发展的水平。例如,只能在掌握了必要的数学知识之后,才能学习物理和化学知识。

(5) 课时分配。各门学科的课时分配是根据培养目标的需要和各门学科在教学计划中所处的地位以及学科内容的难易程度来确定的。它包括每门学科的总时数和每学年、每周的课时数。如语文、数学是学习其他学科的基础,内容多而复杂,因而在中小学各年级中所占课时都较多。

(6) 学年编制和学周安排。教学计划中还要合理安排学年和学周,以保证学校工作正常进行。学年编制包括学年中学期的划分、各个学期的教学周数、综合社会实践的时间、假期和节日时间的规定等。学周安排包括每周上课总时数、课外实践活动时数等。如我国学校一般为秋季招生,以此作为新学年的开始,一学年分为两个学期,学期之间有寒假和暑假。

(二) 教学大纲

1. 教学大纲的含义

教学大纲也称课程标准或学科课程标准,是国家课程标准的简称,是国家制定的基础教育课程的基本规范和质量要求,是根据课程计划以纲要的形式编写的有关学科教学内容的指导性文件。教学大纲是编写教材、教学、评估与考试命题的直接依据,是国家管理和评价课程的基础。它体现了国家对不同阶段的学生在知识与技能、过程与方法、情感态度与价值观等方面应达到的基本要求。

我国从2001年开始推行基础教育课程改革,以"课程标准"取代原来使用的"教学大纲"概念。与原来颁布的中学各科教学大纲相比较,新的课程标准在义务教育阶段在课程功能、课程内容、课程实施、课程管理等方面发生了变化,主要体现在课程标准的结构上。

表8-1 新课程标准与教学大纲的区别

| 国家课程标准总体结构框架 | | 教学大纲 |
| --- | --- | --- |
| 前言 | 课程性质<br>课程基本理念<br>标准设计思路 | |
| 课程目标 | 知识与技能<br>过程与方法<br>情感态度与价值观 | 教学目的 |
| 内容标准 | 内容领域及行为目标 | 教学内容及要求 |
| 实施建议 | 教学建议<br>评价建议<br>教材编写建议<br>课程资源开发与利用建议 | 教学建议<br>教学中应注意的问题<br>课时安排<br>考核与评价 |
| 附录 | 术语解释<br>案例 | |

2. 教学大纲的结构

义务教育阶段和高中阶段的标准各有特色,但结构基本上是一致的,大致包括前言、课程目标、内容标准、实施建议、附录等部分。

前言:结合本门课程的特点,阐述课程改革的背景、课程性质、基本理念与本大纲的总体设计思路。

课程目标:按照国家的教育方针以及素质教育的要求,从知识与技能、过程与方法、情感态度与价值观三方面阐述本门课程的总体目标与学段目标(或课程具体目标);学段的划分大致规定在一至二、三至四、五至六、七至九年级,有些课程只限在一个学段,有些课程兼两个或两个以上学段。

内容标准:根据上述的课程目标,结合具体的课程内容,尽可能用规范、清晰、可理解的方式来阐述掌握内容的程度。

实施建议:为了确保教学大纲能够很好地理解与贯彻执行,需要在教学大纲中附带提供推广或实施这一标准的建议,主要包括教学的建议、评价建议、课程资源的开发与利用建议以及教材编写建议等。同时在必要的地方提供适当的典型性的案例,以便于教师的理解,或者引导一种新的观念。

附录:本课程门类的有关附件,如术语解释、教学活动案例举要、行为动词用法一览表等其他要列举的内容。

## (三) 教材

教材是根据教学计划和教学大纲的要求,教师与学生以此进行教学活动的材料,包括教科书、讲义、讲授提纲、参考书、各类指导书和补充材料以及各种视听材料、网络等其他课程资源。其中教科书是教材的主体部分。教科书一般包括目录、课文、习题、实验、图表、注释、附录、索引等,课文是教科书的主体部分。因而教材并不等于教科书,教科书也不等于课本,教材的含义更广些。教材是依据教学大纲编写的,是教学大纲的具体化。

有关教材研究和教材管理指出,教材的编写应遵循以下原则。

第一,科学性与思想性相统一的原则。按照不同学科的特点,在内容上体现科学性与思想性。教材的内容首先必须是科学、可靠的知识,是经过实践检验的客观真理。在中小学,一般说,科学上尚未定论的东西不应当包括在教材内容之中。思想性是指课程标准和教材还应用辩证唯物主义的立场、观点和方法选择和组织教材,让学生掌握正确的观点,起到教育性意义。教材的科学性是基础,教材的思想应寓于科学性之中。要使学生能从科学的内容中掌握正确的观点,要使他们能把理论、事实、观点与材料紧密结合起来,使其在思想观点上有所提高。

第二,基础性与前沿性相结合的原则。在组织教材时,要注意强调内容的基础性,为学生的未来发展和终身发展打好基础。在加强基础知识和基本技能的同时,教材还要有利于培养学生运用知识于实践的能力,对一些基础知识、基本理论要尽可能指出它们在科技、生产、生活中的效用性。其他如实验、练习题等内容也应包括进去。教材还应处理好基础知识和先进科学成就之间的关系。小学课程讲的是基础知识,但基础知识并不是一成不变的。为了让学生掌握新的科学知识,教材内容到一定时候就必须去旧补新,把科学上的最新成果、最前沿的知识补充到内容中去,以让学生了解本门课最新的知识,并以学生可以接受的形式反映出来。

第三,适用性和衔接性相结合的原则。在保证科学性的前提下,教材还要考虑到我国社会发展的现实水平和教育的现状,必须注意到基本教材对大多数学校和大多数学生的适用性。教科书的编排要兼顾同一年级各门学科内容之间的关系和同一学科各年级教材之间的衔接。

第四,系统性与可接受性相结合的原则。在教材的编排上,要做到知识的内在逻辑与教学法要求的统一。每门科学都有自身的系统性,编写每门学科的教材必须考虑到这门科学本身的内在逻辑。但是一门学科不是相应科学的缩写本,它必须把科学知识的系统性和教学法的要求统一起来,使科学知识在叙述和逻辑上得到合理的安排。学科内容体系的编排必须符合学生的知识水平和年龄特征,具备可接受性。如果忽视这一点,使教材超过或落后于学生的接受能力,都将会挫伤学生的学习积极性,降低教学质量。

第五,确切性和认识性相结合的原则。教科书的编排形式要有利于学生的学习。教科书的内容阐述要层次分明;文字表达要确切;表述要精练、生动、流畅;篇幅要详略得当。标题和结论要用不同的字体和符号标出,使之鲜明、醒目。教学大纲和教科书的编排通常采取直线式和螺旋式两种。直线式即一门学科的内容按一定的系统排列,后面不重复前面的内容。螺旋式即一门学科的安排,在教学过程中重复出现,逐步扩大、加深。学生的认识过程是螺旋式上升的,这种编排方式比较符合学生的认识发展规律。直线式编排则可以减少重复,节约时间和精力。教材究竟采取什么方式组织编排好,这取决于学科的性质及其在课程中的地位、学生年龄的特点,以及学制是否分段等许多条件,以兼采两者之长,结合起来运用为宜。

## 第四节 课程实施

### 一、课程实施的概念

关于什么是课程实施,主要有两种影响较大的观点。

一种观点认为,课程实施问题就是研究一个课程方案的执行情况。对课程实施的研究重点就是考察课程方案中所设计内容的落实程度。这种观点是将课程方案看做固定的、不可变更的,实施就是一个执行的过程。作为课程执行者的学校和教师,应当很好地理解和运用课程,忠实地执行课程方案中规定的项目。而实施的效果如何,决定于课程执行者对课程方案的理解水平和落实程度。

另一种观点则认为,课程实施是作为一个动态的过程而存在的。"课程实施是把一项课程改革付诸实践的过程。实施的焦点是实践中发生改革的程度和影响改革程度的那些因素。"因此,课程实施问题不只是研究课程方案的落实程度,还要研究学校和教师在执行一个具体课程的过程中,是否按照实际的情况对课程进行了调适以及影响课程改革程度的因素。

以上是两种比较典型的对课程实施的认识。可以说,对课程实施的不同认识,导致了课程实施的策略选择、课程实施取向以及实施过程中问题解决方式的不同。持第一种观点的人更倾向于以国家或地方为中心来推行改革,认为改革的过程即是忠实地执行计划的过程;而持第二种观点的人则强调在一个连续的、动态的实施过程中,将学校、教师、学生作为改革的主体,赋予其更多的自主权来实施变革,没有课堂教学层面的改革,就不可能有真正的新课程实施。新课程改革的核心是课堂教学改革。

 **知识卡片 8-3**

关于课程实施的定义非常繁多,认识不一,但至少在以下三个方面已形成共识。

第一,课程实施是将编制好的课程计划付诸实践的过程,是实现预期的课程理想、达到预期课程目的、实现预期教育结果的手段。课程计划与课程实施是理想与现实、预期的结果与实现结果的过程之间的关系。

第二,课程实施是通过教学活动将编制好的课程付诸实践。

第三,课程实施的焦点是实践中发生改革的程度和影响课程实施的那些因素。①

在我国,国家所规定的课程都是经过一段时间的研究、实践和论证而形成的,从总体上看,具有科学性和可行性。但由于我国的地区之间的差别较大,在实施的过程中,不可避免地会带来一些问题。所以,在理解课程实施问题时,应当将课程计划看做是可以调整和改变的,判断课程实施的成败也不应以对原有计划的执行程度为标准,而应关注执行过程中教师在特定的情境下对课程计划的调适和改造。因此,我们认为:课程实施是指把课程计划付诸实际教学行动的实践过程,它是达到预期的课程目标的基本途径。课程能否有助于教育目的的实现,能否为学习者接受,从而促进其身心发展,都必须通过实施才能得到答案。

## 二、课程实施的结构

课程实施作为一个动态的、序列化的实践过程,具有一定的运作结构。在课程实施过程中,至少要考虑七个方面的问题。

### (一) 安排课程表,明确各门课程的开设顺序和课时分配

编排课程表是教学运行管理的关键环节,同时也是学校教务工作的重要组成部分。好的课程表,既能从学生全面发展出发,又能体现出学校领导对教师的工作、学习和生活的关心。它的目的在于合理组织教学过程的时间、空间和人力,激发教师工作的积极性、主动性,以保证学校工作正常运转,稳定学校教学秩序和提高育人的质量。因此,课程表

---

① 李定仁,徐继存.课程论研究二十年[M].人民教育出版社.2004,90~91.

的编排必须具有合理性和科学性,通常情况下,课程表的安排应遵循一定的编排原则。

1. 整体性原则

在安排课程的过程中,学校要从全局着眼、从整体出发,统筹安排好课程计划所规定的每一门课程,使每一门课程都处在能发挥最佳效果的恰当位置。

2. 迁移性原则

在安排课程表时,要充分考虑到各门学科之间相互影响的性质和特点,利用心理学上的迁移规律,促使课程之间产生正迁移,防止负迁移现象的发生。

3. 生理适宜原则

课程表的安排,还要考虑到学生的生理特点,使学生的大脑功能和体能处于高度优化状态。这就要求,一方面要考虑到学生左右脑功能的协调发挥,例如,把文科、理科和艺术类课程适当搭配,使大脑两个半球协调发展;另一方面要考虑到"人体生物钟"规律。学校教育教学要顾及效率的问题,课程表的设置就必须考虑学生的"人体生物钟"规律,从而取得事半功倍的效果,从而有效提升学生学习成绩,提高学校教育水平。

(二)确定并分析教学任务

教学任务通常包括四个方面:(1)引导学生掌握系统的科学文化基础知识和基本技能;(2)发展学生智力、培养能力,教会学生学习;(3)发展学生的体力,提高学生的健康水平;(4)培养学生高尚的审美情趣,养成良好的情感、态度、品德和个性心理品质。

(三)研究学生的学习活动和个性特征,了解学生的学习特点

学生的学习活动受自身和外部两方面因素的制约。自身因素主要有原有的知识结构、学生自身的学习态度、动机、兴趣、意志、方法、心理品质和个性特征,还有以下外部因素影响学生的学习:教学内容、教师教学风格、家庭和社会环境等。这两方面因素相互联系、相互影响,使学生的学习特点有四方面特性,即独特性、稳定性、发展性、灵活性。

(四)选择并确定与学生的学习特点和教学任务相适应的教学模式

教学模式是指在一定的教学思想或教学理论指导下,为完成特定的教学任务,实现预期的课程目标所建立起来的较为稳定的教学活动结构框架和活动程序。为实现预期的课程目标,教师可以根据学生的学习特点和教学任务选择相应的、可操作的教学模式,以便从宏观上把握教学活动整体及各要素之间内部的关系和功能。

(五)对具体的教学单元和课的类型、结构进行规划

教学单元通常是指某门课程的教材内容中一个相对完整的部分。在对教学单元进行规划时,需要对教学单元中的主要原理、概念、技能、态度、测验和评价等方面加以考虑。课是教学单元的组成部分,在我国中小学中,课的类型主要是综合课,所要解决的是

课堂教学活动中组织教学、检查复习、讲授新教材、巩固新教材、布置课外作业等结构的先后顺序和时间分配。

### (六) 组织并开展教学活动

组织教学活动是课程实施计划的展开过程。教学活动是学校教育的中心工作,是课程实施的基本途径,在课程实施中处于核心地位。

### (七) 评价教学活动的过程与结果,为下一轮的课程实施提供反馈性信息

通过课程评价,实施者可以发现课程设计及课程实施过程中的问题,并在纠正问题的过程中,进一步使课程向着科学化发展。这是课程实施的最后一项任务或环节。

以上七个方面在运作过程中构成一个循环往复的动态结构,是课程实施的过程结构。

## 第五节 课程评价

### 一、课程评价的概念与功能

#### (一) 课程评价的含义

"课程评价"的概念最早是由美国"课程评价之父"泰勒提出的,之后很多学者对课程评价的概念进行了不同的界定。常见的定义有以下几种。

课程评价就是测量学生在学业方面实现预期行为目标的程度。

课程评价就是将学生的学业与某些标准进行比较。

课程评价就是选择和分析有关信息,确定课程实施的方案。

课程评价就是运用专业知识,判断课程实施的过程。

基于以上各种对课程评价观点的分析,我们认为课程评价是依据一定的教育价值观或课程目标,运用科学的手段和方法,通过系统地选择、整理、分析相关的信息资料,以判定课程设计、课程实施的效果,并据此改进课程决策的一种价值判断过程。

课程评价的内涵有以下几个方面。

(1) 课程评价的对象是多元的。它包括课程计划本身,参与课程实施的教师、学生、学校和课程实施的结果,即学生和教师的发展。新课程强调了要"建立促进学生全面发展的评价体系""建立促进教师不断提高的评价体系""建立促进课程不断发展的评价体系"。

(2) 课程评价是一个动态的过程。课程评价不是静止不变而是发展的,评价的内容应该随着评价对象的不同而不同,随评价标准的变化而变化。

(3) 课程评价是一个价值判断的过程。课程评价的价值判断要求在事实描述的基础

上,体现评价者的价值观念和主观愿望。不同的评价主体因其自身的需要和观念的不同对同一事物或活动会产生不同的判断。

(4) 课程评价的方式是多样的。新课程评价,要从传统过分强调量化逐步转向关注质的分析与把握,将定量和定性相结合,把学生学习的过程转化为有意义的描述,它既可以是定量的方法也可以是定性的方法。

(5) 课程评价必须对实现教育目的作出贡献。教育目的集中到一点就是促进人的发展,教育教学活动应向着有利于人的发展和社会对人的要求的方向展开,任何形式评价都应以人为中心,促进学生的全面和谐的发展。

(6) 课程评价的真正性质和直接意义是对被评价的课程提出质疑并为改进课程指明方向。课程评价是课程设计与实施的起点和终点,通过课程评价发现课程设计和实施中的问题,在纠正问题的过程中使课程更加科学化。

课程评价一般是由受过专门培训的评价人员借助于专门的评价方法和技术而进行的,其目的在于对课程做出各种决策,保证课程实施的有效性与合理性。课程评价可以对课程的合理性做出价值判断,给课程决策者提供信息反馈,以便课程执行者在课程实施的过程中做出适当的调控。课程评价是课程实施的重要环节,课程设计者可以利用课程评价来获取提供信息资料,以便在下次课程开发、课程设计的过程中做出科学的决策。因而,课程评价的功能也越来越被人们所重视。

(二) 课程评价的功能

课程评价一般具有导向功能、诊断功能、决策功能和促进发展功能。

课程的导向功能是由评价标准的指向性决定的。一般说来,课程目标作为制定评价标准的主要依据,它受到一定社会的教育观、质量观和人才观的影响。课程评价实质上就是评价者按照一定社会的教育观念、质量观、人才观来引导约束被评价对象的发展方向。课程评价标准就像一根"指挥棒"一样,起着导向作用。在当前,开展课程评价时应注意引导师生从应试教育转轨到素质教育,使课程评价有利于学生德智体美诸方面全面发展。

课程评价可以诊断现有课程与正在开发的课程中所存在的问题,寻找发生这些问题的原因。课程评价所收集的许多资料与信息、专家们所做出的判断都有利于帮助课程管理人员和课程开发人员做出正确的判断。通过这些判断,能够尽早发现并迅速、及时地解决问题,使课程达到尽可能完善的程度,也为矫正教学提供依据,从而保证教学顺利有效地进行。

课程决策是依据一定的教育理论,对为什么教、教什么、什么时候教、怎么教等教育领域中的基本问题进行连续的价值判断与价值取向的过程。影响课程决策的主要因素是人们的课程价值观、知识观与方法论。不同的课程价值观、知识观与方法论,导致不同的课程决策,因而形成了不同的课程理论流派和课程模式。课程评价的决策功能包括三项内容:一是为课程改革的决策提供依据,二是给学生个人方面的决策提供依据,三是给学校行政规程的决策提供依据。

课程评价以往过分强调评价的甄别功能与选拔功能,忽视促进学生发展的功能。新一轮课程改革旨在建立发展性评价新体系,发挥评价对于转变学习方式、满足学生兴趣、促进全面发展、更新教学观念,对于促进教师专业发展以及开发、丰富课程资源,改进教学实践具有积极意义。

## 二、课程评价的类型

课程评价依据不同的评价标准有以下几种不同的分类。

### (一)根据评价的作用和性质可以将课程评价分为诊断性评价、形成性评价和总结性评价

诊断性评价是对事物进展过程中可能出现的互有关联的一系列问题做出的评价诊断,也是在事物进行之前或事物进展到某一阶段的开始之前所做的评判,以求发现问题所在并且确定下一阶段的任务。

形成性评价是指为改进现行课程计划或为正在进行的课程与教学活动提供反馈信息而从事的评价,它是一种过程式的评价。形成性评价最主要的目的在于探明计划的失当之处,以便为修订或改进提供证据,着重于分析、比较、诊断、改进。

总结性评价是在课程实施或进行以后对实施效果的评价,是一种事后评价。它与分等鉴定、做出关于学习者个体的决策等相联系。总结性评价的直接目的在于做出关于课程效果的判断,从而区别优劣和等级。

### (二)根据评价人员的身份可以分为外部人员评价与内部人员评价

内部人员评价,其评价者是课程开发、设计的单位或个人,其主要目的在于改进课程开发、设计的过程,首要任务是弄清预先设定的目标是否已经实现。

外部人员评价是以外部人员为课程评价主体的评价。相对于内部人员评价,外部人员评价更具有客观性,外部人员可以看问题不带有主观倾向,能更清晰地看待问题,提出改进意见,且外部人员提出的修改意见可能更具有说服力。同时,外部人员评价能使课程设计者集中精力做好本职工作。

### (三)根据评价与预定目标的关系可以分为目标本位评价与目标游离评价

目标本位评价是以目标为基础进行评价,其目的在于测定通过课程实施学生的行为到底发生了什么程度的变化,也就是评判教育目标的实现程度。目标本位评价的典型代表是美国学者泰勒提出的评价模式和美国学者布卢姆提出的评价体系。

目标游离评价,它要求脱离预定目标,重视课程与教学的所有结果。目标游离评价事先不把课程的目的、目标告诉评价者,而让评价者收集关于课程实际结果的各种信息,

不管这些结果是预期的还是非预期的,积极的还是消极的,这样才能真正对课程做出正确的判断。目标游离评价的评价者可以在没有偏见的情况下自由地肯定其优点,不受预期目标的限制。值得关注的是,目标游离评价缺乏对目的的预知,目标游离评价者可能会陷入盲目,也可能会形成一家之见。

### 三、课程评价的主要模式

#### (一) 目标评价模式

目标评价模式是以目标为中心而展开的,是在泰勒的"评价原理"和"课程原理"的基础上形成的。"评价原理"可概括为七个步骤:(1)确定教育计划的目标;(2)根据行为和内容来解说每一个目标;(3)确定使用目标的情境;(4)设计呈现情境的方式;(5)设计获取记录的方式;(6)确定评定时使用的计分单位;(7)设计获取代表性样本的手段。泰勒的评价原理是以目标为中心来展开的,主要针对20世纪初形成并流行的常模参照测验的不足而提出的。后来,他在这一评价原理的基础上,提出了"课程原理"。

泰勒的"课程原理"可以概括为四个步骤:(1)确定课程目标;(2)根据目标选择课程内容;(3)根据目标组织课程内容;(4)根据目标评价课程。其中,确定目标是最为关键的一步,因为其他所有步骤都是围绕目标而展开的。这也是为什么人们把它称为目标模式的原因。泰勒认为,教育就是使人的行为方式发生变化与改进的过程,学生行为方式的改变就是教育目标。教育评价就是对预定结果与实际结果进行比较,找出实际结果与课程目标之间的差距,并可利用这种信息反馈作为修订课程计划或修改课程目标的依据,看其在多大程度上实现了教育目标。目标评价模式强调要用明确的、具体的行为方式来陈述目标。由于这一模式既便于操作又容易见效,所以很长时间在课程领域占有主导地位。但由于它只关注预期的目标,忽视了其他方面的因素,因而导致了不少人的批评。

#### (二) 目的游离评价模式

目的游离评价是斯克里文针对目标评价模式的弊端而提出来的。他认为,评价者应该注意的是课程计划的实际效应,而不是其预期效应,即原先确定的目标。因而他主张采用目的游离评价的方式,即把评价的重点从"课程计划预期的结果"转向"课程计划实际的结果"上来。评价者不应受预期的课程目标的影响,尽管这些目标在编制课程时可能是有用的,但不适合作为评价的准则。因为评价者要收集有关课程计划实际结果的各种信息,不管这些结果是预期的还是非预期的,也不管这些结果是积极的还是消极的。只有这样才能对课程计划作出准确的判断。

然而,目的游离评价也遭到了不少人的批评。主要的问题是,如果在评价中把目标搁在一边去寻找各种实际效果,结果很可能会顾此失彼,背离评价的主要目的。此外,目的完全"游离"的评价是不存在的,因为评价者总是会有一定的评价准备,游离了课程编制者的目的,评价者很可能会用自己的目的来取而代之。严格地说,目的游离评价不是一个完善的模式,因为它没有一套完整的评价程序,所以有人把它当做一种评价的原则。

### (三)背景、输入、过程、成果(CIPP)评价模式

CIPP 是由背景评估(context evaluation)、输入评价(input evaluation)、过程评价(process evaluation)、成果评价(product evaluation)这四种评价名称的英文第一个字母组成的缩略词。该模式包括四个实施步骤。

第一,背景评价,即要确定课程计划实施机构的背景,明确评价对象及其需要,明确满足需要的机会,诊断需要的基本问题,判断目标是否已反映了这些需要。

第二,输入评价,主要是为了帮助决策者选择达到目标的最佳手段,而对各种可供选择的课程计划进行评价。

第三,过程评价,主要是通过描述实际过程来确定或预测课程计划本身或实施过程中存在的问题,需要对计划实施情况不断加以检查,从而为决策者提供如何修正课程计划的有效信息。

第四,成果评价,即要测量、解释和评判课程计划的成绩。它要收集与结果有关的各种描述与判断,把他们与目标以及背景、输入和过程方面的信息联系起来,并对它们的价值和优点作出解释。

CIPP 评价模式考虑到影响课程计划的种种因素,可以弥补其他评价模式的不足,相对来说比较全面。但由于它的操作过程比较复杂,难以被一般人所掌握。

## 四、课程评价的过程

由于评价者的评价取向不同,采用的评价模式也不同,评价过程的步骤也会有所不同。一般而言,在课程编制过程中要考虑教什么、学什么、为什么教这些、为什么学这些、如何进行教学、课程学习后有什么收获等,这些都与课程评价的过程有关。课程评价过程中都涉及或需要解决这些基本问题,据此把握一些基本步骤。课程评价的基本步骤主要有:第一步,把焦点集中在所要研究的课程现象上;第二步,搜集信息;第三步,组织材料;第四步,分析资料;第五步,报告结果。

## 本章小结

课程有广义、狭义和最狭义之分。广义的课程是指学生在校期间所学内容的总和及进程安排,即指学生在学校获得的全部经验;狭义的课程是指各级各类学校为了实现培养目标而开设的教学科目的总和以及它们之间的开设顺序和时间比例关系;最狭义的课程特指某一门课程。课程类型是指课程的组织方式或指设计课程的种类。根据课程工

作者的课程观不同,划分标准不同对课程进行不同的分类。

课程是随社会的发展而演变的,它反映了一定社会的政治、经济要求,受一定社会生产力和科学文化发展水平以及学生发展规律的制约,即社会、知识和学生是制约学校课程的三大外部因素。制约课程开发的还有课程内部因素,即课程理论及课程发展的自身规律。

课程目标是指课程本身要实现的具体目标,与教育目的、培养目标和教学目标有着密切的关系。在课程设计中,要考虑教学计划、教学大纲、教科书三个层次。课程实施作为一个动态的、序列化的实践过程,具有一定的运作结构。

课程评价是对课程的合理性做出价值判断,给课程决策者提供信息反馈,以便课程执行者在课程实施的过程中做出适当的调控。课程评价一般具有导向功能、诊断功能、决策功能和促进发展功能。依据不同的评价标准,课程评价有不同的分类,如诊断性评价、形成性评价和总结性评价,外部人员评价与内部人员评价,目标本位评价与目标游离评价等。由于评价者的评价取向不同,采用的评价模式也不同,课程评价的模式主要有:目标评价模式、目标游离评价模式,以及背景、输入、过程、成果(CIPP)评价模式。

## 思考与练习

1. 什么是课程?简述课程的内涵和类型。
2. 试述学科中心课程与学生中心课程的区别与联系。
3. 什么是课程目标,试述课程目标与教育目的、培养目标、教学目标的关系。
4. 什么是课程设计?它有哪三个层次?
5. 什么是课程实施?它的结构包括哪些?
6. 什么是课程评价?它的类型有哪些?

## 参考文献

[1] 全国十二所重点师范大学联合编写.教育学基础(第2版)[M].北京:教育科学出版社,2008.

[2] 庞守兴,广少奎.教育学新论[M].济南:山东大学出版社,2009.

[3] 杨秀治.教育学[M].济南:山东大学出版社,2007.

[4] 张华.课程与教学论[M].上海:上海教育出版社,2000.

[5] 李秉德.教学论[M].北京:人民教育出版社,2001.

[6] 钟启泉,崔允漷.新课程的理念与创新[M].高等教育出版社,2003.

# 第九章　班级管理

> **学习目标**
>
> 1. 掌握班级概念,了解班级特点。
> 2. 了解班级管理与一般管理的差异,理解班级管理的功能。
> 3. 班级管理模式具有多样性,分析其利弊,应正确认知。
> 4. 增强运用理论知识分析解决班级管理中实际问题的能力。

2006年6月6日,教育部颁发《关于进一步加强中小学班主任工作的意见》指出:"中小学班主任工作是学校教育中极其重要的育人工作,既是一门科学,又是一门艺术。"2009年8月24日,教育部再次颁发《中小学班主任工作规定》,强调"教师担任班主任期间应将班主任工作作为主业",并进一步明确了"班主任是中小学日常思想道德教育和学生管理工作的主要实施者,是中小学生健康成长的引领者,班主任要努力成为中小学生的人生导师"。由此可见,班级管理在学校教育中的地位及作用是多么重要。那么,什么是班级管理?如何进行班级管理?班级管理涉及哪些理论?这些问题需要我们去进一步探讨。

## 第一节　班级管理的概述

班级管理(班主任工作)是学校管理工作的重要组成部分。要做好这方面的工作,更好地完成教育教学任务,最终实现全面育人的教育目标,我们必须对班级、班级管理相关的理论与实践两方面的知识进行学习与研究。

### 一、班级

班级是现代学校教育制度的产物。随着近代西方社会经济发展不断加速,教育普及要求越来愈迫切,传统的学校教育形式——个别教学已经无法满足时代要求,班级授课制便应运而生,班级授课形式使学校的教育功能大为加强。班级授课标志着学校教育职能向社会的渗透和扩大,同时也意味着教育本质和教育目的在学校教育活动方式和组织形态上向班级的凝聚和强化。原先学校层面的教育教学活动任务与责任直接下移到了班级。班级由此成为教育领域中最受关注、最活跃的教育教学组织。因此,从某种意义上说,班级是缩小的学校,学校是放大了的班级。

(一) 班级的定义

"班级"对于现代社会里的我们而言并不陌生,以至于有人认为不应该把它作为一个问题进行展开研究。事实并非如此,班级的产生与存在是有其特殊的历史渊源的。

班级教学最早产生于 16 世纪的欧洲。班级最初形态不是现在的状态,最早是按年级进行划分的,粗略地将一个年级作为一个授课单元,这恐怕是班级的萌芽。1538 年,德国斯特拉斯堡市督学斯图谟创立了第一所文科中学,主要培养封建君主国的统治人才,是为贵族、律师、牧师和医师等上层社会子弟所建的学府。起初,学习年限为 8 年,后增至 10 年。课程几乎全是拉丁文和希腊文。在管理方面分设九个年级,并进行了班级教学与管理的尝试。耶稣教会办的学校也进行了班级教学改革。率先使用"班级"一词的是文艺复兴时期的著名教育家埃拉斯马斯。不过人们较为一致地认为 17 世纪捷克教育家夸美纽斯是班级的真正提出者。他在 1632 年发表的《大教学论》一书中,对班级及其特点、功能等问题,第一次从理论上作了概括性的阐述和论证,从而奠定了班级的理论基础。

夸美纽斯在其撰写的《大教学论》中所用的班级概念与今天的班级概念有着很大不同。他所说的班级是"学校的一切儿童规定在校度过六年,应当分成六个班,如有可能,每班一个教室,以免妨碍其他班次"[①]。显然夸美纽斯这里所说的班级是一个年级。随着时间的推移,生产方式不断变革,人们的生活方式也不断改变,社会不断进步,求学的人数不断增加,学校的规模越来越大,一个年级一个班,早已不合时宜,一个年级中设置多个班已成为普遍现象。在现代学校里的"班"与"级"已有着各自的含义:"班"是学校里学生群体的基本单位;"级"则表示这一群体身心所处的发展阶段。班级连在一起使用就形成现在意义上的班级,即学校为了实现教育目标,顺利开展各项教育教学活动,将年龄相近、身心发展水平相当、文化水平相同的一定数量的儿童组成一个或多个最基本的教育教学单位。

(二) 班级的结构与特点

班级是学校进行教育教学的基本组织单位。它的组成结构随着学校教育教学任务的不同而发生改变,不同的结构方式会有不同的功能释放,所以,了解班级结构的构成与变化有助于更好地搞好班级管理。

1. 班级的结构

班级是一定数量的成员在固定的场所,依照一定的结构或方式,为了共同的目标所组成的群体。班级的形成需要四种要素。一是要有活动场所。二是要有一定数量的成

---

① [捷]夸美纽斯.大教学论[M].傅任敢,译.北京:人民教育出版社,1984:230.

员,不同国家或地区的情况不同,组成的成员数量大小不同,发达国家一般在20人以下,发展中国家的人数偏多,我国教育部曾就班级人数有着严格规定,中等以上学校班级人数在45人、小学班级在40人以下。但是我国实际情况并非如此,多数城镇小学班级均超过60人,多者在120人以上。三是要有共同目标,班级集体有着自身的目标,具体内容随着教育教学任务不同有所变化。四是要有一定结构,这种结构不是单个个体的简单相加,而是一个综合有机体。

班级的结构从其性质而言,可分为静态结构和动态结构两种形式。静态结构是指组织本身的建制与制度规范。吴康宁从班级成员角色的结构视角把班级中的组织分为正式结构和非正式结构。所谓正式结构是指组织中的工具性角色的结构,就班级组织而言就是指为完成工作而服务的角色。我国班级正式结构为班干部、小组长、一般成员三层结构。与其他静态组织结构相同呈金字塔形,是导致学生形成地位差异观念及权威服从观念的一种重要的"文化资源"。非正式结构是指除了正式结构之外的其他结构,是指班级成员在日常生活过程中成员间相互选择自然形成的各种非正式结构,它们同样是影响学生社会性发展的"文化资源",学生自己通过在非正式结构中所处位置进一步体验着"社会地位"差异,接受着群体对其肯定或否定的"社会评价",形成群体生活中的成功感、平凡感或失败感。

动态结构是指组织运行中成员间相互协助、相互制衡的关系结构。一般而言,班级中成员间会存在单干式结构、竞争式结构和合作式结构三种。第一种单干式结构。它是一种松散型的班级结构模式,其内核是放任主义、个人主义的,最大的特征是个人的独立性。但不利于班集体的形成,不利于儿童协作精神的培养。第二种是竞争式结构。在竞争式结构中,以竞争为主要表现因素,学生间的成就目标及活动会相互排斥,因为个体达到目标的机会因其他有能力的学生的存在而减少。这种情况下学生所追求的目标实际上没有一个固定的标准,需要在学习业绩上与他人进行比较,即个人把超过别人作为成就目标,每个人都被迫处于"社会比较"的情境之中。第三种是合作式结构。在合作式结构中,只有取得群体的成功,才能获得个人的成就,故而个人获得成就的机会,反而因其他人的存在而增加。个人能否达到目标取决于群体目标的实现,成就是互享的。学业成就的高相关导致同伴间的互动更加积极,以便形成良好的同伴关系,使互助成为一种内在的普遍形式,以致相互促进、共同进步。[①]

综上所述,班级的结构是多样的,不同的文化环境存在不同的班级结构,不同的教育观指导下建构着不同的班级,不同的班级结构发挥着不同功能,对学生产生着不同影响。班级结构的构建与选用取决于学校教育,尤其是班级教育采用什么样的人才标准,培养

---

① 吴瑞祥.合作式班级结构及STAD组织策略之浅析[J].天津市教科院学报,2002(5):24.

什么样的人。

2. 班级的特点

班级是学校教育活动中最小的基层组织实体，这种实体具有同质性、可塑性、合作性、社会性和教育性等特点。

(1) 同质性

班级的同质性特点表现在班级组成人员在年龄、知识水平、认知水平、情感、经验、价值观、是非观、认知能力、判断力等方面都相同或相似。这一群体的同质性主要体现在共处于同一年龄阶段，其身体与心理发展都处于同一水平上，每个个体的行为表现趋同。

(2) 可塑性

班级的可塑性是指班级群体及班级中的每个个体都有继续培养或改变的可能性与成长空间。可塑性是赫尔巴特首先提出的一个概念。在赫尔巴特看来，"学生是具有可塑性的"，这是一切教育理论的出发点。如果没有这个前提，教育将是不可能发生的。这一命题的提出旨在反对康德伦理学中的先验主义和宿命论。尽管赫尔巴特坚信"学生是具有可塑性的"，但他却并不认为这种可塑性对所有人、在所有方面都是等同的。从学生的年龄上看，其可塑性与年龄成绝对的反向趋势，换而言之，年龄越大，其可塑性越差，到其成年之时，则基本上不可塑造了。"成人的定型过程在其内部延续着，而教育者对此是无能为力的。"[①]

(3) 合作性

合作是指两人或两人以上相互配合一起学习或工作以达到共同目标的行为。班级是由多个个体与各种小团体组织组成的集体，很多活动任务与预设目标是靠彼此之间相互帮助、相互激励、相互支撑完成的，所以班级具有极强的合作性。

合作是需要条件的。成功的合作一般需要以下几点：① 目标一致。任何合作都要有共同的目标，至少是短期目标相同。② 认识统一。共同的目标指引下，合作者需要达成共识，统一行径，合作方可顺利有效。③ 彼此尊重与信赖。彼此尊重、信赖是合作的基础，没有彼此的尊重与信赖，合作是虚假的、无效的。④ 合理分工。活动大或任务繁杂才需要大家的合作，所以合作是一系列分工运作，协调统一的过程。合理分工是合作有效的前提与条件。⑤ 基础保障。合作不是空谈，所需资金、实物、工具、设施、设备等都需要落到实处，还包括时间上的占有与安排，空间的使用许可等。没有这些基础保障，合作就会落空。班级合作与其他合作相比，虽说任务不太复杂，活动涉及面不广，但它仍具有合作的一般特点。

(4) 教育性

群体动力心理学领军人物、场论的创始人、社会心理学的先驱库尔特·勒温（Kurt

---

① [德]赫尔巴特. 普通教育学、教育学讲授刚要[M]. 李其龙，译. 杭州：浙江教育出版社，2002：207～208.

Lewin)在其《拓扑心理学原理》一书中提出"生活空间"概念来解释个人与环境间的关系,认为行为是人与环境的函数。个人行为或心理事件用 B 表示,S 用来表示人及整个的情景,其公式应为 $B=f(s)$[①]。他认为人的心理环境是开放的,人的行为与环境存在着动力关系,所以常常受到外界的影响,而且这种影响很大,几乎到了环境决定着人的行为的地步。班级是学生的一个"生活空间",学生个体时时刻刻都在接受着来自整个生活空间的种种影响,这些影响改变着学生个体的种种言行与习惯,并使其向着班级教育总体目标趋近。

(5) 社会性

班级是学校的基层组织。学校中组织与组织、组织与成员、成员与成员之间都存在交互作用的活动关系,这种活动关系是社会关系的一部分。从社会角度来看,班级的各个成员又是社会网络结构中的一个个节点,与社会存在着种种联系。所以,不管从哪个角度说,班级的社会性都是显而易见的。在班级的各种教育教学活动中,学生与教师、学生与班干部、班干部与同学、班干部与班干部等之间的相互交往,构成了班级中的种种"社会关系"网。学生们生活在这层层的"社会关系"中得以历练与成长,逐渐地走向成熟,完成他们的社会化进程。

## 二、班级管理

班级管理是一种比较特殊的管理,原因是班级是学校进行教育教学的组织,不是生产单位,其价值追求在于育人而非产值、利益最大化。所以,要正确理解班级管理,需对其进行多角度分析和解读。

### (一) 班级管理的内涵

班级管理是指对班级中的人与事务的处理与管控。班级管理,简而言之就是对班级进行管控。在整个学校管理系统中涉及班级管理的人与部门并非一两个。若进而细想,谁对班级进行管理?管理者具体都做些什么?我们又好像很难一下子说清楚。

1. 谁是班级管理者

班级管理者就是对班级进行管控的人。班级管理的不同时段有着不同的管理者。首先,从整个学校管理系统看,由于班级处于整个学校管理中的底层,是最小的组织单位,班级管理可以被看做是学校管理中的基本环节,从这个意义上说,班级管理者是学校的高层领导和中层领导们。学校中层领导是班级管理的直接领导,包括教务部门、政务部门、学生工作部门、党团组织等单位的责任人。其次,从班级是教育教学的基本单位角度看,不同学科的教师单独授课时,班级同样需要管控,这一时段的班级管理者就是各科

---

① [德]库尔特·勒温.拓扑心理学原理[M].高觉敷,译.北京:商务印书馆,2003:14~19.

任课教师。第三,从管理者是管理组织中的成员角度看,班级管理者是学生自己。第四,班级管理者还要涉及一位身份特殊的责任人,即由学校专门设岗并任命专人负责班级事务的教师管理班级,该岗位责任教师被称作班级主任教师,简称班主任。但是班主任并非是唯一的班级管理者。所以,班级管理有别于一般行业的一般部门管理,班级管理具有特殊性。因为对班级执行计划、组织、领导与控制职能的人是多部门、多学科的,我们很难具体清晰地指明谁是班级管理者。若从罗宾斯的管理定义"管理者要通过协调和监督他人的活动,有效率和有效果地完成工作"来界定的话,各级部门、各科任课教师、班级中的班干部们和班主任教师最符合班级管理者的条件。

2. 班级管理者做什么

准确说出班级管理者做什么也不是一件很容易的事情。因为班级是不同的,不同班级管理者面对由不同成员组成的班级需要其做的事情肯定是不同的。但是若从管理学的职能、角色、技能三个维度来讨论班级管理者做什么就能很清晰地加以分类说明。

(1) 从管理职能视角看班级管理者的工作

20世纪初,法国管理学家亨利·法约尔首次提出管理者在管理活动中要履行五种职能,即计划、组织、指挥、协调和控制。[①] 直到今天,管理界仍在用这种方法划分管理内容,一般用以下四种职能来划分:计划、组织、领导与控制。计划是指设计目标,开发计划以协调整个活动;组织是决定做什么、怎么做、谁去做的问题;领导是指导和激励群体和个体工作,解决各种冲突等;控制则是监控活动过程以确保其按计划完成。用这种方法划定管理者的工作简单明了,普遍接受。班级管理虽说有别于一般管理,但是班级管理整个过程也可按照计划、组织、领导与控制活动次序细分,班级管理者可以按照这种次序展开工作。

(2) 从管理技能角度看班级管理者的工作

管理者的工作是千变万化的,管理者在处理日常事务中需要具备多种技能技巧,那么具体而言,这些基本技能都是什么呢?罗伯特·卡茨(Robert L. Katz)早在1955年,在《哈佛商业评论》上发表《有效行政管理者应具备的技能》(*Skills of an Effective Administrator*)一文,他指出管理者需要三种基本技能或素质:技术技能(Technical Skill)、人际技能(Human Skill)和概念技能(Conceptual Skill)。[②] 技术技能是指完成某项特定工作必须具有的专门知识和娴熟技能。灵活运用这些程序性知识、技术等的能力和娴熟度,如同音乐家、外科医生、会计师或工程师在各自领域里完美表现一样。这种技能对基层管理者而言是必须拥有的基本技能,否则很难建立自己的威望。人际技能是指能与所领导的组织成员建立有效合作的,相互尊重的和睦关系的能力。如果说技术技能与程序

---

[①] [法]亨利·法约尔.工业管理与一般管理[M].周安华等,译.北京:中国社会科学出版社,1982:5.
[②] R. L. Katz. Skills of an Effective Administrator, Harvard Business Review[J]. 1955:33~42.

的或物质相关的话,那么人际技能则是与人直接相关的能力。这种能力可以调动他人的工作热情,激励他人工作,获取他人信任等,帮助管理者更有效地达成既定目标。概念技能则是用整体观处理组织事务,协调个体与个体、个体与群体、局部与整体、整体与外部的利益关系的技能。这种技能相对管理高层尤为重要。班级管理者同样需要一般管理者的三种管理技能。管理技能的具体阐述会涉及管理工作内容,毫无疑问,用这种方式来框定管理者做什么是实用的,也是非常有意义的。

(3) 从管理角色看班级管理者的工作

乔兰(Choran)于1969年用结构分析的方法对三个小公司的总经理的工作进行研究,得出结论说,他们担任所有十种角色,与大公司的总经理相比,他们对某些角色更为重视,而对其他角色较少重视。科斯汀(Costing)于1970年对200位中层经理进行问卷调查来验证了这一结果,其中一半为商界经理,一半为政府官员。亨利·明茨伯格(Henry Mintzberg)于1973年在其《管理工作的性质》(*The Nature of Managerial Work*)中详细论述了用管理角色方法分析管理者所从事的工作内容与范围。明茨伯格认为管理者的工作可分为三类,即人际关系、信息传递和决策制定。人际关系类细分为三种工作角色:(1)挂名首脑角色,管理者在所有礼仪事务方面代表组织的责任(法律性和社会性活动等);(2)联络者角色,与外界交往交流,有获得信息与支持的责任;(3)领导者角色,管理者与下属的关系——激励、调配等责任。信息关系类细分为三种角色:(1)监听者角色,管理者是信息的接受者和收集者,使其对组织要有彻底的了解;(2)传播者角色,即管理者要将特别的信息向其组织内部传播;(3)发言人角色,即管理者把组织的信息向组织所处的环境传播。决策细分为四种角色:(1)企业家角色,即像企业家一样寻求组织和环境中的机会,制订方案进行变革;(2)故障排除者角色,即管理者在组织面临重大威胁时及时处理;(3)资源分配者角色,即管理者配置组织资源决定组织发展方向;(4)谈判者角色,管理者代表组织利益与外界打交道。① 明茨伯格将管理工作用角色分类方法进行细分的有效性得到了后来者的进一步验证,也得到了管理实践中的管理者的认同,但是管理者角色所强调的重点并非都一样,这与组织的大小和管理者所处的层次高低相关。通过以上十种角色的描述去判定班级管理者做什么,可能会出现不吻合,但是大部分角色描述的任务还算是贴切,由于工作性质不同,管理者所需要扮演的角色会有所改变,这也算正常。班级管理者做什么用这种角色理论划定形象而具体,实践性较强。

以上划定管理者工作的理论各有侧重点。第一种从管理职能视角对班级管理者做什么工作进行过程描述,按照管理过程的五个环节划分班级管理者的职责范围和任务,

---

① [加]亨利·明茨伯格.经理工作的性质[M].北京:中国社会科学出版社,1986:74~77.

班级管理者在班级日常管理中易于操作。第二种从管理者所需技能角度详尽描述了作为管理者必须具备的专门知识、技术与管理技能。班级管理岗位虽说不如一般工商企业和行政管理岗位要求层次高技术性强,但是作为最小的教育教学单位的管理者同样需要具备基本的管理知识及管理技能素养。第三种从管理者在对内和对外不同的工作环境中与各种各样的人打交道时应具备的应变自如的交际素养与问题解决机智,即多种角色转换与扮演技能。班级管理者所处的环境相对不太复杂,面对的人员关系比较简单,但是"被管理者"相对而言比较特殊,多是较为稚嫩的未成年人,需要管理者扮演的角色不是管理场域中威严善变、足智多谋的强者,而是要符合未成年人成长需求的长者、智者、善者、友者和亲者形象。从这三种管理者工作性质的描述看,管理者的工作是多样的、复杂的、善变的。我们不能按照一种描述来框定班级管理者做什么,我们可以借鉴研究管理者的视角观察研究班级管理者的工作内容,但是不能撇开班级管理对象的特殊性。事实上,从某种意义上讲,班级管理者与一般管理者相比其工作性质更加复杂善变。这是由教育教学工作性质决定的,以后还会继续讨论这一问题。

通过对"谁是班级管理者"和"班级管理者做什么"探讨之后,我们再回过头来回答"什么是班级管理"这一问题好像就容易多了。班级管理既具有一般管理的共同属性,又有自身的特殊性。班级管理的特殊性有教育性、层次性、时段性和多极性。班级管理的基本任务是为促使学生全面发展的教育教学服务,目标是帮助学生顺利完成知识储备和社会化进程,所以,班级管理始终围绕如何使学生快速掌握学科知识和学会如何生存、做人做事等生活技能,基于此,我们说班级管理不同于其他部门管理的绩效优先,班级管理则是育人优先,教育性是其根本点,这也是班级管理有别于其他部门管理的关键所在。所谓层次性是指班级管理既是校级管理系统中的重要环节,又是中层管理部门的管理对象,同时又是具体管理者的服务对象。时段性是指班级管理不是一人全时段负责到底,而是随着不同的教育教学任务的展开会有不同的人轮流担负管理者责任。多极性是指班级管理者不是固定的一长制,而是多人负责多头管理。至此,什么是班级管理恐怕已不言自明了。

## (二)班级管理的功能

一般而言,功能是指某一事物或方法所发挥出来的作用或效能。功能是客观事物在具体环境中所展现的作用,是不以人的意志为转移的客观存在。而且任何事物的结构都是独特的,所以其功能也是独有的,不为其他事物所取代。班级管理不同于任何其他管理活动,它是由教师、学生和周边环境等因素组成的复杂的教育教学活动体系,其主要任务是育人,所以它的功能主要是教育功能。所谓教育功能就是教育活动对人的发展和社会的发展所起的作用或影响。班级管理是为实现教育目的服务的,在整个管理过程中,它所体现的教育功能可细分为个体社会化功能和个体个性化功能。

1. 班级管理的个体社会化功能

个体社会化是一个具有多种含义的概念,不同学科有着不同解读。在社会学界,最有影响的是著名社会学家费孝通主编的《社会学概论》一书中的观点:"社会化就是指个人学习知识、技能和规范,取得社会生活的资格,发展自己的社会性的过程。"[1]其次是郑杭生从社会学角度对社会化提出的新的解释。他认为"社会化是指个体在与社会的互动过程中,逐渐养成独特的个性和人格,从生物人转变成为社会人,并通过社会文化的内化和角色知识的学习,逐渐适应社会生活的过程。"[2]在教育学界,最具代表性的是著名教育学家顾明远主编的《教育大辞典》中的观点:个体社会化是"个体在与社会的相互作用中,将社会所期望的价值观、行为规范内化,获得社会生活所必需的知识与技能,以适应社会变迁的过程"。[3] 在心理学界,较具代表性的是我国著名社会心理学家吴江霖的观点:"把自然人变成对社会有用的社会人就是社会化。"[4]在德育学领域,较具代表性的是我国著名学者鲁洁主编的《德育社会学》中的观点:"人的社会化,就是指个人学习他所生活其中的那个社会长期积累起来的知识、技能、观念和规范,并把这些知识、技能、观念和规范内化为个人的品格和行为,在社会生活中加以再创造的过程。简言之,人的社会化过程,就是作为一个'社会学习者'和一个'社会参与者'的人的全面发展的过程。"[5]凡此种种,尽管这些界定存在学科方面的差异,但是对我们全面理解班级管理的个体社会化功能具有启示作用。那么,班级管理的个体社会化功能包括哪些内容呢?

(1) 促进个体观念社会化的功能

个体观念是个体对其周围世界和社会的总的认识。个体观念是社会的产物,是个体社会实践活动的认识成果。个体观念是个体融入社会生活、实现社会化的重要内容。一个人的世界观、价值观、人生观的形成均不可能脱离教育的培植与援助。班级管理育人功能的形成与实现,首先就是要促进个体观念的社会化。就班级管理而言,不应仅囿于对个体行为的训练,而应该在培育个体完善其思想观念和精神境界方面有所作为,使其成为一个具有高素质的人。班级管理者的首要任务就是在社会核心价值观的指导下,引领个体树立正确的生活理想、职业理想和社会理想,追求更高的人生目标。

社会化的过程是个体学习感悟的过程,是个体从一个自然形式的人通过学习适应社会生活,成为一个社会形式的人的过程。在这一过程中个体观念的社会化是实现这一转化的重要制约因素和基本内容。个体社会化过程是个体内化社会观念并形成自身观念的社会化过程。具体而言,即班级管理者按照一定社会的要求引导学生个体把外在的社

---

[1] 费孝通等.社会学概论[M].天津:天津人民出版社,1984:54.
[2] 郑杭生.社会学概论新编[M].北京:中国人民大学出版社,2003:83.
[3] 顾明远.教育大辞典(第6卷)[M].上海:上海教育出版社,1992:458.
[4] 吴江霖.社会学与社会心理学[M].北京:中国工人出版社,1986:194.
[5] 鲁洁.德育社会学[M].福州:福建教育出版社,1998:128~129.

会经验转化为学生自身的个人经验,从而不断地促使其发展成为社会人。班级管理就是要通过各种途径和方式使受教育者掌握人类世代积累的历史经验和社会经验,而且使他们不断地按照一定社会的要求去体悟、理解、接受一定社会的思想及伦理规范,以使其成为符合社会发展需要的并能体现社会价值的社会公民。正如社会学的创始人之一,也是教育社会学的奠基人迪尔卡姆(E. Durkheim)所言:"教育就是一种使年轻一代系统地社会化的过程。"①

(2) 班级管理促进个体智力和能力社会化的功能

培养学生个体智力与能力是学校教育的任务之一,也是班级管理的任务之一。学生个体经过学校教育的培养后,学生个体的智力与能力得以发展和壮大。然而,许多学生个体在获得了较高学历和学位,或者掌握了较为精深的智力或能力后,却难以被社会所接受,甚至有的拥有着超强的智力或能力去干些为非作歹、为虎作伥之事。所以,学校教育单单给予人一定的甚至是发达的智力和能力是不够的,必须将个体智力和能力的发展引导到适应社会生存并为社会发展服务的轨道上来。

个体智力和能力的发展不能脱离社会发展的需要,更不能脱离教育的正确指导和规范。只有这样个体所获得的智力和能力才能有用武之地,个体智力和能力才能实现社会化。班级管理要积极参与指导和规范个体智力和能力发展的社会方向和社会化进程,使学生个体获取社会成员资格和追求目标所必需的技能,为以后踏入社会承担一定的社会角色,担负相应的社会职能和责任服务。

(3) 班级管理促进个体角色社会化的功能

众所周知,任何社会成员都在一定的社会中扮演着一定的角色。角色是一种社会规定的期望或集体的期望。从一定意义上讲,社会化的过程就是个体角色获得的过程。个体通过社会化成为一个符合社会规范的人,这一过程就是个体承担或胜任一定的社会角色的过程。个体总是通过承担一定的社会角色来实现与社会协调一致。所以,角色的社会化是促使个体实现社会化的重要途径和内容。班级管理在个体角色社会化方面有着独特的功能,它能通过班级内部不同角色的互动,如师生角色互动、生生角色互动、学生个体与小集体或大集体角色互动等,使学生个体通过扮演不同角色,体验社会对个体的角色期望与要求,不断缩小其小理想角色与社会实际角色之间的差距,完成未来社会角色的社会化演练,使其成为一个对社会有用的准成员。

2. 班级管理促进个体个性化功能

个体个性化与个体社会化是个体发展同一过程中的两个方面,是教育育人功能中相互联系、互为作用的两个方面。教育不能实现个体个性化,就难以真正实现个体的社会

---

① [法]迪尔卡姆.教育的性质与任务[M].魏贤超,译.//瞿葆奎,陈桂生.教育文集·教育与社会发展.北京:人民教育出版社,1993:19.

化。在社会化过程中个体总是处于一种矛盾之中。个体既要使自己的行为、态度符合社会规范的要求从而和社会达到一致，又要使自己有别于他人从而表现出自己的个性。班级管理要在促使个体个性化中发挥积极作用，就要帮助学生发展自己的兴趣、爱好、特长、自主性、独立性和创造性，以促使每个学生在个体个性化及个体充分发展的基础上服务于社会。班级管理促进个体个性化功能，主要通过促进个体的主体意识发展、个性特征的发展及个体价值的发展等方面来实现的。

（1）班级管理促进个体主体意识的功能

人的主体意识是人对自我的主观能动性的认识。个体的主体意识是在良好的教育引导下形成的。班级管理者要按照个体自我意识发展的水平和内容，为其自我发展及自我选择提供适当而有利的环境与参照。这样的教育在得到个体主体意识的选择、支持后，才能对其知识、能力、个性品质、身体等各个方面的发展和完善发挥积极影响。

班级管理对于个体主体意识的发展与完善起着积极的促进作用。班级管理实践活动实质上就是引导学生积极地认识自我、提高自我的过程。作为班级管理活动的主体，学生在管理实践中不断发展自己的主体意识。管理的过程也是教育的过程，也是不断提高学生主体性、激发并张扬其主体意识的过程。管理和教育通过对人的道德、智力、审美及能力的培养而提高其对自我的认识。

（2）班级管理促进个体个性特征发展的功能

人的个性心理特征是人的个性的主要内容。个人的气质、性格、能力等个性的心理特征受制于多种因素，譬如遗传素质、家庭文化、社区文化、学校文化以及其他环境因素等。这些因素都制约着个体个性心理特征的形成与完善，这已被心理科学所证实。在这些诸多制约因素中，学校教育发挥着积极的主导作用。这也已成为人们的共识。班级是学校教育的基本单元，所以，班级管理要依据学生个体不同的兴趣、爱好、智能结构等安排不同的活动内容，采用不同的活动方式和管理方法，使他们在充分认识自己的气质、性格、能力基础上不断克服自己个性心理特征中的不利因素和不良表现，使之日臻完善。班级管理要在承认尊重个性差异并因材施教的基础上帮助学生个体形成自己的个性。班级管理过程是尊重差异性的求异过程，也是引导帮助学生个体充分开发其内在潜力和充分发挥其特长的过程。

（3）班级管理促进个体价值实现的功能

人的个体价值与社会价值是互为存在、有机统一的。人的个体价值乃至生命价值是通过他在社会生活中发挥作用的大小而体现出来的。一个人对人生价值如何理解决定着一个人的人生态度和人生道路，也决定着一个人在处理个人、社会、国家利益关系时的态度和行为取向。所以，班级管理要在班级生活中培养学生正确的人生观价值观并深入其精神生活中，不断提升他们的精神境界，使他们成为有道德、有理想、有理智、有理念、有良好责任意识的人。这样,他们才能在有意义的社会生活中不断展现自己的生命价值并创造生命的辉煌。尤其是在当今科学技术发展迅猛、国际竞争日趋激烈的现代社会,人不仅需要具备广博精深的科学技术知识及创新意识和能力,而且还必须具备崇高的人生价值取向。[1]

## 第二节 班级管理的几种模式

班级管理是一种综合性较强的教育活动。它不仅涉及教育学、心理学、社会学和管理学等多学科的理论知识,还涉及教师本人的经验、能力与教育智慧。不同的老师会根据不同的班级情况采用不同的管理方法与方式。所以,在不同地区、不同学校的班级会有不同的管理模式存在。较为常见的有如下几种。

### 一、常规管理模式

常规管理是一种比较古老的管理模式,自有社会组织存在以来,常规管理就随之产生。"常规"一词,是指日常、惯常、通常奉行的准则、规则和法则,也可以把常规理解为在一定时期内人们在习惯上认同并普遍、经常遵守执行的,或法令条文上规定的政策、制度、规则、程序的总和。基于这样的理解,班级的常规是指正常状态下,班级依据班内实际要求而建立的相对稳定的工作准则和行为规范,这些准则和规范是在班级日常管理实践中归纳总结出来的,是必须遵循的规章制度与行为规范。[2]

所谓常规管理,主要指通过规章制度的制定与执行来约束和规范组织成员行为的管理。有的学者将此称为静态管理或制度管理。常规管理的内容一般包括课堂常规、宿舍常规、日常活动常规、劳动常规等,以及师生之间、生生之间应有的行为规范要求。而班级常规管理,则是依据最基本的规则和准则而日常维持和推动班级各项工作正常运转和运作的管理活动与管理过程。班级管理的各种规章制度是学生在学习、工作和生活中必须遵守的行为准则,它具有管理、控制和教育作用。通过规章制度的制定与建设,使班级各项工作有章可循、有条不紊;通过规章制度的执行与贯彻,使学生个体养成良好的行为习惯和优秀的品行素养,使班级集体形成良好的班风。

班级常规管理是班级管理的最基本的管理模式。常规管理也就成为衡量班级管理水平和质量的重要标志之一。对于任何一个班级而言,如果常规管理跟不上,班级管理工作就会问题重重、漏洞百出,班级管理的正常运行会受到影响。所以,班级常规管理需要进一步完善和科学使用。

---

[1] 李如密,唐爱民,祝令华.现代教育理论[M].济南:山东电子音像出版社,2001:71~79.
[2] 李瑾瑜.学校常规管理的"常"与"新"[N].中国教育报.2013-09-25(5).

### (一)常规的制定不能教师包办,需要学生民主参与

常言道:没有规矩,不成方圆。班级如同社会中的其他组织,也需要规章制度加以约束和规范。也就是说,班级每天反复出现的多方面、多层面的日常事务,都要基于有效的常规管理。为了确保班级工作正常、健康地运行,班级常规管理的建制就显得异常重要。有些班主任教师在接手新班级的时候特别重视班级的规章制度建设,一般是按照学校规章,再参考他所崇敬的班主任老师的建制经验,制定他接管的班级规章,可谓事无巨细、煞费苦心。这样,一套"高、大、上"涵盖面广的规章就问世了。在班内公布确定之后,亲自推行。为维护规范的权威性,事必躬亲,时刻蹲守,不敢离开寸步。刚开始可能会收到一些效果,但是随着时间的延续,这种过分主观独断的做法就会出现问题。教师在班级秩序井然有序,教师一旦离开,班级秩序将会是一团乱麻。这样教师包办一切的结果将是班级常规管理的失败。

班级常规管理的价值就在于一个"常"字,正是借助日常、经常、平常、惯常的规范管理,才能维持班级工作的正常运行。

### (二)规章制度不能"成册""上墙"了事,需要人人入心

班级常规管理的确需要通过建立完善的制度来实现,同时,当一种制度被确定而经常执行时,也就成了常规。但是过分地把常规管理等同于制度管理,就会出现问题。在班级常规管理实践中,提倡管理制度化是普遍的做法,制度面前人人平等、依靠制度实现管理、完善和严格管理制度也被视为常规管理的有效之举。当下多数学校按照班级常规管理的制度思维要求班级管理制度化规范化。不管什么样的制度,只要将它们印在纸上、讲在嘴上、写在墙上,就算实现了班级管理的制度化、规范化。"制度成册""制度上墙"已成为班级管理制度化的标志。而班级管理的实际情况却是另一番情形。也就是说,常规管理已经变成"制度成册""制度上墙"的躯壳,表面看来光鲜亮丽,实际却是一团糟。

规章制度是班级常规管理的依据,重视规章制度建设是理所当然之事。但是班级规章制度不能"成册""上墙"了事,必须使其进入到每个班级成员的心中。只要人人在心里有规章制度,并且使其真正能够触动学生的内心,即使规章制度不"成册"、不"上墙",他们也会自觉遵守自觉行动的。反之,无论常规管理多么精细,班级中的每个人只能是制度的"门外汉",而不是"当事人"。

## 二、平行管理模式

马卡连柯于1938年1月10日、14日16日和20日应俄罗斯联邦教育委员会之邀,就《普通学校的苏维埃教育问题》分别作了四次演讲。演讲中,他在谈教育方法时首次提出"平行教育影响"。他在解释什么是平行教育影响时说:"我们只和分队发生关系,我们

和个人不发生关系,这就是正式的说法。实际上,这正是影响个人的一种形式,但表达方式和本质是并行不悖的。我们事实上和个人是发生关系的……"①他的具体论述比较复杂,概而言之,他的平行教育影响是说教育工作者要通过集体来影响个人,通过个人的转变再影响集体,也就是说集体和个人要兼顾,两者均为教育的主体。这种平行教育影响要求教育工作者在教育过程中要找到集体教育与个体教育的结合点。他特别强调在使用这种教育方法时,不要让学生总感觉自己是被教育的对象,而导致厌恶之感,甚至使师生之间的正常关系发生疏远和破坏,而应让学员体验自己是教育的主体,以便提高他们的自尊心和自信心。马卡连柯的平行教育影响理论应用于班级管理之中,我们就把这种管理称为班级平行管理模式。这种模式既通过对班级集体的管理去间接影响个人,又通过对学生个体的教育转化去影响班级集体,是将班级集体和个人教育管理相结合的管理模式。

班级平行管理模式的教育作用体现在两个方面。首先是集体教育作用,要发挥这一作用,就要要求教师要把班级集体当做教育的主体,先向班级集体提出要求,然后让班级集体再去要求、教育和帮助它的成员。由于教育者是通过班级集体教育个体,其实质就是教育者在教育学生个体。这种教育模式由于是将班级集体和学生个体均摆在主体地位,所以能调动他们参加教育活动的积极性,其效率效果都要胜过教师一个一个地去教育学生。其次是学生个体的转变对班级集体的教育作用。在班级管理中,要密切关注每个学生的状况变化,用典型事例感动班级感化班集体,树立各种学习典范,尤其是要抓住适当时机,通过学生个别的转变个例,譬如,由坏变好,改掉坏的行为习惯等,来影响班级集体。这样不仅通过一个学生教育了全班每一个学生,而且也培养了正确的班级集体舆论和良好的班风,从而使班级集体和学生个体互相促进,共同提高。

## 三、目标管理模式

"目标管理"的概念是由美国管理大师彼得·德鲁克(Peter F. Drucker)于1954年由在其《管理实践》中最先提出。德鲁克认为:"任何企业必须形成一个真正的整体,并且将个人的努力融汇成一种共同的努力。企业每个成员所做的贡献各不相同,但是,他们都必须为着一个共同的目标做贡献。他们必须朝相同的方向做努力……因此,企业的运作要求各项工作都必须以整个企业的目标为导向,尤其是每个管理人员的工作更必须注重于企业整体的成功。"他进一步论述道:"一种有效的管理必须将所有管理人员的注意力和努力引向一个共同的目标。它应该保证每个管理人员懂得,要求他达到的结果是什么。它必须确保上级懂得对每个下级管理人员所期望的是什么。它必须激励每个管理

---

① [苏联]马卡连柯.马卡连柯教育文集(下卷)[M].吴式颖等,编.北京:人民教育出版社,2005:423.

人员朝着正确的方向做出最大限度的努力。在鼓励工艺高标准的同时,它必须能使这些标准成为实现企业经营目标的手段,而不是这些标准本身成为目标。"目标管理"通过目标的要求转化为个人的目标,使企业的经营业绩得到保证"。这实际上已成为目标管理的方式和手段,即通过目标转化实现对企业各部门人员的控制。为此,德鲁克对目标管理作如是评价:"目标管理的贡献是它能使我们以自我控制进行管理取代通过统治进行管理。"①

目标管理综合了以工作为中心和以人为中心的管理方法,通过制定和实施具体目标而提高组织成员的积极性和工作效率。目标管理大致分三个阶段。第一阶段是制定目标(总目标、分目标、个人目标及行动计划),并通过上下协商,对各项目标的评价标准及考核办法做出规定。第二阶段是实现目标。第三阶段是对成果进行检查和评价。在班级管理实践中,目标管理这种模式常被选用。采用这一模式,在制订班级集体目标时要注意以下几个方面:(1)全面性与关键性相统一;(2)一致性与灵活性相统一;(3)集体性与个体性相统一;(4)具体化与数量化相统一;(5)先进性与可行性相统一等。

### 四、民主管理模式

民主管理模式是相对不民主或者专断、专制管理模式而言的。言外之意,在班级管理模式里还有专断模式存在,不过,我们并没有单独列出进行讨论,不是不想,而是没有这个必要。因为专制管理模式虽普遍存在于传统教育思想指导下的班级管理实践之中,却早已不适应社会发展对教育的要求而遭舍弃。

民主管理模式是我们所提倡的一种模式。这种模式要求管理者遵循"民主、公平、公开、公正"原则,协调各个部门及其他成员的力量完成预期管理目标的一种管理方式。班级民主管理要让每一位学生以平等的身份民主地参与班级事务,使其能充分展现自己并形成积极主动发展的动力和能力,协同其他成员一起共建自己的班级集体。班级民主管理在操作层面还没有成熟的程序可采用,不过在教育实践中,曾有不少教育工作者进行了有意义的探索,譬如,魏书生就对班级管理民主化做过探索性尝试。他认为:"班级要实现民主化:(1)班主任要为学生服务;(2)建立互助的师生关系;(3)发展学生自然的人性;(4)决策过程注重商量、对话和集体表决。"班级民主管理的前提就是教师要先转变观念,即教师要有为学生服务的意识,"班主任为学生服务,就是要有做船工、做公仆的服务意识,只有这样班主任才不至于做凌驾于学生之上发号施令的蠢事,才不至于脱离学生实际去执行各种外行'婆婆们'的指令,才能摆正自己的位置,俯下身子为学生'当牛马',

---

① [美]彼得·德鲁克.管理实践[M].毛忠明等,译.上海:上海译文出版社,1999:137～148.

把学生高高举起"。只有具有为学生服务的意识,班级民主程序才能顺利展开,否则,班级民主管理将是一句空谈。

并不是所有尝试者都能成功,曾有一位班主任在实际班级管理中按照自己对班级民主管理的理解进行"民主治班"实践探索。结果却是"镜中花""水中月",中看不中用。他第一次尝试时,由于学生权力过大,班级管理最后变成了自由市场;经过经验总结后,再次继续推行时,他不再"事事都听学生的",这次结果却是,学生说他"假民主"。[①] 为什么会这样?这一问题值得大家反思。像这样失败的案例会有很多,不过这些探索者所积累的可贵的经验教训将是进一步研究班级民主管理的宝贵财富。

班级民主管理模式是现代学校教育所追寻的一种新型管理模式。这种管理模式现在还没有现成的式样供班主任们套用,但是,大家可以从以往的经验中搜寻。值得注意的是,"班级民主管理不应满足于维持正常秩序,不应满足于形成集体学习氛围,不应满足于形成团结精神和统一意志,不应满足于就事论事的自主活动,不应满足于自主能力的发展,也不应满足于形式上的民主,即共同参与、平等交往的形式,而应该追求让每一位学生的成长需要尽可能被充分地关注,使他能在这个复杂变化的世界中掌握他自己的命运,并在主动参与创建更合理的集体的过程中最大限度地发挥自己的潜力"[②]。

班级民主管理模式不是单一的,会有很多种。但是其目标却是相同的,即培养学生的民主能力与民主生活习惯。为此,班级民主管理模式要引领学生享有"一种联合生活的方式,一种共同交流经验的方式",使学生"参与一种有共同利益的事,每个人必须使自己的行动参照别人的行动,必须考虑别人的行动,使自己的行动有意义和有方向"。[③]

## 第三节 当前班级管理中存在的问题及解决

在"应试教育"情境下,班级管理的功能发挥主要为升学服务,所以,班级管理目标单一,任务并不复杂,班主任老师主要的工作就是督促学生搞好学习,以优异的学习成绩为目标追求。鉴于此,我们将从教育管理角度来审视这一现象,以期为问题解决提供借鉴。

### 一、当前班级管理存在的问题

当下班级管理已成为应试升学考试的附庸,班主任的任务就是看管学生,为升学服务,树立绝对权威,确保学生少犯或不犯错误。所以,班级管理实践中存在很多问题亟需大家认真对待。

---

① 刘坚新.为什么我总在老路子上走[J].班主任之友.2009(5):36.
② 李伟胜.班级管理[M].上海:华东师范大学出版社,2010:20.
③ [美]约翰·杜威.民主主义与教育[M].王承绪,译.北京:人民教育出版社,2001:97.

### (一)由于受分数压力和教师权威的制约,班主任对班级管理方式偏重于专断型

"传统教育""应试教育"情境中,班级管理就要围绕"应试"与"升学"做好服务工作,确保以"教师"为中心的教学顺利进行,使班级学生在"知识"的学习与掌握方面成绩优异。班级学习成绩优异的最有力的证据就是班级成员的平均分数和排名是否靠前,所以,分数、名次就成了衡量班级集体、教师和学生成绩是否优秀的唯一标准。班主任的工作重心就是监督学生学习、复习课本知识,规劝学生放弃其他与学习课本知识不相干的兴趣爱好,并做学生的思想工作,使其全身心地投入到知识学习与巩固上,力争为班级和自己考出好成绩。班级管理也变得程式化、简单化了,其一切工作目标就是为了实现分数最优化。为了让班内学生在考试中获得好成绩,确保班级的成绩在学校中的排名,还要协助其他任课教师"治理"学生并使其顺从听话,以维护其他任课教师的权威不受侵犯。班级管理变相地成为"传统教育"和"应试教育"的附庸,班主任班级管理方式以规训为主,独断、专制是其主要特征。在这样情况之下,学生只有被迫服从教师的安排,完全失去其自主性、积极性和创造性。

### (二)班级管理制度缺乏活力,民主管理的程度低

班级管理多以制度化为标志,班级管理制度作用往往被夸大。在班级管理实践中,过分依赖班级管理制度,不从班级实际情况出发,不从学生实际学情出发,以"规"按"条"遵循"章法"管理班级,不重视班级学生的积极作用,使班级管理逐渐僵化。由于班级管理中缺乏学生的积极参与,所以,班级事务处理比较被动,学生们往往表现出来的情形是教师催一催学生就动一动,事不关己,高高挂起,消极应对。

班级管理实践中另一比较突出的问题是民主管理程度较低。原因在于,班主任在进行班级管理过程中过分依赖他所培养的班干部,自认为他所器重的班干部能为他做好班级管理工作,事实上,很多问题就出在班干部的选用上。班干部的作用是不可忽视的,尤其是传统班级管理模式下的班干部,他们是班主任老师的得力干将,是班级管理的主力军。但是正由于这样,有些班干部也成了班级管理的麻烦制造者,自认为是"权力拥有者"为所欲为,自以为有班主任为其撑腰,恃强凌弱、欺上瞒下、组建小圈子、划定势力范围等,大有"顺我者昌,逆我者亡"之势,助长不良习气,侵蚀班级文化建设。这种班级管理是班主任老师将班级管理看做是学校交给的短时间的管理任务认知之下的产物,而不是将班级管理看做是培养学生综合素质的一种途径和机会。所以,这样的班级管理不是班主任"专制",就是班干部"专断",离现代教育所主张的民主决策、民主参与民主管理的管理理念差距甚远。

## 二、建立以学生为本的班级管理的机制

要解决班级管理中存在的问题,需要从学生身心发展需要出发建立健全班级管理机制,在班级管理中力求做到以下几点。

### （一）以满足学生的发展为目的

学生的发展包括身体发展、心理发展和能力发展等。班级管理要以此为基点制定班级管理目标和发展规划。所有班级活动均要以此为中心进行设计和安排，当然班级管理评价的标准制定也要以此为准绳。因此，学生全面发展既是班级活动的出发点，又是班级活动的最终目标归宿。

### （二）确立学生在班级中主体地位

班级管理要以学生的发展为中心，班级管理活动的展开要围绕这一中心进行，所以班级管理中最重要的事情莫过于确立学生在班级管理活动中的主体地位。确立学生在班级管理中的主体地位主要体现在教育教学及班级管理诸种活动均以学生为中心，尊重学生的人格和主体性，充分发挥学生的聪明才智，发扬学生在班级自我管理中的主人翁精神。建立一套能够持久地激发学生主动性、积极性的管理机制，确保学生持久发展。

### （三）训练学生自我管理班级的能力

班级管理不是雇几个班干部完成学校交给的任务就行了的短期活动任务，它是育人的重要环节和途径。教师要把班级事务管理岗位当做锻炼学生能力、培养社会责任感和培养学生自我管理班级的能力的一种教育途径来看待，要让不同学生去利用这一岗位锻炼其才干、提升其能力和其他素质，这才是我们班级管理实现教育目标的正确做法。

学生的自我管理能力是在具体的管理实践中锻炼形成的，班级管理要为学生提供这种锻炼机会和条件，尤其是在制度层面，要为学生的能力锻炼提供支持。譬如，实行班级干部轮换制，通过班干部岗位的锻炼学会与人沟通与合作的技能技巧等，通过这一方式还能培养他们的责任意识和服务他人的观念和能力，并在其主持班级管理活动过程中学生的心理素质也能得以提升。训练学生自我管理能力主要是要尊重学生信任学生，对学生要放手，指导他们，让他们学会自己的事情自己做。

## 本章小结

本章分析介绍班级的产生、班级的结构及其特点等。基于此，并进一步探讨了班级管理与一般管理的差异、班级管理的功能、班级管理的一般模式，以及班级管理中存在的问题等内容。

班级管理与一般管理有着质的不同，所以本章通过"对谁是管理者""班级管理者要做什么"等问题进行解答，厘清了班级管理的基本含义，并从管理学的职能、技能、角色三个维度讨论了班级管理工作的分类。

班级管理属于教育管理范畴，所以具有促进个体社会化和个体个性化的独特育人功能。班级管理功能的发挥有赖于科学合理的班级管理模式的运用。班级管理不能仅仅局限于眼下各个班级的事务处理，而且要着眼于培养学生适应与引领未来生活世界的能力与习惯,要为未来社会培养合格的公民服务。譬如,民主社会所需的民主能力与生活习惯的形成,就需要班级管理民主模式的采用与实施。未来社会民众的民主意识与民主能力不会立刻产生,它需要在学生时代的生活中慢慢培养起来。所以,在这方面,班级管理责无旁贷,应担负起这一社会重任。

### 知识链接

　　班级管理领域虽说不大,但内容却非常丰富。除了本章所讲之外,还有很多内容,限于篇幅,我们不能一一论及,只好用知识链接的方式,简单介绍。班级管理还包括:班集体的建设、班级日常管理、班级活动管理、班级文化管理、班级突发事件处理、班级管理的原则与方法、班主任与学生的关系、班级管理的评价,等等。每部分内容对班级管理来说都很重要,以班集体建设为例,班级是一个松散的群体,要想使其成为充满生命活力的班集体(一种社会组织),需要做很多工作。首先要按照组织的要求组建班集体雏形(确立组织目标、组建组织结构、制定组织规范),逐步调节完善规章使之趋向稳定的班集体,班集体组建过程是一个渐变的日臻完善的过程。在这一过程中,师生携手共建,共同成长。组建的过程是一个成长过程,也是一个教育过程。

### 思考与练习

1. 什么是班级?班级的结构与特点是怎样的?
2. 什么是班级管理?如何正确理解班级管理?
3. 班级管理有哪些功能?
4. 据你了解,班级管理模式有几种?
5. 如何理解班级建设?

### 参考文献

　　[1][苏联]马卡连柯.马卡连柯教育文集[M].吴式颖,等编.北京:人民教育出版社,2006.

　　[2]王道俊,王汉澜.教育学[M].北京:人民教育出版社,2002.

　　[3]李如密,唐爱民,祝令华.现代教育理论[M].济南:山东电子音像出版社,2001.

　　[4][英]苏·考利.学生课堂行为管理[M].范玮,译.北京:教育科学出版社,2009.

　　[5]李学农.班级管理(第2版)[M].北京:高等教育出版社,2010.

　　[6]李伟胜.班级管理[M].上海:华东师范大学出版社,2010.

　　[7]张作岭,宋立华.班级管理[M].北京:清华大学出版社,2010.

# 第十章 教育科学研究方法

**学习目标**

1. 理解教育科学研究的特殊性。
2. 掌握常用的教育科学研究方法。
3. 能正确地选择教育研究问题。
4. 掌握教育研究设计的主要内容并能够进行教育研究设计。
5. 掌握教育研究报告撰写的基本规范。

教育质量的提高,需要符合规律的教育活动、高素质的教师队伍、合理的教育决策,这些都离不开教育科学研究。要进行教育科学研究,就要运用正确的、科学的、合适的教育科学研究方法。教育科学研究方法是研究教育现象或教育问题,探索教育规律所采用的方法。教育科学研究方法的发展会影响教育理论和教育实践的发展水平,从教育发展的历史来看,人们对教育的认识经历了从依赖直觉观察和经验描述到注重思辨、强调实证、关注定性,再到定性与定量融合的阶段,目前教育科学研究方法正朝向多元化和综合化的方向发展。

## 第一节 教育科学研究方法概述

### 一、科学研究的基本指导原则

美国国家研究理事会(National Research Council)于2002年出版的《教育的科学研究》一书,在教育界、学术界产生了重要影响,其主要贡献在于,该书提出了科学研究的基本指导原则。该书产生于当时美国政界、教育界(包括教育者和研究者)对美国教育质量的担忧的背景下,因此,当时主管美国教育研究的机构——国家教育政策及优先项目董事会,要求国家科学院成立一个专门研究教育的科学研究的委员会——教育研究的科学原则委员会,斯坦福大学教育学院的理查德·沙沃森(Richard J. Shavelson)担任主席,这个委员会由具有各种不同背景的学者组成(包括若干位自然科学家、统计学家、心理学家、教育学家和政策分析家,以及一位社会学家、一位历史学家、一位人类学家、一位教育哲学家和一位教育实际工作者)。委员会达成一致,认为:"在教育科学、自然科学和社会科学领域中,科学研究的本质特点基本相同,虽然这些领域内部与这些领域之间的研究问题和研究方法极为不同。"[①]最后,该委员会研究总结出 6 条适用于所有科学研究的指导原则(见知识卡片 10-1),这些原则当然也适用于教育研究。

> 知识卡片 10-1
> 
> **科学研究的指导原则**[②]
> 
> 科学原则 1:提出重要的、可进行实证研究的问题;
> 
> 科学原则 2:建立研究和有关理论的联系;
> 
> 科学原则 3:使用能够直接研究问题的研究方法;
> 
> 科学原则 4:提供一条严密、明晰的推理链;
> 
> 科学原则 5:实施重复验证(replicate)和研究推广(generalize);
> 
> 科学原则 6:公开研究结果以鼓励专业人士的检查和批评。

从上述 6 条原则来看,它们更多地体现出了以观察和实验为基础的实证研究的特点,如严密的逻辑推理(包括较为严密的假设)、可重复验证等。该委员会在提出这些科学研究所具有的共性的同时,也明确承认教育科学研究有别于其他科学研究的特殊性。

## 二、教育科学研究的特殊性

### (一)价值关涉

教育不可避免地关涉到各种价值问题,因此,教育研究也不能不考虑这些价值问题。首先,教育作为社会的一个子系统,与其他各子系统相互影响、相互作用。教育不可避免地要受到各种政治、经济、文化、社会的价值观的影响并与其发生相互作用,有时各种价值观甚至相互冲突,由此,带来教育价值观方面的纷扰。社会价值问题也是引起教育争议不断的主要原因之一,因为"不同的人看待问题的方式是不一样的,就像在其他公共领域里一样,社会观念不可避免地影响到科学研究的过程、框架、程序以及建立在研究结果上的社会政策和实践。教育的决策有时完全不是建立在科学研究的基础上,而是来源于某种意识形态的直接演绎或者社会公正与社会理想的根深蒂固的信念"[③]。其次,教育要涉及各方面的人群,包括学生、教师、家长、管理者、研究者、决策者等教育利益相关者,他们在对待同一教育问题的看法和所持的价值观是不同的,他们的行为是极为多样化的,这势必影响教育科学研究结果的解释和推广,更重要的是,它最终将影响教育的决策。对此,美国教育研究的科学原则委员会明确指出:"简而言之,教育研究将不可避免地反映并

---

① [美]理查德·沙沃森,丽莎·汤.教育的科学研究[M].曹晓南等,译.北京:教育科学出版社,2006.7:中文版序.
② [美]理查德·沙沃森,丽莎·汤.教育的科学研究[M].曹晓南等,译.北京:教育科学出版社,2006.7:3~4.
③ [美]理查德·沙沃森,丽莎·汤.教育的科学研究[M].曹晓南等,译.北京:教育科学出版社,2006.

且必须面对各种不同的价值观,因而会得出复杂的结果。教育决策者和教育工作者最终将需要根据不同的价值理念、实践智慧以及教育研究来形成具体的政策和措施。具有科学基础的教育研究将会对这些政策和措施产生影响,但通常不会是唯一的决定因素",乃至"许多教育研究必须依赖于教育界的良好意愿才能得以进行,进入学校进行研究的机会取决于研究者和教育者对每一个研究的双向协商,并以道德和政治的考虑作为前提"。[①]

### (二) 道德伦理

教育研究的对象是具有主观能动性的人,而不是在"显微镜下观察到的被动的材料"。因此,教育研究要充分考虑研究的道德伦理性。研究的道德伦理是指研究者在研究过程中所遵循的基本道德伦理规范。一般研究者要遵循三个基本的道德伦理规范。一是自愿参加,指研究对象应是自愿地而不是被强迫地参与研究。二是避免伤害,教育研究要防止对研究对象(尤其是儿童和青少年)造成伤害,要保证研究不对他们的身心健康和发展产生消极影响。要做到防止伤害研究对象,还需要注意保证研究资料真实可靠,研究结果客观科学,绝不允许主观臆测和为达到预期研究目的而人为篡改数据。三是保护隐私,对于研究对象的个人信息或隐私,一定要注意保护,研究结果中一般都要做匿名处理,需要公开研究对象真实身份的,必须征得研究对象的同意。

### (三) 复杂性

教育科学研究的复杂性主要表现在以下几点。首先,如前所述,教育研究的过程和结果势必会受到各种社会价值观和研究者的价值观的影响,因而会得出复杂的结果。其次,教育对象是具有主观能动性的人,对他们的教育干预很难产生准确的、预期的效果,通常的情况是,教育干预会产生正反两方面的结果。再者,由于人的发展变化和教育情境、条件的复杂性,因而,教育研究的可重复性以及教育研究结果的推广都是很困难的。最后,教育研究的范围和程度要受到各种条件的制约。

## 三、教育科学研究方法的基本类型

### (一) 科学研究方法体系的一般结构

现代科学已发展成一个庞大的体系,现代科学方法也同样发展成一个复杂多样的体系。不过,根据其适用的范围和特点,可以分为不同的层次(如图10-1所示)。一般可把科学研究方法分为四个层次。第一层次是世界观意义上的最一般方法,主要表现为哲学方法,其核心部分是思维方式。如辩证唯物论和历史唯物论。第二层次是适用于各门学科或各领域的一般研究方法,主要表现为逻辑学方法、数学方法和系统科学方法。第三层次是自然科学、社会科学和科学学三大领域的方法。第四层次是适用于某一具体学科

---

[①] [美]理查德·沙沃森,丽莎·汤.教育的科学研究[M].曹晓南等,译.北京:教育科学出版社,2006.

领域的方法。现代科学向综合化方向发展,自然科学的方法和社会科学的方法也不断地相互借鉴和渗透。教育科学研究方法就属于某一学科领域的具体方法体系,它既接受哲学方法的指导,又接受一般科学研究方法的指导。

图 10-1 科学研究方法体系结构图

### (二) 教育科学研究方法的分类

关于教育研究方法的类型,依据标准的变化会有不同的分类。根据研究方法的哲学基础和基本特征,我们可以将教育科学研究方法划分为实证方法、人类学方法和思辨方法三大类型。

实证方法的哲学基础源于经验主义,强调经验事实。采用实证方法开展研究,一般事先要具有较明确的假设,然后是基于事实对假设进行科学的验证过程。典型的实证方法有实验方法、问卷调查法以及一些以客观证据为基础的定性研究方法。

人类学方法的哲学基础源于自然主义,具体涉及诠释学、现象学、后现代主义、后实证主义、女性主义等哲学思想流派的观点。19世纪,狄尔泰在其著作《人文科学导论》中首次系统提出了使用"人文科学研究方法"开展研究的三个基本步骤:一是研究者积极参与、亲身体验;二是以创造性的方式对体验进行表达;三是对二者的反思,既反思体验又反思表达。典型的人类学方法有深度访谈、田野工作、叙事研究、生活史研究等。

思辨方法即哲学思辨,相对于实证方法源于经验主义和人类学方法源于自然主义的哲学基础而言,思辨方法可以说是一种理性主义方法论。思辨方法是在遵循历史与逻辑相统一的原则下,采用概念、命题等逻辑形式,通过推理、论证等逻辑方法系统地得出自己的观点和主张。

需要注意的是,实证方法、人类学方法和思辨方法之间并不是非此即彼的关系,它们实际处于同一研究方法体系的连续体上,只是这一连续体的一端趋向经验主义为基础的实证方法,另一端趋向理性主义的纯粹的哲学思辨方法。

有文献将具体的研究方法进行归类,分为理论方法、实证方法、实验研究方法、历史研究方法等(如表 10-1 所示)[①]。

---

① 教育部考试中心.2009 年全国硕士研究生入学统一考试教育学专业基础综合考试大纲[M].北京:高等教育出版社,2008:27.

表 10-1　教育科学研究方法的类型

| 类型 | 具体方法 |
|---|---|
| 理论方法 | 归纳、演绎、类比、分类、比较、分析、综合、概括 |
| 实证方法 | 观察、问卷、访谈、测量 |
| 实验研究方法 | 前实验、准实验、真实验 |
| 历史研究方法 | 文献法、内容分析法 |

总之,教育研究方法的分类是为了便于分析各种方法的特点,把握方法之间的区别与联系。研究方法选择的关键应该取决于研究问题,而不是为方法而方法。研究方法的使用具体体现在提出研究问题、收集数据资料和分析数据资料的各个环节中,因此,还应注意不同类型研究方法适用的场合和条件。

## 四、常用的几种教育研究方法

在教育科学研究的选题、资料收集中经常用到的方法有观察法、访谈法、问卷法、实验法和文献法等,下面对这五种研究方法作简要介绍。

### (一) 观察法

观察法是指研究者通过感官和辅助仪器,有目的、有计划地对处于自然情境下的事物、人、活动等进行系统感知,从而获得经验事实的一种科学研究方法。在学校教育研究中,观察法是一种基础性的、常用的科学研究方法。

从不同的维度来看,观察可以划分为如下几种类型。

1. 参与式观察与非参与式观察

按观察者是否参与被观察对象的活动,可分为"参与式观察"与"非参与式观察"。

在参与式观察中,观察者参与被观察者的工作、学习以及生活当中去,与被观察者建立比较密切的关系,在相互接触与直接体验中倾听和观察被观察者的言行。如直接参加学校、班级的活动,与老师一起探讨有关问题,随时向教师询问自己想要了解的问题等。这样,观察者既是研究者又是参与者。这种观察方式有利于缩小观察者与被观察者之间的心理距离,便于深入了解和理解被观察对象内部的真实情况。但是,其不足之处是双方之间容易相互影响,使观察的结论带上主观感情色彩。

非参与式观察不要求研究者直接进入被研究者的日常活动,而是以"旁观者"的身份来了解事物发展的动态。在条件允许的情况下,观察者可以使用录像机对现场进行录像。非参与式观察操作起来比较容易,观察者和被观察者不易受到相互影响,观察结果比较客观、公正。非参与式观察的不足在于观察者对现象的观察易带有表面性和偶然性,不易深入。

2. 结构式观察与非结构式观察

按观察实施的结构化程度,可分为结构式观察与非结构式观察。

结构式观察事先有明确的目标,确定了所要观察的问题和范围,设计了合理而详细的观察计划、步骤和观察工具。结构性观察的最大特点就是观察程序标准化和观察内容结构化，观察记录的结果通常是数据资料，常需借助计算机等设备加以处理。

相对于结构式观察，非结构式观察在观察前只有粗略的构想，事先没有制订严格的观察计划，也没有设计高度结构化的观察形式和观察内容，而是依照现场情况决定观察进程。这种观察方式的最大特点是灵活性高，不会局限于事先的预设框架，可能获取额外的有价值的信息。非结构式观察记录的数据通常是文字、音频或视频资料等形式。

3. 定量观察和定性观察

按收集资料的方式以及所收集的资料的性质，可分为定量观察和定性观察。

定量观察是运用事先准备的一套定量的、结构化的记录方式进行的观察。在这套记录体系里要确定需要观察的行为或事件的类别，观察的对象和观察的时间单位等。在运用定量观察对课堂进行观察时，观察者主要运用时间抽样和事件行为抽样的方法对课堂进行结构化分解。定量观察的记录方式的最大特点是预先设置行为的类目，然后对特定时间段内出现的类目中的行为做记录。

定性观察是根据大致的观察提纲，在现场对观察对象的活动情形进行记录，观察结果多以文字等非数据化形式呈现，对观察对象的分析，可以在观察进行中和观察后进行，定性观察的周期通常比较长，观察问题和具体内容需要不断地进行调整和完善。

应该指出的是，上述观察类别的划分并不是绝对的，确定某一观察属于哪种类型，主要是取决于它以哪种方式为主或倾向于哪种方式。在实际的教育研究中，不同的观察类型往往被研究者综合运用，以达到相互取长补短的效果。

## （二）访谈法

访谈法是一种带有特定目的和规则的，通过与被访者进行口头交流来收集所需资料的研究方法。访谈法常用于教育调查和心理咨询等领域，适于研究者向被访问者了解关于某一事物的意见、态度、评价等方面的信息，既可以对事实进行调查，也可以用于意见征询。它既可以作为独立的研究方法，也可以作为其他研究方法收集资料的辅助工具。

一般可以将访谈分为以下几种类型。

1. 结构式访谈、无结构访谈和半结构访谈

根据访谈的结构化程度，可以分为结构式访谈、无结构访谈和半结构访谈。

结构式访谈是事先将访谈的题目设计成一份访谈问卷或调查表，然后严格按照拟定的访谈问卷或调查表的内容和顺序进行访谈。结构式访谈提纲通常包括访谈的具体项目、程序、重点、提问形式、分类方式、指标系统、记录格式等。这种访谈采用统一标准程序和形式，通常用于较大样本的、较大范围的、正式的调查。

无结构访谈也称自由访谈，是一种开放式的访谈。与结构式访谈不同，它事先只准备一个粗线条的访谈提纲，访谈过程具有较大的自由度和灵活性，收集到的信息一般不

能进行量的分析。

半结构访谈是介于结构式访谈和无结构式访谈之间的一种方法。这种访谈有调查表或访谈问卷，有结构式访谈的严谨和标准化题目，同时也具有无结构访谈的特点，给被访问者留有较大的表达自己想法和意见的余地。这也是一种常用的访谈类型。

2. 个别访谈和团体访谈

根据访谈对象人数的多寡，可以分为个别访谈和团体访谈。

个别访谈是指被访对象只有一人的访谈，这种访谈全程一般只有访谈者和被访者两个人的交流，不会受他人干扰，谈话容易深入，比较适合无结构访谈。

团体访谈是指被访对象有多人，通过集体座谈的方式收集资料的方法。这种类型扩大了调查的范围，能在较短的时间内收集较多的信息，同时被访人员之间会相互启发，集思广益，气氛比较活跃。不足之处在于，被访人员可能会受他人影响，尤其是团体领导人，因此，团体访谈要注意访谈对象的选择和分组。

3. 直接访谈和间接访谈

根据访谈者是否与被访者面对面交流，可以分为直接访谈和间接访谈。

直接访谈是指访谈双方进行面对面的直接沟通来获取信息的方法。直接访谈效果要优于间接访谈，不仅能获得较多、较真实的信息，而且能关注到被访者的非言语行为，通常的访谈多采用直接访谈法。

间接访谈与直接访谈相反，是指访谈双方不进行面对面的交流，而是通过访谈者借助某种媒介或工具向被访者了解有关信息的方法。如电话访谈（或网络语音与网络视频访谈）就是一种新兴的、常用的间接访谈的方式。在教育调查中，电话访谈这种间接访谈方式具有节约时间、费用，提高效率的优点，是一种值得推广的访谈方式。不足之处在于不容易把握被访者的环境和非言语行为等特征。

### （三）问卷法

问卷法是研究者运用统一设计的问卷向被选取的调查对象了解情况或征询意见的调查方法。问卷具有三个基本特点：一是标准性，包括问题设计、发放和统计分析都有一套事先设计好的标准；二是匿名性，问卷填答不要求填答者署名，目的在于消除填答者的顾虑（尤其是在涉及敏感性问题的情况下），获得真实回答；三是间接性，问卷调查法是通过被研究者回答问卷中的问题来间接地反映研究者所研究的问题的，尤其是在调查某一人群对于某事、活动等的态度、兴趣等时，都要研究者通过精心设计的问题来间接获取这方面的信息。

1. 问卷法的优缺点

问卷法一般适用于做现状调查研究，样本较大（包括调查范围和数量），代表性好；问卷填答和发放形式多样灵活，有集中填答、邮寄填答、个别发送、网络填答等；此外，收集的资料容易量化，便于分析找出因果关系。

问卷法的不足之处在于:获取资料弹性不足,不易获取深层复杂的信息;较难考虑周全所有备选答案,从而难以获得真实信息;设计要求高。

2. 问卷的基本结构

问卷一般由卷首语、问题与回答方式、结束语等部分组成。

卷首语是调查者向被调查者所作的对问卷调查的简单介绍和说明,其主要内容应包括:调查的目的和意义;调查的主要内容;对调查结果的保密承诺;对被调查者填写问卷的指导和要求;说明调查者的身份或组织名称等。为了能引起被调查者的重视和兴趣,争取他们的合作和支持,卷首语的语气要谦虚、诚恳、平易近人,文字要简明、通俗、有可读性。卷首语一般放在问卷第一页的上面,也可单独作为一封信放在问卷的前面。

它是问卷的主要组成部分,一般包括调查询问的问题、回答问题的方式以及对回答方式的指导和说明等。

其中编制"问题"是核心。编制问卷的问题一般经过这样几个步骤:(1) 分析调查问题,提出假设;(2) 概念具体化,确定变量;(3) 确定和细化指标;(4) 根据指标编制问题。

一份问卷通常由结构型问题、半结构型问题和开放型问题构成。

结束语可以是简短的几句话,对被调查者的合作表示真诚感谢,也可稍长一点,顺便征询一下对问卷设计和问卷调查的看法。

3. 问卷编制的一般步骤

编制一份问卷,一般要经过如下几个步骤:(1) 探索性工作,研究者要亲自进行一定时间的非结构式访问;(2) 根据所研究的问题和理论假设确定需要测量的变量;(3) 将这些变量经过操作化变成若干具体的指标;(4) 围绕这些指标编制合适的问题;(5) 根据研究所采用的方式、统计分析的方法等因素决定问卷的形式和结构,将问题按一定的原则组合成一份问卷;(6) 在一个同正式调查的样本相似的小样本中,用这份问卷进行试调查,以发现问卷设计中存在的问题;(7) 根据试调查(可能不止一次)的结果进一步修订问卷,最后形成用于正式调查的问卷。

4. 问卷的发放与回收

问卷发放形式通常有邮寄、有组织的分配和当面填答等。有效问卷的回收率应不小于70%。对回收的问卷要分析异常(或偏向)答卷,包括对事实的回答错误的、道义理论与事实相悖的以及无回答的问题。例如,调查对加塞插队的看法,100%的答卷都认为,"在一般情况下最好不要加塞"和"不应该加塞",可实际上多数人都有过加塞和插队的经历。对这样的问题,就需要重新设计提问方式。

(四) 实验法

1. 教育实验法的含义和特点

教育实验方法是研究者按照研究目的,合理地控制或创设一定条件,人为的变革研究对象,从而验证假设,探讨教育现象因果关系的一种研究方法。教育实验的基本目标是探究自变量 X 与因变量 Y 之间的因果关系。因此,教育实验的一般逻辑可图示如下(图10-2)。

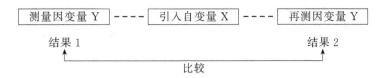

图 10-2 教育实验研究的一般逻辑图

教育实验一般要涉及三对基本要素,即(1)实验组和控制组;(2)前测和后测;(3)自变量和因变量。

教育实验的基本特点可概括为:一是揭示变量间因果关系;二是操纵自变量;三是控制无关变量。

教育实验研究的优点表现为:教育实验研究法是社会科学研究中建立因果关系的最好方法;能够得到自然条件下遇不到或不易遇到的情况,这样可以扩大研究的范围;可以重复验证;有助于准确地、精细地、分别地研究事物的各个组成部分,比较容易地观察某种特定因素的效果;可以有计划地控制现象和环境,创设便于精确测量和运用机械方法记录的条件,使研究更为精确。其不足之处为:需要花较多的人力、物力和财力。有时往往受到实验设置,以及其他实验条件的限制;控制现象和环境比较困难。因为教育实验的对象是活生生的人,要像自然科学的实验室那样实行严格的控制是不可能的;对参加实验研究人员的要求较高。

2. 教育实验研究的基本程序

从总体来说,教育实验研究的程序包括三个大的阶段。第一阶段是教育实验的准备阶段(或称实验研究设计阶段),具体步骤包括:(1)选定课题,形成假说;(2)明确目的,确定指导理论框架;(3)确定自变量;(4)选择工具、统计方法;(5)选择设计类型,确定控制无关因素的措施,提高效度。第二阶段是教育实验的实施阶段,具体步骤包括:(1)变革措施(实验处理);(2)观察(观测);(3)记录。第三阶段是教育实验的总结推广阶段,包括步骤包括:(1)数据分析处理;(2)检验假设;(3)科学结论;(4)撰写报告。

3. 教育实验的基本类型

(1)实验室实验与自然实验

按实验进行的场所,教育实验可以分为实验室实验和自然实验。前者是专门设计的,人工高度控制,较为准确、可靠;后者是现场实验,在实际的教育情境中进行。

(2)探索性实验与验证性实验

按实验研究的目的,教育实验可以分为探索性实验和验证性实验。探索性实验是预测、超前的实验,追求创新性,一般研究教育理论体系中的根本问题,理论意义和实践指导意义;验证性的实验具有明显的重复性,强调的是实验结果应用的普遍性、外在效度。

(3) 单因素实验与多因素实验

按自变量因素的多少,教育实验可以分为单因素实验与多因素实验。单因素实验也称单一变量实验,比较简单;多因素实验也称组合变量实验,同时操作自变量中的几个因素,比较困难一些。

(4) 前实验、准实验与真实验

按实验控制程度,教育实验可以分为前实验、准实验与真实验。前实验属于最原始最初级的实验,使用单一实验组但缺少控制组,难以进行因果推论;准实验未随机选择分配被试,常须配合现实条件的限制,此种设计具有实验的基本形式,但并未严格控制无关变量;真实验随机选择分配被试,系统操纵自变量,全面控制无关变量。

4. 教育实验研究的效度

所谓实验研究的效度是指实验设计能够回答要研究的问题的程度;教育实验研究效度是指教育实验研究的准确性和普遍性。实验研究又有内在效度和外在效度之分。

内在效度指自变量与因变量的因果联系的真实程度,内在效度决定了实验结果解释,内在效度表明的是因变量 Y 的变化在多大程度上来自自变量 X。威胁内在效度的因素主要有偶然事件、成熟、测验、工具、统计回归、被试选择、被试缺失以及选择和成熟的交互作用等。

外在效度涉及的是教育实验研究结果的概括化、一般化和应用范围问题,表明实验结果的可推广程度(generalization),研究结果是否能被正确地应用到其他非实验情境、其他变量条件及其他时间、地点、总体中去的程度。外在效度又分总体效度和生态效度。总体效度指实验结果从特定的研究样本推广到更大的被试群体中去的适用范围;生态效度指实验结果从研究者创设的实验情境推广到其他教育情境中去的范围。威胁外在效度的因素有选择与实验处理的交互作用效应、测验与处理的交互作用效应、实验安排的效应以及多重处理的干扰等。

5. 教育实验设计的几种主要格式

下面我们以单因素实验为例简要介绍几种常用的教育实验设计格式。

(1) 单组前后测设计格式

该实验设计属于前实验。只有一个实验组,没有对照组(或称控制组);实验组接受实验处理;对实验组进行前测和后测。

该实验设计因为没有对照组,很难确定实验效果到底是不是由实验处理引起的,实验效果的程度如何。适合开展前期的探索性研究。该设计可用如下表达式来表示:

$$O_1 \times O_2$$

其中,O 表示实验观测,下标 1、2 分别代表实验观测的次数,即 $O_1$ 代表第一次实验观测的结果，$O_2$ 代表第二次实验观测的结果，×代表一种实验处理，下同。

(2) 非随机分派控制组前后测设计格式

该实验设计属于准实验。有一个实验组和一个对照组；两组是不等组，即不是通过随机配对获得的两个等组；实验组接受实验处理，对照组不接受实验处理；两组均有前测和后测。这是教育实验最常用的实验设计格式。

该实验设计的优点是比较符合教育实际情境，不过度干涉教育对象，外在效度较高。但是由于实验组和对照组不是等组，其内在效度会受到诸多因素的威胁。该设计可用如下表达式来表示：

$$O_1 \times O_2$$
$$------$$
$$O_3 \quad O_4$$

其中，虚线表示不等组线，即接受实验处理的实验组和不接受实验处理的对照组是不等组。

(3) 随机分派控制组前后测设计格式

该实验设计属于真实验。有一个实验组和一个对照组；两组是等组；实验组接受实验处理，对照组不接受实验处理；两组具有前测和后测。这是实验设计的经典格式。

该实验设计由于实验组和对照组是等组，因此，能较大程度控制内在效度的威胁因素，便于发现自变量与因变量的因果关系，内在效度较高。但是，该设计可能会降低实验的外在效度，同时，所有有前测的实验设计都会产生前测效应，从而影响实验效度。该设计可用如下表达式来表示：

$$O_1 \times O_2$$
$$O_3 \quad O_4$$

(4) 随机分派控制组后测设计格式

该实验属于真实验。有一个实验组和一个对照组；两组是等组；实验组接受实验处理，对照组不接受实验处理；与随机分派控制组前后测设计格式不同的是，两组均只有后测而没有前测。

该实验设计旨在减少前测带来的前测影响，故取消前测，但同时带来新的问题，即实践中很难做到两组的绝对同质，因此，缺少前测，难以进行两组的初始水平比较和每组经过实验阶段后的前后比较。如果能做到两组的最大程度的等组的话，这种设计格式是一种比较简单的、适用的设计格式。

$$\times \; O_1$$
$$O_2$$

(5) 所罗门四组设计格式

该实验属于真实验。它的最大特点是把上面(3)(4)两种设计格式组合在一起，旨在避免两者各自的不足,同时吸取两者各自优点。这是一种比较理想的实验设计格式。

该实验设计包括两个实验组和两个对照组,且都是等组;其中一对有前测,另一对没有前测,但四组具有后测。该实验较为复杂,要求较高。

$$\left.\begin{array}{l} O_1 \times O_2 \\ O_3 \quad O_4 \end{array}\right\}a$$

$$\left.\begin{array}{l} \times \quad O_5 \\ \quad O_6 \end{array}\right\}b$$

### (五)文献法

文献法也称历史文献法,是搜集和分析各种现存的有关文献资料,从中选取信息,以达到研究目的的方法。文献法的关键是进行文献检索,文献检索是查阅并获取与研究问题相关的资料的过程,不仅在教育研究的准备阶段需要进行文献检索,而且在教育研究过程的其他阶段也需要进行文献检索,可以说,文献检索始终贯穿于整个的研究过程当中。

1. 文献检索的作用

文献检索的作用大致可以概括为以下几点:一是了解已有研究进展情况,把握研究动态和前沿,避免不必要的重复研究;二是根据已有研究成果,完善研究设计;三是寻找解决问题的可能答案,为解释研究结果提供背景材料。

2. 文献类型

(1) 根据文献载体形式,可分为文字类、电子类和网络类

文字类以纸为载体,如各类图书、期刊、报纸等;电子类以电磁信号的形式储存于音像磁带或光盘上,如记录在录音带、录像带、音频和视频光盘上的教育资料;网络类是指存在于互联网上的教育信息,这也是目前最大的、最快捷的、最方便的文献信息检索源。

(2) 根据文献内容的加工程度和可靠程度,可分为零次文献、一次文献、二次文献和三次文献

零次文献是指未经过任何加工的原始文献,如实验记录、手稿、原始录音、原始录像、谈话记录等。零次文献在原始文献的保存、原始数据的核对、原始构思的核定(权利人)等方面有着重要的作用。

一次文献是指作者以本人的研究成果为基本素材而创作或撰写的文献,不管创作时是否参考或引用了他人的著作,也不管该文献以何种物质形式出现,均属一次文献。大部分期刊上发表的文章和在科技会议上发表的论文均属一次文献。

二次文献是指文献工作者对一次文献进行加工、提炼和压缩之后所得到的产物,是

为了便于管理和利用一次文献而编辑、出版和累积起来的工具性文献。检索工具书和网上检索引擎是典型的二次文献。

三次文献是指对有关的一次文献和二次文献进行广泛深入的分析研究综合概括而成的产物。如大百科全书、辞典等。

3. 文献检索常用方法

(1) 顺查法

顺查法是指按照时间的顺序,由远及近地利用检索系统进行文献信息检索的方法。这种方法能收集到某一课题的系统文献,它适用于较大课题的文献检索。例如,已知某课题的起始年代,现在需要了解其发展的全过程,就可以用顺查法从最初的年代开始,逐渐向近期查找。

(2) 倒查法

倒查法是由近及远,从新到旧,逆着时间的顺序利用检索工具进行文献检索的方法。此法的重点是放在近期文献上,使用这种方法可以最快地获得最新资料。

(3) 抽查法

抽查法是指针对课题的特点,选择有关该课题的文献信息最可能出现或最多出现的时间段,利用检索工具进行重点检索的方法。

(4) 追溯法

追溯法是指不利用一般的检索系统,而是利用文献后面所列的参考文献,逐一追查原文(被引用文献),然后再从这些原文后所列的参考文献目录逐一扩大文献信息范围,一环扣一环地追查下去的方法。它可以像滚雪球一样,依据文献间的引用关系,获得更好的检索结果。

(5) 综合法

综合法是指交替运用上述各种方法,以获得更好的检索结果。

最后,研究者要对获取的文献进行加工处理,包括对文献进行分类整理,根据来源的可靠程度和利用价值进行筛选,对阅读的重要文献做好摘要或索引卡片,列出参考文献目录,写出文献综述或评论等。

## 第二节 教育研究的选题与设计

### 一、教育研究的选题

研究选题是确定研究领域、方向、主题直至具体的研究问题的过程。研究选题具有重要意义。首先,发现并提出有意义的问题是科学研究的起点;其次,选题决定教育研究的方向和水平；再者，正确选题是教育研究工作者进行研究的基本功。教育研究选择的研究问题一般指需要研究和解决的实际矛盾和理论疑难。选择和提出研究问题通常需要根据教育实践现象和实际问题，通过关键概念分析，结合相关文献综述，寻找合适的研究切入点，预测相关变量间的关系，提出科学的假说等。

选题来源通常有以下三个方面。一是社会变革与发展对教育研究提出的问题。如网络教育问题、道德教育问题、优秀传统文化教育问题等。二是学科理论的深化、拓展或转型中产生的问题。三是研究者个人在教育实践中观察与思考产生的问题。如邱学华的"尝试教学"、任小艾的"良好师生关系建立"、魏书生的"科学民主的班级管理策略"等。

选择的教育研究问题需要满足这样一些基本要求：问题有研究价值；问题提出有一定的科学理论依据和事实依据；题目最好能反映或暗含作者的基本主张（论点）；实证性的研究题目最好能囊括研究范围、对象、内容、方法；问题表述必须具体明确，题目要简洁明确；问题研究要有可行性（客观、主观、时机把握）；问题要新颖、有创新性。

## 二、教育研究设计

总体上讲，研究设计就是在提出研究问题之后，确定研究的方法框架、概念框架、内容框架、选择观察与研究对象、确定收集和分析数据手段等进行总体规划的过程。具体而言，包括提出研究假设、选择研究对象、明确研究变量、确定研究方法、形成研究方案等。

### （一）提出研究假设

选定课题后，要根据事实和已有资料对研究课题设想出一种或几种可能的答案、结论，这就是"假设"。或者说，假设是根据一定的科学知识和新的科学事实对所研究的问题的规律或原因作出的一种推测性论断和假定性解释，是在进行研究之前预先设想的、暂定的理论。例如，邱学华的"尝试教学"，其基本假设是"学生能尝试，尝试能成功，成功能创新"，进而提出"先试后导、先练后讲"的教学策略。再如，班级规模与学生课堂参与的关系研究，其基本假设是班级规模影响学生课堂参与度。

假设对于教育研究的开展具有重要作用，其功能主要在于它是理论的先导，起着纲领性作用。假设能帮助研究者明确研究的内容和方向，通过逻辑论证使研究课题更加明确，并按确定目标决定研究方法和收集资料，指导教育研究的深入发展，以避免研究的盲目性。因此，教育研究者一定要"大胆的假设，小心的求证"。

提出的研究假设要有一定的科学依据，假设能够说明自变量和因变量间的关系，假设应该是能够验证和修正的，假设的表述必须是清晰明确的。此外，假设作为对科学问题的一种尝试性回答，它的提出还需要满足一定的条件（见知识卡片10-2）。

> 知识卡片 10-2
>
> **提出研究假设的条件**[①]
>
> W. J. 吉德和 P. K. 哈特指出,提出假设的必要条件有:(1) 以明确的概念为基础;(2) 具有经验性的统一;(3) 有所限制;(4) 与有效的技术相联系;(5) 与总体理论相关联。
>
> 国内有学者指出,假设作为对科学问题的一种尝试性回答,应满足三个条件:(1) 能够合理地解释原有理论所能解释的那些事实和现象;(2) 能解释新发现的但原有理论不能解释的那些事实和现象;(3) 能明确预言尚未发现的新事实,为进一步检验假设提供可能性。

值得注意的是,并非任何研究都事先建立假设。通常定量研究、验证性研究、涉及两个变量相互关系的研究要求明确提出研究假设,而定性研究、描述性研究、探索性研究、单一变量研究则不一定要预先提出明确的研究假设,其假设往往是隐含在研究过程之中或在研究过程中形成。

### (二)选择研究对象

选择研究对象,首先要明确几个基本概念——抽样、总体、样本、样本容量和样本误差。抽样又叫取样,即如何选择有代表性的研究对象的问题,从一个总体中抽取有代表性的一定数量的个体进行研究的过程。目的在于用一个样本去得到关于这个总体的信息及一般结论,从样本的特征推断总体,从而对相应的研究作出结论。总体是研究对象的全体;样本是从总体中抽取的、对总体有一定代表性的一部分个体;样本中所包含的个体的数量称为样本容量;抽样误差是指由于抽样的随机性引起的样本结果与总体真值之间的误差(又叫抽样的标准误差)。当研究涉及个别人或少数人,不存在取样问题,当研究中小学生学习习惯的现状和特点、研究初中二年级学生学习成绩分化的原因、研究一年级小学生考试观念的形成过程等,这时候就涉及取样问题了。

样本的选取需要符合下列基本要求。(1) 明确规定总体。研究目的决定总体范围,研究成果将推广到什么范围,就应在该范围内抽样。(2) 取样的随机性。按照随机的原则,保证总体中每个个体都有同等机会被抽中的抽取样本的方法,即随机抽样。(3) 取样的代表性。样本能够代表总体,样本与总体具有相同的结构;样本具有代表性,研究结论才能推广到总体。(4) 合理的样本容量。决定样本容量的因素主要有研究的不同类型、预定分析的精确程度,允许误差的大小,总体的同质性(或异质性)情况,研究者的时间、

---

[①] 裴娣娜.教育研究方法导论[M].合肥:安徽教育出版社,1995:106.

人力和物力情况,取样的方法等。

随机取样的基本方法有以下几种。(1)简单随机取样。如抽签和随机数目表法。(2)系统随机取样(等距抽样、机械抽样)。(3)分层随机取样(类型抽样、配额抽样)。适用于异质性总体,即总体由几个不同性质部分构成。(4)整群随机取样。不是从整体中抽取一个个的对象,而是抽取一个或几个单位整群作为样本,如以学校、班级为单位抽样。(5)有意抽样(目的抽样、偏偏抽样)。如研究特殊儿童就必须以特殊儿童为抽样对象。

### (三)明确研究变量

为了合理地进行研究设计,便于收集相关资料,还需要进一步明确所要研究的主要变量,以及有关变量的性质、形式、数量和含义等。

1. 研究变量的类型

变量是指在质或量上可以变化的概念或属性,即会变化的、有差异的因素。变量是相对于常量而言的。变量主要包括三种类型:自变量、因变量、无关变量。研究变量则是在研究中涉及的随条件的变化而变化的因素,在教育研究中,最重要的、应用最广泛的变量主要有自变量、因变量和无关变量三种类型。

(1)自变量

若研究中涉及两个(或以上)相互联系的变量,其中一个变量的变化是引起或影响另一个变量发生变化的原因,那么,我们称这个具有引起或影响它变量变化的因素为自变量,自变量是研究者需要操纵的变量。例如,研究班级规模与学生课堂参与的关系,"班级规模"大小影响"学生课堂参与"情况,那么"班级规模"就是该项研究中需要研究者操纵的自变量。

(2)因变量

在研究中,由于自变量的变化而受影响发生变化的变量,称为因变量。因变量是研究中需要研究者观测的变量,也是研究者期望在研究中能够测定的结果变量。它不受研究者的控制,其变化由因变量引起。如上例中,"学生课堂参与"就是因变量。

(3)无关变量

无关变量是指与研究目标无关的非研究变量,即除了研究者操纵的自变量和需要测定的因变量之外的一切变量,是研究者不想研究,但会影响研究效果的,需要加以控制的变量。如上例中,研究班级规模对学生课堂参与的影响,其中"班级规模"是自变量,"学生课堂参与"是因变量,除此以外其他各种因素都是无关变量。在这项研究中,可能会干扰自变量和因变量的对应关系的无关变量有教学方法、教学内容、学习风格、师生关系等。这些无关变量如果控制不好的话,就会影响研究的效果,使研究者无法判断学生课堂参与到底是由于班级规模(自变量)的变化所致,还是其他无关变量的影响所致。

2. 确定主要研究变量

所谓确定主要研究变量,也就是确定与研究目的直接有关的变量,是研究者操纵或测量并希望从中获得研究结果的变量。

通常研究的主要变量大都在研究题目中显示，如：家庭社会经济地位与学生学业成就的相关研究，其中"社会经济地位"和"学业成就"两个变量是研究的主要变量，前者是自变量，后者是因变量。再比如，"小学语文创造性教学对学生写作能力的影响研究"，这项研究的两个主要变量分别是自变量"创造性教学"和因变量"写作能力"。

如果是实验研究，那么研究的主要变量通常为"实验处理"（自变量）和"实验结果"（因变量）。如果研究题目中没有显示主要变量，则可从"研究目的""研究主题"或"研究假设"的叙述中去寻找主要变量，如"课程改革的整体实验研究""主体性教学改革的实验研究"等，这两项研究就要根据研究主题，在"课程改革"和"主体性教学"中寻找主要变量。

在确定研究的主要变量后，还要进一步了解变量的性质。如果是描述性研究，其主要变量可以看做独立的、不相关的个别变量，如：教师对新教材认同情况的调查研究，某市小学五年级学生语文识字量调查，初中学生学习动机的调查等，其中"认同情况""识字量""学习动机"就是一些独立的变量。

当然，除了确定研究中的主要变量外，还要考虑对研究有影响作用的相关变量和无关变量的确定。

3. 定义研究变量

根据研究目标，确定主要研究变量，如需要操纵的自变量、需要测定的因变量和需要控制的无关变量的情况下，还需要明确研究中涉及的各研究变量的含义，也就是定义研究变量。给研究变量下定义的目的在于提供变量的精确含义，使研究者在对变量进行操纵和测量的过程中做到有的放矢。同时，也便于他人理解该项研究。

定义变量一般有描述性定义和操作性定义两种常用的方法。描述性定义就是从抽象的概念意义上对变量共同的本质属性进行概括。采用描述性定义方法时，可以参阅已有文献的定义，也可以自行定义变量，其基本原则是能够对变量有一个明晰、准确、科学的描述。例如，"阅读能力"可定义为"独立地从书面符号或其他媒体中获取意义的能力"。操作性定义是根据可观察、可测量、可操作的特征来定义变量的含义，或者说，操作性定义就是详细描述研究变量的操作程序和测量指标，将抽象的概念转换成可观测、可检验的项目。比如，变量"阅读能力"可以从这样几个指标界定：用阅读测验表上中等难度的文章进行测验，要求阅读速度达到200字/分；辨别达到90%以上；理解达到80%以上；记忆达到70%以上等。

（四）确定研究方法

研究方法的选择主要根据研究问题、研究目的、研究假设和所定义的研究变量来进行。首先要根据研究问题的性质和目的，确定研究方法的主色调，是选择量化研究方法、质性研究方法还是二者兼有。例如,如果要研究大学生的身份认同与其生存状态的关系,那么,我们可以采用访谈这一质性研究方法,也可以结合问卷调查这一量化研究方法。再比如,要研究"高校教师是如何理解'好老师'的"这样一个问题,最好的方法就是选取若干相关对象进行深度访谈,属于较为典型的质性研究。研究方法的确定主要依据研究问题的性质和目的,同时还需要注意选择的多种方法的独立性和相互联系。

### (五) 形成研究方案

研究方案是如何开展研究的具体设想,它初步规定了研究各方面的具体内容和步骤,是开始进行研究的工作框架。形成研究方案是保证研究顺利进行的必要措施,是使研究具体化的中心环节,是研究成果质量的重要保证,有利于检查和自我检查,有利于开展合作研究。研究方案的设计需要合理、可靠和经济,需要有效、客观和明确,研究方案需要细致、具体和规范。研究方案主要内容有:研究问题的表述,问题提出的缘由,核心概念的界定和辨析,研究现状(国内外文献综述),研究意义(理论意义和实践意义),研究类型、对象与范围,研究的基本假设和目标(主要根据研究假设确定),研究内容(主要根据研究假设及变量确定),研究的主要理论依据,研究的方法,研究的步骤(程序),研究的预期成果形式,参考资料。

## 第三节 教育科学研究成果的表达

研究者通过科学研究活动取得具有一定理论价值和实践意义的研究发现,通过撰写研究论文,用社会所接受的表达方式和文字形式准确地描述出来,以接受社会的检验和发挥其应有的效益。

### 一、研究论文的类型和基本结构

研究论文是研究者综合运用所学的基本理论和专业知识,对某一问题进行探讨、研究后写出的具有自己独到见解的研究文章,是研究成果的书面表达形式。人们通常把表达科学研究成果的学术性文章称为研究论文。

从教育研究的实际出发,根据国家标准和研究论文的性质和特点,我们可以把研究论文分为两大类:一类是实证性的研究报告;一类是理论性的学术论文。

#### (一) 研究报告

研究报告是对研究过程和研究结果的概括和总结,是以具体的事实、数据来说明和解释问题的论文。这类论文有比较固定的写作结构,要求清楚、具体地描述研究方法和材料,客观地呈现研究过程,以数量化的形式解释研究结果。研究报告通常与实证性论文相联系,其主要形式有:实验报告、调查报告、观察报告等。

采用什么样的研究方法,就产生什么类型的研究报告。例如,采用实验研究就会产生实验报告,采用调查研究就会产生调查报告,采用观察研究就会产生观察报告。

研究报告的基本结构可图示如下(图10-3)。

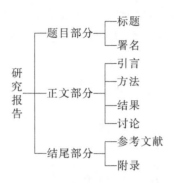

**图 10-3　教育研究报告的基本结构图**

1. 题目部分

标题即研究报告的题目,要求简练、概括、明确,不宜超过20个字。如题目语意未尽,可用副标题补充说明。

署名指署上作者的名字和单位。如属集体成果,可以署集体名称或课题组名称。

有时视情况,题目部分还可以包括摘要和关键词等。

2. 正文部分

引言主要说明所研究的问题及研究意义,其中主要包括以下几方面内容:第一,研究的缘起(或研究的背景、研究的动机);第二,研究的问题及其界定;第三,研究的目的和意义。

方法即说明研究所采用的方式方法、研究的程序和工具等,其中主要包括以下内容:第一,文献回顾及评论;第二,研究的基本概念、变量、假设和理论框架;第三,研究的总体、样本及抽样方法、抽样过程;第四,研究的主要方法(包括资料收集方法和资料分析方法)。

结果即说明通过研究发现了什么。

讨论即说明所发现的结果具有哪些意义,从这一结果出发,还能得到什么或还能继续做些什么;有时还要提出改进或成果运用的建议等。

3. 结尾部分

结尾部分主要注明研究过程所使用的参考资料来源(如各类著作、文章、报纸等)和使用的研究工具(如问卷、量表、测验等)。

(二) 学术论文

学术论文是以议论文的形式,通过理性的分析,用概念、判断、推理等逻辑方法来证明和解释问题的研究论文。学术论文侧重于理论论述,将感性的认识上升到理性的认识,从而探索规律性的东西。这类论文不像研究报告那样具有典型的写作结构,在写作表现方式上比较灵活、自由,它要求所写论文内容上有所发现、有所发明、有所创造、有所前进,逻辑上论点明确、论据确凿、论证严密,能清楚地展现理论、观点形成的过程。学术论文通常与思辨性的研究方法相联系,常见的形式有:经验总结、综述、述评、理论性的论文等。

学术论文的基本结构可图示如下(图10-4)。

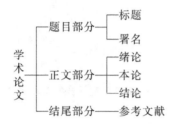

图 10-4　学术论文的基本结构图

1. 题目部分

学术论文的题目部分与研究报告类似,一般包括标题、署名、中文摘要和关键词,有时还要求将上述几项译成外文。

2. 正文部分

学术论文与研究报告在撰写上的不同主要表现在正文部分。学术论文的正文撰写主要包括绪论、本论和结论三部分。

学术论文在写作方式上主要是采用事实、数据、公理等作为论据,通过理性分析,概念、判断、推理等逻辑方法来论证文章的论点。

绪论是学术论文的引子,目的是要引起读者的兴趣,把读者引入研究问题领域。绪论涉及的内容主要包括:提出要研究解决的问题;明确论文的中心论点;概述研究的目的意义;界定主要概念和术语;评述前人的研究成果等。在实际写作中,以上内容并非要面面俱到,可选择其中一项或几项。

绪论的写法多种多样,可以是开门见山,提出论文主旨;可以是提出问题,引起读者兴趣,给论文定向;可以是引述谬误,树立批驳的靶子;可以是概括总体,交代研究背景,提示写作意图等。作者应根据实际情况,灵活掌握。一般来说,学术论文的绪论部分篇幅不宜太长,否则会给人一种头重脚轻、喧宾夺主的感觉。

本论是学术论文的主体、核心,是作者证明论点、分析现象、表达研究成果的部分。学术论文质量的优劣、水平的高低、价值的大小,很大程度上取决于本论部分的写作。从篇幅上讲,一般本论部分要占全文字数的三分之二以上。

本论的内容是由观点、材料和结构组成的,观点是论文的灵魂,材料是论文的血肉,结构是论文的骨架,三者互相联系,水乳交融。即观点来自材料,材料支持观点,结构促使观点和材料的完美结合。

本论写作的基本要素是论点、论据、论证。论点是作者以判断的形式对所论述的问题提出自己的主张、看法和态度;论据是用来证明论点的依据,是说明论点的理由和材料;论证是用论据来证明论点的过程和方法,论证在于揭示论点和论据之间的必然联系,证实由论据得出论点的必然性。本论的写作关键在于论证,即作者要证明自己提出的论题,要做到论点明确具体,论据丰富充足,论证符合逻辑规则。

结论是学术论文最终解决问题的部分,是作者在对全部研究内容进行分析、综合、抽象、概括后的全面总结,是论题被充分证明后得出的结果,是针对研究问题作出的答案,是整个研究的结晶。

结论部分的内容主要包括:对研究总体性的判断,总结性的见解;提示切实可行的解决问题的策略和措施;指出尚未解决的问题和研究的局限性;提出进一步研究的途径和方法。结论部分的写作要求内容简洁、措辞严谨、逻辑严密。

3. 结尾部分

结尾部分主要注明研究过程所使用的参考文献。

## 二、研究论文的撰写

明确了研究论文写作的意义、类型及其基本结构之后,重要的是撰写研究论文,这里主要对撰写研究报告和学术论文的步骤进行简述。

### (一)研究报告的撰写步骤

撰写研究报告一般有如下几个主要步骤。

1. 确立主题

一般情况下,研究报告的主题就是研究报告所要表达的中心问题,确立一个明确而适当的主题是顺利写作的前提,实际上,研究报告的主题就是该项研究的主题。但是当一项研究包含的内容很多,涉及的范围和领域较广时,研究报告的主题的确定相应就困难多了。这时,需要从研究主题中形成报告主题。

2. 拟定提纲

主题确立后,应在动笔前先构思报告的整体框架,拟定写作提纲。撰写提纲的主要作用是理清思路,明确报告内容,安排好报告的总体结构,为写作的顺利开展打下基础。通常研究报告的基本结构是比较固定的了,因而,拟定提纲这一步骤主要是针对研究报告的结果部分和讨论部分而言的。拟定提纲的方法是对研究结果进行分解,并将分解后的每一部分具体化。

3. 选择材料

一项研究所得资料与研究报告所用材料并不是一回事。研究资料往往都与研究主题有关,但不一定都与研究报告的主题紧密相连。或者说,并非所有的研究资料都能成为撰写研究报告时所用的材料。因此,在撰写研究报告之前,必须对所用的材料进行选择。这种选择首先应以撰写提纲的范围和要求为依据,这样才能保证所选择的材料与报告的主题密切相关。同时,还需注意选择材料要遵循精炼、典型和全面的原则。

研究报告所用的材料通常包括两种形式:一种是从研究中得到的各种数据、表格、事例等实证材料;另一种是在这些实证材料的基础上通过分析、综合、概括所形成的观点、认识、建议等分析材料。撰写研究报告需要兼顾这两种材料,才能使研究报告有理有据。

4. 撰写报告

在前面三步工作的基础上就可以撰写报告了,准备工作做得越扎实,研究报告的撰写就会越顺利,乃至一气呵成。报告的撰写需时时围绕主题展开,使报告的整体思想、体系结构、内容形式、行文风格前后一致,一以贯之。值得注意的是,在撰写报告的过程中,要注意对研究材料的分析和使用,以及在写作中产生的新的思想或新的发现,对此,要作出分析或开展后续研究。

**(二)学术论文的撰写步骤**

撰写学术论文大体可以分为三个阶段、若干步骤。

1. 写作前的准备阶段

如同研究报告的撰写一样,在动笔之前需要先进行写作构思。主要包括如下几方面。

(1)题目的确定

确定一个好的论文题目,意义重大,好的题目等于文章成功了一半。一篇学术论文的题目应该具有一定的创新性、反映某领域研究前沿,具有重要的理论价值和实践意义。

(2)论点的确立

一篇学术论文应该有一个鲜明的总论点,它是作者对研究课题的新见解。论文所使用的论据、所采用的论证方式都要紧紧围绕这一论点来开展,它在论文中起着统帅作用,在写作中应使之从头至尾一以贯之。

(3)论据与资料的分配

论据与资料的分配是指将各种收集到的论据、资料分配到各论点中去,为论点的论证提供令人信服的依据。

(4)提纲的拟定

拟定写作提纲就是对前面的工作进行整体的规划和设计,显出论文的结构和层次,使论点、论据以及所采用的论证方式之间的关系逻辑清晰,条分缕析。学术论文的写作提纲可以图示如下(图10-5)。

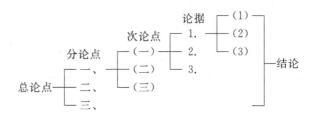

图10-5　教育学术论文写作提纲示意图

由此可见,准备阶段的工作是相当重要的,它不仅是顺利写作的保证,而且是保证论文质量的重要环节。

2. 撰写初稿

做好上述工作之后,就进入撰写初稿阶段了。撰写初稿要按照论文的一般结构形式进行,如前文所述。

3. 修改定稿

写好初稿,并不等于论文写作就结束了,还要进行反复修改,才能定稿。修改论文常用的方法是暂时将论文初稿放置一段时间,再回过头来进行修改。这样可以避免急于修改定稿时思维定势,使作者很难有新的突破,也不易发现问题。修改初稿按从大到小的原则进行,也就是先思考论文的宏观层面,而后逐步过渡到细节。

## 本章小结

首先,本章从介绍一般科学研究的基本指导原则入手,分析了教育科学研究的特殊性,进而对教育科学研究方法进行了分类并对常用的教育科学研究方法作了简要介绍;其次,阐述了如何进行教育研究选题和设计;最后,对教育科学研究成果的表达形式和规范作了简要阐述。

## 思考与练习

1. 如何理解教育研究的特殊性?
2. 常用的几种教育研究方法各有什么特点?
3. 教育研究设计主要包括哪些内容?
4. 什么是教育实验研究的效度?如何保证教育实验研究的效度?
5. 有研究者开展了一项"合作训练对幼儿合作水平影响的实验研究"。该研究利用教育实验的研究方法,通过教育干预,对研究对象施加影响,考察合作训练对幼儿合作水平的影响。

研究者选取某省某幼儿园的两个中班,一个班为实验班作为干预对象,一个班为控制班不进行干预。每班幼儿40名,平均年龄为4.5岁,男女幼儿各20名。实验开始前,两个班均进行了前测,三个月后,两个班均进行了后测。

采用的幼儿合作训练的内容有以下几个方面:商量、处理争吵、建议和劝说、在群体中作决定、尊重他人的观点、分享、容纳他人。每周一和周四进行一次教学干预,每项内容进行3个课时的训练,共21课时的集体教学,同时在日常生活和其他课程中也要进行随机合作教育,干预时间为3个月。

实验结果如下表所示。

表10-2 实验班和控制班幼儿合作水平前测和后测成绩比较

| 测验 | 班别 | M | SD | t | P |
| --- | --- | --- | --- | --- | --- |
| 前测 | 实验班 | 1.89 | 1.27 | −0.28 | 0.784 |
|  | 控制班 | 2.00 | 1.05 |  |  |
| 后测 | 实验班 | 3.81 | 1.05 | 3.42 | 0.002** |
|  | 控制班 | 2.37 | 1.63 |  |  |

注:** $P<0.01$

根据上述材料,回答问题:

(1) 写出该教育实验研究的自变量和因变量。

(2) 写出该教育实验对幼儿实施的教育干预的内容。

(3) 写出该教育实验设计的名称和格式。

(4) 写出该教育实验设置前测和控制班的作用。

(5) 判断该教育实验的效果如何,说明理由。

# 参考文献

[1] 陈向明.教师如何作质的研究[M].北京:教育科学出版社,2001.6.

[2] 风笑天.社会学研究方法(第二版)[M].北京:中国人民大学出版社,2005.2.

[3] [美]理查德·沙沃森,丽莎·汤.教育的科学研究[M].曹晓南等,译.北京:教育科学出版社,2006.7.

[4] 裴娣娜.教育研究方法导论[M].合肥:安徽教育出版社,1995.8.

[5] 叶澜.教育研究方法论初探[M].上海:上海教育出版社,1999.

[6] 杨小微.教育研究的理论与方法[M].北京:北京师范大学出版社,2008.5.

[7] 郑金洲.教师如何做研究[M].上海:华东师范大学出版社,2005.10.

[8] 张红霞.教育科学研究方法[M].北京:教育科学出版社,2009.8.

# 第十一章 教 育 法

**学习目标**

1. 理解和掌握教育法的概念,并与教育政策加以区分二者的不同。
2. 了解教育法的特征、作用和原则。
3. 熟悉我国教育基本法的内容。
4. 了解教师的权利和义务,并能在教育教学中加以运用,做到依法从教。
5. 了解和掌握学生的权利和义务,并能在现实中加以运用,做到保护学生的合法权益。

2010年7月29日,中共中央、国务院印发的《国家中长期教育改革和发展规划纲要(2010—2020年)》,其中明确指出"按照全面实施依法治国基本方略的要求,加快教育法制建设进程,完善中国特色社会主义教育法律法规"。由此可见,教育法律法规是国家法律体系的重要组成部分。只有在教育活动中知法、懂法、守法、用法,树立教育法治理念,做到依法从教、依法治教,才能促进社会主义教育事业稳定健康地发展。

## 第一节 教育法概述

### 一、教育法的含义

#### (一)教育法的概念

在现实生活中,人们常常使用"教育法""教育法律""教育法规""教育法律法规""教育政策"等词语,更多情况下未做严格意义上的区分。本章主要从把教育法作为一个法律体系的视角,来使用"教育法"一词,比较接近于"教育法律法规",包含了教育法律和教育法规两方面。

教育法本身有广义和狭义之分。广义的教育法是泛指一个国家或政党制定的有关教育方面的法律、法令、条例、规则、规章等各种规范性文件的总称。它是由国家制定或认可,体现国家意志并有国家强制力保证实施,主要用以调整国家、社会、学校、教师、家庭、学生等之间在教育活动中产生的各种关系,是国家法律体系的一个重要组成部分。

狭义的教育法一般仅指由国家最高权力机关制定的教育法律规范,在我国指的是由全国人民代表大会及其常务委员会制定的教育法律规范,如《中华人民共和国教育法》《中华人民共和国义务教育法》《中华人民共和国教师法》等。

### (二)教育政策与教育法的关系

"教育政策是政策的一个分支,是政党和国家为完成一定历史时期的任务所确定的关于教育工作的策略、方针和行为准则。"[①]教育政策与教育法是有区别的,但二者之间也可以相互制约、相互补充。教育政策与教育法的区别主要在于,教育政策带有指导性,其制定者是政党和国家机关;而教育法则具有很强的规范性和强制力,其制定者是国家立法机关和国家权力机关。当然,二者之间有很多其他的不同之处。

在我国教育事业发展的不同阶段,中国共产党和国家通过制定相应的教育政策,作为我国教育事业发展的指南。教育政策规定了教育工作发展的方向、策略和行为准则,指导教育事业健康发展,因而,教育政策也具有一定程度的教育法律法规的意义。2010年7月29日,中共中央、国务院正式发布了《国家中长期教育改革和发展规划纲要(2010—2020年)》,这是进入21世纪以来我国第一个教育规划纲要,是指导教育改革和发展的纲领性文件,"在现实的教育法律法规体系中占有特殊的地位"[②],并"为教育法律法规体系的改进和完善提供了政策依据。"[③]

## 二、教育法的特征

教育法的特征是教育法区别于其他事物和现象的标志。教育法属于法律的一个分支,具有法的一般特征。但是教育法与其他法律的主要不同在于调整对象关系的不同,如行政法主要调整行政机关与行政相对方在行政活动中产生的各种关系,而教育法所要调整的关系是"一种由具有法律强制性的行为规则所规范或调整的教育关系。"[③]可见,教育法还具有自身的特征。总体来说,有如下几个特征。

### (一)教育法是一种特殊的社会规范,用以调整教育内外关系

在现代社会,教育已经成为一种极为复杂的社会现象,有着各种关系。"依据教育法律关系主体的社会角色不同,可以分为教育内部的法律关系和教育外部的法律关系两大类。教育内部的法律关系主要是指以教育法律规范调整的教育系统内部各类教育机构、教育工作人员、教育对象之间的关系。如学校与教师的关系、学校及其管理人员与教育行政机关及其工作人员之间的关系等。教育外部的法律关系主要是指适用教育法律规

---

① 李晓燕.教育法学[M].北京:高等教育出版社,2006:62.
② 李晓燕.教育法学[M].北京:高等教育出版社,2006:62.
③ 国试书业/教育部考试中心教材研究所组织编写;李学农分册主编.综合素质[M].北京:高等教育出版社,2011:101.

范调整的教育系统与其外部社会各方面之间发生的法律关系,这种联系的具体表现也是多种多样的。这两类教育法律关系的划分是相对的,在教育活动中常常同时发生,甚至交织在一起。如教师和学生家长之间既有共同教育学生的权利和责任,又有相互配合的义务。"[1]由此,只有通过教育法形式,明确各主体间相互的权利、义务和职责,相互的关系才容易和谐一致。

教育法规范是一种属于法律范畴的社会规范,它是以规范性文件形式出现的,具有程序性、正式性和内容的合法性、合理性和可行性,是国家、学校及其他教育机构、教育者、受教育者、社会在教育活动中必须遵守的行为规范。这些规范都是为人们的行为提供标准和指明方向的,都在一定的范围内发生效力。因而,教育法具有高度规范性、概括性和可预测性的特点。

**(二)教育法由国家制定或认可,并以国家强制力保障实施**

法是统治阶级意志的体现,教育法体现的是统治阶级在教育活动中的指导思想、方针、政策,以国家意志形式表现出来,用以调整在全社会范围内个体教育利益和社会教育利益的矛盾,并以教育权利和教育义务的形式规定人们的行为。

教育法必须以国家政权的强制力为后盾来保证其实施。这是教育法的标志特征之一,也是教育法与教育政策、职业道德等社会规范的重要区别。虽然任何一种社会规范都有一定的强制力,但法的强制力与其他社会规范的强制力不同,它是以国家政权的名义表现出来的强制力。因此,任何组织和个人都不允许违反,不得进行阻挠和抵抗。违反了教育法,损害了教育法所确定的学校、教师、学生等方面的权利,或是不履行自己的法定义务,就要受到教育法的强力制裁,承担相应的法律责任。如按照我国《教育法》第七十二条规定:"结伙斗殴、寻衅滋事,扰乱学校及其他教育机构教育教学秩序或者破坏校舍、场地及其他财产的,由公安机关给予治安管理处罚;构成犯罪的,依法追究刑事责任。侵占学校及其他教育机构的校舍、场地及其他财产的,依法承担民事责任。"显然,其他社会规范则不具有国家强制这一特征。

**(三)教育法规定了教育主体的权利和义务,并具有普遍性、明确性**

从教育法的内容构成角度看,主要由规范性内容和非规范性内容构成,而规范性内容中,权利和义务是其主要内容。教育法就是对教育关系主体(包括行政机关、学校、教师、学生及其监护人、社会团体、企事业组织等)在教育教学活动中享有哪些权利、应履行什么义务进行规定。比如,《中华人民共和国教育法》第二十八条规定了学校享有的九项权利及应履行的六项义务,《中华人民共和国教师法》第七条规定教师享有的六项权利,第八条规定教师应履行的六项义务,以及《中华人民共和国未成年人保护法》《中华人民共和国义务教育法》

---

[1] 李晓燕.教育法学[M].北京:高等教育出版社,2006:81~82.

等有关法律中规定的教育行政机关、学校、教师、学生及其监护人等方面的权利与义务。应该说,这些权利、义务是具有普遍性、明确性的行为标准。普遍性,即教育法适用对象和适用范围具有的普遍性,它不是为某一具体的特定的人提供行为标准。明确性,即教育法都以具体的条文等形式,明确地为人们提供标准。例如,我国《中华人民共和国义务教育法》规定凡年满六周岁的儿童都应当入学,接受规定年限的义务教育。

### 三、教育法的作用

教育法作为法律的一个分支,通过法律手段合理地调整教育领域中发生的各种内部和外部关系。具体来说,它具有以下四个方面的作用。

#### (一)指引作用

教育法的指引作用指教育法体现了国家教育的方针、政策,规定教育的根本任务,指引人们按照国家的目的和要求开展教育活动,引导各级各类教育实现培养目标。教育法是国家统治阶级教育意志的体现,是国家以法律的形式向各种社会团体和个人宣布的教育规定和指令,明确要求各有关机关、社会团体和个人必须执行这些条文。教育法明确规定哪些是国家赞成和鼓励的可以做的,哪些是国家命令必须做的和禁止做的或不该做的。这就反映出一个国家的统治阶级的价值取向和政策指引,体现出一个国家或一个民族的文化特点。

#### (二)评价作用

教育法作为国家的一种普遍的强制性教育行为标准,具有判断、衡量人们的教育行为的作用。这种作用就是评价作用。教育法律的评价作用是教育法律的标准功能的外部表现。教育法律规范的评价作用有两个特点。一是教育法律规范的评价具有突出的客观性。教育法律规范明确地规定哪些是可以做的、哪些是不可以做的。教育法律标准是对所有人和所有机关的,任何组织和个人的教育活动或教育行为都是以教育法律为准绳的。二是教育法律规范的评价具有普遍的有效性。教育法律规范和其他教育规范的不同在于,只要人们的行为进入教育法的范畴,教育法律规范的评价对他们来说就是有效的,如不想受到法律的制裁,他们的行为就必须与教育法律一致。但其他的教育规范对人的教育行为的评价只在与该人具有相同标准的那些人中间才是有效的。这两种特点说明教育法律规范的评价是一种绝对评价。

#### (三)教育作用

教育法的教育作用主要体现在两个方面。首先,国家把人们对教育的普遍要求凝结为稳定的教育行为规范,并向人们灌输这些规范,使其内化为人们的教育法律意识,提高人们的法制修养,使人们做到在教育活动中知法、懂法、守法、用法。如教育机会均等、教师职业化、尊师爱生等规则,通过法可以深入人心,并转化为人们的行为。这一过程就是教育法的教育作用的显示。国家制定教育法的目的在于用法律调整和规范人们的教育行为,只有使人们理解法律,提高法律意识,自觉遵守和维护法律,并形成人们的行为习惯,法律的效果才能提高。其次,通过教育法律的实施从正负两方面对人们产生教育作用。从正面来说,教育法对合法的教育行为的保护和鼓励,对本人和他人有示范和激励作用;从负面来说,教育法律对不合法的行为的制裁就会警告本人和他人,如果再做此类行为也同样会受到惩罚。

### (四)保障作用

近现代教育的显著特征之一是各国普遍重视教育立法,加强教育法制建设,依法治教。依法治教是根据法律来规范教育活动的范围、形式、内容、方法,以保障教育事业的有效发展,使教育有法可依、有法必依、执法必严、违法必究,以实现教育法治,是依法治国在教育中的具体体现。教育法的这种保障作用主要表现为教育法保证各种教育主体的教育权利得到实现,教育义务得到履行,从而使教育活动有序、有效进行。

## 四、我国教育法的基本原则

教育法的基本原则是指教育法所固有的,指导教育法制活动全过程的基本要求和价值准则,它是制定和执行教育法的出发点和基本依据。我国教育法的基本原则是我国宪法原则和法制建设原则在教育法制建设中的具体表现,反映了我国社会主义教育的性质和教育基本制度的特点。在我国,教育法的基本原则主要集中体现在我国《教育法》中。我国教育法应遵循以下基本原则。

### (一)教育的社会主义方向性原则

我国《教育法》第三条:"国家坚持以马克思列宁主义、毛泽东思想和建设有中国特色社会主义理论为指导,遵循宪法确定的基本原则,发展社会主义的教育事业。"这一规定指明了我国教育的指导思想性质和基本原则依据。《教育法》第五条:"教育必须为社会主义现代化建设服务,必须与生产劳动相结合,培养德、智、体等方面全面发展的社会主义事业的建设者和接班人。"这一规定以法的形式明确了我国教育的培养目标,同时它也是我国的教育方针。

坚持教育的社会主义方向,还包含着继承和发扬中华民族优秀的历史文化传统,吸收人类文明发展的一切优秀成果。这一点在《教育法》第七条中做出了明确规定。

### (二)教育的公共性原则

教育法之所以要确立教育的公共性原则,可以从以下几个方面进行理解。第一,教育事业是国家、民族乃至全世界的共同事业。从教育的本体功能和社会功能来看,教育不仅能促进人的身心发展,还能对社会的政治、经济、文化、人口素质等方面起到重要的作用。第二,个体发展的活动必然影响社会的发展。教育活动作用于每一个受教育者,每一个受教育者又将自己的行为反作用于社会,并影响着社会的发展。第三,教育工作本身就是为社会发展作贡献。教育工作虽是培养受教育者个体的具体行为,但对于整个教育事业来说是社会的重要组成部分。

我国《教育法》第八条第一款规定:"教育活动必须符合国家和社会公共利益。"这一规定确立了我国教育的公共性原则。同时,在《教育法》中第八条第二款、第二十五条第三款和第十二条的规定,也体现我国坚持教育要符合社会公共利益的原则。

### (三) 教育的平等性原则

教育的平等性原则不仅是教育法的基本原则,也是宪法原则的贯彻和落实。我国《宪法》第三十三条规定:"中华人民共和国公民在法律面前一律平等。"《教育法》第九条规定:"中华人民共和国公民有受教育的权利和义务。公民不分民族、种族、性别、职业、财产状况、宗教信仰等,依法享有平等的受教育机会。"这一条就明确说明了公民平等的受教育的权利和义务,而且是受教育机会上的平等。第三十六条规定:"受教育者在入学、升学、就业等方面依法享有平等权利。学校和有关行政部门应当按照国家有关规定,保障女子在入学、升学、就业、授予学位、派出留学等方面享有同男子平等的权利。"第三十七条规定:"国家、社会对符合入学条件、家庭经济困难的儿童、少年、青年,提供各种形式的资助。"这两条规定也对教育平等的一些详细情形做出法的硬性规定,更体现了教育平等性原则。

### (四) 教育的终身性原则

随着现代社会的迅猛发展,特别是知识经济和信息科技时代的到来,终身教育和终身学习对于人们而言变得尤为必要和迫切。我国《教育法》适应了社会和时代的发展,确立终身性的原则,以法的形式加以明确规定,其第十一条规定:"国家适应社会主义市场经济发展和社会进步的需要,推进教育改革,促进各级各类教育协调发展,建立和完善终身教育体系。"《教育法》第十九条:"国家鼓励发展多种形式的成人教育,使公民接受适当形式的政治、经济、文化、科学、技术、业务教育和终身教育",并在《教育法》中还提出要为公民接受终身教育创造条件。

## 五、教育法的体系

教育法体系,是指教育法作为一个专门的法律部门,按照一定的原则组成一个相互协调、完整统一的整体。它是教育法按照一定的纵向和横向联系组成的,覆盖各级各类教育和教育的主要方面,不同层级、不同效力的教育法律规范的体系。

一般认为教育法体系有纵向结构和横向结构。纵向上以教育法的效力等级为主,表现为教育法的形式结构;横向上以教育法的具体内容为主,表现为教育法的内容结构。

我国教育法的纵向结构按照制定机关和效力等级可分为六个层级:宪法中有关教育的条款、教育基本法、教育单行法、教育行政法规、地方性教育法规、部门教育规章、地方政府教育规章,这六个层级对法律的同一领域,逐级进行规范。其中,教育基本法和教育单行法是教育法体系构成的主体部分。

我国教育法的横向结构即按照所规范的教育的不同内容,处于同一层级的部门法,如《中华人民共和国义务教育法》《中华人民共和国教师法》《中华人民共和国高等教育法》等。

在这里,需要说明的是,基础教育中的学生主要是未成年人,对未成年人而言,有《中华人民共和国未成年人保护法》和《中华人民共和国预防未成年人犯罪法》两部重要法律。未成年人的保护问题和预防未成年人犯罪问题,不仅仅是教育领域中的问题,也是其他社会生活领域的问题,这都牵涉到学校、家庭、社会和司法等部门。因此,未成年人保护和预防未成年人犯罪是教育法律关系中非常重要的方面,一般也可以把这两部有关未成年人的法律,看做是重要的教育法律。

## 第二节 我国教育基本法

《中华人民共和国教育法》于1995年3月18日经第八届全国人民代表大会第三次会议通过,自1995年9月1日起施行,并于2009年8月27日,第十一届全国人民代表大会常务委员会第十次会议通过了对《教育法》的部分修订。这是新中国成立以来我国制定的第一部教育基本法,是我国教育史上具有里程碑意义的大事。它的颁行,标志着我国开始进入全面依法治教的新时期,对我国教育事业的发展和改革产生巨大而深远的影响。

### 一、《教育法》的地位

《教育法》是我国教育法体系中的基本法,它是"依据宪法制定的调整教育内部关系和外部相关关系的基本法律准则,是教育的'宪法'或教育法规体系中的'母法',在教育法体系中具有最高法律效力。通常规定一国教育的基本方针、基本任务、基本制度以及教育活动中各主体的权利义务"。

《教育法》是教育的根本大法,是位于国家根本大法《中华人民共和国宪法》之下的国家基本法律之一。在整个教育法律体系中,《教育法》处于"母法"和"根本大法"的地位,具有最高的法律权威。其他只是调整和规范某一方面的教育关系或某一项教育工作的单行教育法规,都是"子法"。

### 二、《教育法》的立法特点

#### (一)全面性和有针对性相结合

《教育法》作为教育的基本法,要为其他法律法规提供依据,这就要求《教育法》的内容要尽可能全面。《教育法》在全面规范和调整各类教育关系的同时,又抓住了现阶段教育改革和发展中的突出问题,作了有针对性的规定。如德育工作,不得以营利为目的举办学校及其他教育机构,教育经费单独列项等。全面性和针对性相结合,既体现了基本法的要求,同时也体现了《教育法》的现实性。

### (二) 规范性和导向性相结合

《教育法》把我国多年来,特别是改革开放以来,我国教育改革和发展的成熟经验,通过法律规范形式固定下来,如学校法人地位及自主权;以财政拨款为主的多渠道筹措教育经费等,巩固了教育改革和发展的成果。同时,《教育法》也把符合改革和发展方向,但还有待于进一步实践和探索的问题,如终身教育体系的建立和完善等,做出了导向性的规定,通过法律手段来保障和推进教育的改革和发展。

### (三) 原则性和可操作性相结合

《教育法》作为教育的根本大法,只能对关系到我国教育改革与发展全局的重大问题,如教育的性质、方针、教育活动的原则等做出原则性的规定,而不可能对具体问题做出规定。《教育法》在突出原则性的同时,又注意到实施上的可操作性,特别是法律责任部分,明确了违反《教育法》的法律责任、处罚形式、执法机关等,加强了《教育法》的可操作性,以保证《教育法》的顺利实施。

## 三、《教育法》的立法宗旨

《教育法》总则第一条明确了教育法的立法宗旨:"为了发展教育事业,提高全民族的素质,促进社会主义物质文明和精神文明建设,根据宪法,制定本法"。其含义包括以下几点:

### (一) 发展教育事业

新中国成立以来,特别是改革开放以来,教育事业的发展取得了重大成就。但是由于种种因素的影响,发展教育事业,单靠政策手段和行政手段,靠领导人的重视等"人治"手段,是不能从根本上解决问题的,必须有完备的法制来规范和保障。因此,有必要制定《教育法》,以进一步深化教育改革,加快教育事业的发展。

### (二) 提高全民族素质

民族素质,关系到国运兴衰和民族存亡。当今世界竞争日趋激烈,国家综合实力的竞争根本上还是人才的竞争、教育的竞争。从这个意义上说,谁掌握了21世纪的教育,培养出高素质的国民,谁就能在未来的国际竞争中取胜。我国是一个人口大国,如何将人口数量多的优势转化为人才优势,就需要制定教育法,发展教育事业,从法律上保障公民的受教育权利和义务,提高民族素质。

### (三) 促进社会主义现代化建设

大力发展教育事业,提高全民族素质,最终是为了促进社会主义物质文明建设、精神文明建设和政治文明建设。我国社会主义物质文明建设的根本任务是发展生产力,集中力量进行现代化建设。生产力的发展有赖于文化教育的繁荣。社会主义精神文明是社会主义的重要特征。精神文明建设的根本任务,是适应社会主义现代化建设的需要,培养"四有"公民,提高整个中华民族的思想道德素质和科学文化素质。而社会主义政治文明建设又是前两个文明建设的保证。因此,制定《教育法》是社会主义物质文明、精神文明和政治文明建设所必需的。

### 四、《教育法》的基本结构与内容

#### (一)《教育法》的基本结构

2009年修订后的《教育法》有10章,共83条。可分为总则(第一章)、分则(第二至第九章)和附则(第十章)三个组成部分。总则是对我国教育根本问题的总体规定,具有全局性和指导性,它主要说明了立法宗旨和依据,确立了我国教育事业发展的指导思想,明确了教育优先发展的战略地位,规定了国家的教育方针,确立了教育活动的基本原则,规定了我国教育的基本管理制度等。分则是对我国教育活动各个领域的分别规定。附则是对未尽表达事项的补充和说明,是法律、法规附加性条款的总称。

#### (二)《教育法》的基本内容

1. 适用范围

《教育法》总则第二条指出了该法的适用范围:"在中华人民共和国境内的各级各类教育,适用本法。"这里所称的"各级各类教育",是指国家教育制度内的各级各类教育。其中的各级教育,包括学前教育、初等教育、中等教育和高等教育。各类教育包括根据不同的教育分类标准所划分的不同类别的教育。

考虑到军事学校教育和宗教学校教育的特殊性,《教育法》在附则中第八十二条分别进行规定:"军事学校教育由中央军事委员会根据本法的原则规定。宗教学校教育由国务院另行规定。"

2. 教育性质与方针

《教育法》总则第三条规定了我国教育的性质:"国家坚持以马克思列宁主义、毛泽东思想和建设有中国特色社会主义理论为指导,遵循宪法确定的基本原则,发展社会主义的教育事业。"确立了我国教育事业的社会主义性质。从我国教育的社会主义性质出发,《教育法》总则第五条又明确规定了我国的教育方针:"教育必须为社会主义现代化建设服务,必须与生产劳动相结合,培养德、智、体等方面全面发展的社会主义事业的建设者和接班人。"教育方针是国家教育政策的总概括,是教育发展的总方向。

3. 教育的基本原则

教育的基本原则是发展我国教育事业所必须遵循的基本要求和准则。根据《教育法》的规定,我国教育的基本原则可以概括为以下几个方面:对受教育者进行政治思想道德教育的原则;继承和吸收优秀文化成果的原则;教育公益性原则;教育与宗教相分离原则;受教育机会平等原则;帮助特殊地区和保护弱势群体的原则;建立和完善终身教育体系原则;鼓励教育科学研究原则;推广普通话原则;奖励突出贡献原则。

这些原则是根据国家教育方针和教育的客观规律制定的。它同时也是我国社会主义教育实践经验的总结,是在批判继承历史遗产和吸收国外教育经验的基础上丰富发展起来的。

4. 教育管理体制

《教育法》总则第十四条明确规定:"国务院和地方各级人民政府根据分级管理、分工负责的原则,领导和管理教育工作。中等及中等以下的教育在国务院领导下,由地方人民政府管理。高等教育由国务院和省、自治区、直辖市人民政府管理。"这是我国现行的教育分级管理的基本体制。

5. 教育基本制度

《教育法》第二章对我国教育的基本制度作了法律规定,这些教育基本制度,包括:学校教育制度,义务教育制度,职业教育和成人教育制度,国家教育考试制度,学业证书制度,学位制度,扫除文盲教育制度,教育督导制度和教育评估制度。

6. 学校及其他教育机构

学校及其他教育机构是指经国家主管机关批准设立或者依法登记注册设立的教育教学活动的社会组织,既包括学制系统内的以实施学历性教育为主的机构,又包括各种实施非学历性教育的机构。这些组织机构构成了教育关系的主体,把教育关系主体的行为纳入法制化、规范化的轨道。具体包括:学校及其他教育机构的构成要件;学校与其他教育机构的权利;学校及其他教育机构的义务。

7. 教育者与受教育者

《教育法》对教师和其他教育工作者与受教育者的权利和义务进行了规定,以便更好地维护教育者和受教育者的合法权益,确保教育活动顺利开展。具体包括:(1)教师和其他教育工作者的权利和义务,在《教师法》中,对教师的权利和义务作了更明确的规定;(2)受教育者的权利和义务。

8. 教育与社会

教育是一种培养人的社会现象,是社会的一个重要组成部分。因此,《教育法》在第六章对社会各方面参与、支持教育的责任和形式,作了法律规定。表现在:教育与社会之间的关系;创造良好的社会环境;社会对教育的参与和支持。

9. 教育投入与条件保障

一个国家举办教育事业,需要一定的物质基础。也就是说,国家要保证教育事业正常的发展,需要投入一定的物力和财力。为此,《教育法》对教育投入与条件保障通过法律的形式进行了规定。特别是确立了"以财政拨款为主,其他多种渠道筹措教育经费为辅"的新体制。

### (三)《教育法》中的法律责任

法律责任是指因违反法律行为而必须承担的具有强制性的法律后果。法律责任在《教育法》的内容中是一个不可缺少的重要组成部分,它对于《教育法》的实施和监督具有重要意义。

《教育法》对教育活动中的大部分违法行为都规定了相应的法律责任。具体包括:违反教育经费规定的法律责任;扰乱教育秩序,破坏、侵占学校财产的法律责任;使用危险教育设施造成人员伤亡或重大财产损失的法律责任;违反国家规定向学校收费的法律责任;违法办学、招生、举办考试、颁发学业学位证书及向学生违法收费的法律责任;招生考试中舞弊作弊的法律责任。以上六大类违反《教育法》的行为,主要应承担的法律责任有:行政法律责任、刑事法律责任或民事法律责任。

## 第三节 教师的权利和义务

### 一、教师的法律地位

教师是人类社会文化的传递者,是人类灵魂的工程师。教师是大家在日常生活中经常使用的一个概念,其称谓比较笼统,但对于这一概念的界定,人们理解殊异。在现代社会,教师作为一种职业,其专业性得到广泛认可和接受。《中华人民共和国教师法》(以下简称《教师法》)总则第一章第三条对教师概念进行了全面、科学的界定:"教师是履行教育教学职责的专业人员,承担教书育人,培养社会主义事业建设者和接班人,提高民族素质的使命。教师应当忠诚于人民的教师事业。"这一规定直接确立了我国教师职业的专业性,形成了教师的法律地位。所谓教师的法律地位是法律所确认的教师的职业地位,主要包括政治地位、经济地位和社会地位,这在我国《教育法》《教师法》《义务教育法》等法律中都有所体现。教师的法律地位是其社会地位的体现和保障,世界上许多发达国家都通过立法形式来确认和保护教师的法律地位。

对于《教师法》中第三条中有关教师的规定,应从以下两个方面加以理解。

#### (一)教师职业是一种专门性职业,教师是专业人员

这是教师法律地位的本质属性。只有直接承担教育教学职责的人员,才具备教师的最基本的条件。教师职业是一种特殊的职业,教师承担着教书育人,培养社会主义事业的建设者和接班人,提高民族素质的崇高使命。教师素质决定着教育的质量高低,通过

制定《教师法》,以法律的形式确定实行教师资格制度,对教师的任用、培养、培训、考核等做出规定,才能提高教师队伍素质,适应教育事业发展的需要。《国家中长期教育改革和发展规划纲要(2010—2020年)》中指出要"完善并严格实施教师准入制度,严把教师入口关"。

### (二)教师必须从教于学校或者其他教育机构

《教师法》总则第二条规定:"本法适用于各级各类学校和其他教育机构专门从事教育教学工作的教师。"关于适用范围的规定,是教师的形式特征,也是法律意义上教师概念的外延。教师从教的学校包括实施学前教育、普通初等教育、普通中等教育、职业教育、普通高等教育以及成人教育、特殊教育的学校,其他教育机构特指与中小学教育教学工作紧密联系的少年宫、电化教育馆等机构。在这些机构中直接从事教育教学工作、履行教育教学职责的具有教师职务的专业人员,才属于《教师法》规定的对象。而学校及其他教育机构中未直接从事教育教学活动、未履行教育教学职责的行政管理人员、教学辅助人员、后勤服务人员等不属于教师。一些在社会力量举办的补习班、培训学校等辅导机构中工作的从事教育教学活动的人员不属于《教师法》规定的教师,不受《教师法》的保护。

## 二、教师的权利

教师的权利是指教师作为履行教育教学职责的专业人员,在教育教学活动中专门享有的职业权利,是教育法律所授权或许可的行为。我国《教师法》第七条明确规定了教师的六项权利。

### (一)教育教学权

我国《教师法》第七条第一款规定教师享有进行教育教学活动、开展教育教学改革和实验的权利。这一权利的基本内涵指的是,教师的教育教学工作应当符合教育规律和学生身心发展特点,面向全体学生,潜心教书育人,注重培养学生独立思考能力、创新能力和实践能力,促进学生素质的全面发展。教师有权针对学生的特点,依据课程计划和课程标准,为提高教育教学质量在教育教学的形式、方法等方面进行改革和实验。如某位教师根据课程标准和教学内容特点,改变过去的教师一味地讲授、学生被动接受学习的方式,进行了问题情境讨论教学改革实验,学生主动参与、乐于探究,课堂气氛活跃,调动了学生学习的积极性,取得了较好的教育效果。

任何组织和个人都不得非法剥夺教师的教育教学活动与教育教学改革和实验的权利。享有并行使这一权利的主体是取得教师资格并被学校聘用的教师。若教师故意不完成教育教学任务给教育教学工作造成损失的,由所在学校、其他教育机构或者教育行政部门给予行政处分或者解聘。

### (二)科学研究权

我国《教师法》第七条第二款规定教师享有从事科学研究、学术交流、参加专业的学术团体、在学术活动中充分发表意见的权利。这是教师作为专业人员所享有的基本权利之一。

教师在完成规定的教育教学任务的同时,教师可以进行科学研究、技术开发等创造性智力活动;有权将自己教育教学中的研究成果和经验撰写成学术论文发表,著书立说;教师享有充分的学术自由,可以参加专业的学术团体,并在其中兼任工作。在一定意义上,教师进行这些科学研究、学术工作,既有利于自身专业素质的提高,又有助于提高教学水平和质量,使教育教学与科学研究相辅相成,共同促进。如某中学物理教师蔡某某,在教学闲暇时间利用专业知识进行了电器小发明设计,并向学生介绍自己的小发明设计,从而激发了学生学习物理的积极性,培养学生的动手能力。

### (三) 指导评价学生权

《教师法》第七条第三款明确规定了指导学生学习和发展,评定学生的品行和学生成绩的权利。

指导学生的学习和发展,评定学生的品行和学业成绩是教师教育教学工作的重要组成部分。教师是经过专门训练的专业人员,具备精深的学科专业知识,同时掌握了学习心理学知识,指导学生学会学习;教师有发展心理学的知识,熟悉青少年的身心发展特点,引导学生全面发展和个性健康发展,正确处理好德、智、体各方面发展的关系,教师还对学生就业、升学选择方面做出正确指导;教师有权对学生的思想品德、学习、劳动等方面给予客观、公正、恰如其分的评价,既要评价学生的优缺点,更要指出学生发展的方向。

教师对学生的指导和评价对学生起着重要的教育作用。学生只有通过教师的指导和评价,才能正确认识自己,明确努力方向,走上健康发展的道路。因此,这项权利体现了教师在教育教学过程中的主导地位,是与教师在教育教学过程中的主导地位相适应的一项基本权利。教师应当珍视,并以公正的态度行使这一权利。教师对学生的指导评价是一项专业性很强的工作,任何组织和个人都不得非法干涉。但是教师在行使该项权利时不得以指导学生学习和发展、评价等为借口,要挟学生,危害学生的身心健康。

### (四) 获取报酬待遇权

《教师法》第七条第四款规定教师享有按时获取工资报酬,享受国家规定的福利待遇以及寒暑假期的带薪休假的权利。

这一权利是教师生活的基本保证,与教师的切身利益密切相关。教师的工作性质具有奉献性、公益性等特性,教师的工资报酬必须按时支付,不得拖欠教师的工资。同时,我国《教师法》第二十五条规定:"教师的平均工资应当不低于或者高于国家公务员的平均工资水平,并逐步提高。"该权利的实现程度是能在多大程度上调动教师积极性的前提和基础,是对从事教育工作的教师的社会价值的首肯,有利于提高教师的社会地位。教师有权要求足额支付工资报酬,包括基础工资、职务工资、课时津贴、奖金、教龄津贴、班主任津贴及其他各种津贴在内的所有工资收入,不得克扣或变相克扣教师的工资。教师有权享受国家规定的福利待遇,包括医疗、住房、退休等方面的各种待遇。《教师法》第二十八至三十条对此分别作了原则性保障措施的规定,要求逐步提高教师的福利待遇。这不仅有利于稳定教师队伍,而且鼓励教师长期潜心从教。

《教师法》特别明确了教师享有"寒暑假带薪休假"的权利。这是教师的特别福利。因为教师是专业性较强,且脑力和体力消耗都比较大的职业,教师的这项基本权利,是教师维持个人家庭生活、保持其工作体能的基本保障。教师享有寒暑假带薪休假,可以使教师获得身心休整。有余力的教师,还可利用这段时间进行业务进修,获得提高。学校及其他教育机构应保证教师有足够的时间享受带薪的寒暑期休假,不能随意占用教师的休假时间。

**(五)参与教育民主管理权利**

《教师法》第七条第五款规定,教师享有"对学校教育教学、管理工作和教育行政部门的工作提出意见和建议,通过教职工代表大会或者其他形式,参与学校的民主管理"的权利。这是教师作为学校办学的主要依靠力量所应具备的一项基本权利。教师的这些民主权利充分行使,有利于激发其工作的自觉性和积极性,有利于学校、教育行政部门工作质量的提高,有利于教育事业的健康发展。

赋予教师享有参与民主管理的权利,有利于提高教育管理的透明度,加强对教育管理权行使的监督,促进教育民主化的发展,增强教师的主人翁感,同时,这样做有利于教师养成民主的个性和工作作风。这种民主的个性和作风迁移到教育教学工作中,就会使教师以民主的态度对待教育教学工作,有利于培养学生形成民主精神,推动社会的民主化发展。教师对学校及其他教育机构和教育行政部门的工作行使批评权、建议权,是教师享有参与民主管理权利的体现,也是我国宪法规定的公民权利的体现。教师有权通过学校教职工代表大会、工会与其他形式参与民主管理,民主讨论决定学校重大事项,维护教师的合法权益。教育行政部门和学校领导干部树立民主观念,以确保教师这一权利的实现,任何组织和个人不得对提出建议和意见的教师进行打击报复。

**(六)进修培训权**

《教师法》第七条第六款规定,教师享有"参加进修或者其他方式培训"的权利。赋予教师这一权利是适应时代发展要求、提高教育教学质量的客观需要,是建设一支高素质教师队伍的必然选择。在知识经济和信息化时代,发展日新月异,要求教师树立终身学习理念,拓宽知识视野,更新知识结构,不断提高自己的专业素养和教育教学水平。教师有权参加进修或各种形式的培训。教育行政部门和学校应当科学规划,采取多种方式,开辟多种渠道,为教师参加各种形式的培训和进修提供条件和便利,切实保障教师进修培训权的实现。《国家中长期教育改革和发展规划纲要(2010—2020年)》中明确指出:"完善教师培训制度,将教师培训经费列入政府预算,对教师实行每五年一周期的全员培训。"

### 三、教师的义务

教师的义务,是指教师依照教育法律,从事教育教学工作而必须履行的义务,表现为教师在教育教学活动中必须做出一定行为或不得做出一定行为的约束。它是由教育法律规定,并以国家强制力保障其履行,这意味着教师不履行法律规定的义务要承担相应的法律责任,并有可能受到相应的法律制裁。在教育法律关系上,权利和义务两者统一,不可分割。我国《教师法》明确规定教师应履行以下义务。

#### (一) 遵纪守法

《教师法》第八条第一款规定了教师有遵守宪法、法律和职业道德,为人师表的义务。这一义务的实质是,教师作为公民必须遵纪守法。

教师作为中华人民共和国公民,应当严格要求自己,在日常生活和工作中应遵守宪法和法律;教师作为人类灵魂的工程师,更应做遵守宪法和法律的楷模,在教育教学中起到示范作用,同时,教师在教书育人中,要自觉培养学生的法制意识,使学生能做到遵纪守法。

教师必须遵守教师职业道德规范。教师职业道德规范是教师作为专业人员在教育教学中必须遵守的行为规范和要求。我国2008年修订的《中小学教师职业道德规范》明确规定了爱国守法、爱岗敬业、关爱学生、教书育人、为人师表和终身学习六方面的内容。"爱国守法"是教师职业的基本要求;"爱岗敬业"是教师职业的本质要求;"关爱学生"是师德的灵魂;"教书育人"是教师的天职;"为人师表"是教师职业的内在要求;"终身学习"是教师专业发展不竭的动力。在教育教学工作中,教师应当恪守职业道德,做到"学高为师,身正为范",做到为人师表,用教师高尚的师德去教育、鼓舞、感染学生,做学生健康成长的指导者和引路人。

#### (二) 履行教育教学职责

《教师法》第八条第二款规定了教师应贯彻国家的教育方针,遵守规章制度,执行学校的教学计划,履行教师聘约,完成教育教学工作任务。搞好教育教学工作是教师的本职工作和应尽的义务。

贯彻国家的教育方针是由我国社会主义教育事业的性质决定的。教师在教育教学工作中,必须坚持贯彻教育为社会主义现代化建设服务,必须与生产劳动相结合,培养德、智、体等方面全面发展的社会主义事业的建设者和接班人的教育方针。必须坚持教育教学的社会主义方向,实现全体学生素质全面发展,着力提高学生服务国家服务人民的社会责任感、勇于探索的创新精神和善于解决问题的实践能力。国家的教育方针是教师教育教学工作的出发点和归宿。

教师必须遵守规章制度,按照学校的教学计划和教学大纲的要求进行教育教学活动,不得任意改变教学计划,不得无故缺勤、旷工,保证学校教育教学工作的顺利进行。规章制度包括各级教育行政部门制定的关于教育教学工作的各项制度、学校制定的关于内部教育教学工作的各项制度。

教师应当履行聘任合同中约定的教育教学职责,完成职责范围内的教育教学任务。如果教师不按聘任合同完成教育教学任务而造成工作损失的,应依据《教师法》第三十七条规定,承担相应的法律责任。

### (三)对学生进行思想政治教育

《教师法》第八条第三款规定了教师应对学生进行宪法所确定的基本原则的教育和爱国主义教育、民族团结教育、法制教育以及思想品德、文化、科学技术教育,组织、带领学生开展有益的社会活动的义务。对学生进行政治思想品德教育是教师教育教学工作的重要义务,体现了"教学的教育性",从而实现传授知识与思想教育相统一。

教师不仅要教书,更要育人。坚持德育为先,把德育渗透于教育教学的各个环节。立德树人,把社会主义核心价值体系融入国民教育的全过程。加强马克思主义中国化最新成果教育,引导学生形成正确的世界观、人生观、价值观;加强理想信念教育和道德教育,引导他们逐步树立中国特色社会主义的道路自信、理论自信、制度自信;加强以爱国主义为核心的民族精神和以改革创新为核心的时代精神教育,引导学生增强民族文化自信;加强社会主义荣辱观教育,培养学生团结互助、诚实守信、遵纪守法、艰苦奋斗的良好品质。加强公民意识教育,树立社会主义民主法治、自由平等、公平正义理念,培养社会主义合格公民。加强中华民族优秀文化传统教育和革命传统教育。教育学生学会知识技能,学会动手动脑,学会生存生活,学会做人做事,促进学生主动适应社会,开创美好未来。

### (四)爱护尊重学生

《教师法》第八条第四款明确规定教师关心、爱护全体学生,尊重学生人格,促进学生在品德、智力、体力等方面全面发展的义务。要求教师把尊重学生人格与关心、爱护学生相结合,体现在培养学生德、智、体全面发展的教育教学活动之中。

教师必须增强尊重学生、爱护学生、平等对待学生的意识,不因民族、性别、残疾、学习成绩等歧视学生,尤其是对那些有缺点的学生,教师应给予特别关怀,要满腔热情地教育指导,绝不能采取简单粗暴的方式方法,讽刺、挖苦学生,不体罚或变相体罚学生,不能泄露学生隐私。因侮辱学生影响恶劣或体罚学生经教育不改的,应依法承担相应的法律责任。教师关心、爱护学生必须以尊重学生的人格尊严为前提,应把学生看成成长、发展中的人,以欣赏的眼光对待、尊重他们,对学生严慈相济,做学生的良师益友。

### (五)保护学生合法权益

《教师法》第八条第五款规定教师负有制止有害于学生的行为或者其他侵犯学生合法权益的行为,批评和抵制有害于学生健康成长的现象的义务。保护学生的合法权益和身心健康,是广大教师的神圣职责,更是全社会的共同责任。

在影响青少年儿童成长的各种因素中,学校教育起着主导作用,教师自然负有义不容辞的责任。教师作为青少年健康成长的引路人,教师要主动学法、自觉用法,履行教书育人义务,维护学生合法权益,制止有害于学生的行为或者其他侵犯学生合法权益的行为。为此,教师自身要提高依法维护学生权益和抵制侵害学生行为的能力,加强未成年人权益保护法律法规的学习。

### (六) 提高自身素质

《教师法》第八条第六款规定教师有不断提高思想政治觉悟和教育教学水平的义务。

教育教学工作是一项较强的专业性工作,担负着提高民族素质的使命,这就要求教师不断学习,加强自身的思想道德修养,使其保持较高的思想政治觉悟和教育教学专业水平,以适应教育教学工作需要。

教师必须树立主动学习的意识,随着社会的不断发展,科技的日新月异,知识更新的加快,各种教育新理论、新方法、新技术不断涌现,要求广大教师通过自学、进修或各种形式的培训,不断地去学习,使教育教学工作在学习中得以反思、提高和创新。

**知识卡片 11-1**

**严禁教师违规收受学生及家长礼品礼金等行为的规定**①

为纠正教师利用职务便利违规收受学生及家长礼品礼金等不正之风,特作如下规定:

一、严禁以任何方式索要或接受学生及家长赠送的礼品礼金、有价证券和支付凭证等财物。

二、严禁参加由学生及家长安排的可能影响考试、考核评价的宴请。

三、严禁参加由学生及家长安排支付费用的旅游、健身休闲等娱乐活动。

四、严禁让学生及家长支付或报销应由教师个人或亲属承担的费用。

五、严禁通过向学生推销图书、报刊、生活用品、社会保险等商业服务获取回扣。

六、严禁利用职务之便谋取不正当利益的其他行为。

学校领导干部要严于律己,带头执行规定,切实负起管理和监督职责。广大教师要大力弘扬高尚师德师风,自觉抵制收受学生及家长礼品礼金等不正之风。对违规违纪的,发现一起、查处一起,对典型案件要点名道姓公开通报曝光。情节严重的,依法依规给予开除处分,并撤销其教师资格;涉嫌犯罪的,依法移送司法机关处理。

---

① http://www.moe.gov.cn/publicfiles/business/htmlfiles/moe/s3144/201407/xxgk_171513.html.

#### 四、依法从教

依法从教,是指教师在教育教学活动中,依据法律法规的规定,正确行使教师的权利,自觉履行教师的义务,依法从事教育教学,维护学生合法权益,使教育教学工作法制化。它是依法治教的具体体现,也是教师工作的本质要求。

教师是社会上特殊而又崇高的职业群体,承担着提高民族素质的光荣使命,具有强烈的责任意识,应当成为学生遵法守法用法、弘扬社会主义法治理念的典范。但是,在现实教育教学实践中,时常发生个别教师严重侵害学生权益的违法犯罪案件,造成了恶劣的社会影响,暴露了个别教师缺乏基本的法律素质,反映出教师依法从教能力不能适应新的形势与任务。为此,《国家中长期教育改革和发展规划纲要(2010—2020年)》中明确指出:"开展普法教育。促进师生员工提高法律素质和公民意识,自觉知法守法,遵守公共生活秩序,做遵纪守法的楷模。"真正做到把依法开展教育教学能力、维护学生合法权益等情况作为教师师德和业绩考核、岗位聘用、评优奖励的重要依据,才能实现依法治教,实现教育民主化与法制化。依法从教在教师教育教学工作中具有极其重要的实践意义。

(一)把社会主义法治理念贯穿教师教育教学工作全过程,使教师牢固树立民主法治、自由平等、公平公正的法治意识

通过实施中小学教师全员法制培训和学习,使教师深入了解宪法的基本精神、原则和制度,维护宪法权威,进一步增强公民意识和责任意识,树立权利义务相统一的观念。要在广大教师中系统、深入地宣传教育法律法规的基本制度、重要规定和行为规范,有针对性地宣传民商法、行政法、社会法、刑法、诉讼与非诉讼程序法等方面的法律原则与一般规则。广大教师要加强未成年人权益保护法律法规的相关学习,切实增强尊重学生、爱护学生、平等对待学生的意识,提高依法维护学生权益的能力。

(二)树立教师权利和义务意识,自觉履行教育教学职责

在教师教育法律意识中最重要的是教师的权利和义务意识。教师只有深入理解了自己的权利和义务,才能在教育教学中享有和行使自己的合法权利,依法维护自身权益。同时,教师依法约束其言行,关心爱护学生,维护学生合法权益,履行教书育人义务。

## 第四节 未成年人的保护

#### 一、未成人的权利

在我国,绝大部分中小学生的年龄,未到达《民法通则》规定的"十八周岁以上的公民是成年人"中的"十八岁",绝大部分中小学生属于未成年人,是社会成员中的一个特殊群

体。中小学生正处于儿童、少年和青年初期,身心尚未成熟,行为能力受到限制,其权益极易受到侵害,这就需要受到全面的法律保护。为此,我国《未成年人保护法》第一条明确规定:"为了保护未成年人的身心健康,保障未成年人的合法权益,促进未成年人在品德、智力、体质等方面全面发展,把他们培养成为有理想、有道德、有文化、有纪律的社会主义事业接班人,根据宪法,制定本法。"

《未成年人保护法》第三条规定:"未成年人享有生存权、发展权、受保护权、参与权等权利,国家根据未成年人身心发展特点给予特殊、优先保护,保障未成年人的合法权益不受侵犯。未成年人享有受教育权,国家、社会、学校和家庭尊重和保障未成年人的受教育权。未成年人不分性别、民族、种族、家庭财产状况、宗教信仰等,依法平等地享有权利。"

同时,该法第五条又明确规定了"尊重未成年人的人格尊严、适应未成年人身心发展的规律和特点、教育和保护相结合"的未成年人保护的三原则。

## 二、对未成年人的保护

我国对未成年人权利的保护主要包括国家保护[①]、家庭保护、学校保护、社会保护、司法保护等几方面。

### (一)国家保护

国家保护是指国家通过制定法律法规、拨付教育经费等方式对未成年人的权利进行各种保障。国家立法机关制定《宪法》《教育法》《义务教育法》等法律,专门制定保护未成年人的《未成年保护法》《预防未成年人犯罪法》等。在这些法律中明确规定了国家和其他教育法律关系主体为保障、实施未成年人权利而承担的职责。

### (二)家庭保护

家庭保护是指父母或其他监护人依法履行对未成年人的抚养、监护和教育的义务及其职责,是未成年人保护的基础。

家庭是以婚姻为基础、以血缘关系为纽带,或以收养关系为基础建立起来的社会生活的基本单位。它不仅具有繁衍后代的功能,而且具有教育后代、保护后代的社会职责。家庭保护是对未成年人保护的重要环节,家庭保护的好坏,直接影响未成年人的成长。《未成年人保护法》把家庭保护作为家长及其他监护人的一项法定义务规定下来,规定了家庭保护的内容及不履行家庭保护义务应当承担的责任。

### (三)学校保护

学校保护是指有关的学校、幼儿园及其他教育机构依法对未成年学生和幼儿园儿童进行教育,并对他们的身心健康和合法权益实施的保护。学校保护是未成年人保护的重

---

① 劳凯声.教育法学(附自学考试大纲)[M].沈阳:辽宁大学出版社,2008.183.

要方面。

学校作为教育机构,既有责任使在校学生接受良好的教育,又要保护学生在学校活动中的人身安全和健康,防止意外事件的发生。《未成年人保护法》对学校保护提出了明确的要求:全面贯彻国家的教育方针,促进未成年学生全面发展;关心、爱护、尊重学生;保护未成年人的人身安全和健康。

### (四) 社会保护

社会保护是指各社会团体、企事业组织和其他组织及公民,在社会生活中对未成年人实施的保护。未成年人保护工作是一项系统工程,需要全社会参与和支持。其主要内容是:保护未成年人的安全与健康、保护未成年人的隐私权、保护未成年人的智力成果和荣誉权、保护有特殊天赋和突出成就的未成年人、博物馆等公共场所向未成年人优惠开放等。

### (五) 司法保护

对未成年人的司法保护是指在司法过程中对违法犯罪的未成年人所实施的一种专门保护活动。我国司法机关对违法犯罪的未成年人,实行教育、感化、挽救的方针,坚持教育为主、惩罚为辅的原则。其基本内容主要包括以下几个方面:(1) 减轻或免于刑事处罚;(2) 办理未成年人犯罪的案件,应照顾未成年人的身心特点,设立专门的机构或指定专人办理;(3) 对审前羁押及服刑的未成年人与成年人分别关押、看管;(4) 对未成年人犯罪的案件一般不公开审理,不披露有关资料;(5) 做好违法犯罪未成年人的教育挽救工作;(6) 对违反犯罪的未成年人在复学、升学、就业等方面不得歧视。

教育法是现代社会教育发展的必然产物,是国家法治的一个重要规范领域,体现了社会的进步和文明。本章主要从教育法的概念、特征、原则、作用等入手,去了解我国的教育法律法规。这其中,《教育法》是我国教育法体系中的基本法,是教育的根本大法,是《宪法》下的国家基本法律之一。对于作为教育实践活动主体的教师和学生,在现实生活和教育教学中的权利和义务,在教育法律法规中做出详细而明确的规范和界定,这对保障教师和学生的各种合法权益的实现具有非常强的实践意义。总之,只有明确有关教育活动中的基本法律规范问题,在教育实践活动中做到有法必依、执法必严,真正才能实现依法从教、依法治教,是有效实现教育发展的客观需要和必然。

### 思考与练习

1. 教育法的含义是什么?它与教育政策有何关系?
2. 教育法的特征有哪些?
3. 教育法的作用有哪些?
4. 如何理解教育法的基本原则?

5. 根据教育法律法规,联系实际分析评价教师在教育教学中存在的问题。

6. 根据教育法律法规,分析评价教育教学中学生权利保护存在的实际问题。

## 参考文献

[1] 李晓燕.教育法学[M].北京:高等教育出版社,2006.

[2] 李学农.综合素质[M].北京:高等教育出版社,2011.

[3] 教育部法制办公室.教育法律法规规章制度[M].北京:教育科学出版社,2004.

[4] 劳凯声.教育法学(附自学考试大纲)[M].沈阳:辽宁大学出版社,2008.

[5] 教育部.教育部关于印发《严禁教师违规收受学生及家长礼品礼金等行为的规定》的通知[EB/OL].[2014-07-09]. http://www.moe.gov.cn/publicfiles/business/html-files/moe/s3144/201407/xxgk_171513.html.

[6] 国家中长期教育改革和发展规划纲要工作小组办公室.国家中长期教育改革和发展规划纲要(2010—2020年)[EB/OL].[2010-07-29]. http://www.moe.gov.cn/public-files/business/htmlfiles/moe/s3735/201008/xxgk_93785.html.

# 第十二章 教育理论与实践的新进展

**学习目标**

1. 了解当代教育理论与实践的共同特征。
2. 理解终身教育、国际理解教育、全民教育等教育思潮的基本观点。
3. 了解20世纪初期的新教育运动、进步主义教育运动的发展历程和主要实践。
4. 掌握我国新基础教育和新教育实验的基本理念。

随着世界经济全球化、科技现代化等的发展,社会对于人才的需求越来越多样化,传统教育面临着严重的挑战,急需深刻变革,现代教育理论和实践就应运而生了。

## 第一节 当代教育理论与实践的共同特征

在世界主要国家的现代教育理论和实践中,各种理论派别层出不穷,虽然他们的名称各异,主张也不尽相同,甚至有些观点还针锋相对,但这些教育理论流派也表现出许多共同的特征。

### 一、重视教育的社会功能

教育可以促进社会进步,是千百年来教育家们形成的共识。随着现代社会变化的加剧、科学技术的进步,作为社会重要组成部分的教育,必然会受到人们的关注。依托教育推进经济与社会发展,提高本国的国际竞争力,已经成为世界各国的共同举措。教育史上许多教育理论和实践的发展进程表明,脱离开社会需求,妄谈个人需求是不现实的。现代教育理论不仅特别重视教育对个体发展的功能,而且重视教育的社会化功能。20世纪早期,改造主义教育流派就提出教育的作用在于改造社会,摆脱社会危机。新教育运动的代表人物凯兴斯坦纳主张教育的目的在于培养"有用的国家公民"。而美国教育家杜威的实用主义教育理论无疑是教育社会化功能的代表。杜威认为儿童个体发展应该与社会需求一致,他在《学校与社会》《民主主义与教育》等著作中,将教育的主要功能界定于推动社会的变革与进步。

### 二、确立终身教育体系

在传统教育的概念里,教育就是从小学到大学的学习历程,这十年左右所学的知识基本终身受用不尽。20世纪50年代以来,这种传统的教育思想不断受到冲击,新的科学技术成果应用于生产,知识更新速度加快,在学校里接受的知识已不能满足工作的需要,迫使人们在走上工作岗位后仍然要重新接受训练,不断地受教育以适应瞬息万变的世界。尤其是网络普及以后,人们身处一个信息爆炸的时代,新鲜信息层出不穷,我们需要不断更新我们的知识储备,以备不时之需。终身教育主张教育应当贯穿于每个人的一生,在每个人需要的时候,随时以最好的方式提供必要的知识。终身教育的理想是能建立一个学习化的社会,造就能够在现代社会中应付各种变化,并发挥个人独特才能的创造者。

### 三、促进教育公平

教育公平是指每个公民在享受公共教育资源时受到公正和平等的对待。教育公平包括教育机会公平、教育过程公平和教育质量公平。人人都需要教育,教育是人之所以成为人的重要途径。随着社会进步、民主意识的增强,人们不仅关注是否能接受教育,而且关注教育过程和教育质量。现代很多理论思潮都揭露了教育中的不平等现象,提倡平等精神、民主意识等教育理念。现代教育理论要求学校对每一位学生负责,学习内容要顾及个人的需要、兴趣和个人的能力;要求教育要多样化,不论是教育形式,还是教育内容、课程设置等,都要适应个人的需求,务求做到平等相待。无论是全民教育思想、全纳教育思想,还是我国现行的教育改革实验,其核心理念都是为了每一位学生的发展,为了每位学生都能接受到平等的、高质量的教育。

### 四、重视人的全面发展

古希腊时期的雅典提倡和谐教育,重视培养人德、智、体等的全面发展,中国先秦时期的"六艺"教育同样如此。但是到了封建社会,教育过于重视书面知识的传授,希腊和先秦时期受重视的音乐、军事体育等课程完全被忽视,一直到20世纪初这种局面仍然没能得到改变。现代教育理念要求重新认识人,重视人的全面发展,即身心、智力、审美意识、精神价值等方面的发展。欧洲的新学校运动和美国的进步主义教育运动都在努力尝试培养全面发展的人,除了重视知识的传授,大都践行了教育与生产劳动的结合,组织学生开展丰富多彩的活动,重视学生社会意识的培养。我国现行的大部分教育实验,也在班级组织、课堂管理、教学方法等方面积极探索,以达到全面提高学生素质的目的。

### 五、关注个人需要和个性发展

现代教育的目的是培养"人",首先关注的是个人的需要和发展。无论是奴隶社会,还是神学统治下的封建社会,教育目的大都偏离了它本有的方向,忽视了个人发展的需要。现代教育理论把人的需要放到了前所未有的高度,要求教育必须要尊重人,尊重人的需求,教育要满足个人发展的需要。美国著名教育家杜威提出从传统的教师中心转向儿童中心,他强调:"我们必须站在儿童的立场上,并且以儿童为自己的出发点。"①现代教育还极其重视人的差异性,认为只有承认差异,尊重儿童的个性发展,才能真正做到教育公平。在此基础上,我国现行的教育实验做了进一步扩充,要求教育不仅要关注学生的需要,也要关注教师的需要,教育要同时关注学生和教师两方面的个性发展。

## 第二节 当代教育新理念

当今世界正处在新技术革命不断发展的阶段,教育也在发生巨大的历史性变化。世界各国的教育正处于蓬勃发展、不断改革的进程之中,在反思和批判传统教育的基础上,出现了一些新的教育思想和理念,比如终身教育思想、国际理解教育思想、全民教育思想、全纳教育思想等,这些思想和理念至今仍对我们的教育有着巨大的现实指导意义。

### 一、终身教育思想

#### (一)终身教育思潮的形成与发展

终身教育的思想古已有之,不论是孔子还是古希腊三贤,其教育思想中都蕴涵着终身教育的萌芽。文艺复兴时期的莫尔更是在其构想的乌托邦中,提出了成人在工作之余的闲暇时间,要到图书馆继续学习。进入工业社会以后,社会对于人才的要求越来越高,有识之士开始明确提出终身教育的概念。1919年英国颁布《成人教育报告建议书》指出成人教育是永远的民众需要。1926年英国成人教育家耶克斯利在《终身教育》一书中提出"终身教育"的概念。1965年联合国教科文组织在巴黎召开的"第三届国际成人教育促进会"上,法国学者保罗·朗格朗首次阐述了"终身教育"的基本原则,"终身教育"等概念便在全世界范围内迅速传播开来。1970年,保罗·朗格朗出版了《终身教育引论》一书,他本人也成为终身教育思想的奠基人。

1972年,联合国教科文组织编著的《学会生存——教育世界的今天和明天》一书,提出建设学习化社会的构想,强调终身教育是建设学习化社会的基石,人只有通过经常的学习,才能完善自己。1996年,联合国教科文组织成立的"21世纪教育委员会"提交了题

---

① [美]杜威.民主·经验·教育[M].彭正梅,译.上海:上海人民出版社,2009:19.

为"教育:财富蕴藏其中"的报告,提出把终身教育放在社会的中心位置,终身教育应该以学会认知、学会做事、学会共同生活和学会生存四个支柱为基础。终身教育应该使人有能力在自己一生中抓住和利用各种机会,去更新、深化和进一步充实最初获得的知识,使自己适应不断变革的世界。随着联合国教科文组织的倡导和推行,人们对于终身教育的认识逐渐丰富,对世界各国教育产生的影响也越来越大,终身教育开始成为一种流行的国际教育思潮。

(二) 终身教育的特点

终身教育突破了传统教育制度的限制,有利于提高人们应对知识经济时代挑战的能力。纵观终身教育的著作理论,其基本特点可概括如下。

1. 时空的延展性。

传统观念中人们习惯于把人生分成两半,前十年左右的时间接受教育,后边的时间把所学的知识用于劳动。终身教育冲破了传统教育时间和空间上的桎梏,教育不再局限在学校里,主张活到老,学到老。教育是人的一生在不同阶段互为衔接、相互整合的过程,它贯穿于人的生活与整个生命期,能帮助人保持学习和训练的连续性,使人在任何时候都能迅速适应社会需求和个人发展的需求。

2. 对象的全民性。

终身教育是全民教育,其教育对象包括所有的人,无论男女、老幼、贫富等都应该接受终身教育。在当今社会中,每一个人都要学会生存,而要在这个瞬息万变的社会中生存就离不开终身教育。终身教育可以给予学习者充分的学习时间和发展空间,使每个人都有足够的机会最大限度地发挥自己的潜能,为学习者的个性发展提供一切机会和便利,使每个学习者的个性得到丰富和发展。

3. 形式的灵活性。

传统制度化的教育,因其保守性不能满足人的多方面的需求。社会应该为个人提供灵活多样的、富有弹性的教育组织形式。在终身教育理论的影响下,函授学校、电视大学、社区学校等开放性教育机构大量涌现。人们可以根据自己人生不同阶段的特点和需要,自主选择学习内容、教学方式、课程进度、时间与地点等,为发挥个人学习的主动性和创造性,尽可能地提供便利。

4. 内容的多样性。

虽然终身教育的提出更多地是为了适应职业的需求和挑战,但随着终身教育的发展,终身教育并不局限于职业训练,它有着极其丰富的内容。终身教育一方面要继续重视职业教育,帮助人适应工作和职业的变化;另一方面,还要重视人身心的自由发展。

(三) 终身教育的实践

为了使终身教育从一种思潮转变为现实的教育实践活动,世界上各个国家都根据自己的国情制定了不同的政策,并采取了一些有针对性的措施。

第一,提供教育的终身保障。教育不随学校学习的结束而终结,终身教育包括各种形式的教育——家庭的、学校的、社区的教育,正规的、非正规的教育。在终身教育体系下,就是各种教育形式的协调与统整。国家和社会必须要提供相应的保障,比如要充分发挥社区的作用,不论是专业培训还是闲暇之余的学习,使人在想要接受教育时,能方便快捷地找到最优质的教育资源。

第二,统一普通教育和职业教育。传统观念中,人们往往把基础教育等同于普通教育,把继续教育、成人教育的任务归结为职业培训。这种教育把普通知识与职业技术知识的教育分割开来,是一种分割的教育。职业教育普通化和普通教育职业化是教育发展的大趋势,终身教育主张普通教育与职业教育并行,基础教育要重视职业教育的渗透,而继续教育更要充分注意学生智力、体力与职业训练的和谐一致,把学习和工作紧密结合起来。

第三,重视非正规教育。终身教育包括教育体系的各个阶段和各种方式,既有学校教育,又有社会教育;既有正规教育,也有非正规教育。非正规教育因其形式的灵活性、内容的丰富性、教育对象的广泛性,成为终身教育重要的途径。终身教育充分肯定自学、自我教育,这就需要确立非正规教育的地位,把非正规教育与正规教育结合成一个互相补充的联系的整体。

第四,鼓励终身学习。影响教育最关键的因素是受教育者的主观能动性,其他的条件都是外因。终身教育只有通过受教育者的终身学习才能达到应有的效果。学习化社会要求由重视人的"受教育权"向重视人的"学习权"转变,重视人学习的主动性,选择的自主性。鼓励人把握自己的学习权,充分利用教育资源,在学习中进步,以便更好地适应社会需求和自我发展的需要。

终身教育是能够适应现代社会,注重现代人的需要和发展的教育。终身教育通过多样化的形式使教育与社会、生活更贴近,为教育发展开辟了新天地。

## 二、国际理解教育

国际理解教育是指世界各国在国际社会组织的倡导下,以"国际理解"为理念而开展的教育活动。其目的是增进不同文化背景、不同种族、不同宗教信仰和不同区域、国家、地区的人们之间相互了解与相互宽容;加强他们之间相互合作,以便共同认识和处理全球社会存在的重大共同问题;促使每个人都能够通过对世界的进一步认识来了解自己和了解他人,将事实上的相互依赖变成为有意识的团结互助。

### (一)国际理解教育的发展历程

国际理解教育的理念随着1945年联合国教科文组织成立而产生。联合国教科文总干事胡克斯雷在教科文组织召开的第一次常务工作会议上强调,教科文组织的目标是"为人类和平与安全做贡献和促进人类健康与幸福",教科文组织的活动应该从完善人类精神家园出发促进国际理解。1947年,教科文组织为了对国际理解教育的途径、内容、方法等方面统一认识,在巴黎郊区召开了一次国际研讨会。国际理解的核心观念确定为:理解国际重大问题;尊重联合国和国际关系;消除国际冲突的根源;发展对他国的友好印象。此后,教科文组织又召开了6个国际研讨会,探究国际理解教育的特殊领域。1948年国际公众教育大会的第八次会议发表了《关于发展青年人之间国际理解和国际组织的教育之建议》;随后,八位世界著名的社会科学家联合发布了一项"关于影响国际理解形成的紧张局势"的宣言,恳请所有联合国成员国的学校开展对该宣言的学习与教育,鼓励培养青少年的国际理解精神,并对有关以促进世界和平为己任的国际组织的教学提供帮助。[①] 1972年联合国教科文组织国际委员会撰写了《学会生存——教育世界的今天和明天》,该报告在谈到未来教育的目的的时候把"国际理解教育"作为重要内容,指出:"教育有一个使命就是帮助人们在各个不同的民族中找到共同的人性。"1974年联合国教科文组织发表了《为国际理解、合作与和平的教育及与人权和基本自由相联系的教育之建议》,进一步明确国际理解教育的任务是,培养追求自由、平等、人权、消除种族歧视、尊重别人权利以及社会和公民责任,理解和尊重文化差异、文明遗产,不同生活方式和观点的人。

1981年联合国教科文组织委员会编写了国际理解教育指引,提出国际理解的主要目标是:"培养和平处事的人;培养具有人权意识的人;培养认识自己国家和具有国民自觉意识的人,理解并增进其他国家、其他民族及其文化;认识国际相互依存关系与全球共同存在的问题,形成全世界的连带意识;养成具有国际协调、国际合作的态度并能实践。"[②] 这一观点既继承了联合国教科文组织一贯追求的和平教育,又根据当时的政治经济的需要,对国际理解的内涵进行了深化和发展。1994年联合国教科文组织召开了"第44届国际教育大会",主题是国际理解教育的总结和展望,它既是联合国教科文组织所推行的国际理解教育的总结,又是各国开展国际理解教育的行动指南。

(二)国际理解教育的目的和内容

1. 国际理解教育的目的

联合国教科文组织第四十四届国际教育大会宣言和综合行动纲领,确立了国际理解教育的目的。国际理解教育要求承认并接受存在于各种个人、男女、民族和文化之中的价值观,重视多元文化之间的相互理解和相互尊重;发展同他人进行交流、分享和合作的能力,学习与其他国家人们交往的技能、行为规范;正确认识和处理经济竞争与合作、生态环境、多元文化共存、和平与发展等方面的国际问题,崇尚和平文化,发展每个人的普

---

[①] 赵中建.全球教育发展的历史轨迹:国际教育大会60年建议书[M].北京:教育科学出版社,1999.
[②] 赵中建.全球教育发展的历史轨迹:国际教育大会60年建议书[M].北京:教育科学出版社,1999.

遍价值观和行为方式,形成善良、民主、热爱和平、关心人类的优秀品质;担负起"全球公民"的责任和义务,学做世界公民;教育公民尊重文化遗产,保护环境并采取有利于可持续发展的生产方法和消费方式。① 世界上每个国家都有自己的独特文化,这是一个国家最鲜明的印记。正如儒家所言的和而不同,国际理解教育重点在于理解,既理解自己本民族的文化,又要理解其他的多元文化。

2. 国际理解教育的内容

国际理解教育的内容并没有统一的要求,根据联合国教科文组织的倡导与建议,应让学生学习以下几方面:熟悉本民族的文化;了解别国历史、文化、社会习俗的产生、发展和现状;学习正确分析和预见别国政治、经济发展状况及其对本国发展的影响;学习与人交往的基本技能等。目的是倡导和平文化,养成对不同文化的理解尊重和宽容态度,养成"全球公民"的意识与国际素质。

基于中国的国情和特点,在中国开展国际理解教育,应该包括如下内容:对我国传统文化的介绍,包括儒家、道家等传统文化、传统习俗、非物质文化遗产等;对世界其他民族的历史文化的介绍,介绍国外历史文化时要全面客观,让学生了解其他民族的文化现状以及它产生的原因;世界体系中各国不断变化着的作用,包括对国际发展趋势的研究和学习、中国在不断变化和发展的世界性事务中所起到的作用等;介绍国际知识,形成国际交往技能和国际理解的态度等。

课堂渗透是国际理解教育最常见的途径,比如语文课中传统文化的浸染,外语课中对于异域风情的介绍。除此之外有些学校开始尝试开设国际理解课程,以综合活动实践课的形式,把语文、历史、英语等课程内容整合在一起,以食物、礼仪等某一个问题或事物为出发点,让学生去独立探索,既可以开阔学生视野,同时又促进了学生对计算机网络和外语等现代社会基本技能的学习。通过中外文化的学习和了解,让学生形成国际交往的技能和能力,进而从全人类、全世界进步的视野去观察和思考问题,使学生具有国际理解的态度。在具体课程教学中,还需要结合所在地区的特点,充分利用与学生生活关系密切的社区教学资源,让学生在实际生活中体验到国际理解教育课程的内容。

**知识卡片 12-1**

**首尔格瑞姆幼儿园——联合国教科文组织国际理解教育示范基地**②

我们走进一间大班教室,简直就像回到中国一样。墙上挂着中国的地图、国徽,挂着各式各样的中国的图片,有万里长城、熊猫、旗袍、中国的饮食,还有

---

① 赵中建.全球教育发展的历史轨迹:国际教育大会60年建议书[M].北京:教育科学出版社,1999.
② 陶西平.首尔格瑞姆幼儿园——联合国教科文组织国际理解教育示范基地[J].北京教育,2006(12):10.

奥运会的福娃,甚至墙上还挂着孩子们搜集来的中国的衣服、帽子和其他用品的实物。这个班的老师告诉我们,他们正在开展的主题活动就是"了解中国"。这个班的二十多个孩子非常热情地欢迎我们,用中文高声地喊着"你好"。老师请我们和孩子们坐在一起,并且说这是来自中国的客人,大家有什么关于中国的问题,可以向客人们提出来。孩子们纷纷举起了小手,接着用充满稚气的声音提出了一个又一个的问题:"中国的长城到底有多长?""中国人为什么要穿旗袍?""你觉得大熊猫可爱吗?"……我们一边回答着他们的问题,一边为孩子们对中国的关心和兴趣深深地感动着。

我们走进另一个班的教室,墙上挂着有关非洲的各种图片,桌上放着非洲的木雕和泥塑,还有非洲一些国家的织物,各式各样非洲大象的照片几乎贴满了一面墙。这个班正在开展"了解非洲"的主题教育活动。当我们走进三楼的一间教室时,不用问我们就知道,这个班活动的主题是"了解法国"。凯旋门、凡尔赛宫、巴黎圣母院……许许多多反映法国风情的图片挂在墙上。在《马赛曲》的音乐声中,孩子们正在分组进行手工操作。他们模仿着教师展示的一幅埃菲尔铁塔的图片,有的在画铁塔,有的用积木搭建铁塔的模型,有的用彩色的细木棍蘸上胶水粘合成铁塔的形状。孩子们兴致勃勃地在参与动手活动的过程中,了解着远在万里之外的那个国家的文化。

……

## 三、全民教育思想

"全民教育"是国际社会在全球范围提出的新概念,它的范围非常广泛,包括学前教育、初等教育、成人教育和培训等。其最终目标是要满足所有公民基本的学习需要,公民都有接受一定程度的教育的权利。全民教育希望通过提高所有人,尤其是贫困地区妇女儿童的素质,来达到缓解贫困、解决环境等问题的目的。

### (一) 全民教育思潮的产生和发展历程

1948年,《世界人权宣言》明确提出人人均有受教育的权利,教育必须以强化尊重人权及基本的自由为目的。从20世纪50年代开始,各国政府已开始致力于普及教育、消除文盲、重视儿童与妇女的教育。1990年3月联合国教科文组织在泰国召开的世界全民教育大会,标志着全民教育思想的正式提出。大会通过了《世界全民教育宣言》和《满足基本学习需要的行动纲领》两个文件,要求各国政府及非政府组织共同努力,使国际社会中的所有民众都能掌握基本的科学文化技术知识,以适应所面临的高速发展与激烈竞争社会的需要。1993年在印度新德里举行的九个人口大国全民教育首脑会议重申了"人人都有受教育的权利"的宗旨,把国际全民教育推向一个新的高潮。在2000年达喀尔举行的世界教育论坛上,来自164个国家的政府承诺要实现全民教育的目标。全民教育已经成为全世界教育领域中最为强劲的旋律之一。

### (二) 全民教育的目标

当今世界面临的困境主要是环境问题和局部地区的贫困问题,而全民教育是解决人类困境的重要手段。全民教育的基本目的或"最终目标"是满足全体儿童、青年和成人,尤其是女性的"基本学习需要",主要包括基本的学习内容和基本的学习手段,而这些内容和手段是人们为能生存下去,充分发展自己的能力,有尊严地生活和工作,充分地参与发展,改善自己的生活质量,作出有见识的决策并能继续学习所需要的。① 全民教育的具体目标根据各国全民教育实现的程度和面临的主要问题,处在不断的修订当中。

1990年,《满足基本学习需要的行动纲领》提出了各国在20世纪90年代全民教育的具体目标:(1) 扩大幼儿的看护和发展活动,包括家庭和社区的参与,尤其要针对贫困儿童、处境不利儿童和残疾儿童的看护和活动发展;(2) 到2000年普及并完成初等教育(或任何被认为是"基础"的更高层次的教育);(3) 提高学习成绩,使商定的适当年龄组的百分比(如14岁年龄组的80%)达到或超过规定的必要学习成绩的水平;(4) 降低成人文盲率(各国自定适当的年龄组),例如到2000年减少至1990年水平的一半,要特别重视妇女扫盲以明显地减少男女文盲率之间的差异;(5) 扩大提供基础教育和青年及成人所需要的其他必需技能的培训,并根据行为变化及对健康、就业和生产力的影响来评估计划的有效性;(6) 通过包括新闻媒介、现代或传统的其他交流形式以及社会行动在内的所有教育渠道,使个人和家庭更多地获得更好的生活和合理的可持续发展所需要的知识、技能和价值观念,并根据行为变化来评估其有效性。②

2000年的达喀尔行动纲领期望到2015年使所有儿童、青年和成人获得受教育机会,提出了全民教育的六大目标。一是全面扩大和加强幼儿保育和教育工作,尤其是对最易受到伤害和处境不利儿童的保育和教育工作。二是确保到2015年使所有儿童,尤其是女孩、处境困难的儿童和少数民族儿童都有机会接受并完成优质的免费初等义务教育。三是满足所有青年和成人的学习要求,使他们有平等机会学习知识和生活技能。四是到2015年使成人(尤其是妇女)的识字水平提高50%,并使所有成人都有平等机会接受基础教育和继续教育。五是到2005年消除初等和中等教育中的性别差距,到2015年实现教育中的性别均等,着重确保女孩完全平等地接受并完成优质基础教育。六是全面提高

---

① 赵中建.教育的使命——面向二十一世纪的教育宣言和行动纲领[M].北京:教育科学出版社,1996.
② 赵中建.教育的使命——面向二十一世纪的教育宣言和行动纲领[M].北京:教育科学出版社,1996.

教育质量和全民素质,使全民教育取得公认的明显成效,尤其在识字、计算和必不可少的生活技能方面。①

### (三) 全民教育目标的落实

为了更好地实现全民教育目标,满足全民的基本学习需要,联合国教科文组织建议主要从以下几个方面入手。

一是创造支持性的政策环境。为了实现教育的均衡发展,消除教育中的不平等,使基础教育更好地为个人和社会发展服务,需要每个国家政府的教育、文化和财政等部门制定支持性政策。全民基础教育的实施有赖于各国政府的承诺和决心,政府必须要意识到全民教育的重要性,制定相关的政策制度,以利于全民教育的推行。

二是整合和调动资源。全民教育实施的关键问题就是资金和师资的问题。为了实现全民教育的六大目标,国家和政府就必须调动现有的和新的财力资源与人力资源,不论是公共的、私人的还是捐助的。每个国家都要加大对基础教育的拨款力度,保证专款专用。社会各界也应对此作出贡献,提供一定的人力和物力支持。

三是加强国际交流和合作。满足成人和儿童基本的学习需要是人类共同的责任,实现全民教育的路还很艰巨,尤其是在一些经济欠发达国家和地区。因为全民教育的实现需要一定的物质保证,发达国家可以提供一些经济援助。除此之外,全民教育运动是国际性运动,所有有效的教育政策和措施都可以共享。

## 四、全纳教育思想

全纳教育兴起于 20 世纪 90 年代,是 20 世纪末期重要的国际教育思潮。全纳教育思想认为:每个儿童都有其独特的特性、兴趣、能力和学习需要,学校应全面接纳所有各种需求的学生,学校教育要考虑到学生的特性和需求的广泛差异,学校要消除歧视,不排斥任何人②。全纳教育虽然缘于世界特殊教育改革,但全纳理念已扩展至整个教育领域,其关注的是所有儿童的发展,提倡让每个学生获得平等的教育机会。全纳教育已经成为当前国际社会教育研究的热点问题之一。

### (一) 产生和发展历程

全纳教育作为一种教育思潮,兴起于 20 世纪 90 年代。全纳教育是在国际教育民主化浪潮中,尤其是在国际组织的大力推动下兴起和发展的。1994 年,联合国教科文组织在西班牙萨拉曼卡召开世界特殊需要教育大会,大会通过了《萨拉曼卡宣言》。这次大会强调每个人都有受教育的基本权利,提出每个人都有独特的个性、兴趣、能力和学习需

---

① 何齐宗.全球视野的教育理念[M].广州:广东高等教育出版社,2010.
② 黄志成.全纳教育:21世纪全球教育研究新课题[J].全球教育展望,2001(1):53.

要,学校要接纳全体儿童,并满足他们的特殊教育需要。①《萨拉曼卡宣言》首次正式提出全纳教育。2005年联合国教科文组织发布的《全纳教育指南:确保全民教育的通路》对全纳教育重新进行了定义。这些国际性文件为全纳教育理念的形成提供了理论依据,直接推动了全纳教育的发展。2008年,联合国教科文组织在瑞士日内瓦召开第48届国际教育大会,主题为"全纳教育:未来之路"。此次会议就是希望各个国家从长远角度观察与反思,切实解决教育中存在的歧视、隔离等问题,建立更加全纳、公平的社会。此次会议后,国际上掀起了一股全纳热潮。全纳教育主张教育要重视平等、强调合作,表明了教育发展的一个总趋势,也是国际社会发展的要求。

### (二) 全纳教育的基本理念

全纳教育是一种反隔离、反排斥、反歧视,倡导包容的教育。全纳教育是这样的一种持续的教育过程,即接纳所有学生,反对歧视排斥,促进积极参与,注重集体合作,满足不同需求。② 全纳教育涉及教育内容、教育途径、教育结构与教育战略等的系统变革与调整。全纳教育的这一概念的阐述很好地概括了全纳教育的基本理念。

全纳教育的主要思想是:教育是一项人权,也是实现其他各项人权的基础;人人都有平等的受教育的权利,教育体制不应该排斥任何人;人是有差异的,教育要满足学生的不同需求;学校应该接纳所有的儿童,不论其身体、智力、社会、情感、语言或其他状况,包括残疾儿童和天才儿童,流浪儿童和童工,偏远或游牧地区儿童,在语言、种族或文化上占少数的儿童,以及其他弱势群体和边缘地区的儿童。③

### (三) 全纳教育的实施

为了教育的公平,我们必须在全社会实施全纳教育,全纳教育要满足不同学生的需求,要承认差异和尊重差异。残疾儿童、少数民族儿童、移民、难民和国内迁移儿童等有特殊教育需要的儿童应该有机会进普通学校。国际上特殊学校在逐渐减少,教育体制逐步从二元制走向一元制,这是未来的发展趋势,普通学校正在接受新的挑战。要真正做到反排斥、反歧视,需要改革教育系统以适应学习者的多样性,满足学生不同学习的需求。

全纳学校这一概念,最早出现于1994年的世界特殊需要教育大会上。许多国家的经验表明,服务于所有儿童的全纳学校,可以有效地满足不同学生发展的需要,通过集体实现学生间的融合。全纳学校的目的是使教育服务于所有的学生,尤其是有特殊教育需要的学生,学生不会因其民族、肤色、身体状况等原因而受到排斥。全纳学校的基本原则是:学校应该提供一切便利,使所有儿童一起学习,通过变革教学方法等途径,消除身体

---

① 黄志成. 全纳教育:21世纪全球教育研究新课题[J]. 全球教育展望,2001(1):51.
② 黄志成. 全纳教育——关注所有学生的学习和参与[M]. 上海:上海教育出版社,2004.
③ 黄志成,胡毅超. 全纳教育:未来之路[J],全球教育展望,2008(7):47.

状况等困难带来的障碍。全纳性学校承认学生的差异,关注学生的个性需要并对此做出反应,通过适当的课程、组织安排、教学策略、资源使用以及与社区的合作,来满足学生不同的学习风格和学习速度,以确保每个人受到高质量的教育。[①] 只有在普通班级明显不能提供满足特殊需要儿童的教育时,才可将儿童安排进特殊学校或进普通学校中设立的特殊班级。全纳教育实际上就是在倡导一种氛围,即关注每一个人的成长,反对教育中的排斥和歧视现象,按照学生的不同个性和需求来进行教学,促进所有学生主动性和创造性的发挥。

## 第三节 当代教育教学实验

20世纪以前,在西方教育理论中,占据主要地位的是以赫尔巴特为代表的传统教育派。随着经济文化的发展,20世纪的美国和西欧出现了许多新的教育思潮和教育实践。现代教育理论大致可以分为两类:一是现代教育派理论;另一类被称为"新传统教育流派"。18世纪末至19世纪中后期,美国教育家杜威提出了以实用主义教育思想体系为代表的教育理念及教育系统,奠定了现代教育理论体系的基础。实用主义教育的奠基人杜威第一次使用"传统教育"一词,对赫尔巴特的教育观点进行批判,并把自己的教育观点称为"现代教育"。新传统教育流派攻击以实用主义为代表的现代教育流派,认为现代教育的改革降低了教育质量,需要重新重视传统教育的观点,但其观点不完全等同于传统教育。毋庸置疑,无论是20世纪初的欧美教育改革,还是我国现行的教育实验,即新基础教育实验、新教育实验等,都源于对传统教育的反思,并在反思的基础上,重新建构新的理论框架。

### 一、欧洲新教育运动

欧洲新教育运动是19世纪末20世纪初在欧洲出现的资产阶级教育改革运动。新学校运动主要内容是建立与以往传统学校在教育目的、内容、方法上完全不同的新学校。它强调学习者的观点和个人兴趣,主张用现代教育的新理论和新方法对传统学校教育进行改革乃至重建,故而又名曰"新学校运动"。

#### (一)产生和发展历程

19世纪末20世纪初,第二次科学革命兴起,资本主义进入垄断时期,整个世界呈现出一派繁荣景象。为适应当时政治经济发展的需要,在欧洲大陆出现了以改革传统教学理论和方法为目的的教育革新运动,传统教育开始向现代教育转型。

---

① 罗建河,谭新斌.认识全纳学校[J].外国教育研究.

英国教育家雷迪于1889年创办的阿博茨霍姆学校是教育界公认的第一所新学校，被认为是欧洲新教育运动的开端。雷迪谴责以公学为代表的传统中等教育，只为过去造人而不为现代造人，无法培养出社会需要的人才。他所兴办的新学校是提供"一种现代和有合乎情理特点的适应社会领导需要的全面的教育"。新学校开设了体育与手工劳动、艺术、文学、科学、道德和宗教教育等课程，通过这些课程的学习不仅向学生传授知识，还重视实际知识与实际能力的训练。法国的德莫林赞同雷迪的教育思想并支持他的活动，并于1898年在法国建立了罗什新学校。同年，德国教育家利茨开办了"乡村寄宿学校"。

此后，在比利时、意大利等国家都相继建立了各种形式的新学校。例如意大利教育家蒙台梭利于1907年在罗马开办"儿童之家"，将原来应用于缺陷儿童的教育方法拓展到正常儿童的教育中。蒙台梭利认为，新教育的基本目的就是发现和解放儿童，教育方法的根本就是为儿童身心的发展提供有准备的环境。比利时教育家德克乐利1907年在布鲁塞尔开办"生活学校"，该学校重视儿童的实践活动，努力把儿童的学习和日常生活相结合。德克乐利指出，传统学校教育过于注重书本知识，而没有充分适应儿童的年龄、兴趣需要和能力。为了克服传统学校教育的弊病，德克乐利的生活学校强调儿童的本能和兴趣，以儿童兴趣为中心设置课程，打破分科，组成教学单元。

1899年在日内瓦建立国际新学校局，1921年新教育联合会正式成立，这给各国的新学校提供了联络中心。这些新学校的实践，很快影响了欧洲各国，新教育运动由此步入蓬勃发展时期。新教育运动早期的纲领是：教育的根本目的在于尊重儿童的个性自由发展，要在活动中充分发展儿童的各种能力，积极培养儿童的个人责任感和为社会服务的合作精神等等。随着社会的发展，尤其是1929年的经济危机后，新教育运动的纲领也发生了一些变化，开始强调教育"改造社会"的功能，但其追求儿童天性和自由发展的目的是没有变的。

### （二）新教育运动的主要特点

欧洲新教育运动是欧洲教育及社会发展的必然产物，具有鲜明的时代精神。新教育运动的理论主要从新学校的实践上体现。

新学校特别是最初在欧洲开办的一些新学校，大都是独立于公立学校体系之外，由热衷于教育的私人或私人团体设立。这些新学校大多设在乡村或城市郊区，周围环境幽静，风景优美，设备优良、舒适，学费昂贵。

新学校大都人数不多，采取家庭式教育管理方式，师生关系较为和谐。学生每天的学习主要分为三个部分：课堂知识学习、体育和劳动、课外活动。新学校重视体育、手工、园艺活动，以此培养学生的观察能力、审美能力和独创精神。为了培养社会需要的具有首创精神的干练的领导者和统治人才，新学校注重通过活动来培养儿童的责任心和进取心。

在教学内容上,新学校重视现代人文科学与自然科学课程,突破了古典传统文科的限制。在教学方法上,反对体罚,尊重儿童的个性,重视儿童兴趣与思维能力的发展。注重实际活动和知识的实用,比如雷迪的新学校中设有工厂、田地、牧场和果园,学生在工厂为学校制作家具,在田地、牧场等观察研究动植物的生长,并运用所学算术知识计算学校及田地等所需的费用。

后期新教育运动一些热衷革新的教育家们不仅自己开办新学校,还把生理学和心理学等科学研究的研究成果,运用到学校实践中,新教育运动的理念不断完善。

## 二、进步主义教育运动

20世纪初,美国的进步主义教育运动与欧洲新教育运动遥相呼应。"进步主义教育"一词,在当时美国泛指不同于传统教育的教师学校和教学方法。美国教育家帕克于19世纪70年代在马萨诸塞州昆西市率先进行了新教学方法的改革实验,由此他被认为是进步主义教育的奠基人之一。

### (一)产生和发展历程

进步教育的目的在于鼓励儿童自由的和自然的发展,并以儿童的兴趣和需要为根据。1896年教育家杜威在芝加哥大学开办实验学校,改变传统的静听式课堂。他把当时的手工训练、新教学方法以及学校与社会的联系等因素融在一起,这被认为是对于进步主义教育运动的一个重大贡献。第一次世界大战后,美国建立了许多新的学校,许多旧的学校也转向进步主义教育。特别在一些大城市,新的教育理论被广泛应用,活动课程和设计教学法等风靡一时。1919年进步教育协会成立,1930年进步教育运动达到全盛时期。第二次世界大战后,进步主义教育运动由于被认为降低了教育质量而遭人诟病。1955年进步教育协会的解体和1957年《进步教育》的停刊,标志着进步主义教育一个时代的终结。不过,进步主义教育作为一种思潮,在当前学校中仍具有一定的影响。

### (二)美国进步主义教育运动的主要教育实验

美国的进步主义教育同欧洲新教育运动虽然理念相近,但也有很多不同之处,比如美国的进步主义教育实验大都是在公立学校中进行的,其影响力要远远大于欧洲的新教育运动。下面我们介绍其中最有代表性的几个实验。

1. 帕克的昆西教学法

帕克是最早开展教育实验的进步主义教育家之一,被杜威称为"进步教育之父",其教育革新措施以"昆西教学法"或"昆西制度"著称。其主要观点是:强调教育要使学校适应儿童,而不是使儿童适应学校;重视学校的社会功能,他认为学校应该组成一种理想的家庭,从而有助于儿童的社会化教育;主张学校课程应尽可能与儿童的实践活动联系起来,选择与学生日常生活紧密联系的事物作为教科书;提倡以儿童为中心设置综合课程,教学强调儿童的活动以及对周围事物的观察;强调培养儿童自我探索和创造的精神。

2. 约翰逊的有机教育学校

约翰逊是进步教育协会的创始人之一。1903年,她在美国阿拉巴马州的费尔霍普镇创办了费尔霍普学校,该校以"有机教育学校"而闻名。所谓"有机",就是遵循学生的自然生长。约翰逊的有机教育学校的整个课程计划以活动为主。她主张以儿童自然发展而不是知识的分量来调整分班,她强调教师要尊重儿童有机体的自然性、主动性以及他们的兴趣和需要,注重儿童的自然发展。约翰逊还重视儿童社会意识的培养。

3. 沃特的葛雷制学校

沃特是葛雷制学校的创始人。"葛雷制"计划亦称"双校制""二部制",以解决教育"浪费"而闻名。沃特以杜威的基本思想为依据,把学校分为四个部分:体育运动场、教室、工厂和商店、礼堂。课程也分成四个方面:学术工作和科学、工艺和家政、团体活动以及体育和游戏。在此基础上,通过合理的时间安排,有效利用学校的设施,可以为更多的学生提供教育。另外,沃特还提出教育最大的浪费是传统教育对人的浪费,所以必须对传统教育进行全面的变革,以适应儿童正常发展的需要。

4. 帕克赫斯特的道尔顿制

帕克赫斯特是美国教育家,是道尔顿制的创始人。道尔顿制是一种个别教学制度。帕克赫斯特批评传统的班级授课制使学生处于被动地位,无法照顾到学生的个别差异。她提出在学校里废除课堂教学,废除课程表和年级制,代之以"公约"或合同式的学习;将各教室改为各科作业室或实验室,实验室是学生学习的场所,它是按照学科划分的综合场所,配备教师指导学生,学生可以自由进出。表格法用于记录学生完成指定作业的情况,教师可以通过表格法来了解学生的学习进度。

(三)进步主义教育运动的原则

一是关注儿童一切能力的发展。强调儿童的自由和儿童的创造性,重视培养儿童解决问题的能力,教育的任务就是要根据儿童生长的不同阶段提供一个有准备的环境,引导儿童本能自由的发展。

二是转变教师职能,淡化教师的权威意识。在进步主义学校里,教师的作用是鼓励,而不是监督。教师不仅应该给儿童提供生长的适当机会和条件,而且应该观察儿童的生长并给以真正的引导。相对于传统教育来说,进步主义教育运动对教师的要求比较高,需要教师仔细观察,耐心引导,创造性地解决教育中的实际问题。

三是主张教育同实际生产生活紧密结合。杜威认为,"教育即生活""教育即生长",学校中的课程不应该仅着眼于间接经验,还应着眼于儿童现在的生活经验,教学应该从学习者现有的直接经验开始,注重培养儿童对现实社会的适应能力。在学校课程中,应该重视各种活动形式的课程。

四是学校应该注重社会意识的培养,鼓励学生们合作。杜威提出"学校即社会",学校应该是一种社会生活生动的存在,这样才能促进儿童社会化的发展。学校应该采用各种不同形式的活动作业,把所学到的知识充分运用到社会生活中,为整个社会服务。

### 三、叶澜和"新基础教育"实验

"新基础教育"就是要消除传统基础教育的弊端,还原教育的本色,就是要尊重教育规律,把新的教育理论运用到教育实践中去。"新基础教育"是让学生成为愉悦的接受者,以学生健康发展为本。

#### (一)产生和发展历程

叶澜认为进行"新基础教育"实验的现实背景是,人类生存的环境越来越恶劣,全球化成为不可逆转的趋势,中华民族复兴的伟大使命亟待实现,这些现实问题都给教育提出新的任务。但是现行基础教育弊端颇多,主要表现为忽视人的发展、短期化、功利化,改革势在必行。1990年秋,叶澜和几位同事以"基础教育与学生自我教育能力发展"为题,在上海市普陀区洄阳路小学开始了为期三年的研究。通过与一线老师们的接触和交流,叶澜等学者对教育教学实际、师生的生存状态化等问题,有了深切感受和体会,对社会转型期的教育有了进一步的思考。"新基础教育"实验自1994年9月始,先后历经了5年的探索性研究(1994年—1999年),然后又开展了5年的发展性研究(1999年—2004年),通过专家指导,学校参与,把探索性研究成果在实践中的推广。如今20年过去了,该实验已在十几个省市开展,吸引了全国数百所中小学参与实验。

#### (二)"新基础教育"的宗旨

"新基础教育"关注人的生命质量,立足于人的真实的生存状态,希望通过变革教育实践,实现人的真实的生命成长。"新基础教育"的宗旨就是要从个体生命和基础教育的整体性出发,唤醒教育活动的每一个生命,激发他们的潜能,让每一个生命都能活出自我。"新基础教育"要求学校改变以知识传授为中心,转向以关注人的主动健康发展为中心;从关注少数优秀学生的发展,转向关注每个学生的主动发展;实现以生命观为核心的教育观念转换。"新基础教育"实验的目标就是要把课堂还给学生,让课堂充满生命活力;把班级还给学生,让班级充满成长气息;把创造还给教师,让教育充满智慧挑战;把精神发展主动权还给师生,让学校充满生机。[1]

### (三)新基础教育观的建构[2]

在对教育的一系列根本性问题重新思考的基础上,"新教育实验"构建了新观念系统,在探索时期主要提出了三个层次教育观念的更新。

第一个层次是教育价值观的更新,包括了"未来性""生命性"和"社会性"三大观念。传统教育过于强调知识的继承性,学习掌握人类已积累的经验,满足现实生活对人的基本要求,忽视了教育是要面向未来,是为未来培养人才,要增强教育的未来意识。"生命性"主要要求把学生和教师看成是具有丰富性和主动性的生命,他们都是发展中的人。"社会性"要求教育要适应社会的需求,为社会的持续发展和学生的终身发展打下基础,实现学生的"书本世界"与"生活世界"的沟通。第二个层面是学生观的更新,包含了"主动性""潜在性"和"差异性"三个的观念。"主动性"要求学生由要我学向我要学转变,在洞察社会需求的基础上,自觉地规划自己的未来。"潜在性"要求关注学生的潜能,有效保护学生体内的智慧和才能的萌芽。"差异性"要求教育者承认差异、关注差异,学生间的差异是客观存在的,作为教育者应该正视这种存在,针对这种存在采取不同的教育方式。第三个层面是学校教育活动观的更新,包含了"双边共时性""灵活结构性""动态生成性"及"综合渗透性"四个概括学校教育活动性质的新观念。学校教育活动是一种师生双方各自进行,但又紧密相关、在时间上具有共时性的活动。课堂是充满生命活力的,对师生来讲有无限的可能性。

"新基础教育"实验从课堂教学、班级建设、教师专业发展等方面不断地去探索,形成了一整套以生命观为核心的涵盖教育各个方面的现代化理论体系,新的理论源于教育实践,又服务于教育实践,不断推动教育的发展。

## 四、朱永新和新教育实验

如朱永新教授所言,新教育并不是一个全新的概念,它源于20世纪的欧洲新教育运动。朱永新教授主持的"新教育"实验以杜威和陶行知的教育思想和教育实践为指导,注重教育理念的实效性,也就是解决具体教育问题的实际效果。

### (一)新教育实验的理念[3]

新教育实验中所提到的这个"新教育"是一种动态的、面向未来的教育。新教育实验鼓励所有参与的师生改进自己的教育教学行为,以实现"过一种幸福完整的教育生活"的目标。

---

[1] 叶澜."新基础教育"论——关于当代中国学校变革的探究与认识[M].北京:教育科学出版社,2006:3~4.
[2] 叶澜,李政涛."新基础教育"研究史[M].北京:教育科学出版社,2010:14~16.
[3] 朱永新.新教育[M].北京:文化艺术出版社,2010:32~40.

1. 为了一切的人，为了人的一切

这里突出"一切人"，不仅要关注学生，而且要关注教师，关注一切和教育相关的人。因为没有教师的发展就没有学生的发展；没有家长的发展，也可能没有学生的发展。教育的所有参与者都应该有自己的梦，给自己设计一个美好的蓝图。参加新教育实验的所有学校的学生和老师都应该在实验中，不断地进步和成长。

2. 教给学生一生有用的东西

联合国教科文组织提出教育的四大支柱之一是学会生存，人的生存就是一个无止境的学习过程。教育不仅是为了孩子有个幸福的现在，也是为将来的生活做准备，让孩子拥有一个美好的未来。因而教育目的不应该是追求高分数，而应当是促进每个人在身心、智力、个人责任感等方面的全面发展。教育应该使人能够形成一种独立的思想意识和判断能力，以便能应对人生的各种不同情况。

3. 重视精神状态，倡导成功体验

改变传统的挫折教育，教育要努力让学生在教育中获得成功的体验，而后在成功的体验中确立新的目标，求得更大的进步。学生只有在不断的成功体验中，才能够不断地相信自我，不断地挑战自我。在宣扬个性化的今天，学生的成功不能再仅仅停留在试卷的分数上，要倡导教育的"新成功主义"思想，着眼于个性发展，着力于特长形成。正如多元智能理论所倡导的，每个人都能成功，每个人都很优秀，每个人都应该扬长避短，获得更多的成功体验。

4. 强调个性发展，注重特色教育

世界上没有完全相同的两个人，所谓的个性发展指的是使每一个人都能成为他自己。学校不应该成为批量生产的生产线，使所有的学生都成为一样的产品，不论学生还是教师都要走个性发展的路径。个性化的教师才能培养出个性化的学生，每个教师不论是语言组织还是教学方式都应该有适合自己的风格。每个学校都应该有自己的理念和学校文化，因地制宜，走特色发展的道路。

5. 让师生与人类崇高精神对话

文化的发展是人类发展和延续的根基。要想让我们的孩子、老师能够真正地融入社会，真正地具有强烈的社会责任感、使命感、正义感，就要与人类崇高精神对话，而阅读中外名著是对话的最好途径之一。我们要让我们的孩子和教师在阅读中亲近大师，拥有思想，直抵精神；我们要让我们的孩子和教师带着强烈的社会责任感、使命感、正义感融入社会，而不是逃避现实，逃避责任。

(二) 新教育实验的行动

新教育实验的价值取向是"行动"。朱永新教授认为，只要行动才会有收获，只有坚持才会有收获。新教育实验通过营造书香校园、师生共写随笔、聆听窗外声音、双语口才训练、建设数码社区和构筑理想课堂等六大行动,不断推动教师和学生的共同成长。①

1. 营造书香校园

读书可以明志,读书就是同伟人的对话。为了让阅读成为师生的一种习惯,新教育实验设立学校阅读节,整合丰富的阅读资源,开展多彩的读书活动,鼓励学生家庭建设家庭图书架。学校通过创设浓郁的阅读氛围,使孩子养成良好的阅读习惯,孩子作为小先生,带动整个家庭参与到阅读活动中来。

2. 师生共写随笔

教师专业发展要求教师要成为反思型教师,而撰写教育随笔是进行自我反思非常有效的方式。用心书写随笔可以使教师对教育教学有更深刻的认识。所谓教育随笔主要是指教育日记、教育故事、教育案例分析等形式。教育随笔记录的师生日常教育、学习生活的点滴,每日一省促进教师的专业发展和学生的自主成长。

3. 聆听窗外声音

校园不是象牙塔,学生不是独立于社会之外的个体,教育应该让学生走出校园,融入社会。通过开展学校报告会、参加社区活动等形式,充分利用社区教育资源。引导教师和学生热爱生活、关注社会,促进教师和学生形成多元的价值观。既可以邀请不同行业不同经历的人来校做报告,也可以通过参观访问等形式,让学生去实地体验不同的职业,融入真实的生活。

4. 培养卓越口才

现代社会沟通越来越重要,而沟通的重要途径就是对话。我国古代的教育非常重视辩论,"白马非马"已然成为经典,古希腊时期的智者派更是把辩论和演讲,也就是口才的培养当做是教学的重中之重。为了适应现在生活的需要,我们在课堂上应该通过讲故事、演讲、辩论等形式,使师生愿说、敢说、乐说、会说。通过变革课堂让老师少说一点,让孩子多说一点,让学生懂得思考,愿意表达,学会精彩的表达。

5. 构筑理想课堂

课堂既是师生知识的交流,又是师生心灵的对话。课堂上随时都会有思想碰撞出的火花或是灵感的偶然一现。希望师生合作,打造一个平等、民主、愉悦的课堂,共同创造奇迹、唤醒各自沉睡的潜能,解决一个个具有挑战性的问题,把那思想的火花变成智慧的火把。

6. 建设数码社区

网络已经渗入现代生活的方方面面,网络已经成为信息传播的重要方式,一个人

---

① 朱永新.新教育[M].北京:文化艺术出版社,2010:51.

如果不懂得利用网络来学习和交流,很难说他是真正意义上的现代人。有人认为网络是洪水猛兽,其实网络只是把双刃剑,我们只要合理利用,既可以避免孩子网游成瘾等不良行为,还可以提高其信息意识和信息应用能力。比如加强学校内外网络资源的整合,建设学习型网络社区,让师生利用网络学习与交流,为师生学习打造一个新的平台。

2002年10月,新教育实验在苏州昆山玉峰实验学校正式启动,到现在全国已有二十多个省市的近千所学校正式参加了实验。新教育实验希望通过所有参与者的努力,使学生和老师都能在学习中快乐成长,学校成为大家共有的的"精神家园"。

## 本章小结

20世纪以来,西方教育思想活跃激荡,在批判和反思传统教育的基础上,各国教育家们都提出了各自的教育主张。虽然有些理论是理想化的,甚至是不切实际的,但乌托邦式的理念并不可怕,可怕的是拘泥于现实,不敢去创新。在终身教育、国际理解教育、全民教育、全纳教育等思想的影响下,各国教育越来越重视教育公平、学生的个性化发展、学习化社会的创建,教育质量在创新中不断提升。从20世纪初的新教育运动和进步主义教育运动,到我国正在进行的新基础教育和新教育实验,教育学者孜孜不倦的进行着教育探索,还原教育本色,尊重一切和教育有关的人,发展儿童的自然本性,鼓励儿童自主学习和创造,努力使每一个生命都能绽放自己的光彩。

## 思考与练习

1. 终身教育思想的主要观点有哪些?
2. 列举新基础教育的主要观点。
3. 进步主义教育有哪些有代表性的教育实验?
4. 简述新教育实验的主要理念。

## 参考文献

[1] 周采.外国教育史[M].上海:华东师范大学出版社,2008.

[2] 赵中建.全球教育发展的研究热点——90年代来自联合国教科文组织的报告[M].北京:教育科学出版社,1999.

[3] 赵中建.教育的使命——面向二十一世纪的教育宣言和行动纲领[M].北京:教育科学出版社,1996.

[4] 赵中建.全民教育——世纪之交的重任[M].成都:四川教育出版社,1999.

[5] 何齐宗.当代教育新理念[M].北京:高等教育出版社,2010.

[6] 黄志成.国际教育新思想新理念[M].上海:上海教育出版社,2009.

[7] 朱永新.我的教育理想[M].桂林:漓江出版社,2009.

[8] 朱永新.新教育[M].北京:文化艺术出版社,2010.

[9] 叶澜,李政涛."新基础教育"研究史[M].北京:教育科学出版社,2010.

[10] 赵中建.全球教育发展的历史轨迹:国际教育大会60年建议书[M].北京:教育科学出版社,1999.

# 北京大学出版社
## 教育出版中心 精品图书

### 21世纪高校广播电视专业系列教材
| | |
|---|---|
| 电视节目策划教程 | 项仲平 |
| 电视导播教程（第二版） | 程晋 |
| 电视文艺创作教程 | 王建辉 |
| 广播剧创作教程 | 王国臣 |
| 电视导论 | 李欣 |
| 电视纪录片教程 | 卢炜 |
| 电视导演教程 | 袁立本 |
| 电视摄像教程 | 刘荃 |
| 电视节目制作教程 | 张晓锋 |
| 视听语言 | 宋杰 |
| 影视剪辑实务教程 | 李琳 |
| 影视摄制导论 | 朱怡 |
| 电影视听语言——视听元素与场面调度案例分析 | 李骏 |
| 影视照明技术 | 张兴 |
| 影视音乐 | 陈斌 |
| 影视剪辑创作与技巧 | 张拓 |
| 纪录片创作教程 | 潘志琪 |
| 影视拍摄实务 | 翟臣 |

### 21世纪信息传播实验系列教材（徐福荫 黄慕雄 主编）
| | |
|---|---|
| 网络新闻实务 | 罗昕 |
| 多媒体软件设计与开发 | 张新华 |
| 播音与主持艺术（第二版） | 黄碧云 睢凌 |
| 摄影基础（第二版） | 张红 钟日辉 王首农 |

### 21世纪数字媒体专业系列教材
| | |
|---|---|
| 视听语言 | 赵慧英 |
| 数字影视剪辑艺术 | 曾祥民 |
| 数字摄像与表现 | 王以宁 |
| 数字摄影基础 | 王朋娇 |
| 数字媒体设计与创意 | 陈卫东 |
| 数字视频创意设计与实现（第二版） | 王靖 |
| 大学摄影实用教程 | 朱小阳 |

### 21世纪教育技术学精品教材（张景中 主编）
| | |
|---|---|
| 教育技术学导论（第二版） | 李芒 金林 |
| 远程教育原理与技术 | 王继新 张屹 |
| 教学系统设计理论与实践 | 杨九民 梁林梅 |
| 信息技术教学论 | 雷体南 叶良明 |
| 信息技术与课程整合（第二版） | 赵呈领 杨琳 刘清堂 |

| | |
|---|---|
| 教育技术学研究方法（第三版） | 张屹 黄磊 |

### 21世纪高校网络与新媒体专业系列教材
| | |
|---|---|
| 文化产业概论 | 尹章池 |
| 网络文化教程 | 李文明 |
| 网络与新媒体评论 | 杨娟 |
| 新媒体概论 | 尹章池 |
| 新媒体视听节目制作（第二版） | 周建青 |
| 融合新闻学导论（第二版） | 石长顺 |
| 新媒体网页设计与制作 | 惠悲荷 |
| 网络新媒体实务 | 张合斌 |
| 突发新闻教程 | 李军 |
| 视听新媒体节目制作 | 邓秀军 |
| 视听评论 | 何志武 |
| 出镜记者案例分析 | 刘静 邓秀军 |
| 视听新媒体导论 | 郭小平 |
| 网络与新媒体广告 | 尚恒志 张合斌 |
| 网络与新媒体文学 | 唐东堰 雷奕 |
| 全媒体新闻采访写作教程 | 李军 |

### 21世纪特殊教育创新教材·理论与基础系列
| | |
|---|---|
| 特殊教育的哲学基础 | 方俊明 |
| 特殊教育的医学基础 | 张婷 |
| 融合教育导论（第二版） | 雷江华 |
| 特殊教育学（第二版） | 雷江华 方俊明 |
| 特殊儿童心理学（第二版） | 方俊明 雷江华 |
| 特殊教育史 | 朱宗顺 |
| 特殊教育研究方法（第二版） | 杜晓新 宋永宁 等 |
| 特殊教育发展模式 | 任颂羔 |

### 21世纪特殊教育创新教材·发展与教育系列
| | |
|---|---|
| 视觉障碍儿童的发展与教育 | 邓猛 |
| 听觉障碍儿童的发展与教育（第二版） | 贺荟中 |
| 智力障碍儿童的发展与教育（第二版） | 刘春玲 马红英 |
| 学习困难儿童的发展与教育（第二版） | 赵微 |
| 自闭症谱系障碍儿童的发展与教育 | 周念丽 |
| 情绪与行为障碍儿童的发展与教育 | 李闻戈 |
| 超常儿童的发展与教育（第二版） | 苏雪云 张旭 |

### 21世纪特殊教育创新教材·康复与训练系列
| | |
|---|---|
| 特殊儿童应用行为分析（第二版） | 李芳 李丹 |

| | | | |
|---|---|---|---|
| 特殊儿童的游戏治疗 | 周念丽 | **特殊学校教育·康复·职业训练丛书** | （黄建行 雷江华 主编） |
| 特殊儿童的美术治疗 | 孙 霞 | | |
| 特殊儿童的音乐治疗 | 胡世红 | 信息技术在特殊教育中的应用 | |
| 特殊儿童的心理治疗（第二版） | 杨广学 | 智障学生职业教育模式 | |
| 特殊教育的辅具与康复 | 蒋建荣 | 特殊教育学校学生康复与训练 | |
| 特殊儿童的感觉统合训练（第二版） | 王和平 | 特殊教育学校校本课程开发 | |
| 孤独症儿童课程与教学设计 | 王 梅 | 特殊教育学校特奥运动项目建设 | |

## 21世纪特殊教育创新教材·融合教育系列

| | | | |
|---|---|---|---|
| | | **21世纪学前教育专业规划教材** | |
| 融合教育本土化实践与发展 | 邓 猛等 | 学前教育概论 | 李生兰 |
| 融合教育理论反思与本土化探索 | 邓 猛 | 学前教育管理学（第二版） | 王 雯 |
| 融合教育实践指南 | 邓 猛 | 幼儿园课程新论 | 李生兰 |
| 融合教育理论指南 | 邓 猛 | 幼儿园歌曲钢琴伴奏教程 | 果旭伟 |
| 融合教育导论（第二版） | 雷江华 | 幼儿园舞蹈教学活动设计与指导 | 董 丽 |
| 学前融合教育 | 雷江华 刘慧丽 | 实用乐理与视唱 | 代 苗 |
| | | 学前儿童美术教育 | 冯婉贞 |
| **21世纪特殊教育创新教材（第二辑）** | | 学前儿童科学教育 | 洪秀敏 |
| 特殊儿童心理与教育（第二版） | 杨广学 张巧明 王 芳 | 学前儿童游戏 | 范明丽 |
| 教育康复学导论 | 杜晓新 黄昭明 | 学前教育研究方法 | 郑福明 |
| 特殊儿童病理学 | 王和平 杨长江 | 学前教育史 | 郭法奇 |
| 特殊学校教师教育技能 | 昝 飞 马红英 | 学前教育政策与法规 | 魏 真 |
| | | 学前心理学 | 涂艳国 蔡 艳 |
| **自闭谱系障碍儿童早期干预丛书** | | 学前教育理论与实践教程 | 王 维 王维娅 孙 岩 |
| 如何发展自闭谱系障碍儿童的沟通能力 | 朱晓晨 苏雪云 | 学前儿童数学教育 | 赵振国 |
| 如何理解自闭谱系障碍和早期干预 | 苏雪云 | 学前融合教育 | 雷江华 刘慧丽 |
| 如何发展自闭谱系障碍儿童的社会交往能力 | 吕 梦 杨广学 | | |
| | | **大学之道丛书精装版** | |
| 如何发展自闭谱系障碍儿童的自我照料能力 | | 美国高等教育通史 | [美]亚瑟·科恩 |
| | 倪萍萍 周 波 | 知识社会中的大学 | [英]杰勒德·德兰迪 |
| 如何在游戏中干预自闭谱系障碍儿童 | 朱 瑞 周念丽 | 大学之用（第五版） | [美]克拉克·克尔 |
| 如何发展自闭谱系障碍儿童的感知和运动能力 | | 营利性大学的崛起 | [美]理查德·鲁克 |
| | 韩文娟 徐 芳 王和平 | 学术部落与学术领地：知识探索与学科文化 | |
| 如何发展自闭谱系障碍儿童的认知能力 | 潘前前 杨福义 | | [英]托尼·比彻 保罗·特罗勒尔 |
| 自闭症谱系障碍儿童的发展与教育 | 周念丽 | 美国现代大学的崛起 | [美]劳伦斯·维赛 |
| 如何通过音乐干预自闭谱系障碍儿童 | 张正琴 | 教育的终结——大学为何放弃了对人生意义的追求 | |
| 如何通过画画干预自闭谱系障碍儿童 | 张正琴 | | [美]安东尼·T.克龙曼 |
| 如何运用ACC促进自闭谱系障碍儿童的发展 | 苏雪云 | 世界一流大学的管理之道——大学管理研究导论 | 程 星 |
| 孤独症儿童的关键性技能训练法 | 李 丹 | 后现代大学来临？ | |
| 自闭症儿童家长辅导手册 | 雷江华 | | [英]安东尼·史密斯 弗兰克·韦伯斯特 |
| 孤独症儿童课程与教学设计 | 王 梅 | | |
| 融合教育理论反思与本土化探索 | 邓 猛 | **大学之道丛书** | |
| 自闭症谱系障碍儿童家庭支持系统 | 孙玉梅 | 市场化的底限 | [美]大卫·科伯 |
| 自闭症谱系障碍儿童团体社交游戏干预 | 李 芳 | 大学的理念 | [英]亨利·纽曼 |
| 孤独症儿童的教育与发展 | 王 梅 梁松梅 | 哈佛：谁说了算 | [美]理查德·布瑞德利 |
| | | 麻省理工学院如何追求卓越 | [美]查尔斯·维斯特 |
| | | 大学与市场的悖论 | [美]罗杰·盖格 |

| | |
|---|---|
| 高等教育公司：营利性大学的崛起 | [美]理查德·鲁克 |
| 公司文化中的大学：大学如何应对市场化压力 | |
| | [美]埃里克·古尔德 |
| 美国高等教育质量认证与评估 | |
| | [美]美国中部州高等教育委员会 |
| 现代大学及其图新 | [美]谢尔顿·罗斯布莱特 |
| 美国文理学院的兴衰——凯尼恩学院纪实 | [美]P.F.克鲁格 |
| 教育的终结：大学何以放弃了对人生意义的追求 | |
| | [美]安东尼·T.克龙曼 |
| 大学的逻辑（第三版） | 张维迎 |
| 我的科大十年（续集） | 孔宪铎 |
| 高等教育理念 | [英]罗纳德·巴尼特 |
| 美国现代大学的崛起 | [美]劳伦斯·维赛 |
| 美国大学时代的学术自由 | [美]沃特·梅兹格 |
| 美国高等教育通史 | [美]亚瑟·科恩 |
| 美国高等教育史 | [美]约翰·塞林 |
| 哈佛通识教育红皮书 | 哈佛委员会 |
| 高等教育何以为"高"——牛津导师制教学反思 | |
| | [英]大卫·帕尔菲曼 |
| 印度理工学院的精英们 | [印度]桑迪潘·德布 |
| 知识社会中的大学 | [英]杰勒德·德兰迪 |
| 高等教育的未来：浮言、现实与市场风险 | |
| | [美]弗兰克·纽曼等 |
| 后现代大学来临？ | [英]安东尼·史密斯等 |
| 美国大学之魂 | [美]乔治·M.马斯登 |
| 大学理念重审：与纽曼对话 | [美]雅罗斯拉夫·帕利坎 |
| 学术部落及其领地——当代学术界生态揭秘（第二版） | |
| | [英]托尼·比彻 保罗·特罗勒尔 |
| 德国古典大学观及其对中国大学的影响（第二版） | 陈洪捷 |
| 转变中的大学：传统、议题与前景 | 郭为藩 |
| 学术资本主义：政治、政策和创业型大学 | |
| | [美]希拉·斯劳特 拉里·莱斯利 |
| 21世纪的大学 | [美]詹姆斯·杜德斯达 |
| 美国公立大学的未来 | |
| | [美]詹姆斯·杜德斯达 弗瑞斯·沃马克 |
| 东西象牙塔 | 孔宪铎 |
| 理性捍卫大学 | 眭依凡 |

**学术规范与研究方法系列**

| | |
|---|---|
| 社会科学研究方法100问 | [美]萨尔金德 |
| 如何利用互联网做研究 | [爱尔兰]杜恰泰 |
| 如何撰写与发表社会科学论文：国际刊物指南 | 蔡令忠 |
| 如何为学术刊物撰稿（第三版） | [英]罗薇娜·莫瑞 |
| 如何查找文献（第二版） | [英]萨莉·拉姆齐 |
| 给研究生的学术建议（第二版） | [英]玛丽安·彼得等 |
| 社会科学研究的基本规则（第四版） | [英]朱迪斯·贝尔 |
| 做好社会研究的10个关键 | [英]马丁·丹斯考姆 |
| 如何写好科研项目申请书 | [美]安德鲁·弗里德兰德等 |
| 教育研究方法（第六版） | [美]梅瑞迪斯·高尔等 |
| 高等教育研究：进展与方法 | [英]马尔科姆·泰特 |
| 如何成为学术论文写作高手 | [美]华乐丝 |
| 参加国际学术会议必须要做的那些事 | [美]华乐丝 |
| 如何成为优秀的研究生 | [美]布卢姆 |
| 结构方程模型及其应用 | 易丹辉 李静萍 |
| 学位论文写作与学术规范（第二版） | 李 武 毛远逸 肖东发 |

**21世纪高校教师职业发展读本**

| | |
|---|---|
| 如何成为卓越的大学教师 | [美]肯·贝恩 |
| 给大学新教员的建议 | [美]罗伯特·博伊斯 |
| 如何提高学生学习质量 | [英]迈克尔·普洛瑟等 |
| 学术界的生存智慧 | [美]约翰·达利等 |
| 给研究生导师的建议（第2版） | [英]萨拉·德拉蒙特等 |

**21世纪教师教育系列教材·物理教育系列**

| | |
|---|---|
| 中学物理教学设计 | 王 霞 |
| 中学物理微格教学教程（第三版） | 张军朋 詹伟琴 王 恬 |
| 中学物理科学探究学习评价与案例 | 张军朋 许桂清 |
| 物理教学论 | 邢红军 |
| 中学物理教学法 | 邢红军 |
| 中学物理教学评价与案例分析 | 王建中 孟红娟 |
| 中学物理课程与教学论 | 张军朋 许桂清 |

**21世纪教育科学系列教材·学科学习心理学系列**

| | |
|---|---|
| 数学学习心理学（第三版） | 孔凡哲 |
| 语文学习心理学 | 董蓓菲 |

**21世纪教师教育系列教材**

| | |
|---|---|
| 教育心理学（第二版） | 李晓东 |
| 教育学基础 | 庞守兴 |
| 教育学 | 余文森 王 晞 |
| 教育研究方法 | 刘淑杰 |
| 教育心理学 | 王晓明 |
| 心理学导论 | 杨凤云 |
| 教育心理学概论 | 连 榕 罗丽芳 |
| 课程与教学论 | 李 允 |
| 教师专业发展导论 | 于胜刚 |
| 学校教育概论 | 李清雁 |
| 现代教育评价教程（第二版） | 吴 钢 |
| 教师礼仪实务 | 刘 霄 |
| 家庭教育新论 | 闫旭蕾 杨 萍 |
| 中学班级管理 | 张宝书 |
| 教育职业道德 | 刘亭亭 |

| | | | |
|---|---|---|---|
| 教师心理健康 | 张怀春 | **21世纪教师教育系列教材·学科教学技能训练系列** | |
| 现代教育技术 | 冯玲玉 | 新理念生物教学技能训练（第二版） | 崔 鸿 |
| 青少年发展与教育心理学 | 张 清 | 新理念思想政治（品德）教学技能训练（第三版） | |
| 课程与教学论 | 李 允 | | 胡田庚 赵海山 |
| 课堂与教学艺术（第二版） | 孙菊如 陈春荣 | 新理念地理教学技能训练 | 李家清 |
| 教育学原理 | 靳淑梅 许红花 | 新理念化学教学技能训练（第二版） | 王后雄 |
| | | 新理念数学教学技能训练 | 王光明 |

**21世纪教师教育系列教材·初等教育系列**

| | | | |
|---|---|---|---|
| 小学教育学 | 田友谊 | **王后雄教师教育系列教材** | |
| 小学教育学基础 | 张永明 曾 碧 | 教育考试的理论与方法 | 王后雄 |
| 小学班级管理 | 张永明 宋彩琴 | 化学教育测量与评价 | 王后雄 |
| 初等教育课程与教学论 | 罗祖兵 | 中学化学实验教学研究 | 王后雄 |
| 小学教育研究方法 | 王红艳 | 新理念化学教学诊断学 | 王后雄 |
| 新理念小学数学教学论 | 刘京莉 | | |
| 新理念小学音乐教学论（第二版） | 吴跃跃 | **西方心理学名著译丛** | |
| | | 儿童的人格形成及其培养 | [奥地利]阿德勒 |
| **教师资格认定及师范类毕业生上岗考试辅导教材** | | 活出生命的意义 | [奥地利]阿德勒 |
| 教育学 | 余文森 王 晞 | 生活的科学 | [奥地利]阿德勒 |
| 教育心理学概论 | 连 榕 罗丽芳 | 理解人生 | [奥地利]阿德勒 |
| | | 荣格心理学七讲 | [美]卡尔文·霍尔 |
| **21世纪教师教育系列教材·学科教育心理学系列** | | 系统心理学：绪论 | [美]爱德华·铁钦纳 |
| 语文教育心理学 | 董蓓菲 | 社会心理学导论 | [美]威廉·麦独孤 |
| 生物教育心理学 | 胡继飞 | 思维与语言 | [俄]列夫·维果茨基 |
| | | 人类的学习 | [美]爱德华·桑代克 |
| **21世纪教师教育系列教材·学科教学论系列** | | 基础与应用心理学 | [德]雨果·闵斯特伯格 |
| 新理念化学教学论（第二版） | 王后雄 | 记忆 | [德]赫尔曼·艾宾浩斯 |
| 新理念科学教学论（第二版） | 崔 鸿 张海珠 | 实验心理学（上下册） | [美]伍德沃斯 施洛斯贝格 |
| 新理念生物教学论（第二版） | 崔 鸿 郑晓慧 | 格式塔心理学原理 | [美]库尔特·考夫卡 |
| 新理念地理教学论（第二版） | 李家清 | | |
| 新理念历史教学论（第二版） | 杜 芳 | **21世纪教师教育系列教材·专业养成系列**（赵国栋主编） | |
| 新理念思想政治（品德）教学论（第三版） | 胡田庚 | | |
| 新理念信息技术教学论（第二版） | 吴军其 | 微课与慕课设计初级教程 | |
| 新理念数学教学论 | 冯 虹 | 微课与慕课设计高级教程 | |
| | | 微课、翻转课堂和慕课设计实操教程 | |
| **21世纪教师教育系列教材·语文教育系列** | | 网络调查研究方法概论（第二版） | |
| 语文文本解读实用教程 | 荣维东 | PPT云课堂教学法 | |
| 语文课程教师专业技能训练 | 张学凯 刘丽丽 | | |
| 语文课程与教学发展简史 | 武玉鹏 王从华 黄修志 | | |
| 语文课程学与教的心理学基础 | 韩雪屏 王朝霞 | | |
| 语文课程名师名课案例分析 | 武玉鹏 郭治锋等 | | |
| 语用性质的语文课程与教学论 | 王元华 | | |
| 语文课堂教学技能训练教程（第二版） | 周小蓬 | | |
| 中外母语教学策略 | 周小蓬 | | |
| 中学各类作文评价指引 | 周小蓬 | | |